原田勝正【編著】

「国民」形成における統合と隔離

日本経済評論社

序　文

一

この本は、一九九五年に和光大学の教員有志によってはじめられた一連の共同研究にもとづく成果である。その研究グループはみずから「一九世紀末研究会」と名乗った。その名称の起こりはこの共同研究開始の動機にかかわっていた。すなわち、あと五年ばかりで二〇世紀が終わるといういわゆる「世紀末」にさいして、現在の日本が逢着している問題を考えるとき、一〇〇年前の一九世紀の「世紀末」に、すでにその萌芽が見られたのではないかという関心を何人かの教員が話し合っているうちに、一九世紀末のヨーロッパで広まった「世紀末」時代認識とは異なる角度から日本なりの「世紀末」研究が可能になるのではないかという「幻想」が湧いてきたのである。

　そこから、話し合いに加わった教員が中心となって、「一九世紀末研究会」なるグループを発足させたのである。それは時代の通念として成立している「世紀末」概念に、別の角度から光を当てて、別の歴史的態様を導き出す画期的な意味を期待されるが、反面歴史研究の邪道に陥りかねない危険もある。しかし、それを敢えてした根底には、いくつかの動機がはたらいていた。ひとつは一九世紀と二〇世紀と二つの世紀末にまたがる近代史と現代史という、その流れを、実質的にもひとまとめにして把握したいという欲求である。

たまたま、こんな話し合いをした一九九五年は日清戦争終結の一〇〇周年に当たっていた。日清戦争についての研究成果が、新たな研究視点に立っていくつも発表されていた。それらの成果から、「旭日昇天」と唱えられ、そのように評価されてきた当時の日本に、実は極めて大きな問題が内在しており、それが一〇年後の日露戦争にかけて拡大していったことを教えられるところが大きかった。日本の国際的地位、たとえば英・米両国との関係の展開、朝鮮植民地化の強行が「一等国」へのコースを保障されながら、しかし米国との対立を引き出し、朝鮮の人びとに消しがたい傷を負わせたこと、それは一〇〇年後の現在につながる足跡である。日本について考えると、その近代史と現代史とは、この流れにおいて切断されることなくつながっている。これを東アジアの近現代においてどのように位置づけるかを、さしあたりの課題として考えようとしたのである。

さらにもうひとつ、現在日本の近・現代史の研究分野では、一九九〇年代に入っていくつもの問題提起による精細な分析の成果が挙げられている。この動向を参考としつつ、近・現代史の一括把握にあたって、わたくしたちは従来の方式を脱却したあたらしい研究組織によって、作業を実施することができないかと考え、それを試みた。

じっさいにこの研究会には、日本の近・現代史専攻の研究者より、中国文学の研究者や朝鮮を中心とする東北アジア史の研究者、外国語研究から都市下層社会に関心をひろげた研究者、化学の立場から衛生・伝染病予防に関心を抱いた研究者など、これまでの研究分野の枠組みではまったく既定の枠にはめ込むことのできない研究者が集まっていた。歴史と直接につながる関連領域の地理学からこうした研究領域を歴史にひろげる研究者も仲間には居て、その場合には歴史学と地理学との関係からさもありなんとうなづける。しかし、まったく関連づけが不可能と思われる分野からの歴史へのアプローチの姿勢には、やはり学問の「変化」を実感させるものがあった。

これは、さきに挙げた動機の第二に当たるものといえようか。すなわちこの共同研究グループの特徴は専門領域を超えて、文学研究者も外国語研究者も社会史研究者も、化学研究者も、地理学研究者も、その関心を歴史に集中させるところにあった。それは歴史の方法による分析に各分野の研究者が作業の共通基盤をおくことであり、かなり無謀な試みといえるが、それぞれの学問関心から、共通の問題意識を探って研究の鉾先を向けることは、あたらしい学問のあり方を示すことになろうかと考えた。しかも、一九世紀末から二〇世紀初頭の日本ないしアジアに焦点を当てるという点については、案外すんなりと問題関心を整理することができたように思う。そうさせた原因は、やはり現在の東アジアおよび日本の状況をどう把握するかという点で、めいめいがそれぞれの分野で突き当たる問題があり、それを出し合うことによって成立したある合意によるものではなかったかと思うのである。

ともかくも、言ってみれば「破天荒」というべき動機づけの上に「一九世紀末研究会」は発足したのである。

二

発足してから二、三年は、かなり試行錯誤が繰り返されたきらいがあって、独自の方法を模索することに精いっぱいという状況がつづいた。しかし、一九九八年三月長崎に焦点をしぼって調査を行なったあたりからようやくある方向が見えてきた。長崎の調査は、旧中国人居留地・関連施設の記録と動向、旧上海在留日本人帰国者グループの活動についての調査にはじまり、長崎県立図書館の所蔵文書など、いくつものテーマにわたって実施され、居留中国人の問題や、さらに上下水道建設の経緯などにも関心をひろげた。

この調査によって、それまでどちらかと言えば思想に重点を置いてきた方法に、社会の動きについての分析の姿勢が加わってきたと思われる。しかもそれまでヨーロッパの都市などに向けられてきた関心が、このころから日本に集中するような変化が生まれてきた。

一九九九年三月に第二回の長崎調査を実施し、それまでに実施した東京や京都における日本人、外国人の出入国関係史料、伝染病予防・治療関係史料など、具体的な史料を含めて、系統立った史料の収集が進められ、それぞれの研究者のテーマがまとめられるようになった。思想の問題についても、「大和魂」や「アジア主義」など、例会の報告がこのころには一定の体系の上にかたちづくられるようになってきた。一九九九年一一月二七日に和光大学で実施された和光大学総合文化研究所主催シンポジウム「二つの世紀末と日本・アジア」は、この共同研究の具体的な成果を発表する最初の機会となった。

このシンポジウムでは三本の問題提起がなされ、そのうち二本は研究会のメンバー二人、原田勝正(標題「大アジア主義思想から『大東亜共栄圏』論へ」)と山村睦夫(「標題「日本企業のアジア進出とアジア認識」)が行ない、もう一本は横浜開港資料館調査研究員の伊藤泉美さんが「横浜華僑社会と二つの世紀末」という標題で問題提起をされた。コメンテーターには姫田光義中央大学教授と本研究会のメンバー、本学の佐治俊彦教授が、全体の司会にはこれも本研究会のメンバー、本学のユ・ヒョヂョン教授が当たった。シンポジウムのテーマの重点は、一〇〇年をへだてた二つの世紀末を期に日本とアジアとの関係を考えるという点にあり、会場からの質問はほぼこの点をめぐって提出された。そこではアジア主義の動向もそうだが、アジアにかかわる日本企業のあり方も、また横浜における在留中国人の直面する問題も、現状から過去にさかのぼって問題の所在を突き止めるという姿勢が全体に流れていた。しかしこのような発想から近・現代史を考える場合、とくに現在の問題点をよほど明確に把握していないと、一〇〇年のスパンで架け渡した橋がとんでもない欠陥のある危険な橋になる惧れがあるということをあらためて認識した。

そのことは、その四カ月ばかり前、同年七月一四日中国社会科学院文学研究所研究員で北京日本語学研究センター客員教授を兼ねる孫歌さんが、本研究会で報告された「近代中国における日本イメージと日本研究の課題」をうかがったときにすでに感じ取っていた点でもあった。すなわち孫歌さんは、通例のかたちでつくられたイメージを解体し、中国から見る場合日本における「思想資源」（たとえば丸山真男研究、竹内好研究）を中国に紹介し、さらに中国と日本との関係をグローバルな世界の中に据えて考えることなどを提唱された。この提唱は、中国における日本認識の問題を扱いながら、しかも日本の研究者にとっては、従来の固定化した日中関係認識の超克を促す提唱として受け止めなければならないものと感じられた。このときの報告を機縁に孫歌さんには、今度の本に「日本漢学」についての論文をいただくことになったが、前記のシンポジウムまでに、わたくしなどどれほどこのときの提唱を咀嚼していただろうかと考え込んでしまう。

とはいえ、このシンポジウムの体験と孫歌さんの報告とは、少なくともわたくしにとっては、研究指針の再確認を促す契機となった。その結果、既成の規格や規範にとらわれることなく、現在についての明確な問題意識に立って分析を進めることと、わたくしはわたくしなりの方針を確認した。

幸いなことに和光大学から研究成果刊行の資金交付を認められ、会員が論文・報告をまとめることが決定して、シンポジウム後の二〇〇〇年いっぱいは、その成果のまとめに没頭することとなったのである。

三

遅れに遅れ、和光大学当局、出版社である日本経済評論社に多大の迷惑をおかけして、ようやくまとめられたこの本、その編別構成、テーマ、執筆者は目次でご覧の通りである。全体を三部に分けたが、その要点は次のような基準に立っている。

二〇〇〇年はじめのころ、いよいよ研究成果を本にまとめるにあたって、わたくしたちはこの本のテーマを「国民形成における統合と隔離」とした。そして全体を三部に分け、第Ⅰ部は思想を採り上げた論作から成り立つようにアレンジした。第Ⅱ部は人びとのひとりひとりが属する国家、民族のありようを、東アジアを舞台に採り上げることとした。第Ⅲ部は日本における「国民」としてまとめられたひとりひとりの人が、国家という集合体に統合され、またはそこから隔離される二つの態様がなぜ、どのような契機によって生み出されるかを追究した。

「統合と隔離」は、もともと近代における国家形成の過程において重要なキイポイントとして措定されるべき国家ないし支配体制による作業である。わたくしたちは、この作業のあり方を、国家形成としてでなく「国民」形成の過程を通じて見ることとした。ここにおける「国民」は、まず日本国民が連想されるであろうことは当然だが、しかし東アジアにおける国家の国民を扱うことがあってもこれを一概に拒否することがあってはならないので、日本に限定する必要はない。むしろ日本の国民に限定することなく、東アジアにおける国民形成過程についてのアプローチがこれからは要請されるであろうし、国民形成における相互の規定関係が問題となる。そのことを考えると、中国や朝鮮における同様のケースも当然採り上げなければならないはずである。

いわゆる「上から」(von oben) はたらきかける支配の手が、近代国家形成期においてさまざまなかたちをとっていくことは言うまでもない。しかし、その場合、みずからの方向に「なびく」姿勢をとるか「まつろはぬ」姿勢をとるかは、『古事記』、『日本書紀』以来、国家形成における民衆弁別の基準とされ、そこにはすでに統合と隔離のふるい分けが行なわれてきたのである。中世から近世にかけて、とくに近世幕藩体制のもとでは、幕府、諸藩に所属する武士は、その所属する集団において忠誠度が計られ、武士以外の身分の人びとには、その生活基盤がおかれている支配集団において、命令にたいする服従が強要されたが、それらの忠誠度も服従度も、その計量には「善」か「悪」かの倫理基準がともなっていて、支配体制が求める行動規範への服従と違反とが儒教とくに朱子学の倫理にもとづく判断の対象とされるようになっていたのである。

日本ではこのような古代・中世・近世の流れの上に、近代国家による「ふるい分け」が行なわれることとなった。そしてその「ふるい分け」は、古代以来の基準をそのまま継承して引き継がれた。そこでは「なびく」もの「正」と「まつろはぬ」もの「邪」とが峻別され、それに「善」と「悪」とが付加されていった。

明治維新によって成立したあたらしい国家体制のもとでは「王政復古」という行動目標は、たんに征夷大将軍にたいする天皇の地位の再確認というだけに止まるものではなく、古代天皇制への回帰という意味を含んでいた。そこでは天皇の「大御宝」として民衆は位置づけられた。家父長支配の原理がここにも貫徹していた。その古代国家の原理は当然家父長体制を生み出すのであるが、それは中世–近世における儒教倫理にもとづく家父長支配を系列化していった。したがって、封建身分制における階層的社会秩序もそのままのかたちで国家体制の中に組み入れていくこととなったのである。

古代以来の家父長支配に、近世幕藩体制における儒教とくに朱子学の倫理体系が付加されて、それらが近代天皇制の支配原理の構成要素となっていった。ここに、近代日本における国家統治の基本的体質が見られるのではないかと考えられるのである。

しかも、このような特質を持つ統治原理の上に「近代」国家が構築されたのである。それは、ヨーロッパの市民社会をつくり出し、市民社会によって育てられた「近代」とはかなり性質を異にする日本型というべき「近代」であった。したがって、ひとくちに「近代国家」といっても、そのままヨーロッパのそれと共通のパターンを描くことはできないのが、明治国家の特質ではなかったかと思う。

そのような日本で、しかし、「下から」(von unten)の近代への胎動がなかったかといえば、それは正しくない。日本でも近代化の動きは、すでに一八三〇～四〇年代以降かなり顕著なかたちをとるようになっていた。農村におけるいわゆるマニュファクチュアの成立を先端に、開国後における養蚕業の展開などの経済的な状況の展開、そして幕藩支配にたいする「世直し」の要求などの民衆運動、さらに封建社会秩序における決定論的な社会観打破への志向など、さまざまな面で近代化への志向や動きはすでにひろがっていたのである。

明治政府による「統合」と「隔離」の支配方針は、このような土壌の上に展開された。この本では、朝鮮、中国を含む東アジアにおける支配体制と民衆との対立の動きを含めて考えなければならないとしてきたが、どちらかといえば、日本の支配が、この「統合」と「隔離」を日本国内だけでなく、これらの地域に拡大していく方向に重点を置いて考えることになってしまった。この点は、今後の研究によってさらに補っていく必要があると考えるが、ともかくも以上見てきたような観点をなんとか具体化したのがこの本の内容である。この点をご承知いただきたいと思う。

四

収載論考各篇についての解説は省略させていただくが、各部の中でそれぞれに見られる特徴や一定の流れなどについて気のついた点を記して、読者のご参考に供することとしよう。

まず第Ⅰ部の「アジアと日本の思想」について、ここでは日本で成立した思想が、アジアとコミットし、その度合いが深まるにともなって本来持っている思想としての独自性、思考の柔軟性を失い、思想として本来期待される役割が減殺されていったのではないかという問題。これは「大和魂」に顕著な傾向であり（第一章　大和魂の成立）、アジア主義の場合も同様である。後者の場合には、さきに触れた近代ナショナリズムと共通の論理をいったんは確立しながら、結局はロシアやドイツ、米国で成立した帝国主義侵略の粉飾手段としての民族主義、「汎××主義」と同列の「大アジア主義」に転化していく（第二章　近代日本の進路とアジア主義）。日本においていわゆる「漢学」がたどったコースにも同様の問題が見られよう。それは近世以来何回か固定化絶対化の弊が指摘されながら、しかし学問としての「権威」で批判を押し切ってきたが、そしてその点では「国学」の立場からの批判も、そのよって立つ基盤の脆さ（とくに政治的後景）が見え見えであったことによって有効性を持つことがなかった。しかしそうこうするうちにグローバルな立場からする「漢学」再構成の作業を前にして、日本漢学はすでに「臨界点」に達していることが明らかになってきた（第三章　日本漢学の臨界点）。

ここに共通する流れは、近代国家であるはずの日本において、それぞれの思想の基盤が近代社会の論理とははなはだしくかけ離れていたのではないかという疑問を生むのである。そのことは、近代国家における「統合と隔離」の、ある思想的必然性を示唆するということになるであろう。

第Ⅱ部は、国家と民族とのかかわりという視点に立っている。日本における外国人の居住は、現在では大きな流れとなっているが、近世以来の前史がそこにはある（第四章　日本の唐人町と内地雑居）。開国によって起こされた変化が、さらに条約改正によってどのように進むか。とくに日本の中国への「進出」がそれにどのような陰を落とすか。そこには民族に優越する国家の問題がある。日本企業の場合はよりはっきりとその問題が見えてくる。「現地化」という方針が実質的にどのような立場に立つものであったか。そこに国家の要請に対応するという究極の目的が最初からあったのではないか。それは「統合」のひとつのかたちを示すものではなかったか（第五章　三井物産のアジア認識と日本型企業進出）。第六章の極東アジアにおける「黄色人種問題」は、ブラゴウェシチェンスクの虐殺事件にいたるロシア支配地域におけるロシア人の清国人、朝鮮人に対する支配を跡づけている。それは日露戦争を境に本格化する日本の朝鮮、中国東北における支配の前兆をなす。その点が明確に示されたことは、画期的な成果というべきであろう。

第Ⅲ部はカギ括弧をつけた国民の、統合と隔離という標題で、三篇の作品を収めた。カギ括弧をつけたのは、近代日本における国民形成の時期について、一定の結論を得ることを心がけながら、それを果たすことができなかったという事情による。それはわたくしたち研究グループが直面してきた問題である。ともあれ、ここではじめて、日本の「国民」を対象とする統合・隔離が取り上げられたわけである。

この三篇では、隔離が先行していて統合が見えにくい。教育といった分野のテーマが入れば、もう少し問題点がはっきり浮かび上がったのではないかと思われるが、しかしコレラの予防と治療（第七章　隔離と消毒）は、コレラが伝染病として認識され、その予防と治療の方法が成立していく過程が丹念に追究される。そこには患者の隔離という措置が、治療と予防のための措置として明らかにされる。それは「統合と隔離」で言う「隔離」とは異なる意味を持つ。勿論その措置には人権を侵害する方式が採られることが多く、また伝染病予防法の政治的意味を考えると、一概に積極的評価を下すことはためらわれるのだが、隔離から治療へ連なる一連の措置には、やはり近代化のひとつの徴表が見られるように思う。その問題を別の角度から取り上げたのが、長崎のコレラ問題（第八章　長崎におけるコレラの流行と「救済」）で、ここでは長崎の地域独自の防疫・救済の過程が明らかにされていく。そしてそれは中央政府の防疫対策が実施される前の、地域の主体性のあり方を示している。そこには統合と隔離という枠にはめ込むことのできない地域の動向が示される。中央の方策が全国を前にそれぞれの地域で執られた措置の姿がそこには見られるのであり、その中に本質的な近代化への萌芽があったのではないかという可能性の推測が生まれてくるのである。

最後の足尾鉱毒問題についての論考（第九章　足尾鉱毒・渡良瀬川沿岸農民のたたかいと明治国家）は、周知の田中正造の活動を跡づけるに止まらず、もうひとり榎本武揚を取り上げる。ルポルタージュの形式でまとめられたこの論考では、この榎本の位置づけが、統合と隔離の主体である明治政府の中の、いわば体制内反対派を描き出す結果をなして、わたくしたちの作業のあり方に多角的な視点の必要性を唱える警鐘を鳴らしている。

以上、この研究グループの成り立ちと、問題関心のあり方、そして最後に、このようなかたちでまとめ上げたこの本の大まかな内容を紹介した。まずはこれで序文の筆を収めるところまでたどり着いた。現在日本の近・現代史では、国民の成立や、その所属した帝国のあり方などについて論議がさかんである。そうした動向を無視して勝手な議論をすることは、学問のあり方としてアウト・ロウとなろうが、わたくしたちの研究グループでは、前にも触れたように多種多様の専攻分野の研究者が参加しているので、メンバーのすべてがそれらの分野を基盤として提起される問題から学ぶことを最優先してきた。以下はわたくしの個人としての見解で、メンバーの皆さんの合意を得たものではないが、このグループの作業の特質は、専攻分野の異なる研究者が現在の状況についての問題意識に立って発想し、報告や議論を重ねるうちに共通のテーマに到達し（じっさいに統合と隔離というテーマが成立したのは前記のように一九九九年から二〇〇〇年はじめにかけての時期であった）、そこから執筆にかかったところにあるとわたくしは考える。そして研究成果の発表形式は、画一的なかたちをとった論文に限ることなく、読者にもっとも効率よく伝えることができると思う方式によることとした。これはいわゆる「論文集」をつくることのできなかった編者の言い訳けと受けとられても仕方ないが、ともかくも現在のような出口を見つけることができない閉塞感――それは二〇世紀初頭に石川啄木が読みとったものを一世紀をへだててわたくしたちが読みとっているものかも知れない――のもとで、そのよって来たる源流を求めて共同作業をつづけた結末はそのようなかたちをとってできあがったのである。この点に読者の皆さんのご諒解をいただきたいと思う。それと同時にこの本から何らかの「もの」を得ていただくことができるなら欣快これに過ぐるものはない。

最後に共同研究作業について各方面からいただいた御便宜と御援助、この本の刊行について和光大学が与えてくれた御支援、刊行をお引き受けいただいた日本経済評論社の栗原哲也社長、同社出版部の谷口京延、奥田のぞみ両氏の御尽力をあらためて肝に銘じて御礼申上げる。

二〇〇二年二月

原田勝正

目次

目次

目　次

第Ⅰ部　アジアと日本の思想

第一章　大和魂の成立

――自尊と他卑

橋本　堯

はじめに――大和魂を批判した二人。夏目漱石と中勘助

〝大和魂〟という言葉は古くからあった。すでに「源氏物語」にさえその用例はある。もちろん、中世の文献、また江戸時代に入っても読み本などの小説類から、武士階級出身者の論述類にも、探せばけっこう材料は出てくる。しかし、何と言ってもそれが声高に喧伝されたのは明治期に入り、とりわけ日清戦争時期ごろ（一八九四～九五年）とみてまちがいないようだ。日清戦争期の日本の一般大衆の気分や空気について言及された史料はすでに知られたものがいくつかある。生方敏郎《うぶかたとしろう》の『明治大正見聞史』や山川均の『山川均自伝』などがそれだ。だが、ここではいままで文学作品である故か、あまり引用されたことがない中勘助の『銀の匙』によってみよう。

それはそうと戦争が始まって以来仲間の話は朝から晩まで大和魂とちゃんちゃん坊主でもちきっている。それに先生までがいっしょになってまるで犬でもけしかけるようになんぞといえば大和魂とちゃんちゃん坊

主をくりかえす。私はそれを心から苦苦《にがにが》しく不愉快なことに思った。先生は豫讓《よじょう》や比干《ひかん》の話はおくびにも出さないでのべつ幕なしに元寇と朝鮮征伐の話ばかりする。そうして唱歌といえば殺風景な戦争ものばかり歌わせて面白くもない体操みたいな踊りをやらせる。それをまたみんなはむきになって眼の前に不倶戴天のちゃんちゃん坊主が押し寄せてきたかのように肩をいからし肘を張って雪駄の皮の破れるほどやけに足踏みをしながらむんむと舞いあがる埃のなかでも節も調子もおかまいなしに怒鳴りたてる。私はこんな手合いと歯《よわい》するのを恥とするような気もちでわざと彼らよりは一段高く調子をはずして歌った。また唯さえ狭い運動場は加藤清正や北条時宗で鼻をつく始末で、弱虫はみんなちゃんちゃん坊主にされて首を斬られている。町をあるけば絵草紙屋の店という店には千代紙やあね様づくしなどは影をかくして至るところ鉄砲玉のはじけた汚らしい絵ばかりかかっている。耳目にふれるところのものなにもかも私を腹立たしくする。ある時また大勢がひとつところにかたまってききかじりの噂を種に凄《すさま》じい戦争談に花を咲かせたときに私は彼らと反対の意見を述べて結局日本は支那に負けるだろうといった。この思いがけない大胆な予言に彼らは暫くは目を見合わすばかりであったが、やがてその笑止ながら殊勝な敵愾心《てきがいしん》はもはや組長の権威をも無視するまでにたかぶってひとりの奴は仰山に

「あらあら、わりいな、わりいな」

といった。他のひとりは拳固でちょいと鼻のさきをこすってみせた。もうひとりは先生のまねをして

「おあいにくさま、日本人には大和魂があります」

という。私はより以上の反感と確信をもって彼らの攻撃をひとりでひきうけながら、

「きっと負ける、きっと負ける」

といいきった。そしてわいわい騒ぎたてるまんなかに坐りあらゆる智慧をしぼって相手の根拠のない議論を打ち破った。……（一部省略）……彼らは次の時間に早速先生にいつけて
「先生、□□さんは日本が負けるっていいます」
といった。先生はれいのしたり顔で
「日本人には大和魂がある」
といっていつものとおり支那人のことをなんのかのと口ぎたなく罵った。それを私は自分がいわれたように腹にすえかねて
「先生、日本人に大和魂があれば支那人には支那魂があるでしょう。日本に加藤清正や北条時宗がいれば支那にだって関羽や張飛がいるじゃありませんか。それに先生はいつかも謙信が信玄に塩を贈った話をして敵を憐れむのが武士道だなんて教えておきながらなんだってそんなに支那人の悪口ばかしいうんです」
　そんなことをいって平生のむしゃくしゃをひと思いにぶちまけてやったら先生はむずかしい顔をしてたがややあって
「□□さんは大和魂がない」
といった。私はこめかみにぴりぴりと癇癪筋のたつのをおぼえたがその大和魂をとりだしてみせることもできないのでそのまま顔を赤くして黙ってしまった。（「後篇」の二）(1)
だいぶ長々と引用したが、当時の雰囲気が具体的によくつたわり、小学校（作者中勘助が通っていた東京市立黒田小学校とみられる）の教育現場での様子もよくわかり、自伝的文学作品とはいえ、問題の所在をかなり的確

に伝える資料とみてここに掲げた。

就中「大和魂」の本質については、後段部分の「私」と「先生」との問答の箇所「先生、日本人に大和魂があれば……」からがとくに重要だと思われる。江戸時代に存在した〝武士道〟との関係や、それが近代に入って旧階級が消滅したのち、昔の〝大和魂〟が形を換え、もはや日本人のアイデンティティさえ超越してしまった様相が見てとれるからである。

ここで更に気になったことが二つある。第一に、「大和魂」は日清戦争期の軍歌とともに喧伝されたのではないかということである。第二に、同時にそれは中国人に対する蔑視と重なっていて、〝唱歌といえば殺風景な戦争もの〟とともに文中に出てくる〝鉄砲玉のはじけた汚らしい絵〟の双方によってもたらされたもののように受け取れることである。このうち「唱歌」というのは軍歌のことであり、〝汚らしい絵〟とはたぶん錦絵のことであり、双方ともに日清戦争期の好戦的、排外的な世論形成、世論操作として大いに効果をあげたらしいことはすでにドナルド・キーンの『日本人の美意識』所収の「日清戦争と日本文化」(金関寿夫訳、中央公論社、一九九〇年刊行)にくわしく述べられている。ただし、〝ちゃんちゃん〟という侮蔑的表現と大和魂との関係がいかなるものかについては、第一、錦絵には言葉書きもないものだからして容易にはかりかねる。また〝大和魂〟なる言葉自体が、「日本人には大和魂がある」、つまり日本に固有の精神である、ということ以上にその定義を示すような表現が見当たらない。で、明治初期や江戸時代以前にまで遡って考えてみる前に、もう一つ、明治期を代表する文化人の言説をとりあげてみることにする。次に掲げるのは夏目漱石の『吾輩は猫である』の一節である。

「大和魂!　と叫んで日本人が肺病やみのような咳をした。……大和魂!　と新聞屋が云う。大和魂!　と掏摸《すり》が云う。大和魂が一躍して海を渡った。英国で大和魂の演説をする独逸《ドイツ》で大和魂の芝居をする。……東郷大将が大和魂をもっている。詐欺師、山師、人殺しも大和魂をもっている。……大和魂はどんなのものかと聞いたら、大和魂さと答えて行き過ぎた。五六間行ってからエヘンと云う声が聞こえた。……三角なものが大和魂か、四角なものが大和魂か。大和魂は名前の示す如く魂であるから常にふらふらしている。……誰も口にせぬ者はないが、誰も見たものはない。誰も聞いたことはあるが、誰も遇った者がない。大和魂はそれ天狗《てんぐ》の類か。」（第六章）(2)

「猫」の主人である珍野苦沙弥先生が自作の〝短文〟をそこに集う知人たち、越智東風《おちとうふう》君、寒月君、迷亭君などに披露する場面である。この〝短文〟は「僅々六十余字」であるが、引用の途中に……が入るのは、もとの小説では聴き手である寒月らの会話が割り込んで中断されるからであって苦沙弥先生の〝名文〟全体は……部分を除いて「　」の中全体ということになる。この〝大和魂〟についての散文はちょっと他に比類のないもので、しかもよく事の本質をついてると思う。まずこの資料の分析から始めることにする。

文学的修辞のことはあとまわしにして、第一に明確に言われているのは日本人とくに大衆がそれを口にしているという事実である。このことは『銀の匙』の回想的叙述とも一致する。第二に、誰も口にせぬ者がないくらいありふれた言葉なのに中身が一向にはっきりしない、もしくは自明のことにされてしまっていて、正体不明のままになっているらしいことである。「大和魂さ、と答えて行き過ぎ……エヘンという声が聞こえ」てくるばかり、というくだりにその辺の事情がうまく表されている。これも『銀の匙』に描かれる状況と一致する。第三に大和魂を口にするものとして「新聞屋」をあげているのはマスコミによる世論操作的な影響を含んでいるだろうし、これもドナルド・キーンの指摘するところと重なるものがある。

以上のほか、〝掏摸《すり》〟〝詐欺師〟〝山師〟〝人殺し〟を列挙しているのは少し注意がいる。小生の結論を先に言うと、ここにあげたのはいわゆる犯罪者ではなく、どうも夏目漱石が、作中人物によって語らせる、憎むべき人々について言ったもののようだ。「人殺し」はおそらく軍人とみてさしつかえないようだし、〝掏摸《すり》〟〝詐欺師〟〝山師〟とは作中の金田という実業家やそれにかかわって働く連中を指していると見たほうが良さそうだ。そして、冒頭に「肺病やみのような咳」とあるのは、近代以後国民病として日本人を苦しめた肺結核にからめて、「大和魂」を日本人の精神をむしばむ病気として位置づけていることにほかならない。最後に「天狗」とあるのもなかなかに含蓄のある表現で、当時有名な井上円了の『妖怪学講義』が「天狗」を妖怪の一種に含めていることを思い起こさせる。(3)

一　大和魂は〝武道の本体〟――『世事見聞録』

ところで『銀の匙』を読んでみて、いまひとつ気になるところがある。それは〝大和魂〟の強調とともに、あわせて〝ちゃんちゃん坊主〟という交戦国相手の中国人（正確には清国兵）に対する明らかな蔑称が用いられたことに言及しているからである。漱石のほうはもっぱら〝大和魂〟のみを問題にしている。そこで〝大和魂〟と〝ちゃんちゃん坊主〟とはまったく別もので、後者はたまたまその事件（日清戦争）とともに出現して話題になっただけなのかどうか、という問題になる。

ここで注意しておくことは、夏目漱石は自己の作品の中で、けっして清国人のことを〝ちゃんちゃん〟とは呼んでいない事実である。ほとんど唯一の例は『坊っちゃん』の九章に、〝うらなり君〟の送別会において、酔って乱痴気さわぎを演ずる〝野だ〟を〝坊っちゃん〟が罵る言葉ぐらいである。

「日清談判なら、きさまはちゃんちゃんだろう」というそのセリフは卑劣な男〝野だ〟に向かって発せられているのだが、逆に、罵り語として一般化されるまでに至っていたことを示してもいるだろう。日露戦争直後に書かれたこの作品は『吾輩は猫である』とともに日清戦争後一〇年のちの日本の風潮と、その中での漱石の特異な姿勢を示しているようだ。つまり漱石は〝大和魂〟に批判的であるばかりでなく、清国人蔑視にも同調しないのだ。(4) それならば〝大和魂〟がどうして清国人蔑視と結合したのであろうか。ここで幕末期に〝大和魂〟に言及している文献『世事見聞録』をあげてみよう。

この書、著者は武陽隠士某と結尾にあるだけでそれ以上のことはわからぬが、その右上に「文化十三丙子年」とあるから一八一六年で、いわゆる〝大御所時代〟に相当する。この「七の巻」に〝日本神国という事〟(5) という一項目を立てた中で〝大和魂〟のことに言及している。原典に即しながらかいつまんで紹介してみよう。

まず第一に

日本は神国というて、上古の民の情に表もなく裏もなく、いささか曇り霞なく明白なる、これを神代といい、太古の民といえり。(以上を①とする)

と説きおこし、そののち、〝仏道〟が渡来したことによって太古の民の心が邪悪になり〝正道〟が失われたとして仏教、易学、陰陽道などを非難する。

そして第二に

元来、我が邦の人情の爽やかなる事、桜の花の朝日に匂えるが如しとなり。眼前明々として、いわゆる天災地妖も加うる能はざるなり。これを大和魂といえり。……今の世の武道の気象は、すなわち右の大和魂の末なるものなり。（以上を②とする）

と述べる。このあと再び仏道、陰陽道の批判の論述に入り、朝廷が仏法を信じるほどには武道を嗜《たしな》まなかった結果、国勢も王位も衰え、僧侶は悪徒になり、〝悪逆無道〟の溢《あぶ》れものどもが国中どころか、海外へも進出して〝和寇〟と称せられ、昔の〝神人国、君子国〟が今や〝盗賊国〟となりさがる評判を立てられた、と批判する。

しかし、織田、豊臣のころから仏道は武道のさまたげになるという自覚ができて、この傾向が克服されだしたところへ、徳川家康は仏道は信仰したものの武道をもって本体とし仏意も害わずに国家を改めた、とする。そして家康が「大和魂」を振起した功績を次のように語るのである。

重々恐れ多くも神君様御儀は、武道の本体に至らせられたる故、右の通り儒道にも武道にも仏道にも叶《かな》わせられ、……右の盗賊国を再び君子国と取り復《かえ》され、久しく蒙昧したる大和魂を起こさせ給いしなり。（以上を③とする）(6)

以上の引用から、とくに③について言えることは「大和魂」とは結局「武道の本体」と合致する精神だということに尽きるであろう。②は本居宣長の「敷しまの倭《やまと》こころを人とわば朝日ににおふ山さくら花」を意識したもののようだが、注意すべきは①のように、出発点として「日本は神国」であることを強調し②の〝大和魂〟につなげていることである。なお、〝武士道〟という言葉も使用せず、〝武道〟と言う点も、明治以後の〝大和魂〟につながる点では重要なことかもしれない。そもそも「日本神国という事」という章をわざわざ立てて、その中で〝大和魂〟に言及する、ということが著者自身、この章の末尾近くで重視する先行著述の一つに本居宣長の『玉くしげ』を挙げているのに関係があるだろう。「日本神国という」出発点を重視し、武道の本体に立ちかえって国を改める、という主張は、すくなくとも次に現れる会沢安の『新論』の主張につながるものがある。次にこのほうに話題を進めてみよう。

二　国家主義的国家論と排外思想——会沢安の『新論』

『新論』はいわゆる〝後期水戸学〟の代表的著作としての位置づけを与えられ、それが明治政府の最も重要なイデオロギー的根拠になったという考え方は今後当分一〇〇年間ほどはゆるがぬ事実であろう。成立は『世事見聞録』に遅れること約一〇年、一八二五年、すなわち文政八年である。つまり〝化政期〟と一つにくくってしまえばおしまいだが、どうして、この〝化政期〟というやつは江戸の末期でもとりわけ変化の激しい時期なのである。そのことは前掲書『世事見聞録』と『新論』を比べてみただけでもおよそ想像はつくというものである。その理由の第一は、まず『世事見聞録』が窮極のところ、一種の〝社会分析論〟の域を出ていないのに比べ、後者は明らかに来るべき明治の体制を予定してか——それとは知らなくとも——、〝国家論〟の段階にまで一歩進めて論じているからである。

その第二としては対外認識の違いである。対外認識の違い、というよりも『世事見聞録』のほうはもっぱら国内分析にのみ論が進められ、話題が拡がっていっても、ついに国外の問題はまったくこれを論じないのが特徴である。これに比べ、『新論』では〝形勢〟と〝虜情〟の二項目を立てて、大雑把ではあるが、諸外国、とりわけ西欧の強国の脅威を論じて、これが国内問題とかかわって体制側にとって容易ならぬ重大問題として迫っていることを論じている。第三に、権力の問題として、前者が依然〝士農工商〟の階級論の枠を出ず、〝武士〟の統治を幕府中心にたてなおす、という考え方以外のものを示していないのに比べ、後者の『新論』では

今邦君の令を共《つつ》しみ、幕府の法を奉じ、天朝を戴きて天祖に報ずる所以なりと。則《すなわ》ち幕府及び邦君の治、統一する所有り。……

と言って、まだ理念のままではあるが、のちに明治維新直前の段階で徳川方が構想していたような〝公武合体〟の政権のありかたが提示されている（同書下、「長計」の項）(7)。

以上三つの重要な相違は、この二つの古典のその後の読まれ方、影響力の違いとなった。よく知られているように『新論』はその後、明治期に至るまで、近代国家と権力にとっての重要な理論書として読みつがれ、出版を重ねられていったが、『世事見聞録』は忘れ去られ、京都大学文学部国史研究室の蔵書として大正末年（一九二六年）まで眠りつづけるのである。

こういう重要な相違にもかかわらず、『世事見聞録』と『新論』のあいだに明確なつながりがみとめられるのは次の三点であろう。

まず、前者が〝神国〟、後者が〝神州〟と表現が多少変わるものの、共に歴史――当時の具体的な言語に即して言えばおそらく〝政道〟であろう――の出発点として〝上古〟〝神代〟を理想としていることである。後者の『新論』ではそれを一層進めて〝天皇中心の政治〟――天日之嗣《あまつひつぎ》、世、宸極《しんきょく》を御《ぎょ》したまいて(8)、云々――であるとする。

第二に、化政期における経済問題の危機を深刻とみて、この分析に力を入れる立場に立っていることである。『世事見聞録』が武士階級は大小を問わず、どこも借金に苦しみ、使用人を減らし、それでも足りず、更に富農、

富商に借金を乞う結果、農、商の階級の中にさえ、苗字、帯刀を許され、武士のみに許されたさまざまな格式を獲得するものがあることを嘆いている。(9)『新論』も「国体・下」の章で経済問題を重点的に論じ、天下の富は当初武家の手にあったものが町人の側にうつってしまい、都市に物資が集中してみせかけの豊かさが生まれたが、その実、物は欠乏し、農村がますます困窮する、という趣旨の指摘を行う。『新論』はこのさき、インフレの原理を説き、米穀の販売流通を統制しようという議論（つまり統制経済論）にまで進んでいるので、最後には新しい権力の構想へと話が進むのである。第三に、両者とも、武士中心であったこの世界を脅かす存在が主として町人にある、というので、それに対する激しい憎悪と蔑視の念をもやしていることである。『世事見聞録』のほうは、前述したようにまだ国家論の段階に至っていないだけに、階級としての町人に対する悪感情はとくに強い。いまはこれについてあまり詳細な紹介は避け、同書の結論部分に近いところから、一条だけを挙げてみよう。すなわち、

今町人、遊民等の奢侈、淫欲、貪欲の道における、いささか斟酌を加うるには及ばず。殊に切支丹宗意にも叶《かな》いたる程の事なれば、穴にするとも可ならんか。(10)

とまで言いきっていることを示せば十分であろう。幕藩体制があれほど憎み嫌ったキリシタンと同様、穴埋めにでもして抹殺してしまえ、とまで主張するのである。

一方、『新論』で新しく提起されている概念に〝愚民〟というものがある。この愚民が前者にいう〝町人、遊民〟と重なり合うものであることは疑いもないが、どうもそれだけにはとどまらないようだ。というのも〝愚民〟とは『新論』が最も恐るべき対象としてあげている〝虜〟すなわち諸外国、とりわけ西欧諸国との関係で問題にされているからである。憎悪と蔑視の重点は〝虜〟——この伝統的な異民族蔑視の用語——とともに、そち

らに移動している模様である。ここらでそろそろ〝大和魂〟の行方に話題を戻そう。

三　〝愚民〟をいかに自覚させるか――会沢安の悩み

さきほどまで『世事見聞録』と『新論』の比較を行いながら、前者には〝武道の本体〟として〝大和魂〟が述べられていると説いた。しからば後者はどうか。後者には〝大和魂〟という用語はまったく使用されていない。それどころか、〝武道〟という用語も見当たらない。武を重視していることはまちがいないが〝武士〟という言葉さえほとんど用いず、たとえば武士階級の堕落を明らかに指摘していても、次の例のように述べる。

武夫城市出でざれば、論ずるところは則ち婦女酒食、俳優雑劇、羅鳥釣魚《らちょうちょうぎょ》の事にして……馬を調するは徒《ただ》以て儀容に供し、甲冑槍槊《そうさく》は以て観美を為し……[11]（国体・中）

とあるようにわざわざ〝武夫〟という言葉に置き換えている。そして〝武道を重んじる〟に相当する表現としてはすべて〝勇武を尚《とう》び〟〝武を以て国を建て〟〝不順を討つ〟などの表現を用いるのである。ここで、いまさらながら気づくのは、『新論』は漢文のスタイルをもって書かれていて、用語も自然、〝やまとことば〟ではなく、中国の古典に用いられた漢語を極力使用しているという事実である。こうした文体の違いが本居宣長以来の伝統の和文では〝大和心〟や〝大和魂〟（世事見聞録）を再び見出したのに対して『新論』は一度それから離れた、ということが言えるだろう。他方、国家論としての――〝国権的〟ではあるが――発展の方向を備えた『新論』は更に重要な概念を提起した。それは国家権力にとっての統治の対象としての〝億兆〟という概念がまず一つ。次に〝富国強兵〟。これをもって徳川時代にとられた〝愚民弱兵〟に代わるべき方針としたこと。そして第三に天皇中心の（ここではまだ理念だが）、――〝天朝を戴きて天祖に報ずる〟――国家としての「国体」の理念と用語である（尊皇攘夷の語は藤田東湖の『弘道館記述義』[12]に初出する）。

〝大和魂〟の語が一カ所も出ていないのに『新論』の分析にこだわるのはなぜか。それは「はじめに」で『銀の匙』を紹介した折、この〝大和魂〟なるものは中国人蔑視――対外蔑視――と一体になっているのではないか、という疑念が晴れないからである。そこで『世事見聞録』を検討し、そのとき〝武道の本体〟としての〝大和魂〟を提起した著者が同時に〝町人〟に対してこれをキリシタンと同様、憎悪と蔑視の念を抱いていたことを知った。そうした憎悪や蔑視の念は、国家論の方向をとる『新論』ではどうなっているのかを確かめたいからである。それには〝愚民〟という民衆観に注意しなければならない。

『新論』は民衆を表現するのに〝人民〟〝姦民[13]〟あるいはただ〝民〟という用語を用いるが、これらはすべて戦国時代以前の歴史を概説した中に現れる。そして当今、すなわち著者会沢安にとっての現代である幕末、化政期の民衆を指しての具体的用語としては〝愚民〟が使用されるのである。そしてどうやらこの〝愚民〟とはいわゆる町人だけを指しているのではないらしい。もちろん日本人全体を指す〝億兆〟でもなく、すくなくとも支配の対象となる大部分、農民までを広く含んでいる、とみなければならないようだ。そう考えられる理由は三つある。

一つには日本を統治する大前提として、〝億兆心を一にして〟つまり日本人全体（億兆とは被統治者全体のこと）が一丸となる、と言っていることである。二つめにはそれが当分、つまり化政期の重要課題、〝愚民弱兵〟政策から〝富国強兵〟政策への転換として提起されていることにある。三つめには、この政策の重要性が、単なる内政の危機だけではなしに恐るべき外圧〝虜〟すなわち諸外国、なかんづく西欧列強からの脅威に対する防衛の必要性、との対峙関係で語られるからである。

つまり〝愚民〟とは〝虜〟が日本にもたらしてくるキリシタンなどの邪教（仏教さえもこの段階では〝天朝を戴き〟〝天祖に報ずる〟べき日本の〝国体〟を害うものとして攻撃されている）によってからめとられてしまう愚かな存在としての民衆、ということなのである。そしてこの〝愚民〟は全体の〝億兆〟の中に含まれているばかりでなく、ここを何とか体制側にひきつけなければ日本の存立――『新論』がめざしている新しい国家体制――が危い、というのが『新論』の最も重要な主張であるといってもいいだろう。

以下、繁雑を避けて『新論』が企図していたこの問題が同書ではどのように提起され、どの点が、当時なお未解決とされていたのかをざっと整理して、『世事見聞録』との比較を行いこの節を終えよう。

〝愚民〟と〝虜〟この二つこそは『新論』の著者会沢安と彼が所属する武士階級（それは当時の権力の総体でもあった）にとっての〝内憂〟と〝外患〟だった。〝外患〟としての〝虜〟の侵攻を防ぎきるための武士はすでに堕落しているうえ、量的にも不十分であるから、どうしても一般国民のレベルまでを含めて対抗するのでなければ持ちこたえられない。ところが民衆は〝愚民〟であって、ともすれば外来の教え――仏教、ことに畏るべきはキリスト教――にからめ取られがちである。

――民の利を好み鬼を畏るる、其の情の免るる能わざる所なり。[14]

――今、民は征役を避けること疾疫を畏るるが如く、左道に趨《おもむ》くこと慈母を恋うるが如く、而して、黠虜《かつりょ》は日夜邪説を以て入らんと欲す。[15]

――夫れ天下の民、蠢愚甚だ衆《おお》くして、而して君子甚だ鮮《すくな》し。蠢愚の心一たび傾かば、則ち天下固《もと》より治《おさ》むべからず。[16]

という深刻な現状認識に立ったとき、これに対抗するために持ち出したのが天皇中心の神の国、日本の権威であった。『新論』ではまず、自国の呼称として、本来、中国のことを指していた言葉をとってきて、日本を「中国」と称し、「神州」と称した。(17)〝世界の中心〟を意味する「中国」の呼称を用いると、あとは楽なもので、もとからあった〝太陽の出づる所〟をはじめ、いくらでも日本を権威づけ、外国をおとしめる言葉が出てくる。「陰陽五行」の概念を使用するのも大変に便利であった。

曰く、日本－神州は〝元気〟の始まる所。大地の首《かしら》、朝気、正気で陽。したがって上国であり万国の綱紀である。

これに対して外国は

西荒《にしのはて》の蛮夷であり、〝虜《えびすども》〟の性《さが》は犬羊。その位置は四肢《てあし》、脛足の賤《いやし》さ。陰、怪、暮気、邪気、人道を滅裂し、荒唐《でたらめ》の説を悦《よろこ》び、陰晦不祥《くらくてえんぎでもない》の途《と》に由《よ》るもの。(18)……

と悪口はとめどもない。そして〝易姓革命〟の類をくりかえす諸外国と違って〝万世一系〟の天皇の神聖さを強調するのは言うまでもない。

――天胤、四海に君臨し、一姓暦暦、未だ嘗《かつ》て一人も敢《あえ》て夫位を覬《き》覦《ゆ》せしもの有《あ》らず、以て今日に至りしものは豈《あに》其《そ》れ偶然ならんや。(19)

とこのように言いきる時、『新論』はすでに鎖国の幕藩体制から、対外進出をめざす明治政府への将来への道すじを示したも同然である。

しかし、『新論』の方策は〝愚民〟におのれの属する国家の神聖さを知らせ、誇りを持たせるだけにはとどまらなかった。さきの引用にも見られるように、在来の日本の考え方は人間の死後の問題、とりわけ死後の「安心立命」を保障する宗教思想に欠けていた点が致命的な弱点だったということにいまさらながら気づいたのである。

物は人より霊なる莫し。其の魂魄精強にして艸木禽獣と同じく澌滅すること能はず、故に祀礼《しれい》を明らかにし、以て幽明を治め、死者をして憑る所有りてその神を安んじ、生者も死して帰する所有るを知りて其の志を惑わざらしむ。[20]

とあって、後の〝招魂社〟から〝靖国神社〟への考え方につながるアイデアを出し、「神道」の弱点を補強する考え方を打ち出した。こういうとき、儒教の概念としての人間観、霊魂不滅の観念は大いに役立った。『新論』が漢文のスタイルを取って『世事見聞録』を一歩進めることができた理由もここにある。

だが、『新論』が述べることができたのはここまでであった。〝士農工商〟という階級制に立つ幕藩体制を維持しようとするかぎり、その〝愚民〟に武士の肩代わりまでさせて、国のために命を惜しまず〝虜〟と戦え、などということはとうていできない相談だった。だから会沢安は、別に庶民を対象にした『迪彝篇』の中でも、せいぜい次のように述べて〝愚民〟の自覚をうながすにとどまった。

神州の臣民たらんもの、今日暦朝の皇化に浴し、東照宮の徳沢を被《こうむ》り、戎狄犬羊の徒に汙《けが》さるる事をも免《まぬか》れ、皇大神の末光を仰ぎて世に在りながら、神意の万分の一をも知らで、武衛を奮い、皇化を広くせんと思う心もなく、虫魚と同じく世を過さん事、神罰も畏るべく、又己《おの》が心にも恥じざらんや。[21]

しかし『新論』がとりあえずめざした人民の意識変革は

民をして戎狄を賤《いや》しむこと犬羊《けんよう》の如く、之《これ》を醜《にく》むこと豺狼《さいろう》の如くならしむ。[22]

という点にあったことを指摘しておく。

四　拡大された武士概念——吉田松陰と大和魂

会沢安がせっかく一種の国家主義的国家論を構成したとき、武器を取って〝戎狄犬羊の徒〟と戦うべき〝愚民〟の頼るべきものがない、という手詰まり状態、それこそは徳川幕藩体制が三〇〇年にわたって作り上げてきたみずから招いた結果でもあった。これを思想的に打開し、〝四民平等〟の新しい明治権力を創造する可能性を切り開いたのが吉田松陰であった。

吉田松陰（一八三〇～一八五九）という人物には「詩人の気質があって、政治家の天性がなかった[23]」とされるが、彼が教育した長州藩の下級武士たちなど、明治維新の推進力となった人々への影響力は会沢安よりも更に一歩進んでいる。ここでは吉田松陰の主著『講孟余話』によってそれを述べてみよう。

吉田松陰も『新論』と同じく『講孟余話』の中ではただの一言も〝大和魂〟には言及していない。そのかわり、〝武道の本体〟という狭い階級の桎内の中に収めざるを得なかった〝武道〟を会沢安の「愚民」の中にまで拡充させる考え方を創出したのである。

……又武士を以て考うべし、武士たる所は国の為めに命を惜しまぬことなり、弓馬刀槍銃砲の技芸に非ず。国の為めに命さえ惜しまねば、技芸なしと云《いえ》ども武士なり。（『講孟余話』巻之四上、告子下篇第二章の条）

当時はまだ観念、理念上の「武士」でしかなかったとはいえ、この考え方こそは〝農・工・商〟の「武装解除」された階級の人々をも「武士」の隊列に編入させる方向を示すものであろう。吉田松陰はこの文のあとになお、こういう「武士」を〝真の武士〟と言って憚らない。一時の思いつきから出た勇み足ではなかったことは、松陰の死後に長州藩が倒幕の歴史に試みた方策を想起すればすぐ知れる。[24] だが『講孟余話』で「大和魂」に言及しなかった松陰は和歌ではこれを詠み込んでいて、よく知られているものに次の二首がある。

① かくすればかくなるものと知りながら已《や》ムに已《や》マれぬ大和魂

② 身はたとい武蔵の野辺に朽ぬとも留置まし大和魂[25]

うち①は一八五四（安政元）年米国への密航を企て失敗し逮捕され江戸へ護送される折、高輪の泉岳寺で詠んだとされ、②は一八五九（安政六）年、死刑の前日の口吟である。この二首の〝大和魂〟が彼の思想の中でどのような位置づけを与えられるものなのか、明確ではない。しかしもう一首の

③ 備トハ艦ト砲トノ謂ナラズ、吾敷州ノ大和魂（①と同じ年に兄杉梅太郎宛書翰の中に①につづけて記されたもの）

この歌の〝備〟が何を意味するかは③の直前につけられた和歌に

亜墨奴《アボクド》が欧羅《ヨウラ》ヲ約シ来ル共、備ノアラバ何《な》トカ恐れん

とあるから、前掲の『講孟余話』に言う〝国の為めに命さえ〟惜しまぬ〝真の武士〟の精神を指すことは明瞭であろう。こういう〝大和魂〟はやがて明治、日清戦争期にその猛威を振るうことになるのである。

吉田松陰の考え方には独創的なものは何もない、といわれている。たしかに『講孟余話』を検討するかぎり、まず来るべき、幕府にとってかわるべき未来の政権構想は〝公武合体〟だし、その政策は〝富国強兵〟[26]で、この二点についてはは会沢安の『新論』の主張と一致する。

ただ、民衆観と天皇観については『新論』よりも一歩踏み込んだ議論があるように思う。まず民衆について。吉田松陰は会沢安ほど〝愚民〟論をふりかざさず、また、商人階級についても憎悪の念を表明しない。(27) それよりも注目されるのは〝民心〟という問題であって、政権の維持にとって〝民心〟を得ることが最重要だという主張を行い、また、権力者の上に〝天〟を置き、その〝天〟の絶対的な権威の根元に〝民心〟を考えたところである。(28)『孟子』という古典の講釈を通じて政治を語る、という手法からすれば、吉田松陰がこのような考え方に立つのはむしろ自然とも言えるが、このことは次に言う天皇に対する見方についても会沢安とはニュアンスの異なる主張につながったと見ることができるだろう。『新論』は天皇の上に天皇を超える絶対的な〝天〟のような権威を設定していない。このため、会沢安は日本の歴史を天皇中心の〝国体〟の歴史として統一的に解釈はしていても、武家との権力闘争の際に天皇側の失敗や政策の誤りについて言及することができなかったのである。そこで天皇以外の権力が生じた藤原、鎌倉、室町時代を否定しながら、江戸時代の初期は肯定し、賞賛し、(29) 逆にいわゆる「建武の中興」のことについてはまったく沈黙し、この歴史的事実さえも記述することはできなかったのである。これに対して〝天〟を設定した吉田松陰のほうは、会沢安よりもはるかに自由に日本歴史を論じ天皇権力の政治方針の誤りについても指摘していることに注意したい。吉田松陰は歴代天皇のうち、後白河、後鳥羽、後醍醐の三帝については明確に①彼らが、〝巨室〟に対処する工夫がなかったこと（とくに前二帝について）、②初政は良かったが終わりを忘れたこと（後醍醐について）と批判している。ここに言う〝巨室〟とは平清盛、源頼朝、北条義時を指し、後醍醐の〝初政〟とは「建武の中興」のことだから、日本歴史の説明のしかたとしては会沢安よりもはるかに説得力をもつだろう。(30)

そればかりではない。のちに彼の弟子たちが新しい明治政権をうちたてる際に、徳川幕府と権力闘争を行うにあたって、〝非義の勅令は勅命にあらず〟と言いきって天皇の意志さえも相対的に処理すればいい、という立場に立てたことも吉田松陰のこのような天皇観の影響が考えられると思う。[31]吉田松陰の思想の中で明治政権の確立以後に重要となったものとして、更にもう一点、君主—国家元首に対する忠と、父に対する孝の統一、一本化という問題があると思うが、これは次の節以後にゆずりたい。

五　日清戦争期の軍歌にみる〝大和魂〟

吉田松陰は独創的な思想家ではない、という評価もあるが、後期水戸学の理念をすくなくとも次の三点において来るべき明治政権の樹立の可能性に向けて大きな一歩を推進させたと言ってよい。

その一つは、いわゆる武士階級のものだけだった「武士道」を「真の武士道」として新しく規定しなおしたうえ、〝技芸〟（ここでは馬弓刀槍銃砲などの武芸武術全般を指した）の有無を問わず、〝国のために命を惜しまぬ〟という覚悟さえあればよい、としたものである。[32]

第二に君主に対する〝忠〟と父に対する〝孝〟を一本化して〝忠＝孝〟という図式を新たに打ち出した。[33]

第三に〝民心〟を得ることを重要課題として農、工、商の三階級を統治の枠内において〝武士〟（支配者層）との関係を緊密にさせる方針を出したうえ、その〝万民〟にも天下国家のことを考えたり、その仕事に加わらせる方向を打ち出したのである。[34]明治政権が天皇をかつぎながら登場したときに掲げた「五箇条の誓文」のなかで、とりわけ「万機公論」につづく〝上下心ヲ一ニシテ、盛ニ経綸ヲ行フベシ〟とは『新論』がためらって明らかにし得なかった後半部分をずばりと言いきっているが、それはいま指摘した三点めに負うところが大きいと思う。

また、その後打ち出された新戸籍制度における戸主の権限、また日清戦争の準備としての〝国民皆兵〟の方針など、いずれも吉田松陰の第一、第二の考え方が道を開いたものであると言ってもよいだろう。

このあたりで再び『銀の匙』に登場した軍歌に目を向けてみよう。文中に「唱歌といえば殺風景な戦争ものばかり歌わせて」とあり、それがどの歌であるかは特定できないが、日清戦争開戦の一八九四（明治二七）年当時、おびただしい「軍歌」が出版されていたことは国会図書館で確認できるばかりではなくその蔵書分類も、軍歌は「唱歌」の分類項目の中に収まるものであることをまず確認したうえで、『銀の匙』に登場する〝唱歌〟とはつまり「軍歌」であるという前提のもとに以下若干資料を紹介してみよう。

日清戦争期に出版された軍歌集のうち、重要なものとして次の三点がある。

①「大捷軍歌」七篇。山田源一郎編（明治二七年一一月刊）

②「明治軍歌」納所《なっしょ》弁次郎、鈴木半次郎編（東京博文館、明治二七年一一月刊）

③「大東軍歌」三巻。鳥居忱《まこと》編（明治二八年六月刊）[35]

うち②と③は国会図書館に蔵書があり、①はそのうちの第三篇のみが〝討清軍歌〟という名称で同図書館が保有している（他の六篇分を加え全篇は北海道大学図書館が蔵有する）。

では③の「大東軍歌」からいくつかの実例を示そう。

第一章

大和男児（伯耆　大山宏作歌　因幡　黒部扇山作曲）

大和男児《やまとだんじ》の勇立《いさみた》ち、　武威《ぶい》を振《ふるわ》ん時《とき》ぞ来《き》ぬ。
我兄弟《わがはらから》よ我子等《わがこら》よ。　奮《ふる》えや起《た》てや率《いざ》や率《いざ》。

第二章
猛《たけ》く雄《おお》しき粂《くめ》の子が、　大和魂《やまとだましい》振《ふ》り起《おこ》し、
天皇《きみ》の詔勅《みこと》を畏《かしこ》みて、　義勇《ぎゆう》の師《いくさ》に首途《かどで》せり。

第三章
飛《と》び来《く》る弾丸雨《だんがんあめ》の如《ごと》、　漲《みなぎ》る煙《けぶり》は霧《きり》の如《ごと》、
修羅《しゅら》の巷《ちまた》の真中《ただなか》を、　押立行《おしたてゆ》けや日の御旗《みはた》。

第四章
鶏林八道往尽《けいりんはちどうゆきつく》し。　鴨緑江頭打渡《おうりょくこうとううちわた》し。
此七寸《このしちすん》の武者鞋《むしゃわらじ》、　踏破《とうは》す支那《しな》の四百州《しひゃくしゅう》。

〝大和魂〟をもつ兵士が〝天皇の詔勅〟にしたがって〝義勇の師〟に出発した、という日清戦争の解釈がみられるほか、その軍隊の通過点は当然のように他国である朝鮮を踏みにじり、中国全体に及ぶのだ、と述べられていることに注意したいが、第一章ではっきりと「我兄弟《わがはらから》よ我子等《わがこら》よ」と日本人全体に広く参加を呼びかけているのは旧幕時代とまったく異なっていることにとりわけ注目されるであろう。

ついで一つおいて「朝日の光」という軍歌。

朝日の光（越後　小林庄吾作歌　東京　武田蝶眠作曲）

第一章

朝日《あさひ》の光《ひかり》指《さ》し交《かわ》す、旭《あさひ》の御旗《みはた》捧《ささ》げつつ

敵の無礼《ぶれい》を厳重《おごそか》に、鼓《つづみ》を鳴《なら》し責《せむ》るなり

第二章

天理《てんり》に背《そむ》く敵軍《てきぐん》は、百戦百敗《ひゃくせんひゃくはい》免《まぬか》れず

天理《てんり》に協《かな》う我軍《わがぐん》は、百戦百勝《ひゃくせんひゃくしょう》過《あやま》たず

第三章

君《きみ》に忠《ちゅう》なる我兵士《わがへいし》。国《くに》を愛《あい》する我兵士《わがへいし》

我《わが》が神州《しんしゅう》の兵士《へいし》には　敵《てきと》う敵《てき》は世《よ》にはなし

第四章

卑怯未練《ひきょうみれん》の敵《てき》の兵《へい》、　旭《あさひ》の御《み》旗《はた》望《のぞ》み見《み》て、
命《いのち》ばかりを我物《わがもの》に、　我《われ》こそ先《さき》に崩《くず》れたれ。

前者とかわってこの例ではひたすら日本軍に正義あり、それゆえに無敵、不敗であることを強調し（〝天理〟という言葉の威力！）敵——中国——を〝無礼〟〝卑怯者〟という、どちらかといえば武家社会の中で相手を非難する語を用いて攻撃している。〝国民皆兵〟の兵隊は早くも「国を愛する」人間と表現されるのである。

次に「敵兵数万」

敵兵数万（五明子作歌　因幡　佐々木竹園作曲）

第一章

敵兵数万《てきへいすうまん》ありとても、　孰《いず》れ劣《おと》ぬ木《こ》の葉武者《はむしゃ》。
疾《と》き太刀風《たちかぜ》に斬払《きりはら》い、　真一文字《まいちもんじ》に進《すす》むべし。

第二章

君《きみ》に捧《ささ》げし此《こ》の軀《からだ》、　大和魂楯《やまとたましいたて》として、
弾丸雨注《だんがんうちゅう》の其中《そのなか》を、　真一文字《まいちもんじ》に進《すす》むべし。

第三章

木《き》まれ草《くさ》まれ切先《きっさき》を、遮《さえぎ》る者《もの》は会釈《えしゃく》なく
只一《ただひと》太刀《たち》に切開《きりひら》き、真一文字《まいちもんじ》に進《すす》むべし。

第四章

山《やま》は挫《くだ》けて転《ころ》ぶとも、巌《いわお》は裂《さ》けて落来《おちく》とも、
敵塁諸共《てきるいもろとも》蹴砕《けくだ》きて、真一文字《まいちもんじ》に進《すす》むべし。

冒頭は山田美妙斎の「敵は幾万ありとても、すべて烏合の勢なるぞ……」(「戦景大和魂」、のちの〝敵は幾万〟のタイトルで有名(36))を連想するが、西南戦争の歌とされる「抜刀隊」が「敵の大将たる者は、古今無双の英雄で、これに従うつわものは、共に慓悍決死の士……」という歌詞(37)だったのに比べて、十数年後の変化には驚くべきものがある。ここに至って〝大和魂〟は明瞭に対抗相手を弱いもの(孰れ劣ぬ木の葉武者)と見なした上で成立する精神であることを理解してよかろう。もう一つ、ここでは「真一文字に進むべし」という句が四回使用されているが、これは当時の軍歌のキーワードの一つであって、その基本形は「進《すす》めや進《すす》め我兵士」(向うの岡の(38))でありバリエーションとして「唯《ただ》ひた斬《き》りに斬《き》り捲《まく》り」(吾は大和武士)「命惜《いのちおし》まず唯進《ただすす》め」(日本男児)などとなる。そこでついに「死《しね》や死《し》ね死《し》ね壮士《ますらお》よ……進《すす》めや進《すす》め死《しね》や死《し》ね」(死や死ね)というのが出現しても不思議はない。『葉隠』のいわゆる武士道はいまは国家権力、天皇のために死ぬ大和魂に変身したのであろうか。

しかし結論を急ぐ前にもうすこし問題点を述べてみたい。

一つには〝大和魂〟という用語はたしかに頻出する。この軍歌集がどのようにして成立したのかは詳細にし得ないが、目次をみると〝当選〟とか〝抽籤〟とか〝秀逸〟の分類名が見えており、かつ作歌者、作曲者の出身地に〝武蔵〟〝羽前〟等の国名がかぶせられているから全国的に募集したものにまちがいない。その中で、正確に統計をとっているのではないが、大和魂はすくなくとも数篇に一回は使用される（大和魂《やまとだま》、大和《やまと》心《こころ》の武士《もののふ》、大《やま》和《と》男児《だんじ》などの同義、類義語を含む）。だから『銀の匙』でいえば確かに大和魂は〝もちき〟り状態であり（それは歌の性質上、反復して口にされるからでもある）、『吾輩は猫である』に見られるように〝口にせぬ者はない〟ことは裏付けられるだろう。

　第二に、〝大和魂〟なるものが、以上の例だけでも交戦相手を「弱くてとるに足らぬもの」と見なし、それゆえ日本を「無敵の存在」として誇示しようとする点に特徴をもつものであることも理解され、これも中勘助の見方と一致する。

　しかし、ここで納得ゆかぬ点が二つある。これらの軍歌の歌詞の中には、たしかに日本軍の無敵の強さを主張し、中国軍の弱さを指摘する表現は随所にみうけられる。たとえば「海軍」の部で、〝秀逸〟とされる部類の中の「渤海湾頭」と題する軍歌の歌詞の中には

　アレアレ逃《にぐ》る敵《てき》の艦《ふね》。ソレソレ沈《しず》む敵《てき》の艦《ふね》

のような、珍しく片仮名表記を交えて、口語調のややはしゃぎすぎかとも取れるような文言を含むものが見られるし、「皇御国《すめらみくに》の武士《もののふ》」（前掲の「死《しね》や死《し》ね」の次に置かれている）と題する作品の第三章から第四章にかけては、

　山《やま》へと攀《よじ》て遁《にぐ》るあり。　谷《たに》に転《まろび》て落《おつ》るあり。

余《あまり》と言《い》えば敵軍《てきぐん》の、弱《よわき》も程《ほど》のあるものよ。

のような描写と感慨も見出せる。しかし、全体としてみると、それは軍歌特有の、身方を振るい立たせ、士気を鼓舞する表現でもあって、それからいちじるしく逸脱した浮かれた風はない。むしろ丁寧に読めば、「敵《てき》の大将《たいしょう》智《ち》あり共《とも》、敵《てき》の兵卒《へいそつ》猛《たけ》くとも、何《なに》か恐《おそ》るる事《こと》あらん」（敵の大将）[39]とか「さしも堅固《けんご》の敵塁《てきるい》も、今乗取《いまのりと》れり日本《にほん》兵《へい》」（見渡す岡）とか「撃《う》つや互《たが》いの大砲《たいほう》は、雷《かみ》の怒《いか》ると怪《あやし》まれ」（公に奉じて）とかの例のように、この戦争が結果としては日本軍の大勝利に終わったにもかかわらず、『銀の匙』が「まるで犬でもけしかけるように」と述べている浮わついた雰囲気はなく、むしろ戦いの激烈であったことを十分に表現しているように受け取れる。この点堀内敬三氏が『定本・日本の軍歌』（実業之日本社、一九六九年刊）で、先にあげた「大捷軍歌」以下三点の軍歌集について、〝はじめての本格的な格調の高い軍歌集である〟という趣旨の評価を与えていること自体べつに誤まりではない。しかし、そうであれば『銀の匙』のあの浮わついた熱狂ぶりはどこから来たのか。〝ちゃんちゃん坊主〟という汚い侮蔑呼称（書き手に想定されている主人公の小学生はこの言い方にまったくなじんでいないらしい）はいったいどこから持ち込まれたものなのか。すくなくともこれら重要な三つの軍歌集の文言には出てこない表現である（文語調の歌詞にはなじまぬ言葉でもあるが）。

国会図書館の「明治期蔵書目録」の「軍歌」の項を眺めて途方に暮れていたとき、偶然ページがめくれて、「ちゃんちゃん……」という活字が大量に視界の中に飛びこんできた。あるわあるわ、日清戦争期に刊行された大量の〝俗曲〟出版物。件数はおよそ数十もあろうか。そのほとんどが出版物のタイトルに〝ちゃんちゃん〟という蔑称を堂々と冠した代物。ついに目的の資料に到達したのであった。

六　〝ちゃんちゃん〟呼ばわりとセットになった〝大和魂〟——日清戦争期の俗謡

〝ちゃんちゃん〟という言葉はいつごろから日本にあったのか。小学館の『日本国語大辞典』は①中国人の辮髪。また、小児の頭のいただきの左右に、髪を円くそり残しておいたもの。……②「ちゃんちゃんこ」に同じ。③かつて中国人を軽蔑していった語。ちゃんちゃんぼうず。の三つの語義とそれぞれの用例をあげる。①の後半にある、〝小児のいただきの左右に〟云々というのは用例にある『歴世女装考』（岩瀬百樹著。山東京伝の弟。一七六九～一八五八年。明和六～安政五）の巻三を見ると、「ちゃん〳〵、おけし、はんかふ」の語をあげて、その解説には次のように述べる。

今、俗にちゃんちゃんといって小児の髪を頭の左右に残しておくのは『礼記』（儒家の古典、〝五経〟の一つ）の内則篇にある、〝爲髾〟（礼記の原文は翦髪為髾、つまり髪を切ってのこし髪をつくる、の意）と同じことだから古風な髪型であるのは言うまでもない。またおけしと言って頭のてっぺんにあるのは罌子粟《けし》の実の形に似ているから名になったのであろう。清国の人は皆芥子《けし》坊主であるが……明時代と同じ風俗ではない……

とあって、中国のことにも言及するがとくに差別的表現は見当たらぬ[40]（『歴世女装考』には一八四七（弘化四）年の著者の付言がついている）。

それではともかくも筆者の見出した〝ちゃんちゃん〟俗曲をここに紹介してみよう。

A　ちゃんちゃん退治（一八九四（明治二七）年九月　骨川道人著　東京　弘文館刊　一一月再版）[41]

この冊子には一頁の〝序〟がつき、そのあとに二頁一枚構成の絵をはさんで序文が計四頁半つづいたあと「目録」をのせる。その目録は

○　日清の交戦に就て
○　南京玉を買て感あり
○　軍歌の口真似
○　孟子摘句当世見立
○　縁かいな節
○　いろは数え歌
○　落語
○　一口話し
○　オッペケ節
○　滅茶〳〵節
○　壮士唄愉快節

の計一一項目をたてる。初めの二つは散文である。なお、この「目録」にかかわらず中味を繰ってみると「軍歌の口真似」の前に○愉快の説、という散文が入っていたり、巻末にも「目録」にない俗謡一篇と称し、静岡県藤枝町の殿岡驀心なる人物から送られたとして、「日清戦争阿房陀羅経」というのを付載している。以上を見れば、この冊子が当時一般大衆の耳目になじんでいた口唱韻文の形式を総動員し、地方も含んだ全国的〝日清戦争の勝利〟に浮かれた空気をよく反映するものであることが理解されよう。

「軍歌《ぐんか》の口真似(42)」の冒頭にあるのは「豊島の海戦」という作品である。七五調で四二句から成る。そのはじめの八句分を引用しよう。

此処《ここ》は朝 鮮豊島《ちょうせんほうとう》を。距《さ》る事僅《ことわず》かに数《す》十町《ちょう》
沖《おき》を馳来《はせく》る支那《しな》の艦《ふね》。続《つづ》く運船《うんせん》三四艘《そう》。
ちゃんちゃん坊主《ぼうず》の乗込《のりこん》で。チイチイパアパア其態《そのざま》を。
見《み》れば裏家《うらや》の掃溜《はきだめ》に。慈姑《くわい》を捨《すて》たる如《ごと》くなり。

という書き出しで、当今では正月にならぬと使用しない〝くわい〟にたとえて初めから侮蔑した調子がうかがわれよう。

次に「大和魂」の語が出現する箇所を引用する。「日本《にほん》の腕前《うでまえ》」〇其三と題するところ。

広《ひろ》き世界《せかい》の其中《そのなか》に。一際目立《ひときわめだ》つ日本国《にほんこく》。外《ほか》に類《るい》なき大和魂《やまとだま》。外《ほか》に類《るい》なき日本刀《にほんとう》。
縦《たとい》ちゃんちゃん坊主《ぼうず》めが。百千万人《ひゃくせんまんにん》来来るとても。片《かた》ッ端《ぱし》から生捕《いけどり》て。豚尾頭《とんびあたま》をチョ切《ぎ》るべし。

次に其五では中国を罵って次のように述べる。

広《ひろ》き世界《せかい》の其中《そのなか》に。日本《にほん》に及《およ》ぶ国《くに》はなし。況《まし》て蛆虫同様《うじむしどうよう》の。野蛮極《やばんきわま》る豚尾国《とんびこく》。
赤子《あかご》の腕《うで》を捻《ねじ》るより。まだ無造作《むぞうさ》な事《こと》なるぞ。不埒働《ふらちはたら》く上《うえ》からは。不便《ふびん》ながらも殺《ころ》すべし。

日本を誇示する口調がエスカレートするとともに相手が清国兵なら処刑してもかまわぬ、という残虐性も次第にむき出しているのは、かつて『新論』が

——民をして戒狄を賤しむこと犬羊の如く、之を醜《にく》むこと豺狼の如くならしむ（四節末尾）

と民衆の意識の変革を願望していたことが実現したかのようである。なお、今の末尾にある「不埒」という文言は支配者の定めた、守るべき法に背くものに対して与えられる語であることに注意する必要があるだろう。つまりは清国兵に対する憎悪の念にほかならない。この憎悪の念がいつ、どのようにして日本の民衆の心に植えつけられたものであるか、いまここでは十分に明らかにすることはできないが『国民必携、征清愉快ぶし(43)』という一八九四（明治二七）年八月刊行所収の資料にその一端を見ることができる。すなわち「兵士出軍の情」と題して

馬《うま》に草《くさ》かい剣《けん》を磨《と》ぎ　凛《りん》たる勇気《ゆうき》を奮《ふる》いつつ　待《ま》ちに待《ま》ちたる出陣《しゅつじん》は　いよいよ今《いま》か
今《いま》なるか　いとしき父母《ふぼ》に血《ち》の涙《なみだ》　かくして別《わか》るる其時《そのとき》の「心の苦《くる》しみ如何《いか》なるぞ(44)」
弟妹《ていまい》知《し》らず阿兄《あけい》の志《し》　思《おも》えば生別又死別《せいべつまたしべつ》……「実《じつ》に断腸《だんちょう》悲哀《ひあい》の至《いた》り」
かかるかなしき有様《ありさま》も　元《もと》はといえばチャンチャンの　無法無礼《ぶほうぶれい》に出《い》でしもの　思《おも》えば彼等《かれら》を八裂《やつざき》に　なす
とも尽《つ》きぬ此怨《このうらみ》(45)　今《いま》こそ揮《ふる》う日本刀《にほんとう》　祖先以来《そせんいらい》の切《き》れ味《あじ》を　示《しめ》す武勇《ぶゆう》の振舞《ふるまい》に「荒膽《あらぎも》冷《ひや》して呉《く》れんのみ」
欣慕欣慕愉快愉快

吉田松陰が忠と孝の統一、一本化という考え方を打ち出し、明治になって、この忠とは封建領主ではなく、国家権力、国家元首、天皇への忠を指すことが実質化してきたわけだが、江戸時代以来、人形浄瑠璃などの語りもので、肉親を君主のために犠牲にする物語にさんざん涙をしぼってきた民衆が、そうおいそれと政権交替の都合で右から左へと忠孝一本化を受け入れられるはずもなく、そのはけ口が交戦相手への憎悪となって向けられて行くのも自然のなりゆきで、戦争を推進する支配者にとってまことに好都合であったろう。しかし支配者側が期待したものはそれだけではなかった。もう一つの〝俗曲集〟を検討してみよう。

B　ちゃんちゃん征伐愉快(46)（一八八四（明治二七）年一二月　夢廼舎《ゆめのや》現《うつつ》著　東京　林甲子《きね》太郎発行）（ルビは筆者による）

この冊子は奥付に「特約売捌所全国各書肆」と銘うってある気合の入れようで、内容も都々一あり、「しちゃらかちゃんちゃん節」あり、「流行ギッチョン節」「推量ぶし」「縁かいなぶし」「トンヤレぶし」「オッペケペー節」「日清韓事件一ツトセぶし」「米山甚句」「名古屋甚句」「本調子かえうた」「負けづくし」（「松つくし」替えうた）「すもう甚句」「キンライぶし」「大津絵(47)」「歌舞伎座新狂言」（名場面に当時の人気役者の名を出して戦勝を寿《ことほ》ぐセリフを語らせる、という趣好）最後に「新版法螺退治経」をのせる、という盛り沢山な凝りようである。いたるところに「ほかにるいなきやまとだま」とか「間抜《まぬ》けきわまる豚尾《ちゃんちゃん》坊主《ぼうず》」に類する語が出るのは枚挙にいとまもないが、俗曲、端唄、小唄の類につきものの〝はやし言葉〟までもが使用されていることにも注意する必要があるだろう。「しちゃらかちゃんちゃん節」の音声に込められているものはすぐに察しがつくが、「流行ギッチョン節」の

豚《ぶた》を切《き》るには刃物《はもの》はいらぬ、ギッチョンギッチョンギッチョンギッチョンギッチョン

などが引きがねとなって

皆さん皆さん敵の前で閃々《ぴかぴか》するのはアリヤ何だアーレは豚尾《ちゃんちゃん》切《き》るとの日本《にほん》の刀《かたな》だ知らないかトコトンヤレ
トンヤレナ（同書、トンヤレぶし）

とか

切《き》って見《み》せたやあの豚《ちゃんちゃん》兵を日本刀《にほんがたな》の切《き》れ味《あじ》を　オッペケペーオッペケペー（同右、オッペケペー節）

のように次第に残忍一点張りになってゆくのも見逃せない。かくて巻末の「新版法螺退治経」に至れば

ポクポクポクポクヤレヤレ不憫《ふびん》や古今《ここん》の醜態《しゅうたい》。威海《いかい》御苦労《ごくろう》旅順《りょじゅん》にお廻《まわ》り。やがて乗り込む渤海湾内《ぼっかいわんない》。太沽《たあく》を叩《たたい》て鼓《つづみ》を鳴《な》らして。三味線《さみせん》ならねど。天津根締《てんしんねじ》めて北京《ぺきん》北京《ぺきん》と一度《ど》に打《う》ち入《い》り。海陸同時《かいりくどうじ》にオッ取《と》り囲《かこ》んで。城《しろ》をば落《おと》して。清帝生《しんていい》け擒《ど》り。四百余州《よしゅう》を領地《りょうち》と定《さだ》めて。日本の威勢《いせい》は世界《せかい》に輝《かがや》き。万国恐《ばんこくおそ》れていよいよ親睦《しんぼく》。ソコデ始《はじ》めて四海《しかい》は安穏天下泰平《あんのんてんかたいへい》。御稜威《みいづ》は尽《つ》きせず。陸軍万歳《りくぐんばんざい》。海軍万歳《かいぐんばんざい》。日本帝国万万歳《にほんていこくばんばんざい》アイ（拍手《はくしゅ》の音《おと》）バラバラバラバラ

となって結ぶ。浮かれた果ては中国全土の植民地化の野望と「日本帝国」の権威の世界的伸張によって国権を無限に拡大する欲求にまで至るのである。

こういう傾向の空気を当時の支配者層は困ったことと思うどころか、喜んだらしいこと、陸奥宗光の『蹇蹇録《けんけんろく》』には次のような趣旨の感想がみえる。

……日本国民がこれほど勝手にメートルをあげるのも昔から特有の愛国心が発動したのが原因だと思う。政府は当然これをおだて、けしかけておけばよいのであって、禁止、制止する必要はまったくない。[48]（第一二章〝平壌、黄海戦勝後における我が国民の欲望〟の条）

おわりに――自尊と他卑の一体化。〝大和魂〟の成立

斎藤正二氏の『「やまとだましい」の文化史』（一九七二年、講談社現代新書）によれば、明治年間に作られた（一八八六（明治一九）年～一八九〇（明治二三）年までを指す）インスタント理論にすぎない〝国体思想〟もしくは〝国体観念〟があって「やまとだましい」即〝国体思想〟―天皇制絶対主義国家体制に対する理論上ならびに

心情上の支持、とする考え方が一般的であったが、これはまったくのまちがいである、と述べている。[49] 氏はそこから「インスタント理論にすぎなかった」国体思想ではない、真の「やまとだましい」を求めて『源氏物語』(乙女巻)にまで遡《さかのぼ》る。そうして「やまとだましい」の実像は摂関時代の生活論理である、という結論を掲げて終わるのである。しかし筆者はこういう説き明かしには満足できない。インスタント理論にすぎないものが、どうして明治に入ってにわかに猛威をふるい、なお二一世紀に入った現代まで死滅せず、復活の機会をねらったりできるのか。「やまとだましい」の実像が摂関時代から存在するものならば、氏のいう「虚像」にすぎない近代の「やまとだましい」にもそれなりの出現理由があったのではないか。この小論では氏の視野に入らなかった資料にことさら立ち入り、結果を日清戦争期に置いていささか考察を試みた。筆者は中国文学研究者なので、取り扱った資料がどうしても文芸関係に重点がうつり、紙数の関係でその調査資料も割愛せざるを得なかったものが多いことをお詫びしつつ、とり急いで結論を整理しておきたい。

一、〝大和魂〟は〝自尊〟の意識の産物であって、極端な自尊、言いかえれば相手の自尊——個の尊厳、といったほうがいいが——をまったくみとめない唯我独尊の情念である。

二、このような極端な〝自尊〟は同時に極端な〝他卑〟の情念と結合して、両者は楯の裏表の関係で一体化している。自尊が〝唯我独尊〟であり、それは〝尊〟の内容も理由も根拠をも、まったく他者に説明することができないものだから、同様にして〝他卑〟についてもただ口汚なく、さまざまの罵詈を発する以外の表現をもたない。

以上の二つさえ押さえておけば『銀の匙』で口にされている「大和魂」や『吾輩は猫である』で批判の対象になっている「大和魂」の本質は十分に理解できると思う。となれば斎藤正二氏がやっつけた〝インスタント理論〟の国体思想、国体観念なるものも筆者の言葉で表現すればその本質はとどのつまり極端な自尊と極端な他卑の塊りにすぎない、ということになるだろう。こんなものを誰かが執拗に持ちつづけるかぎり、二一世紀に入っても〝国際化〟などはまだまだ実現困難である。

とは言え、なぜ斎藤正二氏の説にいう〝摂関時代の生活論理〟であった「やまとだましい」がなぜ一九世紀の後半以後、歴史の表舞台に躍り出たのか。いくら〝虚像〟であると言い張ってみても実質的にはそれが近代日本における〝大和魂〟の実像になってしまった事実を消すことはできない。以下何項目か、補足しておく。

第三に〝自尊〟という情念は、どの民族やどの国家にも存在することでなんら怪しむことではないが、日本のように極端な〝自尊〟はなぜ生まれてきたのか。『世事見聞録』が〝大和魂〟を〝武道の本体〟と見なしたのがこじつけではあったが、そのとき著者の武陽隠士は支配者の武士階級の一員として、町人（商人）に対して極端な〝他卑〟の情念を抱いていたことを見落してはなるまい。このとき著者の視野には西欧列強、諸外国の事情はまったく入っていない。また徳川家康を〝神君様〟とうやまい、幕府、武士の権力以外のことをまったく想定していないところから、大和魂は幕府中心の鎖国体制の中から新しい姿をとって現れたとみてよいだろう。

第四にこのあとをつぐ会沢安の『新論』、吉田松陰の『講孟余話』になると事態は変化し、次の時代の政権を誰がとるか、という問題が顕在化する。「公武合体」の政権思想にしがみつく会沢安と「開国」と「攘夷」との組合せを考えた吉田松陰のあいだでは、〝自尊と他卑〟の意識に温度差があった。倒幕に向かって実力を行使した側は吉田松陰の弟子たちとその信奉者であったが、彼らが政権をとったのち、その理論的根拠——とは言ってもただ天皇尊厳をくりかえし主張するだけだが——として選択したのは『新論』であってこちらのほうに支配者意識としての自尊と、被支配者を〝愚民〟として卑しめ、あわせて諸外国を〝犬羊〟として卑しめ、憎悪する傾向が強烈である。これが明治に入ってからかなり強い作用を果たしたように思われる。

第五に資料としての「軍歌」と「俗謡」にはその扱い方に注意を要するものがある。どちらかといえば「俗謡」のほうに民衆の意識や心情がストレートに表われているようだ。これら大量の「ちゃんちゃん」攻撃、嘲弄の俗謡がいかなる意図、いかなる目的で、どんな場で歌われたものであるか、今日十分に明らかにし得ないが、この小論に扱った「征清愉快ぶし」(第六節参照)の序文に次のような意味のことが書かれているのが参考になるだろう。

愉快節というものは、もともと汚ならしい書生連中が路端で、けんかとまちがえるほど大声でがなりたてる風にやるものだが、それではとうてい上流階級の人には受け入れられない。ちかごろは三味線やアコーディオンなどの楽器に合わせ、宴会、送別会を盛り上げるようになったから音楽的にもきちんとしなければならないのが著者の苦心したところである。

とあるから、これらの「俗曲」に浮かれた人々は、けっして社会の最下層の人々などではないことがはっきりする。また「愉快節」の名称から、一八八七(明治二〇)年ごろから盛んに歌われた「演歌」との関係も濃厚と思うが、この方面からの追究はまた他日稿を改めて論じたい。

注

(1)『中勘助全集』第一巻、岩波書店、一九八九年、一一八〜一二三頁。当時中勘助は東京市小石川区小日向水道町(現在の文京区水道町二丁目)に在住。小学校は東京市立黒田小学校である。『現代日本文学全集』第七五巻(筑摩書房、一九六〇年)に渡辺外喜三郎氏による「中勘助年譜」がある。

(2)『漱石全集』第一巻、岩波書店、一九六五年、二四九〜二五〇頁。

(3)『妖怪学講義』は一八九六（明治二九）年に哲学館（現東洋大学）の「第七学年度講義録」として発表された。井上円了（一八五八〜一九一九）は仏教学者。国書刊行会から復刻本が一九七九年に出版される。その第二巻の〝鳥獣篇〟第四巻の憑附篇に天狗の項を立てる。
(4)夏目漱石は作品の中で中国人という概念を表現するときはいつも〝清国人〟と表わしている。
(5)以下、幕末、明治期の文献の直接の引用文は仮名づかい、漢字もとくに断わる場合を除き、現代、常用のものに改めている。
(6)『世事見聞録』の引用はすべて岩波文庫（一九九四年）による。大和魂の語は四〇三、四〇五、四〇七頁に見えるほか、四三〇頁にも「いわゆる大和魂なる武道」の語がある。
(7)『新論』は岩波文庫（塚本勝義訳註。一九三一年）第一刷を使用。この引用は二三三頁。なお一九六八年の第三刷には尾藤正英氏の解説があり、同氏はその中で〝幕府の法を奉じ〟（奉幕府之法）は〝幕府の法を奉ずるは〟と改めるべきことを注意している（同書、三〇七頁）。
(8)前掲『新論』九頁。冒頭部。
(9)同前、三〇〜三一頁。
(10)前掲『世事見聞録』四一七頁。〝日本神国〟といふ事（巻七）。ここに言う遊民とは階級分化の激しい一九世紀初頭にあって、富農、寺社人、医師、陰陽道、盲人、芸人、遊里の営業者、「穢多」などと呼ばれた被差別〝賎民〟等を含め、武士階級以外の人々のうち、都市の富を支配する一切の人々を指すとみられる。
(11)同前、六五頁。ここでは〝武夫〟という用語を用いて、徳川草創期の歴史的状況を考えてあえて限定したものか。
(12)一八三七（天保八）年に書かれた。
(13)前掲『新論』三九頁（国体・上）。〝姦民〟とは『世事見聞録』にいう〝遊民〟とほぼ同じ意味らしい（注10参照）。
(14)同前、一二九頁。ここにいう鬼とは幽鬼、亡者を指す。つまり人民は死後の世界を恐れること。
(15)同前、二一六〜一七頁。左道とは仏教、キリスト教を指し、黠虜とは異国人を〝狡猾な外国人ども〟とさげすむ表現。
(16) 同前、二九頁(虜情)。
(17) 「神州」も本来は中国を指す。
(18) ここは『新論』の〝長計〟の章(前掲書では二一七頁)の文を要約した。漢字の読み方は原テキストに使用されたものに意訳的にルビをふってみた。
(19) 同前、一三頁(国体・上)。
(20) 同前、二一三頁(長計)ここにいう〝物は人より霊なるはなし〟云々とは本来儒教的人間観であって、『礼記』(礼運篇)などに典型的な考え方がみえる。
(21) 『迪彝篇』は一八三三(天保四)年に書かれた。これは漢文ではなく、やや平易に和漢混交の文体で書かれている。テキストは注7の岩波文庫(『新論』と合冊する)による。ここの引用はその末尾、二九〇頁。
(22) 前掲『新論』二三五頁。ここにいう〝犬羊〟は六九頁にも〝虜〟(中国からみた異民族の蔑称が元来の意味)の性〟として出ていて、食肉獣としての格の低さと、北方遊牧民への差別意識の重なり合った語。〝豺狼〟は狂暴で貪欲なたとえ。
(23) 加藤周一『日本文学史序説』下、筑摩書房、一九八〇年、二九五〜六頁。
(24) ここではとくに〝奇兵隊〟のことを指す。
(25) この和歌①②およびこのあとの③の三首は山口県教育会編『吉田松陰全集』(岩波書店、一九三六年刊行)によった。うち①は同書第五巻、二七一頁、②は第四巻、五六〇頁、③は第五巻、二七一頁に収録される。引用の和歌はすべて片仮名書きの部分をそのままに残した以外は書体も含めて現代、常用の表記に改めた。③の敷州は日本。亜墨奴はアメリカ、欧羅はヨーロッパ諸国を指す。
(26) 『講孟余話』より。以下引用は岩波文庫、一九四三年、広瀬豊校訂による。富国強兵の考えは二四〇頁(巻之四、第九章)に見え、公武合体の方針は三五頁(巻之一、第七章)、四一頁(同巻、梁恵王下の第三章)に出てくる。
(27) 吉田松陰は『講孟余話』では経済問題に深入りしていない。

(28) 同前、一六六頁（巻之三下、万章上第六章が重要箇所）。
(29) 前掲『新論』三九頁には、徳川家康を〝東照宮〟と神格化してその功績を高く評価している。
(30) 前掲『講孟余話』一一八〜九頁（巻之三上、離婁第六章）。
(31) 『日本の歴史 23 開国』（小学館、一九七五年）の三〇四頁、同『24 明治維新』（同、一九七六年）の四一頁参照。
(32) 前掲『講孟余話』二二三〜二四頁（巻之四上、告子下篇第二章）。
(33) 同前、二一頁（巻之一、第一場）。
(34) 同前、二六四頁（巻之四中、尽心第三章）。
(35) 資料ナンバーYDM七三二八八。以下、軍歌の引用は、仮名づかいを現代式に改め、漢字も常用漢字の字体に改めた。なお、漢字につけられたルビはもともとつけられていたものを残した。楽譜は数字譜の形でつけられたものもあるが、省略した。
(36) 『新体詞選』第六として一八八六（明治一九）年刊行。軍歌として流行したのは一八九一（明治二四）年七月に小山作之助の作曲がついてから。
(37) 外山正一が一八八二（明治一五）年五月に『東洋学芸雑誌雑誌』八号に発表したのが最初。
(38) 以下（　）内は『大東軍歌』収録軍歌のタイトル。（死や死ね）まで。
(39) 以下三つの（　）も『大東軍歌』収録の軍歌のタイトル。（公に奉じて）まで。
(40) 『歴世女装考』は『百家説林』（吉川弘文館、一九〇六年刊行）によった。
(41) 資料ナンバー特六四―三八五。
(42) 漢字のルビは当初からついていた。以下の俗謡類の歌詞の引用については、ルビは残し、仮名づかい、漢字は、現代、常用のものに改めてある。
(43) 資料ナンバーYDM七四三五四。注46と同一物だが目録には愉快武志とする。
(44) 「　」をつけている理由がよくわからぬが、しばらく原表記のままに引用する。以下この引用同じ。
(45) キンボキンボユカイユカイと読み、一八八七（明治二〇）年ごろ流行した演歌の形式〝愉快節〟にある末尾のリフレーンの文言。添田知道『演歌の明治大正史』（岩波書店、一九六三年）参照。

（46）国会図書館蔵、資料ナンバーYDM七四三五四。タイトルは『国民必携征清愉快武志』とする。

（47）以上いずれも明治初期から中期にかけて流行した俗謡、俗曲の名称。

（48）『新訂　蹇蹇録』岩波文庫、一九八三年、一七九頁による。

（49）『「やまとだましい」の文化史』四七頁。なお著者は第二次大戦前の「やまとだましい」論議の代表の一つとして亘理章三郎『刀及剣道と日本魂』一九四三年刊行を例にして述べる。同書、三〇～四七頁。

第二章　近代日本の進路とアジア主義

原田勝正

はじめに

わたくしは、かつて一九五〇年代末にアジア主義を日本近代史の研究テーマとしたことがあった。今回一九世紀末研究会に参加して日本近代史を考えることにしたとき、一九世紀末と二〇世紀末という二つの世紀末を通じてアジア主義を取り上げられないかと考えた。この一〇〇年を隔てた二つの世紀末の、アジアにたいする日本の姿勢には共通のものがいわば通底しているのではないかと考えたからである。

しかし、この日本の姿勢をアジア主義によって考えることにはかなりの難点がある。その理由はアジア主義の内容とその具体的なかたちのあり方による。一九六〇年代に竹内好氏はアジア主義を完結した概念で規定できない、捉えどころのない内容と特徴づけ、「史的に叙述できるという考えは、たぶん歴史主義の毒におかされた偏見だろう」と述べた（「アジア主義の展望」『現代日本思想大系　第九巻　アジア主義』解題、筑摩書房、一九六三年、一三頁。のち『竹内好評論集』第三巻、筑摩書房、一九六六年に収録、同書、二六二頁）。竹内氏のこの文章が発表されてから四〇年、いまアジア主義は「捉えどころのない」「仕分けのつかない」、しかも思想としての実体を明らかにされないいまま、近現代史の流れの中に埋没、忘却されるかも知れない状態にある。このようにしてアジア主義からアジアにたいする日本の姿勢を考えることは極めて困難である。しかし現在の日本ではアジア主義はもとより、近代の日本がアジア諸地域の人びとにたいしてとってきた行動・姿勢そのものが埋没、忘却の方向に進んでいるのではないか。とすると、目下の急務はアジア主義の概念規定や「史的叙述」の可能性を考えるよりも、まず近代の日本におけるアジア認識の推移を中心に、それとアジア主義とのかかわりを考えることがより現実的な意味を持つのではないかと考えるのである。

この共同研究では、共通のテーマを「統合と隔離」としたので、ここではそのテーマを骨格として明治維新によって成立した天皇制政権を「統合」主体とし、その中で天皇およびその体制が実質的な「統合」範囲の空間的な拡大に積極的な姿勢を示していく過程もふくめて、拡大過程とアジア主義とのかかわりを時系列を追って叙述することとした(1)。第一節は、「統合」主体、すなわち天皇制権力体制の成立(明治維新前後)、第二節は、その体制による拡大志向(蝦夷地・琉球、台湾・朝鮮支配への志向)と自由民権運動から生まれたナショナリズムを基盤とするアジア主義の原像、第三節は、拡大路線の体制化とその実行(日清戦争)、そしてアジア主義の挫折、第四節はアジア主義の新装再現、しかし侵略体制の強化によるその虚像化(日露戦争、韓国植民地化)、第五節は中国東北侵略をめぐる「アジア」の強調とその虚妄、そして最後に太平洋戦争とその敗戦による「統合」体制崩壊の危機、しかし日米共同利害にもとづくその維持、その結果としての「脱亜」の定着、さらに高度経済成長からバブル経済崩壊を通じてアジアへの対応の自律性喪失、それが二一世紀早々歴史教科書問題などにつながる状況を駆け足で概観する。

一　「統合」主体の成立

一九世紀に入って、幕藩体制がその終末段階に直面するころ、「紅毛人」の触手はそれまでの分立した幕藩体制に代わる、統一体としての日本国家についての認識の確立をうながした。それは強い危機意識をともなってそれぞれの強さやかたちはちがいこそすれ、多くの人びとの間に広まった。そこからは日本を取り巻く周辺地域の危機の状況をも認識することによって、日本をアジアの中に位置づける視点成立の可能性が生まれていった。

その危機意識が具体化するのは、一八五〇年代に入って欧米諸国がつぎつぎに提起してきた開国の要求であった。日本ではすでにアヘン戦争でいためつけられた中国の状況を顧慮する余裕もなく、「攘夷」と「開国」とが権力抗争もからめた争いとして展開されていった。そこにはアジアの危機認識を動機として独立を維持し得る統一国家体制を志向する姿勢は弱かった。したがって外交交渉は外国の要求をその場限りで切り抜ける受動的な姿勢によっていた。

このような事態のもとで、一八六七年一月（慶応二年一二月）に将軍に就任した徳川慶喜による体制改革の方策が模索された（「職制改革案」『淀稲葉家文書』第五『日本史籍協会叢書』187、東京大学出版会、一九七五年（原本は一九二六年、以下本叢書は東京大学出版会版を使用する）、四六三頁以下）。しかし幕政の頽勢は挽回すべくもなく、薩摩・長州両藩と一部公卿との連合による、いわゆる「王政復古」のクーデタ（慶応三年一二月九日、一八六八年一月三日）によって幕府は倒れた。

天皇を頂点に据える「統合」権力体制がここに成立した。薩長両藩の活動家たちはこの天皇を「玉」に擬し、

「玉を抱く」ことを成功の鍵としていた。慶応四年三月一四日（一八六八年四月一八日）京都の御所で挙行された五か条の誓文と宸翰の発布において、天皇ははじめて舞台の正面に登場した。わたくしが注意を引かれるのは、国是としてまとめられた誓文よりも、あらたに親政主体として位置づけられた統合主体としての問題意識や抱負が語られた宸翰である。

宸翰の冒頭で、天皇（祐宮睦仁《さちのみやむつひと》親王、嘉永五年九月二二日、一八五二年一一月三日生まれ、母は中山忠能《ただやす》三女慶子《よしこ》）は「朕《われ》幼弱を以て猝《にわか》に大統を紹《つ》ぎ」（仮名遣いと訓みは「太政官日誌」からこの宸翰を集録した『明治維新史料選集』下、明治編、八七頁〔東京大学史料編纂所編、東京大学出版会、一九七二年〕による。『法令全書』所収の文は片仮名で、読み仮名をつけてない）と述べた。「幼弱」という表現にはいかにも生ま生ましい実感がある。禁門の変（元治元年七月一八〜一九日、一八六四年八月一九日〜二〇日）の直後の七月二〇日（八月二一日）夜紫宸殿上で卒倒（事情は後述、このときほぼ満一一歳九カ月）、さらに慶応二年一二月一五日（一八六七年一月三〇日）父孝明天皇の突然の死去にともない、慶応三年一月九日（一八六七年二月一三日）、あわただしく践祚《せんそ》（ほぼ満一四歳三カ月）、そして、「王政復古」によって親政の地位につく（満一五歳二カ月）という経緯がそれを物語る。

こうして見ると、睦仁親王はいまの小学校中学年から中学校三学年あたりの年ごろに、極めて異常な事態に身を置いたことになる。禁門の変のさいには砲声を聞いて気絶という説があるが、これは大宅壮一『実録・天皇記』（一九五〇年）などが史料の確認なしに述べた誤りの情報である。じっさいには七月二〇日夜十津川郷士が宮中に潜入するという情報が入り、禁裏守衛総督として御所の警衛にあたっていた徳川慶喜が駆けつけると、常御殿の内庭に三〇〇人ばかりのおそらく武士が集っていた。軒下には板輿が据えられ、そこには麻裃を着た数十名の、所属不明の集団が控えていた。慶喜は彼らに解散を命じ、京都守護職松平容保（会津藩主）麾下の会津藩士が武装のまま殿上、床下の捜索を開始した。しかし、まことに奇妙なことに逮捕者はなく、その間に集団は文字通り雲散霧消、一カ所の扉の鍵の破壊が発見されただけであった。この怪しげな集団の一連の行動は、孝明天皇か睦仁親王を「奪取」する計画と読み取られたが、この集団と会津藩士数百人が巻き起こす時ならぬ喧騒が殿中に起こり、天皇以下が紫宸殿に移動する途中で、睦仁親王が「俄かに病を発して紫宸殿上に倒れたまふ」（『明治天皇紀』第一、吉川弘文館、一九六八年、三八〇頁）という事件が起こったのである。翌二一日睦仁親王は紫宸殿の北側常御殿の御三間《ごさんのま》に帰り、祖父中山忠能が伺候、「久々寛々《ゆるゆる》拝面　寔《まことに》畏入候。絵本等御とき〔伽か〕申候。賜菓子」（『中山忠能日記』二、元治元年七月二一日、『日本史籍協会叢書』156、東京大学出版会、一九七三年、二一五頁）とあって、祖父と菓子を食べながら、祖父に絵本を読んでもらうという、前夜のショックを引きずっている少年の姿が彷彿とする。父孝明天皇の死去にしても毒殺の疑惑は耳に入っていたかも知れず、その後にわかに「玉」として、公家の一部と薩長と連合勢力のかつぐところとなっていく立場の変化にも、あるいは気付くところがあったかも知れない。その「玉」状態は即位の大礼まで続く。まず宸翰から見ていこう。そこにはすでに「外」への志向が前面に押し出されている。

　古代の天皇親政体制が崩壊したあと社会の発展が停滞するうちに、鎖国を解いて見渡すと、世界は「宇内大ニ開ケ各国四方ニ相雄飛スルノ時」として把握され、日本は内なる開化と外への「発展」とから取り残されていた。これが宸翰の時代認識である。そのような時代状況のもとで天皇が宮中に「偸安忘憂」の日を送るときは、「各国の凌侮を受け」、そのことは「上は列聖を辱しめ奉り下は億兆を苦しめ」る結果となる。これを避けるために、ここで「百官諸侯」と誓い、内には「四方経営、億兆安撫」、そして外に向かっては「万里の波濤を拓開し国威を四方に宣布し天下を富岳の安きに置ん事」を求めていくこと、これを天皇たる者の使命として強調したのである。

「万里の波濤を拓開し」とか「国威を四方に宣布し」とかいう表現を、そのままで侵略主義などと規定することは的確ではないであろう。しかし、内と外との対比とはいえ、当時の危機意識の反動とみるべきか、外への眼はそれなりに強かったのであろう。はじめての進路規定の中に、すでにこうした課題が据えられ、この「外」への眼が、その後の国家の進路への注意を強めていった。このことに当時の進路意識がかなり「外」に集中していたと考えられるのである。

誓文の文案は、福井藩士由利公正（横井小楠の高弟）の手に成り、高知藩士福岡孝悌が第二案を立てたのち木戸孝允が手を入れたとされるが、宸翰の起草者が誰であったのか、このあたりは不明である。(2) いずれにしても「幼弱」の天皇はこのとき満一五歳五カ月、その二カ月前の一月一五日（一八六八年二月一九日）に元服したばかりであった。その天皇は、この段階で政治上の意思能力を期待されることはなく、しかし将来への大きな課題を負荷されたと見るべきであろう。

この宸翰に現れる対外積極姿勢は、同年八月二七日（一八六八年一〇月一二日）紫宸殿で行なわれた即位大礼で具体化した。すなわちこの日紫宸殿前庭（奥行約五〇メートル、左右約七〇メートル）の正面階段から二丈二尺（約六・七メートル）のところに地球儀を置くこととしたのである（『太政官日誌』同年同月同日、前掲『明治維新史料選集』下、一三四頁）。新政の出発に当たって、何かあたらしい考案を盛りこみたい。しかし費用は乏しい。そのとき、かつて一八五二（嘉永五）年水戸藩主徳川斉昭が孝明天皇に献じた地球儀（おそらく東西の直径三尺六寸余、約一・一メートル）を飾ろうと誰かが言い出して、これを幣よりも近くに置くこととしたのである。神に捧げる幣（へい、ぬさ、みてぐら）はさらにその南二丈二尺の場所に台（奉幣案）を置いてそこに載せることとしたから、天皇は階上から七メートルばかりの距離で幣よりも近くに置かれた地球儀と向き合うことになった。この考案は、宸翰と並んで、外に眼を向けようとする気構えを示していたと言うべきであろう。

明治天皇の即位大礼は「大政維新神武復古」を目指して従来の中国風はすべて廃し（池辺義象「御即位礼と大嘗祭」一九一四年三月一八日の講演、『維新史料編纂会講演速記録』三、『続日本史籍協会叢書』、東京大学出版会、一九七七年、二三八頁）、その結果こうした考案がなされたというわけである。幣には神霊がそこに宿る依代《よろしろ》の役目も期待されるから、天皇は神がかった幣（池辺の前掲講演では、その幣は、大真榊《おおまさかき》に五色の絹をかけ、これに「銃玉をかざり」〔どのようなかたちのものか不明、同書、同頁〕とされていて、かなり目立ったと思われる）の手前に置かれた地球儀と向かい合うことになった。(3) ところが当日雨天のためというより『明治天皇紀』第一によると「頃日の霖雨に因り庭上深泥のため」、大礼は「雨儀」を用いるとされ、地球儀は庭の南正面にあたる承明門内中央に置かれ、奉幣案はこれも雨を避けて紫宸殿南廂の「簀子階間中央」（前掲『明治天皇紀』第一、八〇六頁）、南側の廂《ひさし》の下、簀子状に張った榑縁《くれえん》の中央に置かれた。地球儀は殿上から五〇メートル離れた遠いところに置かれたのである。

しかし、ともかくも、「外」への強い関心はこのようにして即位大礼にもはっきり示された。その後の政治過程にも、「外」とのかかわりが強くいろどられていく。

それは、まさに「統合」範囲の拡大であった。そして、天皇自身が、その拡大における意思主体としての資質を具える方向に進むのであるが、その前に天皇の意思を超えた動きが進められた。

「明治二年正月上旬」と推定される木戸孝允の大村益次郎宛書翰がある。このとき木戸は参与、大村は軍務官副知事であった。木戸はその書翰の中で、函館の幕軍平定ののち「唯偏《ひとえ》に朝廷之御力を以主として兵力を以釜山附港を被為開度」、それは経済的な利益どころでなく損失をこうむるかと思われるが、「億万生之眼を内外に一変仕海陸之諸技芸等をして実着に走らしめ、他日皇国をして興起せしめ万世に維持仕候処此外に別策は有之間敷」（『木戸孝允文書』第三、『日本史籍協会叢書』79、東京大学出版会、一九七一年、二三二頁）というもので、「蝦夷地」の開発を後まわしにして他に手を出すのはおかしいという説もあるようだが、「蝦夷之事は此後不失順序、唯朝廷に而已《のみ》蝦夷之利を御貪り無之候得ばいか様とも手段は相立可申」（同書、二三三頁）、それと引きかえ朝鮮のことは「今日之宇内之条理を推す」ものだという（同書、二三三頁）。ここで言う「宇内之条理」とは何を意味するものか。ほぼ同文の書翰が二月朔日（一八六九年三月一三日）付で三条実美、岩倉具視（両人とも議定）に発せられているが、その中で木戸は、この対朝鮮出兵は、かつての豊臣秀吉の出兵とは異なり、「宇内の大勢実に我皇国に急なる」状況によるものであるという。すなわち「宇内之条理」は、ここでは日本の危機というかたちで認識されている。その危機は、外からの侵略と、内からの民衆蜂起による政権の転覆というかたちをとる。それを打開するために、「韓国へ手を下し一旦干戈に至り候とも……無倦怠尽力仕候ときは必両三年を不出天地大一変之実行〔効か〕相顕れ万世不抜之皇基相すわり可申」（同書、二四二頁）と木戸は結論づける。それは朝鮮にたいする植民地支配といかないまでも優越的地位の確立を目指す行動として描かれていたことがわかるのである。

いま触れたように木戸の危機感として描かれる「宇内之条理」「宇内之大勢」はたんに国際的危機に限られるものではなかった。明治元年一二月一四日（一八六九年一月二六日）、岩倉から意見を求められたとき、「速《すみやか》に天下の方向を一定し、使節を朝鮮に遣し彼無礼を問い、彼若《もし》不服ときは鳴罪《つみをならし》攻撃其土、大に神州之威を伸張せんことを願ふ。然るときは天下の陋習忽《たちまち》一変して遠く海外へ目的を定め、随て百芸器械等真に実事に相進み、各内部を窺ひ人の短を誹《そし》り人の非を責各自不顧省之悪弊一洗に至る。必国地大益不可言ものあらん」と述べた（『木

戸孝允日記』第一、『日本史籍協会叢書』74、東京大学出版会、一九六七年、一五九頁)。

世直し一揆などをも視野に入れていたか、木戸の危機意識は戊辰戦争はもちろん、朝廷内部の対立からも醸成されていたであろう。これらをひとつの方向にまとめるには、対外戦争がもっとも効果を持つ。かの攘夷論もそうであった。それは、一九四一年の太平洋戦争開始のときにも、同じ効果を発揮する。木戸は、戊辰戦争が終結した段階で、このような立場から「民心統一」のための対朝鮮政策を構想したと見てよいであろう。

二　「統合」拡大の志向とアジア主義の萌芽

こうして、宸翰に描かれた外への強い関心、姿勢は、国内統一のための戊辰戦争がつづいているうちから、むしろ「統合」を促進することを目的として朝鮮に向けて具体化された。こののち、明治天皇の治世のほぼ全期間を通じて、朝鮮問題はその「併合」を実現するまで、もっとも重要な課題とされていく。そして、注意しなければならないのは、このような「外」への姿勢には、多くの場合「内」の問題がその動機として作用していたという点である。さらにそれだけでなく、「外」への拡大は、日本周辺についての具体的な認識を欠いたまま、地位の上昇という幻想を追ってその実現を図るという姿勢を常態化していったのである。それは一九四〇年代における「大東亜戦争」開戦の決断においても同様であり、その敗戦によって、そのような姿勢は清算されたかに見えたが、しかし、戦後のアメリカとの「同盟」=従属下における日米安全保障体制、さらに一九六〇年代にはじまる高度経済成長にまでその姿勢は消えることなくつづいていく(4)。

そこには、現実の国際的な環境にたいする客観的認識を欠いたままで目標に向かって突き進む姿勢が見られる。

実像を客観的に認識する「手間」をかけることなく、みずから描く幻像に向かってひたすらに走るのである。明治元年や明治二年の状況に立ちもどって見ると、宸翰にも、木戸の書翰などにも、それと同じ姿勢が見られる。そのどれもが、世界を具体的に描いていないのである。朝鮮を対象とする場合にも、日本や朝鮮が位置するアジアがまったく抜け落ちている。

しかし日本全体にアジアないし世界認識がまったく欠けていたかというとそうではなかった。すでに一八四五（弘化二）年箕作省吾が『坤輿図識』を著わして、いわゆる五大洲を並べ、そのひとつのアジアを紹介した。一八六七年（慶応三）年には、幕府の開成所で教鞭をとっていた加藤弘之が『西洋各国盛衰強弱一覧表』を刊行し、その冒頭で「宇内渾《すべ》テ五大洲、吾ガ亜細亜（アジヤ）ヲ最大トシ」と、五大洲最大の洲としてアジアを位置づけた。そして福沢諭吉は、一八六九年『世界国尽』の冒頭に「亜細亜洲」を置き、七五調の文章で中国、インド、ロシアにはじまるアジア諸地域を紹介している（『福沢諭吉全集』第二巻、岩波書店、一九五九年、五九二頁以下）。世界を「円き地球のかよい路は、西の先にも西ありて、まはれば帰るもとの路」と把握し、そこにみずからが住むアジアを位置づける（同書、五九二頁）。この手法は、福沢が日本という国家を客観的に認識する立場に立っていたことを示すものである。

しかし、このように啓蒙書や、その後にはじまる学校教育でアジア認識がひろがっても、政府のアジア認識は具体的な実像を形づくることがなく、国内「統合」の拡大として位置づけられた。明治政府の周辺アジアに向かう政策は、一八七四年の台湾にたいする出兵、一八七五年の朝鮮にたいして開国を強要した江華島事件、ロシアとの間の千島＝樺太交換条約というぐあいに展開するが、その拡大の実行は、「蝦夷地」と「琉球」の「統合」から着手された。

まず「蝦夷地」（現在の北海道と樺太、国後、択捉両島などの総称）は、日本の支配領域に含まれている地域として「開拓」の対象とされた（明治二年七月八日（一八六九年八月一五日）開拓使設置、同年八月一五日、同年九月二〇日北海道と改称）。「土民ハ山獣海魚ヲ捕猟シ、其肉ヲ食ヒ其皮ヲ衣《キ》テ固ヨリ穴居野処ノ民ナリ。今ヤ土地ヲ開キ教化ヲ施サント欲スルニハ、僅ニ酒ト煙草ヲ与ヘバ之ヲ使用スルコトヲ得ベシ」。これは明治二年二月二八日（一八六九年四月九日）、議定岩倉具視が、同じ議定の三条実美に「外交、会計、蝦夷地開拓」の三件を提案して朝議にかけることを求めた文書の中に述べた文章の一節である（『岩倉公実記』中、原書房復刻、一九六八年、七〇四頁）。開拓の対象とする地域の住民は「土民」として把握される。彼らの「統合」がそのまま差別を前提としていたことがわかる。しかし、その「土民」の何人かが明治五年に東京に連れて来られたときおそらく政府の役人が、「府下ノ開化ヲ見セシメントテ市中ヲ連レ歩行《アル》キシニ」彼らは一向に驚かない。なぜかと尋ねると、先年日本の役人が来たとき珍しがって見物すると「田舎ラシシトテ呵叱シ、甚シキハ打擲セラレタリ」。今日群集している市民は「先年蝦夷人ノ通リナリ、サレバ更ニ開化セリトハ覚エズ」と答えた（『新聞雑誌』第五二号、明治五年七月、『新聞集成明治編年史』第一巻、一九三四年、四七五頁）。見事な竹篦返しというべきか。

「琉球」の場合には、明治四年九月五日（一八七一年一〇月一八日）鹿児島藩から提出された琉球との関係についての調書が、史官から外務省へ回付され、翌明治五年五月三〇日（一八七二年七月五日）大蔵大輔井上馨が「皇国ノ規模御拡張ノ御措置有之度」という立場に立って「彼首長ヲ近ク闕下ニ招致シ其不臣ノ罪ヲ譴責シ」その上で歴史上の経過を説明し、「彼ヲ使《し》テ悔過謝罪茅土ノ不可私有ヲ了得セシメ」さらに、「速ニ其版籍ヲ収メ明ニ我所轄ニ帰シ国郡制置租税調貢等悉皆内地一軌ノ制度ニ御引直相成、一視同仁皇化洽浹ニ至候義所仰望御座候」と主張した（井上「琉球國ノ処置ヲ議ス」「沖縄県関係各省公文書」第一、琉球政府編『沖縄県史』12、一九六六年、一頁)。その結果「琉球国使者」が東京を訪問することとされ、正使、副使、賛議官の三人の使節に随行者三四人が八月二五日(九月二七日)に入京、使節三人は九月一二日(一〇月一四日)鉄道開業式に参列、そして使節団は九月一四日(一〇月一六日)午後一時参朝、天皇に謁見、まず天皇が勅語で「汝等入朝シ汝ノ王ノ意ヲ奉シテ失フナシ、自ラ方物ヲ献ス、深ク嘉納ス」と述べた(同書、一三頁)。この使節の接遇については「外国人ト視做シ接待候ニハ不及候、乍去猶客礼ヲ以被遇候義」とされ(明治五年八月一五日政府取決め、同書、四頁)、政府は内外どちらとも決めない姿勢をとったが、この日前掲勅語の後に「冊封の詔」が外務卿によって読み上げられた。この詔書で天皇は琉球国王尚泰を琉球藩王として華族に組み込み、天皇の「藩屏」として「永ク皇室ニ輔タレ」と宣告した(同書、一三頁)。「琉球処分」はここから開始される。

北と南に領域拡張が確認されていく。この手続きを踏んだうえで、前述のように台湾と朝鮮への勢力扶植が実施されていったのである。とくにいわゆる「征韓論」のもたらした政府内部の内紛を止揚するためと思わせるような手際で、一八七五年の江華島事件は計画、実施され、一八七六年二月二七日、当時から第二次大戦後まで日本が「日鮮修好条規」と呼んだ取り決めが締結された。この開国手続の実現は、沿岸測量による挑発から外交交渉にいたるまで、かつて欧米諸国によって開国を強要されたときの手法がそのまま模倣されたものであった。この手順を経て、日本はアジアのなかの「先進国」としての地位を獲得していった。それは、そのまま「脱亜」の行程を構成する。福沢諭吉の「脱亜論」を待つことなく、すでに明治政府の「脱亜」行動は進行していたのである。明治政府=支配体制は前述のように天皇を含めてアジアの中に日本を位置づける姿勢は弱く、アジアの中で日本の地位の向上を目指す進路が彼らの目標であった。そこにはアジア主義は生まれない。

しかし自由民権運動がさかんになり、その力が強まると、アジアの中に日本を位置づけようとする動きが強まって来て、近代ナショナリズムの原型が唱えられるようになる。アジア主義の基本的なかたちは、彼ら民権運動家の手でその種を蒔かれたと考えてよいであろう。たとえば、「琉球処分」が難航した一八七六年、民権派の雑誌『近事評論』第二号は「琉球藩ノ紛議」と題する論説を掲載して次のように述べた。

「〔琉球の〕衆心ノ向フ所独立自治ヲ欲スルノ兆アラバ、我レ努メテ其萌芽ヲ育成シ、天下ニ先立チテ其独立ヲ承認シ、以テ強ノ弱ヲ凌グべカラズ」

この主張は「大ノ小ヲ併スベカラザルノ大義」に立つものであり、それは欧米列強による圧迫を受けていた当時の日本の立場を痛切に示していた。すなわち「併セテ我国独立ノ基礎ヲシテ鞏固ナラシムルノ地歩ヲ占断スルハ、我輩ノ切ニ今日ニ希望スル所ナリ」という。そこにはまさに近代ナショナリズムの理念そのものが描かれていて、それはさきに見た江華島事件における明治政府の志向とまったく逆の方向を向いているのである。その立場は、同じ『近事評論』の論説「朝鮮討ツ可ラズ」(同誌第一三六号、一八七八年一二月八日)に示されている。さきに見た条約の取り決めについて朝鮮政府がこれを拒否し、日本の輿論の中に朝鮮にたいする攻撃論が高まった時期に、この論説は発表された。その要旨は、日本が列国の圧力によって開国を余儀なくされ、そのために国権を失墜し、屈辱を受けている事実を述べ、それにもかかわらず日本政府は列強にたいし「其罪ヲ問フコト能ハズ」という状態にある。そのような日本が「反テ貧弱ノ国ニ向フテ脅嚇ヲ試ミントスルガ如キハ抑々又何等ノ卑怯ゾヤ」というのである。

そこから、『近事評論』の論鋒は、アジアの諸民族は「東西二州ノ局面ヲ一変シ、今ノ所謂貧弱ノ国ヲ化シテ今ノ所謂富強ノ国ト為シ」局面を一変させる方向に進めと主張する。そしてその中心となるべき実行者を日本とし「我邦幸ニ此ニ見ル所アリ、既ニ今日ニ施為セシ所アリ。故ニ今ニシテ尚ホ之ヲ中止セズ益々勉メテ怠ラズンバ、其成功ヲ奏センコト何ノ難キコトカ之レ有ラン。若シ果シテ此大業ヲ成就スルヲ得バ、独リ日本帝国ノ光栄ヲ増スノミナラズ、亦タ実ニ亜細亜全州ノ幸ト謂フベシ」（以上『近事評論』前掲論文）と主張する。

このまさに典型的なナショナリズムの主張は、近代化をはじめたばかりの当時の日本におけるユートピア志向とでもいうべき「純粋」性を持っている。同時に、そこには明らかなアジア認識があった。しかし、その「純粋」性は、そのまま国際環境の中に生きつづけることはできなかった。一八八二年五月長崎県島原で樽井藤吉（奈良県出身）が結成した東洋社会党は、道徳的言行、平等の実現、社会公衆の最大福利などを唱えて結社禁止の処分を受けたが、「内地に於て其の主義の拡張を企図せんよりは、寧ろ之を朝鮮支那の内地に輸入《ママ》し、彼の奴隷人民の惰眠を覚破し、以て大いに東洋の衰運を挽回するに如かずとせり」と紹介された（田中惣五郎『東洋社会党考』一九三〇年、新泉社復刻、一九七〇年、二一頁、三六頁）。まさに革命の輸出である。それは一面ではルネサンス期にユートピア都市『太陽の都』を描いたT・カンパネッラが、被抑圧都市があるときは「太陽の都」は解放義勇軍を派遣すると述べたときからの伝統に立つ（『太陽の都』岩波書店、一九九二年、五四頁）。しかし他面で革命の輸出は、国内の革命運動が禁圧されるとき、禁圧の鋒先をかわすために企てられることもある。東洋社会党結党の三年後、自由民権運動の敗退期にかつての自由党左派大井憲太郎は朝鮮の革命支援を図って弾圧される（大阪事件）。圧力をそらすための革命の輸出は、木戸の民衆蜂起をそらすための朝鮮出兵計画の論理とも連なる。

自由民権運動の衰退期にはナショナリズムが権力の政治力学に対抗不能となり、本来の力量を失っていったのである。

三 「統合」拡大の戦略体制化とアジア主義の転向

自由民権運動の中で唱えられたナショナリズムにはアジア主義を根付かせる契機を持つものがあった。アジアの現状認識に立って日本の進路を模索する立場も生まれた。またアジアの危機的状況の認識は「興亜」というスローガンを生んだ。

しかし政府の進路はこれとは明確に異なっていた。一八八〇年代前半から一方で資本主義体制の成立を促進するとともに、民衆運動にたいする強圧を通じて権力体制の強化、天皇主権の外見的立憲制による憲法体制実現の方向に進んだ。そして外に向かっては、朝鮮支配の実現を緊急の課題として取り上げていく。この方向にたいしては、一八八一年自由民権派の中から生まれた玄洋社が「大に韓半島に国威を発揚せんとす」として政府の進路に同調する（『玄洋社社史』一九一七年、近代史料出版会復刻、一九七七年、二三九頁）。こうしてアジアにおける日本の進路は、政府も、「脱亜」を主張する福沢も、そして玄洋社も同じ方向に整理されていく。その整理は朝鮮支配確立のための対清戦争（言うまでもなく近代日本の最初の対外戦争）準備の過程において成立した。しかもこの過程は、国内における大日本帝国憲法の体制＝外見的立憲制による天皇主権の君主専制体制の成立期と重なる。アジアに向かう戦略体制には、国内のこのような背景があった。

一八九〇年一二月六日第一回帝国議会における山県有朋首相の施政方針演説は、この立場を端的に表わしていた。山県はこの演説で幕末開国以来の努力が、三〇〇年の遅れを取りもどす方向に進んでいることを述べ、内政については行政・司法の制度の整備とその敏活な運用、農工・通商の作振による実力の育成を急務として挙げた。

それに加えて外に向かっては「国家ノ独立ヲ維持シ、国勢ノ拡張ヲ図ルコトガ最緊要」とし、その国家の独立・自衛の方途には二つがあるとした。その二つとは「第一ニ主権線ヲ守禦スルコト、第二ニハ利益線ヲ保護スルコト」であり、主権線は「国の疆域」すなわち国家の主権領域、利益線は「主権線ノ安危ニ密着ノ関係アル区域」とされた。理念から見て近代国家が領域周辺に支配権を拡大することはあり得ない。この利益線は、すでにフランス革命直後からナポレオンのヨーロッパ征服計画に見られるような資本主義体制に基本づけられる政治力学が生み出した概念である。日本の開国も明治政府の進路も、この路線の上に規定されていた。これを国家膨張の論理と、仮に呼ぶこととしよう。近代国家は、このような論理で国家独立の理念を踏み外していく。

すでに、ここではかつて木戸が朝鮮侵攻を唱えたときの「彼の無礼を問ひ」という一方的な攻撃の言辞も、その底にある国内向けの政略も姿を消している。「方今列国ノ間ニ介立シテ一国ノ独立ヲ維持スル」ためには、主権線を守るだけでなく「必ズ亦利益線ヲ保護致サナクテハナラヌコト、存ジマス」と、国家膨張の論理を近代国家に通有の独立条件として肯定し、それを日本国家の進路に採用する。それはナショナリズムの理念から離れた国家エゴイズムの論理への習合である。彼らが欧米列強から学ぶべき近代化にはこのような方策があったことがここには示されている（山県の演説の引用は『衆議院第一回通常会議事速記録』第四号〔内閣官報局、一八九〇年一二月七日、一頁〕による）。

前から見てきた朝鮮支配のための軍事力の整備については、山県の施政方針演説でも「其ノ利益線ヲ保ツテ一国ノ独立ヲ維持スルニハ、固ヨリ一朝一夕ノ話ノミデ之ヲナシ得ベキコトデ御座リマセヌ、必ズヤ寸ヲ積ミ尺ヲ累ネテ、漸次ニ国力ヲ養ヒ其ノ成績ヲ観ルコトヲ力メナケレバナラヌコトト存ジマス」と述べ、この第一回帝国議会ではじめて審議にかけられる翌年度の予算案について「巨大ノ金額ヲ割イテ、陸海軍ノ経費ニ充ツルモ、亦此ノ趣意ニ外ナラヌコト」としている（同書、同頁）。恣意的な侵略の論理によるものでなく、とくにヨーロッパの近代国家がつくり上げてきた膨張の論理によって対外進出を実現する。この立場はまさに「先進国」に倣う「後進国」のものであり、その姿勢を整えることによって、維新当時の恣意的行為から脱皮し、同時に、それまでナショナリズムの理念に立って政府の対外政策を批判し、その存立を脅かしてきた民権派の動きを封殺し得たのである。

ここにおいて、明治政府による東アジア「統合」のための体制が成立したと見ることができる。一八八八年陸軍はそれまでの鎮台を師団に改編した。それは、国内における反体制の動きを鎮圧するという使命に代えて、外征部隊の機動的な動きを確保するための措置であった。山県は別の場所で「我邦利益線ノ焦点ハ実ニ朝鮮ニ在リ」と述べている（『外交政略論』一八九〇年三月）。この立場に立って、彼は現在の七個師団の兵力は主権線を守るためにあり、さらに兵力を増加して二〇万人にまで到達させることができれば利益線（＝朝鮮）確保が可能になるとしている（同論説）。

その体制の上に「統合」の進路は構成される。その実行は、日清戦争から日露戦争に至る過程でつぎつぎに現実化されていった。ちょうど一九世紀末から二〇世紀初頭にかけての一〇年間が、その実施の時期に当たっていた。この時期は、いま見てきたような明治国家体制の対外方策について、その計画と実行の体制が一挙に整っていった時期に当たることがまず注目される。日清戦争開始にあたってイギリスは日本との通商航海条約改定に同意、それは日清戦争遂行上日本に有利に作用しただけでなく、条約改正を本格的軌道に乗せた。その背後にはイギリスのアジアにおける外交政策が日本を必要としはじめる事情があったことが挙げられる。さらに日本は義和団事件を契機にイギリスの「極東における代理人」としての地位を与えられると、一九〇二年の日英同盟から一九〇四年の日露戦争にかけてアジアにおけるイギリスの代理人としての奉仕を活発につづけ、東アジアにおける支配権の強化、支配領域の拡張をイギリスなど「先進国」の手で保障させることに成功した。それはまた日本が英・仏・米など「一等国」と肩を並べる可能性を約束した。明治元年の宸翰が描いた未来像は帝国主義体制における行動を通じて、にわかに実現の契機を得たのである。

この間、アジアに眼を向ける個人、グループの行動には、みずからこのような方向を志向する例がふえていく。かつて自由党を率いた板垣退助は一八八七年七月亜細亜貿易商会設立の計画を立て、その趣意書の中でつぎのように述べた。「近時我邦は西洋の風に化し、衣食住共に改良に赴くの際、雑貨類に在りては殆ど廃物として利用すべきも亦少しと為さず」。また食品類などでも不要のものが増加しているが、しかし「安南シャムに於ては我が食品雑貨にして廃物に等しきも」利用価値は高いとされるので「之を彼に致さば其利を得ること最も大なりと為す……」(『自由党史』下、岩波文庫版、一九五八年、一六〇頁)というのがその論理である。板垣は商権拡大によって国権を拡張すべしとする立場をとり、政府の立場と異なる独自の国権拡張論を唱えた。しかし、そこには、アジア諸民族への差別の立場が生まれていて、それ自体政府と同じ「脱亜」の道をとっていたのである。

また、一八八五年に朝鮮への革命の「輸出」を図って挫折した大井憲太郎は、一八九二年東洋自由党を結成する。その趣意書の中で彼はつぎのように述べる。「我日本人は宜しく亜細亜革新の指導者を以て、自ら任ずべきなり」。ここには当時参謀本部から中国に派遣された将校たち、たとえば荒尾精の使命感と共通の立場が現れている。しかしそれだけではなかった。この文につづけて彼は言う。「殊に朝鮮の如きは我国の堤防なり。一旦決潰せば其禍患測る可からず。勉めて之を修築して、朝鮮国の安全を謀るは日本国の急務なり」(大井「東洋自由党組織の趣旨」『新東洋』第一号、一八九二年一〇月二〇日、平野義太郎『馬城大井憲太郎伝』一九三八年、二九七頁に再録のもの)。これは山県の利益線とまったく同一平面で語られる状況認識である。

玄洋社の掲げる使命感も、かつての自由党急進派の唱える政略論も、「脱亜」を主張する福沢の立場と正反対の姿勢をとって、アジアへの密着を志向するかに見える。しかしそれらは、板垣の貿易商会計画もふくめて、結局はアジアの人びとから日本人を切り離す。彼らの間でアジアという地域名はこのころまでに定着した。しかしそこからアジア主義は生まれない。日本は「文明国」を目指し、その「文明国」は、日清戦争の結果台湾を奪取し、アジアにおける唯一の植民地領有国となることによってその資格を付与された。

さらに「文明国」日本は、「文明の恩沢」に浴していないとするアジア諸民族を、一面では天皇の慈恵の対象として、その恩沢のもとに置こうとする。天皇(「仁」をその名に持つ)の慈恵による「統合」範囲を、自国の国民からアジアに拡大するという方策である。しかもその統合の内容は言語にもおよぶ。徳富蘇峯は、日清戦争終了の一八九五年、中国、朝鮮に日本語をひろめ、これを人びとに強制すべしと説いた(『国民新聞』一八九五年四月二一日)。それはその数年前までの欧化主義者が唱えた「日本語改良」「日本人種改良」の裏返しであり、一九一〇年代以降の植民地朝鮮や台湾で行なった日本語強制から一九四〇年代の「創氏改姓(名)」の先駆をなす。

そこでは言語の強制も天皇の慈恵の名のもとに「同化」の方策として行なわれることになる。そこに日本の植民地支配が持つ特質が見られた。この支配を拒否する人びとにたいしては徹底的な弾圧が加えられる。日清戦争中の旅順における虐殺事件をはじめとして、台湾占領、領有開始以降、現地の人びとにたいする暴行・虐殺はさらにはげしいものがあった(東アジア近代史学会編『日清戦争と東アジア世界の変容』上下、ゆまに書房、一九九七年には、こうした問題にかかわる研究成果が盛りこまれている)。

このような行為や姿勢には、「統合」の反面としての「隔離」ないし「疎外」「排除」がはたらいていることが示された。しかも、その「統合」を推進する主体にも、タテマエとホンネの明白な分裂が見られた。おそらく内閣書記官長辞職直後の一八九七年と推測される時期に台湾を視察した伊東巳代治は、その視察報告で「将校ノ遊興ノ如キモ頗ル盛ナリ。又以前ハ兵卒ノ富豪ヲ奪掠シタルコト往々之アルノ如シ」と述べた。このほかにも伊東はこの報告で、台湾に赴任する官吏が増俸、昇級をあてにする場合が多いと記している。それは植民地支配に内在する矛盾の露呈であった。天皇の慈恵はこの矛盾を糊塗するところに成立するほかなかったのである。そしてそれを正当化するアジアへのあらたな眼＝アジア主義が求められてくるのである。

四　アジア主義の再現と虚像化

日清戦争から日露戦争にかけての一〇年間に、日本の支配体制は植民地領有を通じてあらたな統合と隔離の図式を実行に移した。一面ではあいも変わらぬアジア無視の立場をとっていたが、この図式とは別に、独自の文明を持つアジアを欧米に対置させ、統合されたアジア認識に立つ図が描かれはじめた。たとえば岡倉天心の「アジアは一つ」はその典型である。「二つの強力な文明、孔子の共同主義をもつ中国人と、ヴェーダの個人主義をもつインド人とを、ヒマラヤ山脈がわけ隔てているというのも、両者それぞれの特色を強調しようがために置かざるに」と述べてアジア文明の統一を指摘する論説は「アジア民族にとっての共通の思想遺産」の存在を挙げて、アジア文明の回復の可能性を論じた。彼はその論文で日本の役割を論じ、最後に「闇を切り裂く刃のような稲妻の一閃を、我々は待ち受けている。なぜなら、新しい花々が咲き出でて、大地を花でおおうためには、まず恐ろしい静けさが破られねばならず、新しい活力の雨粒が大地を清めてくれねばならない。しかし、この大いなる声の聞こえてくるのは、必ずやアジア自身から、民族古来の大道からであるに違いないのだ」と結ぶ（岡倉天心「東洋の理想」一九〇三年、『岡倉天心全集』第一巻、平凡社、一九八〇年、一三三頁）。

そこには「ヨーロッパの栄光はアジアの屈辱である」（岡倉天心「東洋の覚醒」一九〇一～二年、同書、一三六頁）という現状認識がはたらいていた。それは土井晩翠が「万里長城の歌」で「西暦一千九百年東亜のあらし明日いかに／中華の光先王の道この民を救ひ得じ／愛を四海に伝ふべき神人の道今空語／看ずや虎狼の牙鳴らす基督教徒血に渇き／群羊守る力無き異教の民の声呑むを」と表現した危機感につながっていた（一八九九年春、『晩翠詩抄』岩波文庫、一九三〇年、五七頁）。世紀末と重なるこの危機感は、その打開の途をアジアの「統合」に求めていく。(5)

アジア主義というべきあらたな進路の指標がそこに提示される。それは、義和団事件を通じて醸成された「支那分割」の危機認識によってさらにつよく押し出されていった。その前年の一八九八年一月号の雑誌『太陽』に「同人種同盟」を発表して「余は日本人が漫に欧州人と合奏して支那亡国を歌ふの軽浮を歎ずるものなり」と述べた近衛篤麿（『近衛篤麿日記（付属文書）』別巻、鹿島研究所出版会、一九六九年、六三頁）は、東亜同文会に拠って「支那分割論」に反対したが（工藤武重『近衛篤麿公』六日社、一九三八年、一八一頁）、ここにも欧米の侵略に対抗するという点でアジア主義というべき立場が表明されていた。

この立場は天心の文明論よりも具体的な方策としてアジアの進路を模索していたというべきであろう。(6)その例は宮崎滔天の場合さらに具体的であった。滔天が自由民権運動の流れを汲んで中国革命支援の運動を実践したことは広く知られているが、彼の立場は「革命の輸出」といった戦略的立場に立つものではなかった。大井憲太郎の大阪事件における立場とは明らかに異なっていたのである。すなわち、まず中国人の立場に立つ解放の目標が据えられていた。それはそのまま近代の人間観に立つ「人道主義」とは規定できないにせよ、ナショナリズムのもっとも源泉に近い立場がそこには流れていた。

「古来我が亜細亜洲に於ては、空拳を奮って天下を取り、万民の上に権力を振り廻はして自ら快としたる野獣的豪傑は少く無い。然も理義に拠り主義に立ち、以て蒼生を困厄の裡より救はんと企てたる革命的真英雄に至っては、遺憾ながら其面影を見出すことが出来ない。余輩は唯アギュナルドの前にリザルあり、洪秀全の後に孫逸仙あると知るのみである」（宮崎寅蔵「孫逸仙」未発表、一九〇六年か、『宮崎滔天全集』第一巻、平凡社、一九七一年、四七〇頁）。これは、滔天が、孫文の革命家としての資質を描いた文章の冒頭の部分である。孫文の立場を彼は「天は人の上に人を作らずてふ確信に根底を置き、人類同胞主義に拠って天国を地上に建設せんとする者である」（同書、四七二頁）と規定し、これを肯定している。ここに滔天自身の「人類同胞主義」が示される。

滔天自身はアジアの革命に大きな夢を抱き、それに挫折していった。とくに、世紀末からあらたな世紀初頭にかけて、彼の行動の「純粋」性は、他にくらべることのできない高度の人間性によって支えられていた。ただ、彼の「夢」を現実の状況に実現するためには、客観的な状況の動きをひとつのシステムとして把握し、それに対応すべき同一目標を持つ人びとの集団としての行動を組織することが不可欠であった。滔天の行動は、こうした集団行動や組織化を終始欠いていた。個人的、私的なつながりによる連繫が彼の行動のかたちであった。

日露戦争から一九一〇年の韓国植民地化、さらに一九一一年の辛亥革命にいたる過程において、とくに前者については植民地化を目指す政府・支配体制の手続は強引を極めた。日露戦争の講和条約締結直後、英・米・露三国の承認のもとに韓国支配実現に乗り出した日本は、一一月九日伊藤博文が韓国の外交権を日本に委譲することを求める明治天皇の親書を持ってソウルに到着。皇帝高宗に内謁、親書を手交した。高宗が日露戦争以来の日本の対韓政策について不満を述べると、「韓国ノ独立ハ何人ノ賜《たまもの》ナルヤ」と述べ、日本の恩恵を忘れているのではないかと脅迫して、外交権委譲を要求（伊藤の明治天皇にたいする報告『奉使記事』第二号）した。そのうえで一六日伊藤はみずから韓国各大臣への説得をはじめ、一八日午前一時保護国化を内容とする協約（第二次日韓協約）に調印した。この間大臣の逃亡を防ぐため、護衛の名目で大臣ひとりひとりに日本軍の兵士をつけ、国璽である邸璽を確保するため、邸璽保持官を監視の下に置くなど、強圧的な方策を一貫してとり、最後まで日本皇室への斡旋を求める高宗にたいし、伊藤は「今ヤ其希望ハ全ク無用ニ属スルヲ以テ御断念アリタシ」と振り切った（前掲『奉使記事』第二号）。この協約にもとづいて一九〇六年一月日本はソウルに韓国統監府を置き、伊藤は韓国統監に就任、独立国が独立国の主権を制限・否認して「併合」するという近代国際社会でも稀有というべき植民地化の方式を進めた。

さらに注目されることは、「併合」までの過程で明治天皇が積極的な姿勢をとったと推測される点である。一九〇七年オランダのハーグで開かれた万国平和会議に、高宗は使臣を送って列国が日本の韓国「保護権」否認を決議するよう要請した（ハーグ密使事件）。この事実を知った伊藤は七月三日高宗を詰問、一八日高宗は譲位、二四日第三次日韓協約調印と事態は急展開し、日本は、韓国の国家主権をほぼ全面的に否認するところまで進んだ。『伊藤博文伝』の記述によると、明治天皇は徳大寺実則侍従長に伊藤宛の書翰を送らせたが、徳大寺はその書翰につける副申のかたちで天皇が当時の首相西園寺公望に示した指示を申し送った。その指示の要点は、このさい日本政府から二、三〇〇万円を韓国皇帝に贈り恩恵を施してはどうかというもので、恩恵を施すといっても、公私の支払いは韓国統監府が監督するという条件をつけたものであった（『伊藤博文伝』下、春畝公追頌会、一九四〇年、七五五頁以下）。このとき西園寺は伊藤に書翰を送り「陛下には特にアンテレッセー被遊候御様子にて、反覆御下問等も有之……」と、天皇がこの問題について深い関心を寄せている旨を述べた（同書、下、七五七頁）。その事実の確認にはなお史料の追究が必要であろうが、注意を引かれる点である。

微細な点まで配慮した術策を編み出して韓国にたいする支配権強化を図る「帝王」のイメージがここに見えてくる。こうして政府が維新以来の課題としてきた朝鮮支配は実現する。

以上のようにして日露戦争は一面でイギリスのインド支配をロシアの侵略から守る代理戦争のかたちをとりながら、日本にとっては朝鮮植民地化という課題を実現させる結果を生んだ。そのほかにも、日本は中国東北をロシアと南北に分割して支配する「権利」を取得し、また樺太の北緯五〇度線以南をロシアから割取して、東アジアにおける「統合」の範囲をさらに拡大した。

しかし、中国東北を「統合」の対象とする方策にたいしては、まず第一にアジア大陸の一角に橋頭堡を求めるアメリカ合衆国がつよく反撥した。日露戦争の戦費の一部を調達してまで中国東北の利権分与を求めたその期待は日本の利権独占によって破られたのである。それは一九四一年にはじまる太平洋戦争の火種となった。第二に一九一一年に起こって清朝支配を打破した中国の革命勢力が中華民国を創立すると、日本の支配者層は、この共和制国家の国民が「満州返還」の運動を展開することを恐れた。その恐れは、一九一〇年代末以降事実となり、日本は「満蒙分離」、すなわち中国東北は中国でないという論理を用いて中国東北支配の完成に走った。

この辛亥革命については、「如何にしても支那と提携し、同心協力相依り相須ち、二国の力を戮せて西力東漸の勢に当り、以て東洋永遠の大局を維持するに努むる」という立場（青柳篤恒「支那に対する我日本の根本方針」『太陽』第一九巻第三号、一九一三年三月号、九一頁以下）がひとつの代表的意見として表明されていたが、より具体的には、青柳の論より早く「日本は地理上其他に於て最も優越なる地位に在るのであるから（中略）矢張り優越なる利権を占得し得るであろう」（松平康国「革命後の支那」『太陽』第一八巻第五号、一九一二年四月号、一二五～一二六頁）という利権獲得を目指す立場がその基底には流れていた。

この段階で、中国にたいする姿勢は滔天のような中国革命支持と、朝鮮、中国東北侵略と、分裂的様相をはっきり示した。しかもアジア主義を自認する論者は、この場合後者に立つ傾向を強めた。一九一六年一一月に『大亜細亜主義論』（東京宝文館）を著わした小寺謙吉は「東西文明の調和、黄白思想の溶化は亜細亜に於ける旧文明の淵叢地たる支那と、新文明の先覚者たる日本との協同事業なり。日本は支那に依りて経済的に利し、支那は日本に頼りて政治的に利するを得ば、庶幾《こいねがわ》くは其の目的を達するを得む。而して是れ大東亜細亜主義の第一歩なり」として「大アジア主義」を提唱した（同書、序文、三～四頁）。小寺は、この「大アジア主義」は汎スラビズムの挑発的急進的立場にたいして「防禦的にして漸進的」な民族共同主義と特徴づけ（同書、二六五頁）、帝国主義政策のもとに展開した「汎……主義」との相違を強調した。それはアジア諸民族「統合」へのあらたな提案を意味した。しかし彼は「日本は支那に依りて経済的に利し」という効果を予測した。そこには、明らかに日本による利権確保のねらいがひそんでいた。

一九一三年に日本を訪問した孫文は、東亜同文会主催の歓迎会で「アジア人のアジア」を唱え（『孫中山全集』第三巻、中華書局、一九八四年、一三頁）、そこから彼の「大亜州主義」は出発する。しかし、孫文はその後日本で唱えられていた「大アジア主義」の本質を認識していく。死去の前年一九二四年一一月、神戸高等女学校講堂で神戸商業会議所など五団体の人びとを前に「大アジア主義」と題して行なった講演では、日本が欧米覇道の手先となるのか東洋王道の干城となるのかを選ぶところに来ていると述べた（趙軍『大アジア主義と中国』亜紀書房、一九九七年、二〇七頁）。日本における大アジア主義は、しかしこの指摘を顧みるところはなかった。したがってその本質を変えることなく、大アジア主義は、さらに大規模な「統合」、中国東北軍事侵略の「理論」支柱（というより「心情」支柱というべきか）となり、さらに一九四〇年代初頭「大東亜共栄圏」論を生み出していく。

それは、「アジア」認識すなわち日本の置かれた客観的状況への認識を欠いたままひたすらに外への拡大、内における統合を実現するために外にたいする統合をまず実践しようとするところからはじまった近代日本の拡大幻想の行き届いた果てというべきか。結局のところアジア主義は実践の現実的基礎を欠いて行動の現実的効果を失い、大アジア主義は客観的認識を前提とすることなく、目前の動きに触発されていわばその場限りの打開の先の到達点を描いた幻想に堕していった。そして後者が国家の進路に主導的な役割を果たすようになっていった。

五　侵略の拡大とアジア主義の体制化

アジア主義、大アジア主義のこのような流れは、しかし一九一〇年代に入ると、周辺につよい反対、抵抗を生み出していった。いま見た孫文の主張もそうだが、まず日本の中国東北支配にはげしい対抗意識を燃やすアメリカ合衆国をはじめ、イギリス、ロシアは日本の進路のあり方に警戒を強めた。もともと英、米の支援のもとに東アジアにおける地位を確立した日本は、条約改正もふくめて自立を果たした段階でつぎの目標である中国東北の勢力拡大について米、露の警戒を呼び起こした。しかもこの問題を外交で解決しようとするとき、大きな障害となったのは、アジア問題の具体的な展開についての認識の欠如であった。しかし、この間に形成された差別意識は、アジア問題を根本から見直す作業を不可能にしていた。

大アジア主義はこのような流れの中で主流となっていった。まったく事態の本質を見抜く力のない人びとが、むしろ積極的にこれを採り上げる。そこには欧米の物質文明にたいするアジアの精神文明の優位という、事実認識と無縁のいわば「幻想」が中心となり、その「精神文明」なるものの頂点に「万世一系、八紘一宇」の皇統をいただく日本の「国体」が鎮座したのである。

そこではいくつもの矛盾が露呈した。日本と植民地・アジア諸国、日本と帝国主義国や革命後のソ連邦などの間の関係が主要な矛盾を構成したが、その中で問題の焦点は中国東北（満州）にしぼられた。その支配権確立については、韓国の植民地化とまったく異なる方式がとられた。現地駐屯の軍隊が、軍隊としての規律を破って侵略行動を開始し、天皇・政府が「しぶしぶ」これを追認する。独立国が独立国を植民地化するのではなく、独立国が独立国の一部を分割して、別の「独立国」を建設し、そこに実質上傀儡政権による体制をつくらせる。それは第一次大戦後急速に激化した民族運動、中国の五・四運動、朝鮮の三・一万歳独立運動によって従来の植民地獲得方式が通用しなくなったという判断によるものか、またそれはワシントン体制をふくむ世界史の流れについての認識によるものか、植民地獲得のあらたな方式がここに採用されていた。

そのようなあたらしい局面のもとで、「アジア」は国民の意識に二つのあらたな変化をもたらした。第一は、さまざまなメディアを通じて「アジア」という地域名が普及したこと、第二はアジアにおいて日本人が被害者とされているという状況伝播、それらはマス・メディアによって量の上で普及しただけでなく、強い危機感を呼び起こした。その危機感は「理論」支柱に「心情」支柱を並列させ、後者の役割を示唆したが、「アジア」はこの段階で日本人の心情に深く根づいていった。「心情アジア主義」とでもいうべき立場が広まっていったと考えられる。第一の「アジア」の使用例を見よう。たとえば一九二八年一一月三日の明治天皇誕生日が明治節という祝日として制定されたとき、「明治節唱歌」（堀沢周安詞、杉江秀曲）が発表されたが、その冒頭の句は「亜細亜の東日出づるところ」ではじまった。地域名を読み込んだこの句は政府制定の祝日唱歌としては異例というべき句で、この歌が学校の式典などで唄われることによって、アジアという地域名は広範囲の普及を果たした。こののち歌曲では関東軍にかかわるもの、たとえば「独立守備隊の歌」（土井晩翠詞、中川東男曲、一九二九年、㈠ああ満州の大平野　アジア大陸東より……）、「討匪行」（八木沼丈夫詞、藤原義江曲、一九三二年、㈤亜細亜に国す吾日本……）などがその代表で、いずれも軍歌に属する歌曲であったが、レコードで普及した。日中戦争開始後は、軍歌というより日本放送協会の番組「国民歌謡」に登場するものが増加した。小説では陸軍大学校を中退ののち軍籍を離れて孫文の中国革命に投じた山中峯太郎の「亜細亜の曙」（一九三二年）が、みずからを国家・社会の羈絆《きはん》から解放して、アジアの解放運動に投ずる青年像を描いて少年読者にうったえた。それは山中の前作日露戦争中の将校斥候を描いた「敵中横断三百里」などとともに講談社刊『少年倶楽部』の普及力によって、少年たちに「アジア解放」の幻想を描かせたのである。また一九三四年一〇月一日南満州鉄道が運転を開始した特別急行列車は公募によって愛称名を決定したが、応募三万通の中から「あじあ」が選ばれた（市原善積『満鉄特急あじあ号』原書房、一九七六年、一九四頁、なお同『南満州鉄道―「あじあ」と客・貨車のすべて』誠文堂新光社、一九七一年、一七九頁では応募総数を四万六六通としている）。この列車は『小学国語読本』第四期（一九三三年第一学年用使用開始、第六学年用は一九四二年まで使用）の巻十（第四学年後期用）に「『あじあ』に乗りて」という標題で教材として採用されたので、義務教育を受ける児童がすべて読む機会を持ったから、「明治節唱歌」とともにその普及力は他の何ものにも勝るものとなった。

こうして見ると「アジア」という地域名は、当時「進出志向」の目標とされた中国東北にかかわる場合を中心に、しかもかなり情緒的な要素を込めて普及していったことがわかる。その地域についての知識では、ここで見る限り客観的な認識を期待することはできなかった。「統合」の対象として民衆がアジアを認識する場合には、このような心情先行の視点がふさわしいと考えたのか、それともこのような視点以外には考えられなかったのか。アジアを情緒の対象として心情的立場から見る結果がそこから生まれていく。

第二の「被害者としての日本人」はどうか。一般に侵略行動に入る動機として被害者意識は反発力惹起の手段として用いられることが多い。欧米諸国にたいしては、幕末開国以来の不平等条約のような体制差別、日清戦争終了直後の遼東半島返還を求める露・独・仏三国の要求（三国干渉）、日露戦争終了後、米国の中国東北鉄道利権分譲要請にたいする拒否をきっかけとする在米日本人排斥運動などがあり、一八八六年潮岬沖で沈没したイギリス船ノルマントン号乗船日本人客の全員死亡をもたらした英人船長を神戸の領事裁判が無罪と判決した事件、もっとさかのぼると幕末の伊豆下田で米総領事への「人身御供」視された「唐人お吉」や横浜岩亀楼で自殺した遊女喜遊のような個人にかかわる事件がくり返し取りあげられた。その後は外交事件として一九二二年ワシントン会議のさいの外交暗号解読にはじまる米国の「陰謀」が、一九四一年米国政府による在米日本人資産の凍結、対日石油輸出禁止に展開し、いわゆる「ABCD（米英中蘭）包囲陣」という経済制裁・圧迫が叫ばれて、日本は太平洋戦争への引き鉄を引くことになった。

これらの事件はもともと「統合」の対象とは考えていない地域・国家による「被害」というかたちをとっていたが、加害とされる行為主体が中国人や朝鮮人にある場合（またはロシア人のようなアジア人以外の場合でもその行為がシベリアや中国東北などアジアで起こされた場合にはこの中にふくまれる）、引き起こされる被害者意識は、欧米諸国、欧米人による場合と異なり「統合」支配者としての矜持が傷つけられるばかりでなく、それらの行為が植民地支配にたいする蜂起・抵抗に展開する可能性を予測する。朝鮮における三・一万歳独立運動のあと、一九二三年の関東大震災の折に、在日朝鮮人の蜂起を必然と想像し、各地で朝鮮人にたいする加害事件を引き起こしたのはその典型である。しかも日本の警察や地方行政当局は「被災者ニ対シ暴行ヲナスノミナラス、井水等ニ毒薬ヲ投スル事実有之候条」（一九二三年九月三日神奈川県三浦郡長の各町村長宛〔指令〕号外。毛塚五郎『関東大震災と三浦半島』自家版、一九九二年、一一一頁）と暴行や毒薬投入を事実として通報した例がある。その後この暴行や毒薬投入は、一九二〇年代後半の軍事教練のさいの演習の想定（一九二五年、小樽高等商業学校の事件）にはじまり、同時期から一九三〇年代に入って各地で展開された陸軍や内務省による防空演習にさいして、これを宣伝する大衆雑誌の記事などに同様の想定が使われた(7)。さらに下って二〇〇〇年四月九日石原慎太郎東京都知事の在留第三国人騒擾暴行想定発言までこの流れはつづく（『朝日新聞』二〇〇〇年四月一一日ほか）。「統合」支配者は常にこのような幻影を描き、それを当時成立したマス・メディアを通して宣伝したのである。

一九二〇年三月から五月にかけてのいわゆる尼港事件、ニコラエフスク在留の日本軍民一一二人がロシアのパルチザンに殺害された事件は、加害者がロシア人、革命派の集団として意識された。前年の一九一九年二月二五日にはシベリアのユフタで第一二師団歩兵第七二連隊第三大隊を主力とする部隊（田中支隊）がパルチザン部隊と戦って三〇〇名が戦死、生存者は五名という事件と重ねて革命集団の脅威意識を強めていった（山崎千代五郎〔同事件の生存者〕『血染の雪』〔自家版、一九二九年〕所載の第一二師団長感状による。『近代日本総合年表』岩波書店、一九六八年、二三八頁では三五〇人としている）。出兵の是非について国民一般の疑念が強まったときに続発したこれらの事件について、パルチザンの脅威が広められ、共産主義がアジアに侵入してきたという状況が強調されて、その隔離・排除のための出兵を正当化するという方向に意識が向けられていった。

そのような誘導は、中世のモンゴル軍来寇以来の民衆の被害の系列として歴史の流れに位置づけられる（たとえば樋口麗陽『大日本国辱史』日本書院、一九二八年)。その結果被害にたいする報復の正当化が行なわれ、しかも加害の側に「アカ」という思想の骨組みが認識されると、それは異端というより天皇にたいする反逆の立場として位置づけられる。このような事態のもとで、「隔離」されるべき動きが民族解放の目標のもとに組織化され、しかも社会主義ないしは共産主義のイデオロギーを核として持つことになると、これに対抗すべきイデオロギーを「統合」主体はどこに据えるべきか。一九二〇年代から一九三〇年代にかけて、朝鮮でも中国東北でも統治に有効なイデオロギーをまとめる姿勢はなかったというべきであろう。そこで「統合」に抵抗する勢力には強権による圧伏、順応する勢力には「慈恵」による統合と、方法は二段構えとされ、その後者には「心情」主体のアジア主義が適用される。「満州国」の暫行懲治盗匪法(一九三二年九月一〇日、教令第八一号)は前者の典型である。地方法院の審理による一審制(第五条上訴否認、第六条高等法院は例外を除き「核准」のみ)、それだけでなく、「部隊ヲナス盗匪ヲ剿討粛清スルニ当リテハ臨陣格殺」とする規定、さらに司令官、高級警察官が「其ノ裁量ニ依リ之ヲ措置スルコトヲ得」(第七条・第八条)と、裁判にかけることなく、戦闘行為による殺戮、そのほかたとえば捕虜の「処分」は指揮官・高級警察官の裁量に委任される。法治国家の原則は、ここではまったく否認されている。いわゆる七三一部隊その他における惨行は、この立場の極致と解すべきである。そのほかにも多数の中国軍捕虜などが虎頭要塞その他の建設現場に連行され、完成とともに殺害された(岡崎哲夫『虎頭鎮を知っていますか?』平和のアトリエ、一九九三年、二八頁以下)。ここでは戦時国際法における捕虜処遇規定は無視されたか、無知のために見逃されたというべきか。これにたいして、総力戦体制のための中国人・朝鮮人の強制連行や、いわゆる従軍慰安婦の動員は「慈恵」による統合、順化した立場に立つ奉仕として位置づけられるべきか。しかし、朝鮮人の場合、「日本国民」として位置づけられていたが(「創氏改姓(名)」はそのような措置を正当化するための手段であった）、その手続きは強圧によっていて、場合によっては暴力を伴っている。その処置はとても「統合」の対象にたいするものと見ることはできない。

むしろ心情的要素は、日本人の行動を見る場合決定的となる。一九三四年八月三〇日北満鉄道（のち満州国線）五家屯―双城堡間で列車が襲撃され、九人の「内外人」が拉致されたとき、一人の日本人が「日本人はここに居るぞ」と叫んだため負傷したが、全員が日本軍部隊に救助された。そのとき叫んだ「満州国」吉林省公署ハルビン駐在員村上久米太郎は「日本人ここにあり」の主人公として讃えられ、日本陸軍の予備役曹長から少尉に任官、紅綬褒章を授与された（東京愛媛県人会『日本人こゝにあり』一九三五年、一―三三頁）。新聞その他の報道によって、礼状、挨拶状が殺到し、子どもの「メンコ」にも登場、子どもたちの戦争ごっこにも「日本人ここにあり」が取り入れられる。そこには加害者のもとで「正義」をつらぬく日本人の典型が描き出されていた。

おわりに

日中戦争から太平洋戦争にかけて日本の進路はアジアの「統合」を阻むものへのたたかいとして正当化された。アジア主義は国家の進路の上に位置づけられたかに見えた。しかし、第一次世界大戦後、資本主義対社会主義、自由主義対全体主義といった経済体制、政治体制の国際的分裂・対立の深化のもとで、総力戦体制強化が共通の課題となり、日本は、このような国際情勢のもとで中国東北支配をめぐるソ連、次いで米国との戦争を予測し、そのための体制確立に進んだ。しかし、そのためには、東南アジアの資源確保が不可欠とされ、一九三六年八月七日には、首相・外相・蔵相・陸相・海相の五相会議が「国策の基準」を決定して「南方海洋殊ニ外南洋」（東南アジア）への進出を決めた。政党出身の閣僚が出席する閣議に諮ることを避け、インナー・キャビネットの方式でこの方策は決定された。その「進出」は「努メテ他国ニ対スル刺戟ヲ避ケツツ漸進的和平的手段ニヨリ我勢力ノ進出ヲ計リ」とされた。しかし、軍備の整備については、中国東北確保、東部シベリア制圧のためのソ連極東軍に対抗し得る陸軍軍備のほかに、海軍の軍備は「米国海軍ニ対シ西太平洋ノ制海権ヲ確保スルニ足ル兵力ヲ整備充実ス」として、東アジアへの進出の軍備による保障を決めていた（「国策の基準」、外務省『日本外交年表竝主要文書―一八四〇～一九四五』下、一九五五年、三四四頁）。じっさいにその二カ月ほど前の六月八日に改訂（第三次）された「帝国国防方針」では、右に述べた軍備の整備を定めたが、その完成は一九四〇ないし四一年度と見る立場が強かった（一九三六年七月二九日参謀本部第二課「戦争準備計画方針」〔一九四一年度までを期間として対ソ連戦争準備を整える〕稲葉正夫他編『太平洋戦争への道』別巻資料編、朝日新聞社、一九六三年、二二六頁）。一九三七年度を初年度とすれば五カ年計画ということになる。

当時の参謀本部第二課（政略）は、国家の進路についてのプログラムをまとめていた。それはナチス・ドイツの対ソ開戦直後一九四一年六月三〇日付で「国防国策大綱」として一定の結論を出した。その内容はまず「白人ノ圧迫ヲ排除スル実力」を持って、「東亜ノ保護指導者タル地位」の確立をはかることを課題とした。この場合、「白人」はソ連・英・米の三国が考えられるが、第一にソ連を屈伏させ、第二にその上で英国を「東亜」から駆逐してニューギニア、オーストラリア、ニュージーランドを日本領土とする。この間米国とは中立を維持するよう努め、第三にソ・英屈伏後、「東亜」諸国と協同して「来ルヘキ米国トノ大決勝戦ニ備フ」というのである（同書、二二四頁）。

白人の圧迫を排除するというこのような方策もアジア主義の一側面として位置づけられるか。「東亜ノ保護指導者」としての地位は、これによればニューギニア、オーストラリア、ニュージーランドをふくむ「東亜」最大の領土保持者となることを意味する。それはアジア主義というよりアジア支配主義というべき立場ではないか。アジア主義はここですでに空洞化することになる。

さらにその後の事態の推移は順序を逆転して、対ソ戦不能の判断から対英米戦先発とされた。もともと、この「大綱」でも「戦争持久ノ整備ニ就テ欠クル所多キ」状況は認識されていた。したがって対英米戦とくに対米戦は、できるだけ後まわしにしなければならなかった。それなのに、七月から八月にかけて実施した中国東北への兵力集中（関東軍特種〔別〕演習、兵員六五万人、馬一五万頭）を中止すると、九月六日の御前会議では「帝国国策遂行要領」を決定、一〇月末を期に対米（英、蘭）開戦を決意し、その準備がおくれると一一月五日ふたたび御前会議を開いて日米交渉を一二月一日午前〇時までとする「帝国国策遂行要領」を決定した（前掲『日本外交年表竝主要文書』下、五四四、五五四頁）。

開戦直後の一二月一〇日政府はこの戦争を「大東亜戦争」と呼ぶと決定した[8]（「今次戦争ノ呼称並平戦時ノ分界時期ニ付テ」〔一九四一年一二月一〇日大本営政府連絡会議決定〕前掲『太平洋戦争への道』別巻資料編、六一三頁）。「東亜の解放」が謳われる。一九四二年三月ジャワ島を占領した第一六軍（司令官今村均陸軍中将）はそれまでの支配者オランダの宣伝施設をすべて撤去し、「光輝は大アジアへ廻り来る」「アジアは生まれ変った」「アジアよ、目覚めよ」と大書したポスターを大量に張り出した（雑誌『生活美術』第三巻第七号、一九四三年七月、「特輯・作戦と美術」所収の大智浩「美術作戦の記録」アトリエ社）。「アジア」の氾濫である。しかし開戦直前の一九四一年一一月二〇日大本営政府連絡会議が決定した「南方占領地行政実施要領」では占領の要領は「重要国防資源の急速獲得、作戦軍の自活確保」とされ、そのために「民生ニ及ボサザルヲ得ザル重圧ハ之ヲ忍バシメ」、「独立運動ハ過早ニ誘発セシムルコトヲ避ク」としていた（前掲『日本外交年表竝主要文書』下、五六二頁）。さらに一九四三年五月二九日大本営政府連絡会議決定（同三一日御前会議決定）の「大東亜政略指導大綱」には非公表項目として、マライ、スマトラ、ジャワ、ボルネオ、セレベスは「帝国領土ト決定シ」という条項が組み入れられた（同書、五八四頁）。領土併合の方針がそこにはあったことになる。

ビルマを占領したビルマ方面軍軍政監部の総務部長磯村武亮大佐の干渉を快く思わなかった独立運動の指導者バー・モウは、その回想録『ビルマの夜明け』（横堀洋一訳、太陽出版、一九七三年）で日本を訪問したとき天皇をはじめ彼が接した日本の要人たちについての印象を述べているが、「多くの日本の軍事指導者は、真のアジア人としての展望を欠いていた」と述べ「彼らは弱小国を征服するという旧来の考えを捨てずに、彼らが征服した国民を一方的な方法で支配し続けたのであった。こうして彼らにとってわれわれの独立はただ戦争に勝つための手段、空虚な芝居にすぎなかった」と断じた（同書、三三二頁）。

ここに、日本の支配体制による「アジア」解放を掲げたこの戦争の本質が指摘されている。この後アジア解放だけでなく、日本の存続すら危険な状況に追い込まれてしまうと、「統合」の中心として来た天皇制の存続を賭けて、すなわち「国体護持」のために昭和天皇の判断（いわゆる「聖断」）によって戦争を終結させる。

しかも対戦主要国であった米国は、戦後における戦略体制を自国に有利とする見地に立って天皇制の存続を認めた(9)。そこから米国を中心とする集団安全保障、日米安全保障体制への進路が開かれ、それはふたたび「脱亜」の道を決定づける。もちろん、東南アジアへの市場進出など、賠償供与を契機に一九六〇年代における高度成長期に、アジアにたいするはたらきかけがなかったわけではない。しかしそのはたらきかけは投資主体としての立場に限定されていて、世界におけるアジアの位置のあり方をともに模索する立場ではない。日中国交回復にしてからが、米国の制限下に置かれていたのである。

一九七〇年代からの約三〇年間に近隣諸国との国交回復、交流は進んだ。しかし、いまも朝鮮民主主義人民共和国との国交は成立しておらず、在日米軍基地、とくに沖縄のそれは日本にとっての障害となるだけでなく、近隣諸国への脅威となっている。このような状況の下で、地球環境のあり方を前提として国際関係を考えなければならない二一世紀に、日本は周辺のアジア諸国とどのようなかたちの連帯を組むことができるだろうか。そこではまったくこれまでのものと異なるアジア主義の再生を実現することができるだろうか。

とくに日本がアジアにたいする姿勢のとり方において自律力を失っていること、それは最近の歴史教科書問題を見るまでもない。この自律力の回復によって、アジアへの姿勢を主体化すること。アジア主義の課題への解答はそこにあると思うのである。

注

（1） このような問題設定を行なったため、この小論はアジア主義の定義やその機能、特性を論証するいわゆる論文の形式をとっていない。このことをご諒承いただきたい。
（2） 誓文と宸翰との関連については遠山茂樹『明治維新』岩波書店、一九五一年、二三二頁以下参照。
（3） この地球儀について、筆者は、一九三九年小学校三年生のとき、担任教員から、天皇が足をかけて踏むことにされていたと教えられた記憶がある。しかし、台に載せると一・五メートルほどの高さになるこの地球儀を踏むことはできたろうか。足をのせることもむつかしかったのではないかと思われる。
（4） 加藤典洋「戦後を渡って明治のなかへ」で、加藤は日本社会の「生長」には「大・新・高」の段階が繰り返されるとし、近代についても大日本膨張論、新人会、新しき村、高度国防国家体制を「一連の動きの三種の現れ」と見ている。その意味についての具体的な説明はそれ以上になされていないが、大東亜戦争（大東亜共栄圏）、新憲法、高度経済成長もその系列に入れることができるか（西川長夫ほか編『幕末・明治期の国民国家形成と文化変容』新曜社、一九九五年、六六六頁）。

（5）欧米のアジアやアフリカへの侵略を非としてこれに反対する立場を、アジア主義はこのときにはっきり主張する機会を得ていたはずである。しかし結局は欧米諸国と同列の立場に立つ方向を選び、アジア主義は表面だけの粉飾に終る。これも「脱亜」の一形態か、日本は結局欧米の侵略に進路を倣ってしまったのである。

（6）しかし、同文同種論に立って中国の分割に反対する立場は、もともと同文同種という文化・民族認識に客観性が欠けていて、主張の実体的根拠をなしていなかった。それは日本のアジア観の根本的欠陥となっていった。

（7）筆者の記憶による。最近見る機会を得た雑誌『日の出』増刊「空襲と日本人」（新潮社、一九三三年）には載っていない。あるいは『キング』か。

（8）海軍は「太平洋戦争」を主張したが、陸軍の主張が通ったという。陸軍の立場は、前記の参謀本部の主張によるものと考えることができる。

（9）「統合」主体である天皇の責任は、立憲君主制のもとの天皇機関説によって免脱の根拠を付与されてきたが、「戦勝国」である米国がこれを容認するという結果となって国際的な公認を得ることとなった。明治天皇における「統合」主体のあり方との大きな差異がそこにはある。

第三章　日本漢学の臨界点
——荻生徂徠・竹内好から引き継ぐもの

孫　歌

はじめに

「漢学」が、歴史的に「宋学」と対立する概念なのか、国外からなされる広義の中国学なのかは文脈の中で決まるものだが、中国人には感覚的に理解できるものなので、これまで全面的な整理が為されてこなかった。一方、学問の細分化が進む現代では、学問領域を表示する語自身の持つ曖昧性が逆に意想外の新しい可能性を提供することもある。むろんすべての語がこのような働きを持つわけではないし、筆者はここで研究者の怠慢から勝手に乱用されてきた語に助勢するつもりはないが、「漢学」という相当安易に使われてきたこの中国語はそのような生産性を確かに持っていると思う。

というのは、「漢学」は豊富な歴史内容を持った概念で、異なる歴史段階の学術内容を包括するだけでなく、中国文化と世界文化の接点を包括しており、それは中国学術の変遷の軌跡と近代ヨーロッパが中国を研究する必要性の中から生まれたものだからである。この両者の結合は「世界漢学」の特別な語感を生み出した。つまり外国の学者によって進められた、中国古典の研究（訓古考証が重要な位置を占める）を主とする学問領域である。しかし日本漢学を考察する時は、情況はやや異なる。ヨーロッパの sinology は中国語では「漢学」と訳してもよいが、日本語では「支那学」とは訳せるが、「漢学」とは訳せない。言いかえれば、日本の漢学は日本では中国学ではなく、漢学は多くの大学で国文科あるいは国文漢文学科に属し（この点は学校によって異なる）、中国学は別に外国語学科に属している。日本の知識人を不快に感じさせるような日本漢学の持つ特定の歴史語感をつきつめれば、それは、日本の中国学界が認めたがらない、また中国の学者も往々にして気付かない一つの〝知の行き違い〟領域を暗示しているのだ。要するに、「漢学」という言葉が、このように複雑な内容を持つことによって、この言葉の用法は様々の意味の錯綜を生んできただけではない。今日に至るまで実はそこに含まれる生産性は未だなお究明し尽くされてはいないのである。

筆者がここで「生産性」という語を使ったからといって、「漢学（中国語のであろうと日本語のであろうと）」に対して価値判断を下すつもりはない。言いかえれば、肯定否定の判断を下してこの「漢学」という極めて複雑な歴史と知識の領域問題を単純化したくない。中国、日本と世界の漢学がそれぞれの歴史的変遷を経た後に、価値判断のレベルを超えて、それらをある種の人類の精神的栄養（言うまでもなく「栄養」は正負両方面の遺産からやって来る）と見なす可能性があると、筆者は信ずる。その意味でのみ、「世界漢学」は単に中国の知識界が海外にアイデンティティーを求める自我認識方式であるだけでなく、中国人が世界に進み入る新しい視角となりうるのだ。

本稿のねらいは日本漢学に隠されたいくつかの鍵となる問題に簡単なアウトラインを示し、知識と歴史のレベルからそれを分析することにある。筆者が興味を感じるのは、「漢学」が日本語の文脈の中でどのような臨界点を持っているか、それが経てきた歴史的変化がそれにどのような契機を与えてきたか、日に日に吸引力を失ってまとまりのない知識領域となりつつある日本漢学の、その衰亡自体が、にもかかわらず、それが我々にもたらすかもしれない啓示を覆い尽くしてしまうことになるのかどうかということである。

日本漢学は「臨界性」に富んだ領域であり、それは歴史の移り変わりの中でかつて日本学術中最も創造的な部分を生み出し、また最も陳腐な部分をも残した。そのどちらを強調しても漢学問題の理解を狭めてしまうし、それのもたらす生産性の要素を見失わせることになるだろう。本稿が検討しようとするのは、今日没落に向かいつつある日本漢学が、歴史的な質的転換を生んだ時期の動態であって、固定した学科としての静態の構造ではない。この動態に対する考察を通じて、筆者は手垢にまみれたありきたりの定説や、およそ疑いの視線にさらされたことのない学術上の諸前提といったものを新たに考察し直すことができればと希望する。筆者は日本漢学がこの面で得難い資源を持っていると信ずる。個人の知識の準備と紙幅の制限から、本稿では問題提起に限定し、更に立ち入った論証は今後の研究に残さざるをえない。

一　「世界漢学」における日本漢学

日本漢学がいつどのような人たちによって生み出されたのかは、日本歴史の始まりと同様論争の多い問題である。通常日本漢学は儒学を中心とする経・史・文の研究と理解される。『古事記』によれば、応神天皇（紀元五世紀前後）の時代に『論語』と『千字文』が百済を通じて日本に伝えられ、『日本書紀』によるとその最初の文化使節は王仁だとされる。確証はないが六世紀中葉に漢籍が持ち込まれ、日本人にそれを講釈した外国人（朝鮮人か中国人であろう）は「五経博士」と呼ばれた。五経博士の最もすぐれた学生が聖徳太子で、彼は「憲法十七条」を制定する時、『詩』『書』『論語』『孟子』等に依拠したと伝えられる。これが漢学の原初形態と言えよう。

日本漢学の基本的特徴は、第一に漢語による書写形式を使用することにある。ただし「音」「訓」と呼ばれる読音と中国の漢字読音は甚だしく異なっている[1]。漢学が形成された時日本はまだ文字を持っていなかったが音声文化を持っていたのがその理由で、また読む順序も違う。古代の高級日本人は短期間に中国語典籍を読む特殊な方式を確立したようだ。発音から語順まで、彼らは急速に単純な模倣から自己の読語規則を形成した。しかし書写形式では、日本漢文は依然として中国語の書写原型を保持していた。第二の特徴は、日本漢文は「国家学術」の特徴を具えていたということである。それは上層の統治者の操る文化の道具であり、アジア儒教圏以外の西洋国家の「漢学」にはない特徴である。とりわけ古代日本においては、漢学はイデオロギーの中心的位置を占め、遣隋使、遣唐使の派遣がこの「上から下へ」の文化メカニズムを強化し、遣唐使が廃止された平安時代前期（紀元九世紀末）にあっても、漢学は依然として曲折した方式で当時の主流文化となっていた[2]。第三の特徴として、右の二つの特徴から、日本漢学はかなり特殊な文化形態であることが分かる。それは純日本的なものではない。なぜならその使用する材料は中国から来たもので、その書写形態も中国の古漢語から来ており、それが日本漢学の文字標示方式を紀元六世紀に生まれた万葉仮名[3]や、平安初期に生まれた日本仮名[4]と区別させている。それは純中国的なものでもない。なぜなら日本漢学は中国語の閲読方式を採らないうえに、中国の問題も研究しないから、近代以前の日本の漢学者は中国の儒家の典籍をすらすら暗誦できたが、漢語で読むことはできず中国社会のことは何も知らなかった。このような典型的なテクストと語境《ディスクール》、文字と音声の分離状態が日本漢学独特の「どっちつかず」文化の性格を造り出した。

右に述べた三つの特徴は、日本漢学の形成以来江戸時代まで、異なる歴史段階の異なる表現形態を経験したが、基本的には持続された。この現象をいかに認識するか、現在の日本漢学者たちは日本漢学のこの曖昧な「どっちつかず」の性格に対してずっと「当たらず触らず」の態度を保持してきたために、近年になるとますます持て余すようになった。現代社会の国家観念が日本漢学というこのような「どっちつかず」の学問に正確な位置を確定できないため、日本漢学を論ずる時、その帰属問題はおざなりにされてきた。戦後、日本中国学の研究の発展につれて、日本漢学の輪郭はますます模糊とし、極めてまとまりのない知識領域となり、たとえば日本の大修館書店が一〇巻本の『中国文化叢書』を出版した時の九巻目が『日本漢学』(5)だったが、この本が典型的に日本漢学の帰属問題の不確定性を代表している。それは「中国文化」の隊列に身を置きながら、明確な「中国意識」を持たず、中国の儒学典籍に対する興味を表現するだけである。同時に、漢学の現代社会における位置を議論するのを避けるから、何を捨て何に就くかの問題に直面すると、技術的な枝葉末節を相手にするしかないのだ。六〇年代末にこの本が出版されたことは、日本漢学の帰属探求の失敗の跡と見ることができる。それは日本漢学に関する多くの具体的な知識を与えてくれるが、日本の知識界が十分に中国に関する知識を掌握して中国学研究を進めようという時に、このような日本漢学という知識領域が独立して存在する必要性は何かという問題に答えるすべもないのだ。

日本漢学の帰属問題は『中国文化叢書』に組み入れることによって解決できるものではない。その背後に学術上の原理法則だけでなく、イデオロギーの背景があるからである。これに対し、八〇年代末になってやっと正面から指摘する学者が現れた。日本の中国学者溝口雄三は『方法としての中国』の中で極めて明快な方法で、日本漢学がその「知識性」のベールの背後に隠している保守ないし右翼的なイデオロギー内容を暴露した。「日本漢学の特徴は……『異』なき『吾が』世界、つまり『異』を捨象して自己を小宇宙とした世界を構築しようとした点に求められる」「だから日本漢学はもちろん外国学ではありえず、本質的に日本学でしかない。ただしここでいう日本学とは、日本を対象とした学という意味のそれではなく、日本を自己主張する、いわば没相対の学である。結局、日本漢学の学としての根拠はといえば、主我的に日本を自己主張することにあり、それは自己の世界の相対化とはおよそ対蹠的な事であった(6)」。

溝口雄三の漢学批判は簡略に過ぎるとはいえ、二つの重要な問題を提出している。ひとつは、日本漢学の学問的立場は自己を相対化することを欠いた自己中心主義の立場であるという指摘であり、もうひとつは、このような自己中心主義の立場は日本の学問が国際化の過程で普遍性との繋がりを求めることを阻害するという指摘である。この分析がとくに焦点をあてているのは、戦後の日本漢学の問題点であり、漢学のこうした問題点の背後には、近代日本のイデオロギーの中にある「日本特殊論」との論理的結びつきが隠されている。その意味で、日本漢学は間接的に日本国体論の作成に参与し、それは戦後日本の中国学の精神とは対照的で、これこそが日本の中国学者が「漢学者」と呼ばれることを拒絶する原因の所在なのだ。

このような背景の下では、我々が向かい合う「日本漢学」は「世界漢学」の意味の拡張を招いてしまう。それは中国を研究対象にしないために「反世界」でもある学問を漢学の中に包含することを意味する。この意味において、日本漢学は確かに世界漢学中の不協和音である。このような情況は西洋世界には存在しないため、日本漢学のこの性質はずっと西洋のディスクールを使うことに慣れた中国学術界で軽視され、それは自己の文脈から切り離されて、曖昧に世界漢学の領域に繰り入れられ、「日本中国学」の代名詞と見なされてきた。とりわけ戦後の日本漢学は、江戸以来の漢学の主流としてのイデオロギー機能を失ったため、ただ単に考証学の知識性の外貌のみを留め、一層中国知識界にその日本の歴史におけるコンテクストを軽視させ、「純学術」という誤解を生み易くさせてしまったのである。

こうして、日本漢学は世界漢学の一部分なのか、我々はどのような角度からそれを議論すべきなのか、それと日本中国学が複雑な結びつきを持ち（この問題は後に触れる）、また重大な差違を持つからには、我々の問題設定もそれなりの調整をしなければならないのか、という問題が発生する。

この問題は直接我々が「世界漢学」をいかに理解するかに関係する。それはこの生まれたばかりの雑誌（一九九八年に北京で創刊された『世界漢学』という雑誌を指す。本稿はその創刊号に発表された）に関わるのみならず、近年来の儒学ブームと「グローバリゼーション」の思潮とも関係する。日本を含む第一世界では「中国脅威論」が流行し、筆者の知る日本の知識人にはこのような論調に対抗するために地球規模の「中国研究ネットワーク」の構築を提起している有識者もいる。このような情勢下では、「世界漢学」は単なる純学術的視野ではないことは言うまでもない。正面から論じようと論じまいと、我々は、国外の漢学はつまるところ中国知識人にとって世界へ通じる窓口なのか、それとも我々が自己に回帰する近道なのかという問題に向き合わねばならない。

この両者は矛盾しないと言う人があるかもしれない。確かに、もし我々が自己の思考を「ポストコロニアル」に共鳴するか否かの命題に限定しないなら、実は世界に通じることと自己に回帰することは相補うものだ。しかし、この両者にそれとなく含まれている緊張は具体的な個々の事例にぶつかる時にはじめて爆発するものであり、本稿が取り扱おうとする問題の中にはこのような緊張が包含されている。もし我々が自己に回帰することを望むというのなら、そのイデオロギーの文脈を無視して単にその「知識性の結論」のみに関心を持つのももっともということであろう。だが言うまでもなく、この両者に導き出される結果は明らかに正反対のものなのだ。前者は世界性の立場であり、後者は日本旧漢学と同じ自己中心で他者のない立場であるからである。

ヨーロッパ中心主義の普遍性が批判され、アジアの民族主義特殊論もまた疑われている今日、「世界漢学」は極めて「臨界状態」に富んだ領域へと変貌した。それは建設的な思想資源を提供することもできるし、因循陳腐な話題に変わることもできる。中でも、日本漢学のこのような臨界性はとりわけ際だっている。歴史的事実においては、日本漢学は近代以降没落し続け、江戸時代の溌剌たる生気を失い次第に思想貧困な知識手段へと変わってきた。本稿で日本漢学問題を議論するのは、すでに没落してしまった日本漢学を生き返らせるためではない。しかし同時に、その没落はその消滅を意味しない。今日日本漢学の思惟方式の保守性と排他性は依然として日本の学問のなかに亡霊の如く執念深く残り、まさに日本社会の保守的イデオロギーとぴたりと一致している。この意味で、溝口雄三が人々がもはや日本漢学を相手にしなくなった八〇年代末になおそれを批判したことは、卓見と言わねばならない。それは日本漢学が日本文化の構造に占める無視できない文化的位置がその知識性の仮象に隠されているにすぎないということを逆に証明している。日本漢学の討論はまだあるべき深度に到達していないし、その隠された基本的な思想の契機はまだ暴露されていないとも言える。日本の知識界は、漢学への批判と漢学の自己転形の時期に引き起こされた論争の中で思想の巨人を生んだ。もし日本漢学に対する理解を狭義の静態的な訓古考証の学からより開放された学問領域に押し進め、とりわけそれが臨界状態下で受けた刺激と衝撃に注視するなら、知識のカーテンの後ろに、我々は精彩に富んだ思想資源を見ることになるだろう。

二　荻生徂徠「翻訳論」の啓発

日本漢学は江戸時代（一六〇三〜一八六七）に頂点に到達した。それを頂点と言うのは江戸時代に漢学者が顕学の士となり、この時期に真に民間に浸透していたからではなく、また儒者たちがこの時期のみはじめて独立して真に一つの階層となったからでもない。日本漢学はこの時期のみはじめてその様々な臨界状態を明らかにしたからである。——日本の歴史上、江戸時代のように様々な可能性を含んだ時期は極めてまれで、日本漢学がこの時期に次々と異彩を放ったことは、漢学史上でも未曾有と言える。

江戸儒学の歴史過程に関する評価は、丸山真男の学説が決定的影響力を持っている。朱子学の前近代的思惟方式が一七世紀の初頭中葉に正統の地位を獲得したのは、幕府が自己の正統性を確立する必要があったことと関係がある。山鹿素行、伊藤仁斎の古学を経て、荻生徂徠の古文辞学の創建に到って、日本の儒学には重大な変化が生じ、朱子学の思惟方式は解体され、近代的な特徴を持った思惟方式が形成された。[7]歴史のコンテクストを打ち立てる上で、このような近代の視角に発した輪郭は日本の学界ないし外国の学界に質疑を引き起こし、そこから一系列の論争を進める契機を提供した。しかし事実上、丸山真男は依然として我々に最も重要な江戸漢学に「進入」する手がかりを与えている。それは江戸儒学の中で分水嶺となった徂徠の特殊な位置である。

荻生徂徠（一六六六〜一七二八）は三代の聖賢の書を注釈する（真理を説き明かす）ことを自己の一生の事業とし、彼の古文辞学と訳学はみなそれを終極の目標とした。この意味で、彼は「漢学者」であるが、同時にまた日本漢学陣営内部の叛逆者でもあった。彼はまだ無名の私塾教師だった時、日本漢学が生活の依りどころとしていた漢文訓読の排除に着手し、漢文を中国語のテキストとして読むという斬新な主張を進めた。彼の処女作『訳文筌蹄』は、彼がいかに中国語の典籍を翻訳するかを議論した記録である。日本漢学史上訓読排除を通して進められた独創的思考は、荻生のこの議論の中でその基礎を形作ったと言える。訓読は日本漢学の閲読方式で、日本語の語音には「音」「訓」二種の読音があることは前述したが、前者は漢語語音の踏襲で（しかしこの踏襲は全く忠実というわけではない）、後者は日本語の語音である。同一の漢字に、日本語は多くの場合二種類の読音がある。訓読は日本語の語音を用いて中国語原文を閲読するもので、書写形式では中国語の方式を変えないが横に閲読標記（訓点）を注して閲読者が語法順序を変えること及び部分的な読音を提示する。これは一種の似て非なる翻訳である。なぜならそれは日本語の語音・語法を用いながら日本語の語彙と書写記号を用いないため、かえって漢文を日本語に移し替えられなくしてしまうからである。逆に言えば、中国語の書写記号もまた自己の語音語法を失ってもはや外国語ではなくなってしまう。訓読は日本漢学と同じくどっちつかずの特徴を持ち、日本人が訓読する時に自分が外国語を読んでいると感じさせなくしてしまうのだ。

荻生の翻訳理論の中で「翻訳」が結局どのような位置を占めるのかは、実はやはり一つの疑問である。一人の儒学者として、彼はのちに朱子学批判の急先鋒になるのだが、しかし彼は一貫して日本漢学の文脈の中で問題を思考した。日本漢文訓読法の排除を主張した時、彼は鋭敏に日本漢文の急所を掴んでいた。すなわち訓読が造り出した漢学の日本化である。しかしこれは決して彼が解決しようとした問題ではない。彼の翻訳理論の目指した目標は決して現代的意味における「民族国家言語」ではなく、このような民族国家言語の意識と反対の性質を持った歴史相対主義の言語観念であった。

荻生の著作のうち、晩年に成った『徂徠先生学則』は極めて精練された学術方法論である。『学則』第一、第二の中で、彼は集中的に自己の言語観を提起している。日本と中国はそれぞれ自己の言語を持っているのに、日本漢学の閲読方式はこの区別を曖昧なものに変えてしまう。荻生は特に遣唐使として唐に渡った吉備真備（六九五～七七五）を例として、彼が訓読方式を用いて伝えた漢籍は「すなわち吉備氏の詩書礼楽であって中国の詩書礼楽ではない」(8)ことを指摘した。その理由は、もし漢文訓読のように中国言語を自国の言語のように見るならば、必ず中国語が含んでいる内容を日本語の内容にこっそり置き換えてしまうだろうからだ。彼は更に例を挙げ、『橘頌』を読む時、長江以北の橘を産しない地方ではカラタチに代えてその色や味を想像するが、はきちがいをしないでいられるだろうか、と言う。そこで、彼は中国典籍の「中国特色」を回復し、中国語の文脈の中で中国語の方式で閲読すべきだと主張し、かつこうしてはじめて「天下の志」に通ずることができると考えた。

荻生は初期の重要な著作『訳文筌蹄』の『題言十則』(9)の中で、一種相反する方式で彼の翻訳に対する認識を表明している。「読書」「看書」は中国の書生にとっては、異なる修業方式を意味するものであっても決して異なる方向を目指すものではないが、日本漢学の文脈の中では二種の完全に異なる文化手段を意味している。荻生にとって「読書」は翻訳を意味していた。「訳の一字は読書の真訣（秘訣）である」、すなわち声を発する読書とは中国語をそれに近い日本語に訳すことであるべきだというのだ。この意味で、彼は「和訓」という翻訳方式より近世俚語を使用した方がより聖人の道たる「人情世態」に接近できると考えた。一方、「看書」とはより高レベルの隔たりのない読解を意味しており、また翻訳の助けを借りずに直接漢語の文脈に進入するものだと考えた。彼はそのため当時の学者の「耳を貴び目を蔑み、読（むこと）を廃し聴（くこと）に努める」傾向を激烈に批判し、有名な「読書は看書に如かず」という命題を引き出したのであった。彼は口や耳で聞いたり話したりせず心霊で体得し目で「聞く」ことを主張した。具体的方法としては、見慣れぬテキストをそれが生まれた歴史のコンテクストの中に置き、繰り返し推量し意が神通力に出会うまで考え抜くということであった。彼ははじめて李攀龍、王世貞二人の文集を閲読した時、最初はまったく理解できなかった。そこで、繰り返し李、王が提唱した古文運動の原本――六経から秦漢の文章まで――を読み、李、王の文が理解できるようになるまで止めなかったということだ。彼は特に文章の気象（状況）は「耳根口業の弁ぜられるものにあらず、ただ心目双照してはじめてその境地を窺うことができる」ことにあることを強調した。だから「訳語の力は終に及ばざる所がある」のである。この意味で、訳文はまさに目的に到達したら放棄すべき筌蹄（本質に対する末のもの）なのである。荻生は翻訳の限界を指摘しただけでなく、翻訳のレベルでの音声の有限性をも指摘した。彼が「崎陽（長崎）の学」（中国語の語音を使用して閲読し、かつ日本語の俚語に訳す翻訳学）を推奨した目的は完全な日本語訳文を追求したからではなく、「はじめて中華の人になることができる」ためであり、中国語の語音に依って中国語の文脈に進入するためであった。

荻生は漢学批判の立論の中で「音声」の重要性を強調したが、彼の実践方法では「音声」は重要な要素ではなかった。音声に対する大幅な強調はただ彼の漢文訓読解体のための一種の策略であったにすぎない。彼は一七一一年長崎通事岡島冠山に「訳社」の中国語研修の主宰を頼んでいるが、しかし『学則』の草案作製は一七一五年であった。その間彼はもう一度、目を口耳に代替させる意義を強調している。荻生本人が漢文を閲読する時「音声」を発したのかどうか、発したとすればどんな音声だったのかは、依然として未解決の問題で、確認できるのは単に彼が漢語の順序に従って「看《よ》」んだこと、それは訓読で漢語の語順を転倒させる閲読方式とは異なっていたことだけである。彼個人の学問方法において、彼が強調したのは書写記号自身の生み出された文脈の中での個別的な含意は実際上訳せないということだけで、だから荻生は度々「身をその境に置く」ことの重要性を強調したのである。漢語の音声回復は彼の言語理論の最終目標ではなかった。なぜなら彼にとって、音声と文字は単に「載道」の道具にすぎず、彼が注目したのは心霊が融合し貫通した後にそれら規則で概括できず、教授方式で習得できない内容、つまり「道」本来の意義を把握することであった。『学則』の中で、彼は老子の「道の道とすべきは常の道にあらず」を批判し、六経は具体的なもので、道は具体的なものの中に寄寓することを強調した。「聖人は空言を悪《にく》む」。荻生は言葉の抽象性のレベルへの警戒を表し、常に言葉自体に拘泥すべきではなく、歴史のコンテクストの中で言葉の意味を確定することを強調したが、それと彼の音声に対する「魚を得て筌を忘るる（成功して本意を忘れる）」態度とは一脈通ずるものである。

荻生の古文辞学の目的は当時主流のイデオロギーを占拠していた朱子学に否定的批判を加えることと、同時に伊藤仁斎の理論に批判を加えることであった。(10) 学者の考証によると、荻生のこのような両面攻撃のやり方は、個人的怨念に源を発しているという。(11) がしかし、まさに彼が古義学で朱子学を否定しようとした伊藤仁斎を批判する必要があったがために、逆に彼の学説をより精細にし、その相対主義的歴史観をより際立たせることとなった。この意味で、荻生の個人的怨念は彼の学説の一種の栄養でなくはなかったのである。『弁名』の中で、荻生は儒学のキーワードを逐一読解しながら、その批判対象である朱子学と伊藤仁斎の古義学はともに聖人の道を理解しない見本とされた。(12) 荻生のこのような批判精神の特殊な位置を理解してはじめて、彼がなぜ相対主義の言語観と歴史観に執着したのかが理解できるのだ。

もし十分に荻生の言語論の背後に隠された重要な思想構造に注目するなら、彼の言語論に潜む生産性が我々を別の方向に引き込むことになるだろう。『学則』の中には、現代人をも啓発する重要な思想がいくつもある。それが彼の相対性認識論である。『学則第二』の初めの一句は「宇は猶お宙のごとく、宙は猶お宇のごとし（空間は時間のようなもので、時間は空間のようなものである）」である。彼は、時間と空間は一定の距離の下で同様の異化（見慣れぬものとなってしまう）効果を生む、この意味で同一時代の異なる国家の人と異なる時代の同一国家の人が相手を理解する時ぶつかる困難は、実際上は同じであると分析する。だからたとえ自分の祖先の言語でも、血脈を承けた後人にとっては外国語と異ならない。荻生は更に進めて、「世は言を載せて以て遷移し、言は道を載せて以て遷移す」と言う。移動変化する広大無限の世界で、彼は絶対不変の普遍性を持った聖人の道を設定するけれども、同時にまた「道」と「言」の間の流動関係をも意識しており、後人が古文を読む頼りなさを強調するのだ。流動変化の中で、荻生は敏感に時間的距離は空間的距離より克服が困難なことを感じている。一〇〇〇年の歳月が流れ、風俗は変遷し世事も消滅しているのに、我々はいかにして仲尼（孔子）の時に身を置くことができるのか。明らかに、それは同時代の人が「外国語」を理解することより困難だ。しかし荻生は、不朽なるものは千古の文に留められ、後人がそれを心に十分知らしめ、自己を語気から精神まで一つに酷似させることは可能で、それによって古人と朝夕ともに居る境地に到達できると確信している。これも彼が目を口耳に代えることを強調した苦労の気配りである。

時空を相対化させると同時に、荻生は実は民族国家の境界をも相対化している。日本漢学の歴史と絡めて、学者の中にはフーコーの知識考古学とデリダの書写言語学の角度から荻生の言語理論を考察し、荻生の言語の透明性と内部化に対する追求を指摘する傾向がある[13]。これは確かにかなり人をひきつける歴史分析で、いくつかの解釈困難な問題を明らかにしてくれたが、しかしそれが歴史の再構築に重点を置いているため、この再構築の過程で荻生本人まで透明化してしまった。漢学の歴史について言えば、徂徠学の訓読に対する挑戦は確かに言語の透明性に対する追求と異なる文化に対する独立した価値の強調を持っていたが、それと同時に、彼が朱子学と古義学に挑戦していたという事実に象徴されるように、荻生の相対主義は彼に常に言葉（事物）の臨界状態を見させ、異なる事物の間の対立は絶対的なものではないことを意識させることになり、彼は実際に同時にこのような臨界点でもっていわゆる国家の骨組みと言葉の透明度を溶解させた。意味深い事実だが、荻生は『訳文筌蹄・題言十則』の末尾で、「古文に云う、古今に通ず、これを儒と謂ひ、又云う、天地人に通ず、これを儒と謂うと。故に華和を合して一とするこれが吾が訳学にして、古今を合して一とするこれが吾が古文辞学なり」と言っている。この荻生の初期の思想は彼の学問の高峰期にも変わることはなく、後期を代表する『学則』の中でも、それは荻生の複雑精細な「兼収並蓄（内容性質が違ったものでもすべて吸収する）」精神を体現している[14]。近代国家意識がまだ普遍化しない時代に、このように天真爛漫な儒生の気概と民族観念は直接結びつくことはできなかったが、現代言語学とも同日の論ではない。

『学則』の要は実はその第六則にある。この章で、荻生は重要な命題を提出している。君子は軽々しく人を棄てず、また軽々しく物を棄てずと。彼は『論語・里仁』の語を引用して、是非善悪に拘わらなければはじめて偉大な業を成就できると指摘し、更に道を論じて、物はその養を得ざればその悪む所を得ず、その養を得ればその便を得て転じて善を為すことができる、故に聖人時代にはいかなる人も棄てず、その本身を憎悪しなかった、これが聖人がその大業を為し得る根本である。しかして儒者は善悪正邪の違いを切り離し、先王と孔子の領域を狭いものに変えただけだ、これは儒者の罪だ、後世の学問が古代に及ばない原因は、該博と兼容の精神を失い、ただ一家の立場を守ろうとしたところにあると言っている。

もちろん、「聖人の道」に対する理解であれ漢文訓読に対する解体であれ、荻生の兼収並蓄には常に複雑な相対主義の技術処理方式がある。たとえば彼は絶対的な古と今はない、時間の長い流れの中ではどの任意の点も古であり今であると強調するが、同時に彼は古えには聖人がいたが今は聖人はいない、聖人と普通人の違いは前者は集大成できるが後者は小智を遵守するだけだと強調する。訓読に対する態度では、彼は一方で訓読は不正確な翻訳だと指摘し、「崎陽（長崎）の学」をこれに代えることを懸命に主張したが、同時に翻訳自身の限界に対しても醒めた認識を持っており、翻訳を捨て、音声を捨てて心の目の直接の感応力によって紙背に徹し、聖人の道に接近することを主張した。語句の問題では、彼は一方で語句の相対性を強調して、伊藤古義学が語句に拘泥しすぎて聖人が使用した語句の真意をなおざりにすることを批判したが、一方では漢文訓読が読解面でどっちつかずであることを批判し、正確に語句を把握すべきことを主張した。荻生のこのような多声思惟方式は、彼の学術体系が該博と寛容を強調するあまり大きいだけで使いものにならなかったり八方美人の境地に陥るのを避けるのに有効であり、強烈な批判精神を保ち続けただけでなく、同時に豊かな発展可能性を創造した。我々後の人間にとって、荻生徂徠の啓発とは何か。まず、彼の異質文化間の「非同質」問題に対する醒めた認識、時間と空間の距離に対する文化的理解が、近代以降の狭隘な民族文化の思考枠組みより弾性に富み、「前近代」の江戸儒者として、荻生徂徠は国家を本位とする現代人の思考の限界を照らし出している。次に、彼の言語の角度から漢学の伝統に批判を加えたやり方は、日本漢学史における言語問題の思想問題との密接な関連を暗示している。事実上、その後の歴史過程において、漢学の生死存亡の問題をめぐって、日本人によって展開された思想論争は主要には言語のレベルで進められた。同時に、徂徠学の知識構造の背後にある思想体系がそれに独創性をもたせ、近代以後の日本漢学の致命的弱点を逆に際立たせ、次第にそのような思想の潜在能力を失わせ、わずかに知識自体のみを残させることになった。そのため、荻生徂徠の提供する日本漢学史を読み解く重要な視点で特に指摘しなければならないのは、訓読というこの独特の閲読方式がひそかに含んでいる文化的思想的契機が、今日なお日本と世界の学術界において十分な重視を獲得し得ていないことである。第三に、荻生徂徠の語句に対する音声から字義に至るまでの相対主義観念、語句の置かれたコンテクストに対する強調は、依然として我々に方法論的啓示を与えている。今に至るも、荻生が批判した伊藤仁斎の語句に拘泥しすぎて原文を誤解する誤りは、実は依然として現代学術界に流行している。いかに歴史の文脈の中に戻すのか、いかに現在に生きる者として歴史を閲読するのかは、江戸時代だけの問題ではないのだ。

三　「不死身」の日本漢学

伊藤の古義学、徂徠の古文辞学と本居の国学及び兵学、蘭学等々その内外からの挟み撃ちを経ることによって、日本の朱子学を中心とする漢学は体制の内から体制の外へ押し出されてしまった。江戸開国(15)という決定的な歴史の転換が、日本漢学のどっちつかずの性格を一つの問題に変えてしまった。たとえ荻生が訓読を攻撃し始めた時、漢学の性格は問題になりえなかったとしても、彼の時代に漢学者たちが漢学の読解方式に疑問を持ったことは、決して国民国家と民族言語の自覚とストレートに同じではないと言うべきだろう。本居宣長は「漢意《からごころ》」の排斥と日本民族観念との連繫を通してあるいは日本人の民族意識の自覚を表現しようとしたのかもしれないが、これはかなりの論証を必要とする複雑な問題である。確かなことは、江戸幕府が危殆に瀕していた一九世紀中葉に、欧米列強の日本に対する脅威の激化及びアヘン戦争の結末が作り出した同時代中国に対する軽蔑にともなって、一方では「国家」を日本人の思考領域に入り込ませることとなり、他方では日本の中国に対する態度の変化をもたらした。こうして、漢学の立場に根本的な変化が起こったのである。

早くも一七世紀中葉に、江戸の儒学者の中に一種の「中華」の記号化の動向が生まれる。彼らは清朝が明朝に取って代わったことを「華夷変態」つまり夷狄が中国を掌握したと考え、日本を「中国」と称しようと主張する者まで現れた。ここでは「中国」は国家実体の名称ではなく、文化の正当性、文化の優越性の代名詞であった。

一九世紀前半に現れた「尊王攘夷」論が受け継いだのは、まさにこのような日本式「中華思想」である。何人かの日本の学者はこの情況に注目し、出色の分析をしている。[16] このような文化相対論の思潮がいつ近代的意味における国家概念に変化したのか、その媒介となったのは何であったのか、筆者はそれを研究するには力不足である。わずかに指摘できるのは、「中華」の記号化の思潮自体が日本知識界に特有な思考の方向性——「中華」更には「中国」という語句までをその指し示す地域（つまり近代的意味における国家）から分離し、相対的に独立させる——を生み出した。この前提の下では、「概念のすり換え」は自明の結果であった。

日本漢学に対する再度の攻撃は同様に言語方面から来た。それは日本の「言文一致運動」の悪例の創始者、江戸末期の前島密（一八三五～一九一九）の提起した漢字廃止の主張である。前島は江戸幕府末期に開成所通訳に[17]任じ、その在任中に一八六六年（正しくは六七年二月）将軍徳川慶喜に『漢字御廃止之議』と題する建白をし、国家の本は国民教育にあり、漢字の難解晦渋さはこの目標に不利である、よって西洋諸国の如き音符文字すなわち仮名を採用すべきであると提案した。言うまでもなく、前島は荻生徂徠と異なる立場をとり、彼が瓦解させようとしたのは漢学の読解方式ではなく、漢学の存在自体であったが、彼が取った方法は荻生と似ており、言語文字からとりかかった。

前島建白の一八六六年は、まさに福沢諭吉が『西洋事情』初編を出版した年でもあった。この符合は明治維新前後の時代思潮を象徴している。つまり西欧を参照体系として近代日本の「国民国家」の枠組みを打ち立て、伝統漢学に対する否定を通じて平民文化体系を打ち立てる目的を実現しようとしたのである。前島密は明治維新後も基本的立場を堅持し、一八七三年『毎日仮名新聞』を創刊し、この仮名だけを使用し漢字を使用しない新聞を一年余り発行したが、それが代表する不成功に終わった試みは逆に日本の言語文体の変革史に特殊な意味を持った。それは民族性と平民性の「文明開化」の前提の下における漢学に対する清算であった。前島密に対応して、一八七四年に創刊された『明六雑誌』は第一号に西周（一八二九〜一八九七）の「洋字を以て国語を書くの論」を載せ、ローマ字を使用して分かりにくい漢字に代えることを呼びかけた。西周本人は依然として漢字を用いて翻訳と啓蒙工作を進めたが、一八八五年外山正一、谷田部良吉等によって「羅馬字会」が発起され、音声によって書写することが強く主張された。この団体は二名の外国籍の会員をローマ字推進の中堅とし、かつ自らのローマ字雑誌も持っていた。

漢字を仮名に代えるという前島やローマ字に代えるという西周の急進的な主張に対し、福沢諭吉は相対的に穏健な「漢字制限論」を提起した。この漢学に造詣の深い学者は彼の文明開化の思想を普及させるという目標実現のため、漢文の文体を西欧の学の翻訳手段に充てる時、漢文文体の通俗化、平易化の改革に着手した。福沢は難解な漢字の使用を避け、易しくて分かりやすい「福沢調」を創造し、それが彼の著述を漢文流行の明治初期に広範な閲読を得させることとなった。仮名やローマ字で漢字に代えるという主張は、道具の面では徹底的な改革を進めたが、結局後継者を得ることができなかった。そしてそれらの真に建設的な意味はそれが引き起こした文学から教育及びマスメディアから政府公文書に至る様々な領域における「言文一致」運動にある。

漢字がこのように猛烈な攻撃を受け、しかも近代市民社会を建設するための絶大なる障碍だと見なされた時、漢学の境遇は当然極めて困難なものとなった。日本の学者緒形康は指摘している。明治初期の一八七〇年からの一二年間、創設されたばかりの大学南校と大学東校（つまり後の東京大学）は漢学科を廃止したが、明治政府のこの「漢学断種政策」は強力に言文一致運動を含めた近代日本文化の再構築を促した、と。(18)

しかしこれは決して漢学の真の消失を意味してはいない。明治天皇は少し後に東京大学を視察し、日本が国を挙げて上も下も西欧の科学技術を学ぼうとする風潮に対して憂慮を表明した。彼はもし国文・漢学をやらないなら、医学・理工科が更に進歩しても、日本は国を治める方法もなくなってしまうと考えた[19]。緒形康の考証によると、東京大学は一連の改組を経て、一八八九年に漢学科を増設した。復活した漢学は、三つの面で江戸以来の漢学とは重大な違いがある。第一、重心を仁斎、徂徠学、折衷学派等の江戸儒学の伝統から朱子学を中心とする新儒学と考証に重きを置く宋漢学の方面に移したこと。第二、日本帝国が臣民道徳を鼓吹するイデオロギーの道具として復活した漢学は、「純学術」の形態で後の日本の侵華政策に根拠を提供するよう求められたこと。第三、新漢学は文字記号の領域で、新しい主導権を掌握することに部分的に成功したこと[20]。

漢字を廃止できなければ、漢学も永眠しない。興味深いことに、西学の教養と中国の知識を持ち、旧漢学とは違う近代科学の方法で日本「支那学」を打ち立てた第一世代の日本支那学者、狩野直喜、桑原隲蔵らは、みな東京大学漢学科の初期の卒業生である。彼らはもはや漢学者とは言えないが、このような特殊な教養のあり方によって彼ら及びその弟子たちは後の若い世代の中国学者には漢学の継承者と見なされている。もちろん、絶対多数の日本の支那学者が漢学に対して改良的態度を取るだけで徹底的な清算を進めなかったことも、彼らが中国学者とは違って、漢学の血脈と繋がっていると見なされる所以である。

先に述べた曲折の歴史を経、日本漢学は古い思想を新しい思想に切り替えないうちに看板を塗り代えることができた。言うまでもなく、同じ日本漢学でも、江戸漢学と明治漢学は社会文化構造の中に占める位置も果たした役割も違い、それらの内容も違い、たとえ同じ江戸漢学あるいは明治漢学でも、各学派、各時期の間の根本的な違いもはっきりしているが、前述した大修館の『日本漢学』の中では、これらすべてが「日本漢学」の領域の中に繰り入れられるのである。これでは問題解明の役に立たないことは明らかである。ちょうど水が一定の温度と圧力の下で形態を変えられるのと同じく、漢学も臨界点上で性質の変化を生むことができる。日本漢学は極めて臨界性に富むがゆえに「不死身の体」を具有することになったのだ。そしてまさにこの臨界性のゆえに、広範囲に「日本漢学」を議論することは殆ど意味がなくなった。だから日本の学者はますます具体的に問題を議論する傾向を強めて「漢学」を棚上げにしてしまうのだ。

しかし日本漢学の「不死身の体」は軽視すべき問題ではない。まさにそれがはっきりした輪郭を欠いているがゆえに、大は日本文化から小は日本の学問に至るまでの知らず知らずのその感化の影響が、一貫して日本の学者の視野の外に忘れられ、少数の鋭い問題意識を持った学者だけがそれに注目した。前述した溝口雄三、緒形康の研究は全く異なる角度から漢学の思想史における位置の問題に踏み込んだが、もう一人の学者渡辺浩は漢学の影響に対してより注目に値する観点を提出している。彼は日本と中国の近代前後の「進歩」観及びそれと西欧の進歩観の同時性を討論する中で指摘している。近代日本は西欧文明と接触した時、置き換えられた華夷観念を通すことによって西欧を理解した。「西欧はある意味で言えば『中華』より更に『中華』である」というのだ。明治政府が樹立したのはまさに「儒学の価値基準を参照した理想化された西欧イメージ」であり、かつこれを目標として維新の定義としたのだ。そのため、渡辺は明治維新時期の儒学者の役割を、たとえば『明六雑誌』に登場する執筆者のうち三番目に量の多い阪谷素の「文明開化」の言論は「恐らく決して奇妙な例外ではないだろう」と指摘する。(21) 今日の学術界がなお近代アジアの「西欧イメージ」を西欧自体と見なし、同時にそれをアジア固有の文化と両立させる傾向にあるなかで、渡辺の指摘は深い啓発を与える。疑いもなく、彼の議論が踏み込んでいるのもまさに漢学の「不死身の体」の問題なのだ。儒学の思惟方式、価値観念が近代日本人が「西欧イメージ」を作り出すのに直接影響を与えたことは、日本漢学が単に一つの学科の問題に限定できず、単に一つの領域の中で認識することもできない複雑な歴史の実体であることを暗示している。

四　中国学と支那学のすれ違い

日本の中国学は二〇世紀の三〇年代に誕生した。そのメルクマールは竹内好、武田泰淳らを中心に組織された「中国文学研究会」の出現である。竹内好（一九一〇～一九七七）という、一貫してアカデミシャンの思惟方式及び限界性と対抗して譲らなかった孤独な思想家・中国学者は、ある意味で、荻生徂徠と同じ「相対主義」の知識感覚と現実感覚を持っていた。彼は徂徠のような学者であるというよりも一人の評論家であったが、その思想の深さと洞察力の鋭さが文章に時代をまたぎ越す不朽の生命力を賦与し、それは彼を徂徠と同じく、歴史において避けて通れない思想家たらしめている。竹内好が文化活動と学術活動の中で提出した一連の問題は、彼の時代において予見性と深さを持ったが、我々の時代においても依然として同様な価値を持っている。彼本人の岡倉天心を評価した言葉を借りれば、竹内好も「不断に放射能を拡散する」「危険な思想家」である。(22)

竹内好が中国学界に入った一九三〇年代、日本漢学はすでに根本的な意味で日本の支那学に取って代わられており、この領域で内藤湖南、狩野直喜、桑原隲蔵らの大家はすでに輝かしい成果をあげ、彼らは西欧の中国学と同質の近代学術を造り上げていた。日本語の近代文体が三〇年代にはすでに日に日に成熟し、更にジャーナリズムが知識界に広く浸透したことにより、日本漢学は竹内好の時代には、それが福沢諭吉の時代にはまだ持っていたような社会的基盤を失っていた。昭和前期の日本の思想界・文学界は、「科学」の旗印の下、西欧の様々な新しい思潮流派を導入するのに忙しく、それと同時に日本浪漫派を代表とする文化国粋主義者も自己の陣営を形成しはじめていた。日本漢学はこのような情勢下で、もはや江戸・明治期の〝話語《ディスクール》権力〟を持たず、わずかに残された「知識」という唯一守ることのできる陣地に社会から撤退してきた。

しかし、その時の漢学は、依然として、ある種の今日にない力を保持していた。自らの膨大な知識のフレームを通して造り上げたアカデミズムの優位性である。当時このような優位性は殆ど支那学のスコラ性を通して曲折して表現されたが、しかし漢学は依然として直接語ることもできた。一九三五年三月、竹内好ら若い世代の中国文学研究者によって組織された中国文学研究会の会報『中国文学月報』が創刊され、同年七月第五号は竹内照夫の論文「所謂漢学に就て」を発表した。それは当時の学界の日本漢学が「非科学的」で「封建制度を助長している」という批判に反駁し、漢学が万象を網羅する「百科全書」の性質を持つことから啓蒙の道具とするに最も適していることを強調し、同時に漢学が「実践性」を持つことによって「聖学」であることを強調していた。漢学は江戸幕府時代に為政の道具に充てられたが反幕府の精神をも孕んだのであり、同時にまた洋学と同じ「外国学」でもあったし、儒学の「述べて作らず」の伝統は経典詮釈の枠組みの内にあって漢学に膨大な創造的内容を受け入れさせたのであり、だからこそ漢学はその雑多性のゆえに恒久性を獲得したのだ、と竹内照夫は主張した。同年一〇月第八号に発表された竹内好の「漢学の反省」は、この竹内照夫の論点に対し鋭い批判を提出した。竹内好は、そこで「我々の聴かんとするところは理念としての漢学が『聖学』であるか否かではない。むしろ『聖学』である漢学が何故今日の堕落（上品には不振と言われる）を来したかについての妥当な自覚と、打開策の講究こそ希ましいのである」と指摘していたのである。

では、竹内好の見る漢学の堕落とは何であったのか。彼は言う、「イデオロギイとして不用化され、脱ぎ捨てられた漢学が、余りにも多くの封建的桎梏を一身に背負わされて、社会の進化の外に身動きもならず形骸化されたことに諸悪の根源は発足するものの如く思われる。……すべての学問がアカデミイとの宿縁を断ち切れぬものであるとしても、溌剌たる外気の流入が自由ならば一応の硬化は防げる筈であろう。今日、一般的社会思潮は多少ともジャナリズムの形態に依存せずには在り得ないのだが、漢学に対して不関焉を持するジャナリズムの不明はもとより、まず問わるべきは、之を利用することを知らぬ（或いは怖れる）漢学者自身の因循な態度ではあるまいか」。竹内の指摘は更に進められる。漢学者はどうあろうと虚名に執着しているので、学問上は儒教の「絶対服従」の限界を一歩も越えられず、公開論争には常にびくびくして手も足も出せない、それは漢学者が己の書いたものを他人に読んで貰おうと欲せず、他人の書いた文章を理解する力も無く、「独善」の態度を決め込んで批判精神を欠いているためであり、また漢学者が晦渋な文字に拠って理論の不備を蓋い隠しているからだ。竹内の結論は、現実の漢学はすでに学術的情熱を失っているということであった。この意味で、彼は漢学に「遊戯精神（竹内の原文では爽涼なディレッタントな精神）」を注入する必要があると考えたのである。

竹内好の文章の要点は端的にいえば、次の三つに概括できる。一、学問は現実社会に対する関心を持ち、社会の進行の内に身を置いて開放性を持つべきである。二、学問は批判精神と平等自由の精神を持つべきである。三、学問は「情熱」つまり内心から発する人生への興味を持たねばならない。彼が特に強調した「ジャナリズム」の利用は、当時日増しに重大になっていたアカデミズムの学風に対する挑戦と見ることができる。

竹内好のこの短文は竹内照夫の反駁と武田泰淳らの異論を引き出したものの[23]、竹内好が提出した漢学の「堕落」の問題は、実のところまだ本当の討論がなされてはいない。この小さな論争はうやむやのうちに終わってしまった。しかし、竹内好のこの短文をないがしろにはできない。一つには、後の歴史の中で、日本漢学が「聖学」とはならず、実質的にもその後の中国学と合流して「新漢学」ともならないという事態を見通していたからである。竹内好が批判した硬化、閉鎖性、自由な創造と批判精神を欠いて文字の要塞に立てこもる因循な態度はずっと日本漢学界の基本的な学風を構成し、だからこそ、日本の学術が八〇年代後期に進もうという時に、依然として再び漢学に対する批判を進める必要があったのだ。更に重要なことは、竹内好がその後支那学者たちと行なった一連の論争の基調はすべてこの短文と一致していたということである。当時日本の中国研究の学問性を一番代表できたのは日本の支那学であり、この領域での研究成果の持つ学術史における意義は今でも依然として疑いの余地がない。しかし支那学の膨大で厳正な知識と学問体系の中に、竹内好は思想の独創性を求めて得られなかったのである。彼はこのような情況と支那学のアカデミックな学風とを関連させて考察し、繰り返し日本漢学の保守性の根源を追求した。このように、竹内好に代表される日本の中国学（彼自身は自分が代表できるのは自分だけだと強調するのだが）は、不可避的に日本の支那学と衝突した。この衝突の原因は、現代学術と現代のインテリゲンチアの使命をめぐる理解の相違にあったのである。

一九三九年一一月、『中国文学月報』第五巻総第五七号は目加田誠の論文「文人の芸術」を掲載し、中国古代文学の中で詩画と結合した「文人精神」について論述しているが、翌年一月の第五九号は竹内好の「目加田さんの文章」を掲載して、このかなり淡々とした文章に激しい攻撃を加えている。文中の具体的論点についてはここでは省略するが、注目に値するのは、文中竹内好が支那学に対してかなり明確な宣戦布告をしていることである。「たとい俺が目加田さんをやっつけ得ても目加田さんの生えている地盤は身ゆるぎもしないだろう。……俺はこの綴方を『長沢、吉川、倉石、目加田』という題で書き出すつもりで居た。この品種は俺にはなかなか興味深い。……俺は他人には不遜かもしれない。だが絶対者に対してはこの人たちほど傲岸に構えていない。……毎朝鞄を抱えて支那文学の事務所へ出勤するような生活は俺には向くまい……」(24)。これが竹内好の目加田批判の本当のねらいだと言うべきだろう。この文章を書いたとき、彼はすでに自覚的に中国学と支那学の間に一線を画そうとしていた。そして支那学の基本的立場と区別するために、彼はその後論争の方式でも彼の言う「この品種」の中堅となる力と鉾を交えていくことになったのである。

第六巻第六六号（一九四〇年一一月）から、『中国文学』は「翻訳時評」の特別欄を開設した。その動機は「翻訳の問題は、語学や表現の問題だけでなく、考えていくと結局は人間の問題まで還元してしまう(25)」ということにあった。竹内好は言語のレベルで支那学者たちと何度も鉾を交えた。

第六九号（一九四一年一月）上に、竹内好は彼の最初の「翻訳時評」を発表した。文中、彼は当時大量に粗製濫造されていた中国語の翻訳書に対し憂慮を示し、特にこのような情況は大多数の支那学者が新しい翻訳基準を創り出せずに訓読の伝統を固守し、訓読が作り出した「原文に忠実」という錯覚が人々にそれを直訳と混同させ、独立した翻訳という立場を形成するのを妨げたのだと指摘している。竹内は「翻訳を文化現象として成立させる社会文化の基礎への批判を志向した批評も必要である」ことを強調した。すなわち、中国と日本文化にそれぞれ独立したものとして対面し、また両国の言語が全く異なる言語であることを意識し、従って日本語を中国語に付け合わせる（つまり訓点を使用して訓読を進める）のではなく、日本語で中国語を解釈すべきことを強調したのである。この意味で彼はただ訓読を否定しただけでなく、直訳をも攻撃したのだった。

竹内好は往時荻生徂徠が提起した問題をかなりな程度再提起したわけで、我々を驚き怪しませるのは、二世紀余りの時間を隔てて訓読問題が日本では依然として未解決であったということであり、しかも基本的な体制が整えられてきたはずの日本の翻訳界に江戸時代より更に深く問題が浸透していたということである。当時言文一致運動はすでに終結段階に近づき、日本文学の文体、欧米文学の翻訳文体などはみな近代日本語の基礎の上に形成されていたが、ただ中国語訳の範囲内でだけ、訓読の痕跡はなお非常に明らかだった。しかし竹内好が直面した問題はすでに荻生徂徠の問題とは違っていた。彼の関心は決していかに聖人の書を読解するかではなく、いかに文化の混淆を抜け出て日本の民族言語による翻訳基準を形成するかということにあったからである。直訳に対する激しい否定は、まさに彼の「日本文化は今なお支那文化の支配から完全に抜けていない」という状況に対する憂慮を表している。この点で、彼は一貫して自覚的に近代の立場に立っていた。

日本の民族言語を作り上げる面で、アカデミズムの学問は確かに中堅の力であった。支那学者倉石武四郎によって首唱された「支那語教育運動」は訓読の文化的地位を転覆させるのに有効な武器を提供するものであった。一九四一年三月、倉石武四郎は『支那語教育の理論と実際』を出版し、正式に中国語と日本漢文の関係を改革、整理統合する構想、つまり学校教育のシステムにおいて漢文科を廃止し、漢文を国文科に帰属させ、支那語を完全に外国語に変えることを提起した。この二〇〇頁余りの小冊子はたちまち支那学界に反響を引き起こし、人々は賛成反対の両派に分かれたが、あまたの賛成者の中で竹内好は「一番深い賛成者」であった[26]。しかし彼はそれによって支那学アカデミシャンと同じ立場にあることを認めたわけではなかった。『中国文学』第七一号（一九四一年四月）から、次々にこの本をめぐって交わされた討論で、大部分の論者は均しく倉石と同じレベルで支持を表明しているが、かつて竹内好と論争した竹内照夫だけが中日文化は古来渾然一体であるという文章を著わし、「倉石主義」に保留の態度を取った。そして竹内好の立場は前述した人たちとは違っていた。『中国文学』第七三号（一九四一年六月）に彼は「支那学の世界」を発表し、支那語改革運動自体に支持を表明した後、この改革の目標に懐疑を表明している。「倉石さんは、支那学の貧困を、手段の改革によって救い得ると信じている。実は支那学にとっては思想そのものが貧困なのである」「没落が運命ならば、没落を促すこともまた学者としての本懐である」「僕は、学問についてもう少し厳しいものを考えている。いわば否定の造型といったものである。僕の考える学問は、存在としてあるものではない。無意味なものなのである」「不可能を実現するのが学問なのだ」。このレベルから、彼は倉石武四郎の時機が熟した後に始められた、絶対敗北するはずのない運動に低い評価を与えたのだった――倉石の支那語運動がその後遭遇した困難は竹内の大雑把な描写を遙かに超えており、竹内自身も後に倉石に対する同情を表明しているのだが。

この文章の中で最も注目すべきは、竹内好の「情熱」に対する見方である。彼は倉石の言葉が明るい確信に満ちており、それは情熱のアナーキーを信ずる人の言葉ではないと言い、その些かも影のない確信に満ちた姿に、痛ましい伝統のカリカチュアを見ている。竹内好と支那学者の論戦の中に繰り返し出現する「人生の情熱」の命題は、実は同様の考えから出ている。彼がかつて漢学批判の文章の中で持ち出した「遊戯精神」も、実は彼の近代の知識人の歴史的使命を考える際の基本的主題であり、彼がアカデミックな学問に対抗する武器でもあった。だから、この短文のしめくくりにある「支那学が改造されようとされまいと、大して興味の対象にはならない。僕は、自分の生き方の方が大切である」という言葉は、軽視できない「竹内視角」なのである。竹内視角は三〇年代以後の中国学界に新しい学問的立場が出現することを予知していたが、次に論及する竹内好が攻撃した吉川幸次郎の「傍観者の立場」は、これとちょうど対照をなしている。

『中国文学』第七〇号（一九四一年二月）に竹内好は二度目の「翻訳時評」を発表し、直訳への批判を更に進めているが、そこでは、吉川幸次郎らを「意訳派翻訳者」と呼んでいる。彼は吉川幸次郎の翻訳の正確さを肯定し、同時に吉川の「言葉に対する感覚の鋭さの足りてない」ところ、それは吉川の原文の格調に対する感覚の不足を表現していると指摘している(27)。そのため彼は吉川氏を自分の尊敬する「学者」だとは言うが、傑出した文学者とは認めないのである。この文章は、吉川幸次郎の強烈な反応を引き起こし、第七二号（一九四一年五月）に「翻訳論の問題」と題して彼と竹内好の間の往復書簡が発表された。吉川は、自分は決して竹内の言う「意訳派」ではないし、ましてや「直訳派」でもないと強調する。その理由は彼が「支那学がもってゐるだけの観念をなるだけ附加物を加へずに、またなるだけ省略せずに、そのまま日本語に移さうといふのでありまして、日本語としての調和よりも、むしろ支那語をそのまま移し得る日本語を捜すのに苦労してゐるわけであります」ということになる。この意味で、彼は自分の翻訳は「一種の訓読」であると言う。なるほど吉川は漢学者を自認していたのではなく、旧訓読の方式をも批判してはいたが(28)、彼の漢学に対する態度は明らかに竹内とは異なっていた。この顕著な成果を挙げた支那学者は日本漢学と境界を画す必要を感じていない。逆に、彼の関心事は翻訳の技巧問題だけであった。彼は多くの紙幅を費やして一つ一つ竹内好の指摘した誤訳箇所に反駁し、それは「国語を知らぬ為に起ったのであり、支那語を誤解したわけでは」ないことを強調していたのである。

同期に発表された返信で、竹内好は明らかに吉川の反駁にかなり戸惑っている。彼が吉川らを「意訳派」と言ったのは、もともと一種の賞賛で、その意は当時の訓読式直訳法を脱する新しい規範を求めることにあり、むしろ彼の吉川に対する批判はその「純学術」の立場つまりいわば非文学的立場に向けられたものであった。しかし吉川はそれには答えず、逆に吉川の視野に入っていたのは翻訳の技術的問題だけであった。吉川は日本漢学の文化観をかなり留めており、中国文学を研究する時「他者」意識を欠き、支那学の前提に対して懐疑精神を欠いていた(29)。竹内は、先に倉石武四郎を批評した際に次のように述べていた。「もしも、この世界が……外部から衝撃が与えられればどうなるか……倉石さんにとって、支那学とは疑うことすら想い及ばない実存の世界なのである(30)」。実は吉川幸次郎について言えば、問題はやはり同じだった。彼は支那学の枠組みの中に自己の学問体系を築いており、彼にはこの「世界」自体は絶対で疑問の余地のないものであった。彼はこの世界の外に存在する問題には興味がなく、正確な「意訳」を打ち建てることを通じて漢学の伝統を脱しようとも願わず、翻訳を通じて異質な文化間の関係の問題を思索することを素通りしていた。だから彼の直訳に対する評価は意訳より高く、翻訳問題における思想内容には反応しなかったのだ。竹内はこのような隔たりに直面して甘んじてその風下に立つしかなく、手紙の中で直訳意訳の区別を撤回したが、しかし自分の立場を放棄したわけではない。「僕は、最初『四十自述』を読んだとき吉川氏という人は、あまり支那語を勉強しすぎて日本語を忘れてしまったのではないかと思った。その感じが、吉川氏の言葉と符合しているから面白いのだ」「原文は正しく理解したが、その表現においてまちがったというような、二元的な段階があるものだろうか。……僕は、解釈とは表現であり、表現とは言葉であると思う。……言葉とは絶対に『在るもの』である。ここで、態度がはっきり分かれるのではないかと思う。主体的に捉えるか、傍観者に立つかである。……僕にとって、支那文学を在らしめるものは、僕自身であるし、吉川氏にとっては、支那文学に無限に近づくことが学問の態度なのである」。

三〇、四〇年代には、竹内照夫のような漢学者はもう学問の中心にはなり得なくなっていた。斯文会などの漢学組織もその地盤を持っていたが、影響力を持っているのは支那学と中国学だった。竹内好は文学の方式でこの両者の関係を処理し、支那学が客観的な純学術の姿態で覆い隠している旧漢学の特質——支那学世界を絶対化する閉鎖性——を暴露した。同時に自己主体を強調することによって中国学を相対化した。彼が初期に漢学を批判した時から一貫して「情熱」「人生」を理解することを強調したことと関わって、その主観の強調は実は一貫して漢学（支那学）の「客観性」に照準を合わせていた。この主観の強調は当然竹内の文章に前後矛盾、用語不統一の特徴を持たせることとなったが、彼に言葉の限界と主観性を十分意識させることともなった。彼は何度も

「言葉の背叛」「言葉不足」を強調し、一度も吉川幸次郎、倉石武四郎らの支那学者のような言葉に対する確信的態度を語ったことはない。その点で、竹内好はより荻生徂徠の言語感覚に近い[31]。確かに、彼が解決しようとしたのは朱子学の経典解釈の信憑性及び読解における言葉の役割の問題ではないが、竹内好は同時代人よりはっきりと言葉の臨界性を意識していた。彼も同じように価値観の転形と再構築の時代に置かれていたからである。このような時代には、同じ言葉がしばしば種々の価値観を担わねばならない。竹内好は明らかに吉川幸次郎より敏感に異なる価値観が同じ言葉の中で衝突する苦しみを感じていた。雑誌『中国文学』上における度重なる論争は、竹内好の「情熱」の苦しみと支那学者の「傍観」の平静さとのすれ違いをはっきり見せており、ついには竹内好の絶望的な結論を引き出すこととなる。「僕が、いくら漢学を相手にしないと云っても、漢学の方も僕を相手にしないらしく、漢学は不死身で動いている。そうしたことから、僕は事ごとに無力感を抱かずにいられない[32]」。

しかし、竹内好は一つの並々ならぬことをなした。彼はこれらの論戦で、日本の支那学のアカデミズムの看板の下に自らを閉じこめる傾向を暴露批判し、「人生の情熱」という形でアカデミシャンと対峙し、直接日本社会の問題点に切り込み日本の文化構造の中に新しい中国学の位置を定めたのだ。そこで竹内好以後の日本の中国学、特に戦後世代の人たちの中国学は一貫して中国社会の現実に切実に関心を持ち、同時に日本社会の現実問題に介入することを特色とした。竹内好本人も中国研究に従事しつつ、同時に極めて大量の日本研究の本を書いた。より重要なのは、中国に関する著述の中でも彼の問題意識は終始日本の思想伝統という基本点にしっかり定められており、日本の大部分の支那学者が中国に即して中国を語り、「日本語を忘れてしまう」学風とはっきり違っていたことである。同時に我々が忘れてならないのは、今日現代学術は日増しにミクロの学科に分化しているが、実は我々を再びあの時竹内と吉川が直面した問題の前に押しやっているということだ。学問は文化の中における位置をいかに確定すべきなのか。知識人の現代社会における使命及びその使命を完成する道とは何か。竹内好の「情熱」と吉川幸次郎の「客観」は、決して単なる学問の品格（風格）の問題ではなく、それらは二つの異なる学問的な立場を暗示しており、現代学術のディレンマをも暗示している。今日の日本の学界はより多く吉川幸次郎式の「客観」を具え、依然として「情熱」を持ち続ける学人《がくじん》（知識人）を少数派としていることは、興味津津たる事実のようだ。問題はこの両者のどちらが正しいか間違っているかにあるのではなく、それらの分岐が知識人の異なる役割を意味していることを人々が未だに意識していないところにあるのだ。今日の日本の学人《がくじん》（知識人）がこの認識において真に竹内好を超えられるかどうかは疑問である。

五　結びに代えて――「臨界」に対する思考

日本漢学は、その歴史的変遷の軌跡の中で我々に豊かな遺産を残している。この遺産は内部の変革と改良が作り出したものであり、また外部からの批判と否定によって作り出されたものでもある。要するに、日本漢学の後人に対する啓発はその臨界点からもたらされたのだ。日本漢学が静態から動態に転じある種の性質の変化を生む時、それは我々に思考の新しい視点を提供する。逆に、従来の方法を固守しようとする時、思想の活力を失う。

本稿では日本漢学の歴史を振り返ることはできなかったし、ましてや日本漢学のすべての問題点をまとめることもできなかった。論及した問題も単に粗っぽいデッサンをしただけで、深い論証を進めることもできなかった。筆者がこのような方法をとった理由は、「漢学」というこの思考枠組みが結局どのような内容を収納しうるかを検討したかったからである。いわゆる「世界漢学」自体も「臨界点」を持っているのだろうか。日本漢学の状況だけについて言えば、それは「日本人の中国研究」の範囲を遙かに超え出たことは明らかだ。それだけでなく、日本漢学が日本の学問の中に引き起こした問題は、まさに日本文化自体の基本問題であった。言いかえれば、日本文化における日本漢学の特殊な位置は、いくつかの重大な衝突を引き起こしたが、その「不死身」はそれが特定のエネルギーを持っているかどうかではなく、殆どそれが置かれた文化的位置によって決められた。日本漢学のどっちつかずの状態は、それに近現代のいくつもの基本問題を包含させることになった。その内部に荻生徂徠のような儒学者も生み出し、これらの基本問題を提起し解釈する資源を持たせた一方、また日本漢学のイデオロギー面での右傾保守と学術規範の日を追う陳腐化は、その生産性を覆い隠してしまった。言いかえれば、多くの人々は日本漢学という視角が非常に重要な問題意識を提供できるとは考えていない。しかし、日本漢学の近代以後の衰亡とその文化的位置とは別のことである。今日、日本の多くの優秀な学者が研究している問題、たとえば江戸思想史に関する研究、日本の近代性に関する研究は、一見日本の中国学や日本漢学とは直接の関係はないように見えるが、実際は、これらの問題意識は日本漢学の文化的位置と密接な関係を持っている。その意味で日本漢学という視角の中から、我々はたちまちの内に日本思想史の基本的問題点を理解できるし、より多く日本文化というこの「近くて遠い」参照体系を理解することができる。比較文化の視野の中では、それは新しい問題の提出と国際的な学術規範の形成を意味しているのである。

竹内好は日本支那学の閉鎖的な学術規範を批判した時、再三支那学は安身立命の空間となるべきではないと強調した[33]が、彼が一生その建設に尽力した新しい思想伝統の特徴は、開放性にあった。竹内好がアカデミズムの学者でなかったのはまさにそのためで、彼だけが独自の慧眼でアカデミズムの学問の限界を見抜いていた。「支那学の立場に立って物を見る前に、どうしてもっと広い立場に立って支那学を見てみることができないのか」。竹内好の質問が照準を合わせているのは日本の支那学である（彼の文章では漢学者と支那学者は同義語である）が、彼のこの質問の持つ放射能は実はより広い照準を具えている。彼が日本漢学の問題点を考える時、彼はまた近代日本の文化規範の問題を考えてもいたのである。一九四七年に吉川幸次郎との論争を回顧した時に、竹内は次のように明確に指摘している。「私は吉川氏のなかに根強い『漢学』の伝統を認めた。それから二年後、吉川氏は、ジャーナリズムに、日本文学は某国の文学を指導しなければならぬという主張をしきりに発表した。……このような尊大な態度を、その某国にたいしてかつて卑屈な態度をとった吉川氏が発表したことを、私はもっともだと思った。尊大と卑屈は表裏であり、それは日本文化の非独立性、ドレイ性にもとづく無自覚の外国崇拝＝外国侮辱という心理の反映に外ならないから。かつ、吉川氏がその主張のもとに実際的な活動をし、その活動を日本の文学者が支持した、ということも私には不思議でなかった[34]」。竹内は、日本漢学が孤立したものではなく、それがうわべだけを改めて「不死身」でいられるのは、その奴隷根性と日本文化の奴隷根性がちょうど平仄が合っており、この奴隷根性が広範な社会的基礎を持っているからだと見抜いていたのだ。竹内好はそれを壊すのに一生尽力したし、彼が魯迅を推賞した理由もここにある。その東西文化の対抗に関する思考、日本の独立した思想伝統の形成に対する関心、及び彼の中国観と「人生の情熱」自体、いずれもこの基本点に基づいていた。そして生前も死後も理解されないという孤独の原因もここにある、我々が「世界漢学」を思考する時、竹内好の日本漢学を日本文化の特質を思考する際の切り口としたこの方法は、よい参照体系ではないだろうか。日本漢学はその臨界点上に優秀な精神遺産を創造し、あるいは点火してきた。その精神資源は全人類のものである。そして世界漢学の視野において、我々が見ることができるのはただ単に外国学者の中国研究の結論だけではないだろう。もし我々が「より広い立場に立って」世界漢学に臨むなら、その臨界点も自然に現れてくる筈だ。その時目に映るのは真の意味での「他者」であり、荻生徂徠の「宇は猶お宙のごとく、宙は猶お宇のごとし」の議論に対し、竹内好の「もしこの世界が外部からの衝撃を受けたらどうなるか」の疑問に対し、中国人も新しい共感を持つだろうことを、私は深く信ずるのである。

注

（1）日本漢学の語音問題には複雑な歴史的変遷過程がある。初期の読音の中には一部当時の中国語の語音を導入して成立したものがあり、だから日本語の漢字読音には呉音、漢音、唐音の別があるのだ。しかしこの語音は日本に入ってから中国の語音変化の軌跡を離れて、同時に日本語の漢字読音の中には百済つまり韓国の語音の影響もあるので、その後の中国語の漢字読音と甚だ違ってしまったのだ。この部分の発音方式は「音」と呼ばれる。一方、日本の語音も漢字の閲読に用いられたが、これが後に音から独立して対等に振る舞うようになった「訓」である。

（2）平安時代（七九四～一一九二）の日本漢学は朝廷から貴族階層へ浸透するという過程を経て、その直接の結果が日本漢文学の繁栄をもたらした。初唐から盛唐に至る詩文の文体はこの時空前の流行を見せ、上は天皇から下は貴族まで、日本の上層の人々は完全に漢（中国）語詩文の表現形式を使って創作した。平安朝後期には、白居易の影響は日本文壇を統率する程度にまで達した。

（3）万葉仮名は日本の最初の歌集『万葉集』に使われた文字である。形式上から見れば、漢字を用いているが、その規則は日本漢文とは異なり、漢字を用いて日本本土の音声を記録するもので、漢字の意味は限られた範囲でだけ有効で、この記号システムの中では基本的な書写閲読規則は成立し得ず中国人に判読不能な外国語である。

（4）「仮名」という語は「真名」に対して言われたもので、日本人が漢字という書写記号を受け入れた後に発明した日本の書写記号である。真名とは漢字を意味し、仮名は万葉仮名の筆画の必要な部分を取り出し簡体化した後に発明された表音記号である。基本的な記号は現在四八個あり、通常これを「五〇音」と称し、それらを用いて自由に日本の本土の語音を綴ることができる。

(5) 水田紀久・頼惟勤編、一九六八年。
(6)「フランス・シナ学と日本漢学と中国哲学」参照、『方法としての中国』東京大学出版会、一九八九年に掲載。
(7)『日本政治思想史研究』参照、一九五二年初版、一九八六年新版、東京大学出版会。丸山は江戸思想史における「政治思想」の含意に特に注目したので、彼の徂徠学に対する最も傑出した分析も、たとえば公私観念と政治観念の関連等の面にある。荻生が古文辞学を創建したことについては極めて簡略に触れるだけである。丸山真男の分析に対して、日本の学界及び韓国の学者たちはいくつかの疑問を持っている。たとえば朱子学が本当に統治的地位を占めたことがあるのかどうか、その具体的、歴史的評価等については異なる意見があるが、本稿と直接関係がないので、ここでは略す。
(8)『学則第二』参照。『日本の思想』第一二巻『荻生徂徠集』筑摩書房、一九七〇年。原文では将軍綱吉の諱《いみな》を避けるため「黄備」と書いているが、簡略にするため訳文では吉備と訳したことを特に断っておく。その他、本稿の『学則』からの引用はすべて同書からであるが、特に注をつけないこととする。
(9)『訳文筌蹄』は荻生が若いときに私塾を開設した時に教授したことをまとめたものであり、今日の言い方だと「翻訳論」である。荻生はその翻訳学において、たとえば言葉の「読書」における働き、「翻訳」の読書における位置など、言葉の機能の問題に極力注意を払っており、そこから彼は江戸時代の「日常の俚語」を訓読の文語に代えればより正確に三代(夏・殷・周)の文を理解できると提起した。しかし彼の関心は実は翻訳そのものにはなく、彼にとっては、翻訳は単に中国語の理解に到る筌蹄(語は『荘子』に見える)にすぎず、魚を得て筌(竹製のうけ、魚具)を忘れることこそが真意であった。この思想は彼の古文辞学に終始一貫している。『訳文筌蹄』は荻生二七歳(一六九二年)の時に門人の記録と整理によってでき上がったもので、当時の漢学界に極めて大きな反響を呼び起こした。本文の前に荻生本人が書いた『題言十則』があり、簡潔に彼の「訳学」と「古文辞学」に対する考え方を概述している。『題言十則』と『学則』は荻生徂徠の古文辞学を研究する上での重要文献である。『題言十則』は『荻生徂徠全集』2 言語篇(戸川芳郎・神田信夫編、みすず書房、一九七四年)より引用、以下同じ。
(10) 徂徠古文辞学の批判機能はかなり複雑である。彼の学説は本来朱子学に照準を合わせて批判が進められたが、同じように朱子学を批判しまた古学の面で彼のために道を拓いた伊藤古義学も、彼の批判対象となった。

(11) 野口武彦の「評伝・荻生徂徠」(『江戸人の歴史意識』朝日新聞社、一九八七年所収) 参照。野口の考証によると、荻生が伊藤の古義学を攻撃したのは、荻生が伊藤に手紙を出した時、伊藤の病気が重くて返事が貰えなかった、荻生は事情を知らずに恨み、のちこの手紙が伊藤死去後に発表されて、更に彼の積もった恨みを深めたせいだという。だから、荻生は伊藤を攻撃するためには、時には朱子学の立場に立つことさえものともしなかった。

(12) たとえば彼は伊藤仁斎の『易』の「一陰一陽」の誤読は、孟子の言論に拘泥し過ぎで、孟子のいわゆる「四端」の説(仁義礼智の端緒たる惻隠・羞悪・辞譲・是非の心)が「仁」を完成させる方法ではないことを理解しないからだ等と批判した。彼はそこから古学派と朱子を一緒に論じ、彼らが同じように聖賢の書を理解していないと考えた。

(13) すぐれたポストモダン理論の素養を持つ日系アメリカ学者の酒井直樹は、彼の英文の専門書 *Voices of the Past: the Status of Language in Eighteenth-Century Japanese Discourse*, Ithaca, 1992 でもっぱらこの問題を討論しているが、その中には多くの精彩ある見解がある。たとえば彼は「和訓は書写形式において日本語がどのレベルで中国語と関係を生んだかを示す最も適切な材料」だと考え、ディスクールの角度から多くの深い見解を提起している。この本の立論の基点は、一八世紀を時間単位として言語危機の問題を横方向に考案することにあるので、「日本特殊論」に対する批判としては積極的な効能があるが、問題の設定が理論の必要性に偏重しているため、徂徠学の音声に関わる部分が主要な位置を与えられて強調されている反面、それと彼の「読書は看書にしかず」の主張の関係に対する分析を欠いている。また言語の透明度を強調しすぎたため、荻生の「華和を合して一とする」思想も議論するのを難しくしている。筆者が読めたのはこの本の日本語訳の二章分で、『批評空間』一一号(一九九三年一〇月)、一二号(一九九四年一月)に掲載されたものである。本稿もこの二章だけに依拠している。別の学者宇野日尚哉の論文「読書は看書にしかず——荻生徂徠と近世儒家の言語論」(『思想』一九九一年一一月)はこの点に注目したかなりすぐれた論であり、近代儒家の言論中「耳と口の二者」は近代の言語学習におけるような第一位の地位を占めておらず第二の地位に甘んじていて、この点は荻生と同時代の他の儒者は一致していると指摘している。

(14)『訳文筌蹄』の『題言十則』や『学則』は、いずれも漢文で書かれている。両者の間で、荻生は多くの変化を見せ、たとえば訓読に対する態度は、後者は前者より更に手厳しい。語音と言語の国の違いの強調も、後者は前者より顕著である。しかし、荻生の基本的見方には大きな変化はない。とりわけ彼の翻訳の限界性に対する見方と「道」の包容性に対する強調は、この二つのテキストでは一致している。ついでに言っておくと、『訳文筌蹄』のテキストはかなり厖大な語意についての解説を包含しているが、『題言十則』はその巻頭語にすぎない。黒住真の論文「訳文筌蹄に関して（1）」（東京大学教養学部『人文科学科紀要』一〇二輯）は、この解説部分についての詳細な研究である。

(15) 通常一八五三年アメリカのペリー提督が軍艦を率いて日本に到り大統領親書を手渡して幕府に「和親条約」の受け入れを迫ったことを日本の開国の基本的な境とする。しかしそれ以前に江戸幕府はすでに各国の特使、軍艦、商船の圧力により、鎖国状態を維持する方法を失っていた。

(16) たとえば黒住真の「日本思想とその研究―中国認識をめぐって」（『中国―社会と文化』第一一号、一九九六年六月）は、こうした中国相対化の流れが、更に日本自身を純化しようとする動機となる時、神道的正統性を求めて「漢意」の排斥を説く本居宣長の国学が生まれたと指摘している。

(17) 幕府が創設した、蘭、英、仏、独、露等の国の「洋学」及び洋式数学を教授する学校で、幾度かの変遷を経て、後に現東京大学の一部となった。

(18)(20) 緒形康の「他者形象の変遷―中国に向ける光」『江戸の思想』四号、ぺりかん社、一九九六年、参照。

(19) 吉川幸次郎編『東洋学の創始者たち』講談社、一九七六年、一七四頁、参照。

(21) 渡辺浩「進歩と中華」『東アジアの王権と思想』東京大学出版会、一九九七年。

(22) 竹内好『岡倉天心』一九六二年、『竹内好全集』第八巻、筑摩書房、一九八〇年。

(23)『中国文学月報』第一巻第九号（一九三五年一一月）に、一連のそれに関する討論の文章が掲載された。竹内照夫の「非道弘人」は竹内好の用語の過激さについて猛烈な反撃を加えて竹内の提出した漢学の現状問題に依然として不承認の態度を取り、丸山正三郎の「漢学者とヂャーナリズム」は新聞界と儒学の教養の関連に重点を置き、武田泰淳の「新漢学論」は竹内の漢学の現状に対する批判は支持したが、重点はいかにして漢学を救うかにあって漢学を否定してはいない。

(24) すなわち支那学者長沢規矩也、吉川幸次郎、倉石武四郎、目加田誠である。

(25)『中国文学』第六六号の「後記」に見える。また、第六〇号から『中国文学月報』は『中国文学』と改称した。

(26) 竹内好「支那学の世界」に見える。

(27) ここで竹内好は吉川幸次郎の訳した胡適の『四十自述』を例として、「胡適の原文はいやらしいものだが（それは価値がないという意味ではない）、いやらしいままに捨て難い情緒がある。それが訳文では、いやらしさだけになっている。恐らく吉川氏は胡適の文章をいやらしくは感じなかったのだろうと思う」と言っている。

(28) 当時吉川幸次郎は漢学界の批判を受けとめて、『尚書正義』を訳した後、「漢文の意訳家」とけなされたため、意訳の一語に極めて敏感になっていた。しかし彼が新しい翻訳方法を試みた目的は旧訓読と違う直訳法を作り出すことにあり、彼の他の場合の江戸時代の訓読に対する崇拝から見て、彼は決して全面的に訓読に反対していたのではない。

(29) 吉川幸次郎の文化的立場を説明するのはかなり複雑な仕事である。というのは彼はあの考証だけに従事している旧漢学者たちとは違うからである。彼の傑出した著作たとえば『元雑劇研究』は、彼の考証の手腕が文化研究の目的に奉仕するためのものであることを示している。吉川は頭脳のない腐儒ではないが、彼の思想は厳格に支那学の枠組みの中に限定されており、そのため二度の大戦前後に政治問題が鋭く日本の学界の前に置かれた時、彼は力不足を露わした。竹内好のような醒めた思想認識と比べると、彼の思想の狭さは明らかである。この点に関しては改めて専論を書くべきで、ここでは展開できない。

(30)「支那学の世界」『中国文学』第七三号。

(31) 最もよく竹内好のこの言語感覚を体現しているのは「支那と中国」（『中国文学』第六四号、一九四〇年八月）である。その中で、彼は当時流行した「支那」を「中国」に置き換えるやり方に疑問を発し、支那という語がまだ理解されず、その内容がまだ窮め尽くされていない時に、自分はむしろ「支那」の一語を使いたいと指摘した。「僕は言葉の問題を簡単に考えたくはないのである」。目加田の来信に答えた「返答」(『中国文学』第六〇号、一九四〇年四月)の中で、彼は別の問題を提出している。「僕は、目加田さんは一度も言葉に背かれたことのない幸福な人類の一人だと思っている。それを愛さなかったから背かれないのだとするのは勿論僕の論理である」。このような言語感覚は当時あまり見られず、逆に荻生徂徠の言語論に類似の感覚を捜し出すことができる。

(32)「支那語の教科書について」『中国文学』第七八号、一九四一年一〇月。

(33)「支那学の世界」参照。その中で竹内好は倉石武四郎を批判して言っている。「僕は支那学のように、安心して身をまかせる場所をもっていない。その点で、倉石さんは、別の世界に住む人かもしれない」「いったい支那学を支えるものは何であるのか。支那学の立場に立ってものを見る前に、なぜ広い立場から支那学を見ぬのか。支那学の存続を前提とする前に、なぜ自己の生活を根拠としないのか」。

(34)「吉川幸次郎訳『胡適自伝』評」『竹内好全集』第三巻、筑摩書房、一九八一年。

(佐治俊彦・訳)

第Ⅱ部　東アジアにおける国家と民族

第四章　日本の唐人町と内地雑居

佐治俊彦

はじめに

東京の町を歩く。二、三〇年前に比べ欧米人の数は増えていないように思えるが、アジアや中近東系の人々が溢れているのに驚く。寡黙な日本人に比べ声が大きいということもあろうが、あっちでもこっちでもアジア・中近東系の言語が飛び交っている。日本の景気を反映して、その数は増えたり減ったりしているが、夜の町は彼らの世界の観さえある。とりわけ中国語の氾濫には、四〇年近く中国語（正しくは漢語と言うべきだろうが）を学んでいる私には、まさに隔世の感がある。

「新しい歴史教科書をつくる会」の編纂した教科書の検定を通過させたことに対し、中国と韓国の政府は激しい批判や強烈な不快感を表明しているが、一方でたとえば中国では、日本のものなら何でも好き、とりわけ日本の音楽やファッションに心酔する「哈日族」なる若者たちが増大し、そこでは政府の対日警戒宣伝も色褪せてしまうかに見える。韓国にも似たような状況があろう。中国や韓国からの留学生も増え続けている。若者たちは、これからどんな日中・日韓関係を作っていくのだろうか。

こうした毎日目にしている日本とアジアの混沌状況の中での関係（むろん日本がアジアの一部でないと言うのではないが）は、我々が直面しつつある二一世紀のグローバリゼーションと民族関係が内包する様々な問題を垣間見せてくれる。たとえば、世界の中で日本はどのような役割を期待されているのか、民族と宗教の対立を解消することが平和への道だとすれば、日本人のような宗教観念の薄い民族はこの問題にどう関わるべきなのか、資源の少ない日本が世界に伍するあるいは世界と付き合う道は何か、日本人の外国語不得手は解消できるか、増加凶悪化する一方の外国人犯罪にどう対処するか……、もちろんここでこれらの問題に軽々に答えることはできないが、本論文の目的はその前段階として、日本人が歴史的に外国人とどう付き合ってきたかを跡づけることにある。とりわけ深い関係を持ち、二一世紀においても日本にとって最大の課題である中国および中国人との付き合いの近代における関係史を、日本国内におけるそれに限定して考える。日中関係史の類の先行研究は枚挙に遑がないが、その殆どが国際関係論（戦争を含む）や在外関係史を中心にしている。また長崎・横浜・神戸などの居留地や中華街＝唐人町の歴史の研究も特に近年進んできているが、これも殆どが華僑・華人史研究という視点によるもので、日本人が外国人とりわけ中国人とどう付き合ってきたかという研究は少ない。能力と時間のせいでアウトラインと点描に終わるだろうが、ねらいは以上のことである。

一　長崎唐人屋敷

日本と中国（人）との交流はおそらく邪馬台国の時代よりずっと早くから始まったのだろう。日中両民族がどのような交通手段（船・言語など）を用いて交流したのか、考えただけで胸躍るロマンの世界だが、少なくとも日本の各地に残る徐福伝説がもっとも早い日中交流の民族の記憶の痕跡なのだろう。朝鮮半島を通じての漢文化の流入は、日本国家そのものを成立させていった。遣隋使・遣唐使は学問・技術・宗教などだけでなく、学者・技術者・僧侶などをも連れ帰っている。半島人も次々と来着し、帰化した。文永（一二七四年）・弘安（一二八一年）の役では、モンゴルによって日本・中国・朝鮮がむりやり戦わされた。室町時代から江戸時代初期は、倭寇・八幡船と呼ばれる日本海賊の中国・朝鮮侵奪も激しかったが、これも本来は交易が目的であり、倭寇の中においてすら民族交流は複雑だったと言われており、遣明使・勘合船・南蛮貿易・御朱印船に代表されるように貿易・文化交流が大変盛んな時代だった。

日本のチャイナタウン＝唐人町のことを調べてみようと思い立ち『日本地名大辞典』（角川書店）などを開いてみて、まずその多さに驚いた。宮崎県都城市、大分県臼杵市・大分市、熊本県熊本市・人吉市、長崎県福江市・口之津町、佐賀県佐賀市、福岡県福岡市・八女市、高知県高知市、徳島県徳島市、愛媛県松山市、広島県広島市など、さらに唐人屋、唐人谷、唐人山の類の地名も残っている。その多くは江戸から明治の間に消え、現存する町名としては臼杵市、佐賀市、福岡市、高知市、八女市、口之津町ぐらいのようだが、さらに驚かされたのは「朝鮮陣ノ時御連帰リ朝鮮人ヲ此所ニ被召置、依テ唐人町ト云」（人吉市、『熊本風土記』）に代表されるように、町名の由来は多く秀吉の朝鮮出兵（文禄・慶長の役）の折諸大名が連れ帰った（船の重し代わりに乗せたと言われる）半島人に発していることである。彼らは陶磁器や豆腐などの技術を伝えた。中国人の渡来・居住に由来するものは明末の戦乱を逃れて来航居住した都城市、通商のため来航した明人を領主が歓待し住まわせた福江市など二、三カ所に過ぎない。当時の日本（人）の外国認識、中国認識、朝鮮認識を示していて興味深い。

江戸幕府は開幕当初からキリスト教の流入・布教の広がりを中心とする外交関係に散々苦しんだが、その結論が一六三五（寛永一二）年の鎖国令であった。外国船の入港・貿易を長崎に限り、日本人の渡航・帰国を一切禁じたのである。一六三七年の島原の乱を経て翌々年にはポルトガル船の日本来航を禁止、一六四一年にはオランダ商館を平戸から長崎出島に移し、出島を通じてのオランダ・中国・朝鮮（通信使のみ）だけとの通商という鎖国体制が完成する。ポルトガルなどの切支丹（＝カソリック）伴天連（＝教父）はひたすら死を賭してまで布教を第一義とするのに対し、新教国であるオランダは貿易利益を第一とするからという、幕府としての判断があった。中国人はしかし依然として雑居を認められ、懇意の町人宅に決まって止宿し、売上高の一割を船載荷物の売り捌き媒介手数料として宿主に納める差宿《さしやど》制（一六三七年〜）、それが一部の船宿の利益の独占になるということから町ごとの順番制にした宿町《やどまち》制（一六六六年〜）などによって旺盛な貿易活動が行われていた。中国はちょうどこの時期明から清への王朝交代期に当たる。異民族たる満州族の清に抗し、鄭芝龍・成功（母は日本人田川氏）父子とその一族が東シナ海から台湾、東南アジアにまで及ぶ海域を殆ど制圧して海上貿易を独占したのもこの時である。鄭芝龍が清に降るのは一六四六年だが、清朝は鄭氏余党討滅のため一六六一年「遷界令」を布いて、沿海五省に海禁を行い船舶の出洋を厳禁した。このため中国からの来航唐船は激減し、一六八一年には長崎入港船はわずか九艘になったという。ところが一六八三年、成功の孫克塽が清に降って台湾が清朝治下に入ると、翌一六八四年「遷界令」は撤廃され、海禁は解除され（＝「展海令」）長崎来航唐船は急増する。(1)

一六八八（貞享五・元禄元）年幕府は突如長崎奉行と島原・平戸城主に対し、唐人をオランダ人同様一郭に収容することになったから具体案を示せと命じ、その年のうちに長崎十善寺の幕府薬園に唐人屋敷の建設が始まり、翌年一応完成竣工する。この間の事情について山本紀綱は、中国人が「市民の中にまじって常に市民と接触していたため、時がたつにつれてしだいにいろいろな腐れ縁や、幕府が意図する方針を妨げるような事態が生ずるようになってきた。しかもそれらの弊害や影響は、貞享以後清朝の遷界令の撤去によって急増した来航唐船や唐人の氾濫のため、どうしてもさきにオランダ人を出島に収容したと同じように、多数の唐人らを市民との接触からすみやかに切り離す必要に迫られたのが、唐人屋敷の緊急開設を促進した直接の動機となり、その動機をつくる弊害や事態が設置に至った理由といってもいいと考える。そしてまた幕府当路者もその理由となった諸事情が抜本的に除かれない間は、幕府が求める鎖国体制も実質的には完成されないであろうという堅い信念のもとに、唐人屋敷の造営開設に異常の熱意を燃やしたとみていいであろう(2)」と語り、その理由として、諸家の説（箭内健次『長崎』、山脇悌二郎『長崎の唐人貿易』、福田忠昭「唐人屋敷」、荒木周道『幕府時代の長崎』など）を検討して、①風紀上の問題、②貿易上の問題、③禁教上の問題にまとめている。風紀上の問題とは、古賀十二郎『丸山遊女と唐紅毛人』前・後編（一九六九年一月長崎文献社刊、一九九五年一一月再版）に詳しいが、一六三九年より望むなら妻子を本国に連れ帰ることは許されたが、一旦帰国した妻子は再び日本に戻ることは厳禁され、それによって長崎に渡来する中国人はすべて単身ということになったため、この中国人たちと長崎の町家の女性との交際、それをめぐる口論争闘が増大したことである。貿易上の問題とは、一六八三年より「定高仕法《じょうだかしほう》」が公布され、過酷な輸入制限が実施されたため積み戻し船が増え、当然の如く密貿易が増大したこと、日本からの最大の輸出品たる銅の価格管理を幕府が一手に握ろうとしたことである。禁教上の問題とは、言うまでもなくキリスト教禁圧の徹底である。当初は中国人は大丈夫と踏んで通商を許可したのだが、唐船が持ち込む書籍（「唐船持渡書」という）の中にキリスト教関係のものが含まれていたことに幕府は過剰とも言える拒否反応を示した。キリスト教禁教への中国人の自主規制も徹底しており、そのため各同郷同族の結束（「幇《バン》」という）によって興福寺（三江幇系統、俗称南京寺）、福済寺（泉・漳州幇系統、俗称泉〔のち漳〕州寺）、崇福寺（福州幇系統、俗称福州寺）、聖福寺（広州幇系統、俗称広州寺）の黄檗宗の唐四箇寺が次々建立されたのであるが（日本人の建てた浄土宗の悟真寺も中国人の埋葬・法事を扱った）、書物改役はわずかのキリスト教関連記事も見逃さなかった。

唐人屋敷（「唐館」ともいう）は時代の経過とともに増減はあるようだが、諸資料をまとめた前掲山本紀綱『長崎唐人屋敷』と本間貞夫等編『長崎学事始』（長崎県立長崎南高等学校、一九九三年刊）によって概要を見てみよう。総坪数は当初六八三〇坪だったものがのち拡張され九三七三坪となった。出島の倍以上の広さである。中は大きく二つに分かれ、大門と二の門の間に町方の管理役代表たる乙名《おとな》部屋・土蔵・表総長屋（通事部屋・大門番所・牢屋などを含む）があり、二の門内が六八七四坪、唐人部屋が二〇棟各二階建て、四、五坪ずつの「市店」（店舗）が一〇七、他に土神祠・天后宮・観音堂があった。全体を三メートル以上の練塀とさらにその外側を竹垣と堀が囲み、大門外の波止場がこれに付属した。

入船して唐人部屋に入った中国人は断りなく二の門外へ出ることは厳禁され、役人といえども特別の公用がなければ一切出入りできず、商人も乙名の許可を得、大門と二の門の間で取り引きし、弁済はすべて乙名の立ち会いの下で行われ、入る時にも出る時にも身体検査を受けねばならなかった。願い出による許可、入る時出る時二度の身体検査ということでは商人と同じだが、二の門内に自由に入ることができたのは傾城（いわゆる丸山遊女）だけであった。通常一度入船すると取り引きが終わり日本からの輸出品を積み込んで出船するまで三～六カ月ここに滞在することになったが、その間商人・船員たちの無聊を慰めるのは丸山遊女だけであった。単身男子のみの渡来しか認めなかった幕府の恩情ではあったが、その水揚代が長崎ひいては日本経済にもたらした利益は相当な額に上ったようだ。貿易利益の半額以上も蕩尽する者もいたという。売り切り、買い込み、積載するまで出船できないシステムの然らしむる、中国人の泣き所であった。中国人と丸山遊女の交情については前掲古賀十二郎『丸山遊女と唐紅毛人』に詳細な研究がある。船主にして詩文・書画をよくした江芸閣と丸山町引田屋（のちの花月）お抱え遊女袖笑《そでさき》、その妹遊女袖扇とのロマンスは頼山陽などの詩文にも名を留め、よく知られている。また唐人ではないがシーボルトと寄合町引田屋遊女其扇（そのおぎ、シーボルトは sonogi と綴り、「そのぎ」と読まれるようになったようだ。お滝さん、つまりお稲さんの生母である）のロマンスはあまりに有名である。丸山・寄合町遊郭との交流を例外として、唐人屋敷はきわめて厳重に囲い込まれていたのであるが、中国人の生活習慣や風俗は様々なルートを通じて唐人屋敷の外へ伝わっていった。卓袱《しっぽく》料理、普茶料理、長崎ちゃんぽん、蛇踊り、ぺーろん競漕、凧あげ……。唯一の海外への窓たる出島と唐人屋敷を通じての学問・芸術の中国からの影響も当然論ずべきだが、筆者の手に余るし、大庭脩編著『江戸時代における唐船持渡書の研究』(3)をはじめ、先行研究が多数あるのでそれらに譲りたい。幕府も有力大名も長崎を通じての海外文化の摂取にはきわめて意欲的で、巡見、巡察を繰り返し、莫大な巨費を投じて漢籍を購入している。鎖国によって一挙に閉ざされてしまった海外への知識欲は、実は幕府と有力大名に独占され持続されていたのである。一部知識人も鎖国時代を通じて長崎に熱い視線を注ぎ続けた。

前掲山脇悌二郎『長崎の唐人貿易』などによれば、幕府は長崎を通じての外国貿易に糸割符《わっぷ》制（パンカド、一六〇四～一六五五年、生糸の輸入を京・堺・長崎のち江戸・大阪を加えた五カ所の有力商人に独占して買い取らせる制度）、市法貨物制度（一六七二～一六八五年、すべての商品に一方的に購入価格を通告し承知できなければ持ち帰る）、貞享令《じょうきょうれい》（一六八五年、定高仕法商法という。蘭船の貿易高を金五万両、唐船を銀六〇〇〇貫に制限）、正徳新令（一七一五年、唐船の入港定数を三〇艘、蘭船を二艘に制限）などに代表される政策を次々と打ち出し、特に生糸の輸入量確保と金銀の流出抑制に細心の注意を払い続けた。金銀の輸出は一六六八年に禁止され、銅がそれに代えられた。金銀輸出はのち再開されたものの、江戸時代後半には日本は逆に金銀の輸入国になっている。銅以外の輸出品は俵物（煎海鼠《いりこ》＝干なまこ・干鮑・鱶鰭《ふかひれ》）・諸色《しょしき》（昆布・ところてん・鰹節・干鰯《ほしか》・椎茸・樟脳・蒔絵・伊万里焼・植木など俵物以外の商品）に区別され、幕府は銅流出を抑えるため諸色の輸出を奨励した。しかし、江戸期の外国貿易は貞享四（一六八七）年と翌元禄元年を最高として漸次減少していく。幕府の諸政策がその主たる原因だが、国内の銅産出量の減少、主たる輸入品であった生糸・砂糖などが次第に国内生産されるようになったという要因も大きい。江戸の政治的安定が国内産業の発展を促す条件となったのである。一方で琉球を利用した密貿易で巨大な力を蓄えていった薩摩を抑えられなかったように、幕府の鎖国体制は矛盾を孕み、崩壊への必然の道を歩んでいたのでもあった。

二　開国と居留地制度

開国に到る歴史は殆ど周知のことであり、本論で縷説すべき事柄でもないが、後の論述と関わる側面に限って、『横浜市史』第二巻（一九五九年三月刊）第一篇第一章「黒船の渡来と神奈川条約」、加藤祐三『黒船異変―ペリーの挑戦』（岩波書店、一九九三年七月、一九八八年刊の同名新書版もある）などによって概略する。

一七八四年、エンプレス・オブ・チャイナ号が初めて広東に到着してよりアメリカの中国貿易は飛躍的に発展し、ナポレオン戦争の時オランダはイギリスの敵国となったため海上交通が殆どできなくなり、アメリカ船が中立国の特権を生かしてオランダ東インド会社の傭船となってしばしば長崎に来航するようになった。アヘン戦争の勝利によってイギリスが中国に開港を認めさせた南京条約の二年後、一八四四年にアメリカはカッシングの外交術だけによって米清通商条約（＝望厦条約、ちゃっかり最恵国条項も認めさせている）を結び、この頃から中国では広東に代わって上海が中心的な貿易港になっていく。アメリカ国内では西海岸の発展、大型蒸気船の建造ブームなどにより、太平洋航路の開設が希求されるようになる。その石炭補給のための寄港地として日本開国がどうしても必要となった。さらに北太平洋の捕鯨が急速に発達したことから、捕鯨船員の日本沿岸への漂着が相継ぎ、漂着民の保護も重要な課題となった。すでに一八世紀末から民間商船が通商を求めて度々日本を訪れていたが、その度に幕府は拒絶していた。さらにイギリス軍艦フェートン号の長崎来航事件をきっかけに出された一八二五年の「異国船無二念打払令」（＝文政令）がアヘン戦争のニュースから見直され（一八四二年、天保薪水令）、来航船には欠乏物資を与えて帰帆させるべしという穏健策が出された。一八四五年アメリカの捕鯨船マンハッタン号が二二名の日本の漂流船員を連れてきた時には、浦賀で無事に引き取っている。こうした幕府の変化を見て、一八五一年東インド艦隊司令長官オーリックは日本人遭難海員一七名の本国送還を対日通商関係開始の好機にできると国務長官ウェブスターに進言、ウェブスターはこれをフィルモア大統領に上申して、遣日使節信任状が出されることとなった。オーリックが部下との折り合いなどから更迭され、その後を承けてペリーが東インド艦隊司令長官となり、さらに遣日米国特派大使という特権まで得てノーフォークを出港したのが一八五二年一一月二四日、西回りで浦賀鴨居沖に投錨したのが一八五三年七月八日であった。「砲艦外交」により南京条約を結ばせたイギリスに対し、「その中国海域にイギリスより巨大な艦隊を投入することが、ペリーの第一のねらいであった」。日本側も一年も前からペリー艦隊来航の情報は得ており（特に「和蘭《オランダ》別段風説書」により）林大学頭を応接係の筆頭に据えた老中阿部正弘の対応策も「考慮のすえの最高の人事であった(4)」。ペリーは浦賀奉行に大統領国書を渡すと来春の再来を約して去る。翌年の再来日、日米和親条約の締結、ハリス駐日総領事の下田着任、一八五八年の日米修好通商条約の締結に次ぐロシア・オランダ・イギリス・フランスとの同様の条約締結と、日本はあれよあれよというちに二〇〇年の鎖国を解体されてしまう。

通商条約の具体化と実施は幕府とハリスの間で詰められた。双方の思惑はしばしば真っ向から対立したが、実に根気よく、一つ一つ妥協点を見つけ出していった。その結果、開港場は神奈川（開港期日は一八五九年七月四日、のち日英通商条約が七月一日としたため最恵国条項により七月一日に変更）・長崎（同前）・新潟（同一八六〇年一月一日）・兵庫（同一八六三年一月一日）と日米和親条約で決まっていた箱館、開市場は江戸（開市期日一八六二年一月一日）・大阪（同一八六三年一月一日）と決まった。

開港場には締約国人が永久に居住する permanently reside（条約和文で「居留」とされた）ことを認められ、「彼らは土地を借用しそこに建物を購入する権利を持ち、住宅・倉庫の建設を認められる。ただし住宅・倉庫を建設する口実のもとに、要塞または軍事施設は建設されない。この条項が遵守されているかどうかをみるために、日本官憲は、しばしば建築・改造・修理中の建物を検査する権利をもつ」とされ、江戸と大阪は「唯商売をなすためにのみ逗留すべし」となった。ハリスは当然両国人（ここはアメリカ人と日本人のことだが、イギリスなど他の締約国人も最恵国条項で同時に含まれることになる）雑居を意図していたが、雑居によって生ずる紛争を防止しようとする幕府の強い意向により、各国官吏と日本官憲の協議による「一区画の土地」と限定された。同時に、この周囲には塀や門を設けず、出入は自由ということもうたわれた。要するに、開港場を第二、第三の出島にしようとする幕府と、上海の租界をモデルにしようというハリスの意図のぶつかり合いであったわけだが、「内外の力関係は、これをして『出島』たらしめることなく、『租界』たらしめたのであった(5)」。しかし開港場に居留する締約国人は、原則として開港場の一〇里四方の歩行を認められた（神奈川だけは東は六郷川を限りとした）だけで、中国の租界に居住する外国人に比べはるかに行動を制限されていた。さらにこの居留地を出島にしたいという姿勢は明治政府にも引き継がれていったのだと考える。

不平等条約と言われる最大の要因は領事裁判権を認めたことにあるだろう。刑事裁判では、締約国人に対し罪を犯した日本人は日本の官憲が日本の法律で罰し、日本人または第三国人に対し罪を犯した締約国人はその国の領事またはその権限を持つ公的機関がその国の法律で罰する、民事裁判では、日本人について訴訟すべきことのある締約国人はその国の領事に、逆の場合も日本人はその国の領事に訴え、領事が処理できない係争となった場合は日本官憲の協力を要請し、両者共同して審理・解決することとされた。つまり、日本に居留する締約国人はすべての裁判において日本の司法権から独立してその国の領事の裁判に服し、さらに民事裁判では日本人が原告となる場合まで第一次裁判は締約国の領事が行うこととされたのである。これは天津条約とまったく同一であるという。言語の問題をはじめとして日本人にとってきわめて不利な条項をなぜ幕府が鵜呑みにしたかについては諸説あるが、要するに日本の法律の未成熟と列強に対する尊崇（期待？）と畏怖がその根底にあったのだと思う。居留地制度そのものが外圧の結果やむなくの苦しまぎれの措置であり、日本が「弱小国」に出ていけば、たとえば中国では同じことをやるのである。「領事裁判そのものは不平等ではない。関係する国家の一方にそれを認め他方に認めていない片務的な状態こそ不平等なのである」という嶋村元宏の言い方は正しい。(6)なぜ片務的になったか、それはその時点でのトータルな国力の然らしむるところと言うしかない。国家として他国に進出する政策など持ちうるはずもなかった幕府には、それを甘受するしかなかった。そこは攘夷派の大言壮語など意味を為さない場だったのだ。

不平等条約たる第二の要因は関税自主権の放棄である。税率を決めるのにハリスと協議したこと自体が問題なのだが、事情に暗い幕府委員が諸外国の例をハリスに頼ったであろうことも想像に難くない。結局日米通商条約に付属する貿易章程では殆どハリスの原案通りに、輸出税はすべて五パーセント（これはハリスの原案にはなかった。幕府が財源確保のために押し切った。ただし幕府の原案は輸出入税とも一二・五パーセントだったが）、輸入品は日本に居留するために来る者の金銀（貨）、衣服、家具、書籍が無税、船の建造・艤装用品、各種捕鯨具、塩漬け食品、パンおよび原料、石炭、建築用木材、米、蒸気機械、生糸、トタン、鉛、錫が五パーセント、酒類が三五パーセント、その他の品が二〇パーセントと決められた。イギリスの最重要輸出品たる綿製品・毛製品を二〇パーセントとし、フランスの葡萄酒を三五パーセントとしただけでなく、アメリカ人が必要とする物は殆ど五パーセント枠に入れている。いかにハリスが自国の利益に執着し、幕府がその言いなりになったかは一目瞭然である。「このような輸出入税率決定の過程において、幕府は、関税を課するかどうか、また税率をどうするかなどの問題については、深い考慮をめぐらしていたが、もっとも重要な関税自主権の問題については、なんら気にとめていなかった。……不平等条約の根幹をなす関税率の協定制度は、幕府の無知のため、やすやすと通ってしまった。そして輸出税の賦課と引きかえに、米国側より日本に供与されるべき最恵国待遇〔ハリス原案には含まれていたが、日本側が輸出税を課すならと引っ込められた〕が、なんらの議論もされずに、撤回されてしまったのは、注目してよいことである」(7)。ただ、この不平等性については、次節に述べるように条約改正論議の中では雑居賛成論者も反対論者もともに幕府の無能無策のせいであるとするが、なにに比べてどの程度不平等であったかという問題設定をし、非植民地であった中国・朝鮮・シャムの締結した条約と比べ、「相対的には日本の締結した条約の不平等性は国際政治のなかではいちばん弱かった」という加藤祐三の指摘(8)は重要であろう。

いよいよ開港場（＝居留地）が建設されるわけだが、ここからの叙述は横浜と神戸に限りたいと思う。日本の唐人町を調べてみようと長崎にも函館にも足を運んだが、長崎は若い華僑たちを中心とする唐人屋敷の復興計画はあるもののまだ夢のような話で、開国以降貿易と中国人の集住を横浜と神戸に奪われ、華僑・華人は日本人の中に埋もれてしまい、明治以降の資料も、したがって研究も乏しい。函館は壮麗な関帝壇を中に納めた中華会館と中国人墓地が残されているだけで、斯波義信の多くの研究はあるものの、華僑・華人を捜すことさえ難しい。新潟はロシアに向けて開かれただけで、居留地は形成されなかった。

条約上は神奈川となっているが、幕府は最初から神奈川は東海道筋で交通頻繁な宿場であり、大名や公家衆の通行に差し支えるからとして、横浜に開港場を作ることに決めていた。おそらく江戸から少しでも遠くに離したいというのが、幕府の本音であったろう。ハリスは街道から離れ途中に河川・丘坂がある横浜は商業に向かないし、条約に神奈川と明記してあると猛烈に反対した。まったくの平行線が続き、開港の場所は開港の期日まで懸案にしておくという、なんとも不可思議な妥協案が成立したのである。その時点で開港まで三カ月余りしか残っていなかった。幕府は一〇万両近い巨費を投じて一八五九年の三月から六月にかけて突貫工事で道路・波止場・役所などを急造し、商人の移住（中心は三井をはじめとする江戸の問屋、これによって横浜の商業を掌握しようとした）を勧誘、地所を三年無地代で割渡し、神奈川に固執する外国人を横浜にひきつけるため品川宿旅籠屋佐吉（のちの横浜名物岩亀楼の主人）を責任者に仕立て上げ神奈川宿の飯盛女を強制的に召し上げてまで遊女町を作らせた。多くの冒険的投機商も入り込んできた。強制立ち退きも行われたが、もともと辺鄙で人の少ない農漁村だったからできたことだろう。神奈川宿ではこうはいかなかった。外国人居留地の決定は開港後にもち越され、ハリスと英国総領事オールコックの強硬な主張の前にこの年八月居留地は神奈川地域の海岸に設けることが正式に決定されたにも関わらず、外国人商人たちは横浜に集まり始め、運上所（税関）と奉行所を横浜から神奈川に移せというハリスらの主張を幕府は無視し続けた。結局一八六〇（万延元）年三月、米・英・仏は神奈川居留地の権利を放棄するものではないとしながら、横浜居留地の設置を認めざるを得なくなった。既成事実を作って横浜開港を認めさせるという幕府の戦術の勝利であった。以後、明治維新まで、日本と外国の金銀比価の違いによって起こった物価上昇などにより東禅寺事件、生麦事件、高杉晋作らの英公使館焼き打ち事件など、攘夷派の反外国人・居留地敵視の動きが続く。さらに、攘夷派による横浜居留地襲撃の風説が後を絶たず、横浜港に集結した外国軍艦からの上陸して居留地を警衛するという要求を受け容れざるを得なくなり、英仏軍隊の駐留が始まる。

兵庫開港と大阪開市は一八六三年一月一日と決められたが、世はまさに幕末の激動期にかかっていた。将軍家茂は一八六一年五月、アメリカなど五カ国に両都両港（江戸・大阪・兵庫・新潟）の開市・開港七年間延期を要請、翌一八六二年六月幕府使節竹内保徳がイギリス外相ラッセルとの間にロンドン覚書を調印、五年延期が承認され、他の四国もこれを認めた。一八六七年五月、幕府と外国側の折衝で「兵庫港並大阪に於て外国人居留地を定むる取極」が成立、居留地は生田川と鯉川の間、北は西国街道までということに決まった。まだ幕府による造成工事の完成を見ないうちに、一八六八年一月一日兵庫開港・大阪開市を迎えたが、その実に二日後に幕府は大政を奉還し王政復古が宣言されたのである。造成工事は明治政府に引き継がれたが、各国公使は居留地の施設の未完成を理由に兵庫－神戸間の外国人雑居を求め（一八六八年三月二六日）、伊藤俊助（博文）兵庫県知事は生田川－宇治川、北は山麓までの雑居を認めた。これにより日本人との契約によって土地・建物の賃借が可能となり、居留地も造成完了後一八六八年九月より土地の永代借地権が順次競売された。

最初から雑居地が認められたことも神戸の大きな特徴であるが、最大の特徴は各国領事・兵庫県知事・住民代表から成る居留地会議が設けられ、競売代金や地代・警察税などを財源にして、居留地返還まで、居留外国人による自治行政が行われたことだろう。「大阪外国人居留地も同じ仕組みであったが、神戸・大阪型の外国人居留地の自治が一八九九年の条約改正まで存続することができたのは、この財政上のシステムによるところが大きかった(9)」。江戸幕府と明治政府の対外国人政策の違いというようなことはあるだろうが、明治新政府が首都から遠い外国人の集住地行政などに構っていられなかったというのが実相ではなかろうか。

三　唐人町の形成

横浜は一八六四年に締約諸国と結んだ「横浜居留地覚書」で、地代の二割を外国側に納めさせ、それを経費として居留地における外国人の自治行政が認められた。外国人は市参政会を結成し、財務、警察、衛生・道路の各委員会を組織して自治行政を開始したが、居留外国人の増加、物価の高騰などから地代の二割払い戻しでは居留地の整備は困難と判断し、結局行政権を幕府に返還することになった。そして自ら「横浜外国人居留地取締規則」を制定し、臨時取締長官として英国領事館勤務のドーメンを任命する旨を幕府に通達した。幕府がこれを承認し各国代表に通告したのが、一八六七年一一月二二日である。取締長官は神奈川奉行の支配下にあるとはいえ、「市政に関する広範な権限を与えられており、それはあたかも旧市政庁のもとにおける各種委員会に付与された権限を、一身にあつめたような観がある。かかる取締長官の存在は、領事裁判の存在と相まって、なお日本側による居留地行政権の行使をたんに名目的なものにしたといえよう(10)」。

この「取締規則」第四条では、取締長官の助言および援助と外国領事の助言によって、神奈川奉行は横浜居留地ならびに神奈川港に居住する清国人およびその他の無条約国人に対して、刑事上および民事上の裁判権を行使すべきことを規定している。ドーメンの任命も多分にこの無条約国人対策の意味が大きい。「取締規則」の正式通告に先立ち、神奈川奉行は従来法規上不問に付され放任されてきた無条約国人に対する登録制度に踏みきり、各国領事に「条約未済国人のうちとりわけ清国人が多数当港に居留し、取締の法を設定するのは急務であるから、その姓名をわが役所に登録すべきこと、清国人の多くは締約各国人に雇われていて、その給料には多寡があり、かつ所属国のないものも身分に上下があるから、これを三等に分けて登録し、免状を手交すること、上等（買弁および商人）は洋銀一五ドル、中等（家僕および職人）は七ドル、下等（人足）は三・五ドルをそれぞれわが方で徴収し、その免状は一カ年ごとに書替えること、新規渡来者もただちに登録を要するので、わが取締士官を外国船に派遣して、その住家ならびに職業を明らかにしなければ、清国人の上陸をみだりに許さないこと、さらに酒店または料理店を営業するものには相当の戸税を課する計画を有すること」[11]などを通告した。これを「籍牌（住民登録）規則」という。ドーメンはこの年一二月三一日を期限としてただちに登録を開始し、一八六七年中に籍牌を受けたものは六六〇人であった。この六六〇人の内訳を示す資料はないが、「二年後の明治二年から三年にかけて名籍に入った中国人は、洋銀一五ドル、すなわち買弁商人級が三六人、同七ドル家僕・工人級が六三人、同三ドル夫子・無傭主者が九〇三人、すなわち合計一〇〇二人で、徴収された籍牌料は三六九〇ドルであった。この数字には女子は含まれていないが、おそらくきわめて少数であったと思われる。つまり、いいかえれば、当時横浜在住の中国人約千人中わずか三パーセントが一応の商人であり、家僕・工人が約六パーセントで、残りの約九〇パーセントが半失業的日雇労働者であった。明治一〇年の横浜の中国人数は一一四二人であるから、明治初年より一〇年まではほとんど増減しなかったといえよう[12]」。

表4－1　横浜居住外国人数の推移

	1860年1)	1867年2)	1868年3)	1870年4)	1878年5)	1899年6)
イギリス	18		200	513	515	
アメリカ	15		95	146	300	
オランダ	10		37	34	59	
フランス	1		90	83	120	
ドイツ（プロシャ）			66	76	175	
スイス			26			
イタリア			20			
ポルトガル			19			
ベルギー			2			
デンマーク			2			
欧米人計	44		557	942	1,370	2,085
中国人		660		1,002	1,850	3,003

注：1) 開港当時，2) 最初の籍牌，3) 取締長官選挙，4) ベンソンの選挙，5) 範錫朋領事横浜着任，6) 内地雑居開始時

出所：『横浜市史』，伊藤泉美「横浜華僑社会の形成」などより作成．

横浜に居留した外国人の数は諸統計によって出入りはあるが、信憑性の高い数字を挙げると表4－1のように推移していたと考えられる。開港当初どれだけの中国人が横浜にいたかの統計はないが、「開港直後から横浜居留地には中国人の働く姿があり、また彼らの多くは欧米商人に伴われて来浜したと思われる」。それは日本人との古い歴史的関係と漢字という意思疎通手段をもった中国人に仲介者としての役割を期待したからだ。他にも単身で「日本の開国という状況変化を敏感に察し、香港、上海、長崎などから、新しく開かれた横浜居留地に進出してきた中国人も多勢いたであろう[13]」。

日清戦争の年、一八九四年に横浜駐留中国人の数は約半減するが、それも一、二年で回復し、欧米人の総数より多い中国人が常時横浜に居住していたことは間違いない[14]。彼らは欧米人とはまったく違う文化や生活習慣を持ち込んだ。その始まりが籍牌規則に関わって「わが方の対策に応じて、清国居留民団も動き、その代表張熙堂・陳玉池・源恬波・鄭誦之・韋香圃・胡達朝らは連名で、経費は一切清国居留民団が負担するという条件で、清国人集会所をプロシャ商人キルベノー

が借地する五九番商館のうちに設置したい、と出願した。神奈川奉行も集会所の設置が取締の一端になると解してこれに異存はなかった」という中華会館の活動であるが、清国居留民団がそれに先立って形成されていたことも分かる。一八六三年一月に居留地一三五番に四八〇坪の土地を借り受けた（もちろん無条約国人には土地貸借の権利はなかったから名義を借りたのだろうが）同済医院が、横浜で中国人が土地を賃借した最初の事例とされるが、のち貧民救済と施療のために中華会館によって経営されることになるこの病院（最初は同善堂といったらしい）を設立したのは、この清国居留民団であろうか。「通常、海外の華僑社会においては、最初に郷里を同じくする者同士の団体、同郷団体とそれと密接に関わる同職団体が組織され、その後にそれらを統括する上位団体として、華僑社会全体をとりまとめる中華会館が設立される。しかし、横浜華僑社会の場合は、同郷団体・同職団体に先立ち、まず横浜華僑全体をとりまとめる組織として「清国人集会所」が設立された。（中略）開港当初横浜に進出してきた中国人の多くが香港経由であったこと、また中華会館の董事が全員広肇幇（広東省広州府、肇慶府出身者の幇）であることから、横浜華僑は当初より大半が広東人、とりわけ広肇幇であったと推測される。したがって、通常の海外華僑社会の例とは異なり、最初に中華会館が設立されたと言っても、横浜の場合は在留中国人の絶対数の少なさと、出身地が一地方に集中していたという状況から、中華会館自体が同郷団体の性格を備えていたと考えられる」。

「いわゆる中華街とは、加賀町通り、本村通り（現中華街南門通りと中華街開港道）、前橋町通り（現中華街大通り）、小田原通り（現関帝廟通り）の付近一帯を言う。この辺りは、開港当初は横浜新田と呼ばれた沼地であって、埋め立てがほぼ完成したのは、一八六一年（文久元年）二月である」。それ以降、居留地内の二等地として、欧米人が個人で賃借していたものが、漸次中国人に代替わりされていったのであろう。人口が増えれば死者も増える。江戸時代の長崎とは違い、宗教上の問題はなくなっていたが、墓地はどうしても必要だった。「横浜居留地で客死した中国人は当初山手の墓地に西洋人とともに葬られていた。しかし、埋葬者の増加と埋葬習慣の相違から、中国人の墓と西洋人の墓を区別する必要が生じた。そこで、一八六六（慶応二）年、在留中国人の意向を受け、領事団の代表として米国領事フィッシャー（Fisher）が神奈川奉行へ山手墓地の模様替えを要求し、墓地の東方の一角五〇〇坪の土地が中国人墓地として貸与された。やがてそこも手狭になると、明治四年一〇月二九日（一八七一年一二月一一日）横浜中華会館は神奈川県に土地の貸与を申請した。当時は異郷で客死した者の遺体は故郷へ送り帰されるのが中国人の習慣であった。そのため、横浜の墓地は遺体の仮安置所であり、一旦埋葬された遺体も迎えの船がくると再び掘り起こされ、故郷へ帰葬された。こうした習慣は日本人・西洋人のそれとは著しく異なるからであろうか、中華会館の董事達は新しい墓地は、人里離れた山間地に設けたいと要求した。一方、山手墓地の周辺は宅地化が進み墓地として貸与する余地がないことから、一八七三年三月、神奈川県久良岐郡大尻（現横浜市中区蓑沢）の民間地一〇〇〇坪を買収し、一〇〇坪につき一年一〇〇メキシコドルの借地料で中華会館に貸与した」[19]。さらに翌年二五五坪を増やし合計一二五五坪となり、一八九二年にはこの墓地内に地蔵王廟が作られた。

もちろん信仰・宗教活動の場も必要だった。横浜関帝廟の起源には一八六二年、一八七三年、一八七四、五年頃など諸説あるが、少なくとも一八七四、五年には一四〇番地に存在し、中央正殿に関帝（関羽）を祀り、左右に地母娘娘《ティームーニャンニャン》と観音菩薩を祀り、旧暦五月一三日には盛大な関帝廟祭が行われるようになっていた。横浜の中国人にとって墓地（中華義荘）と関帝廟の完成はまずなによりの急務であったに違いない。これにより死後の安息と生前の心の平安が保証されたのである。

一八七〇年、柳原前光外務権大丞が条約締結のため清国に派遣され、両江総督曽国藩・三国通商大臣成林・直隷総督李鴻章らと精力的に交渉を開始する。日本側の主旨は、日本在留の中国人が多いこと、欧米同様条約を締結して自国民を保護すべきだということにあったが、当初清国側は、従来通り信頼し合っていればことさら条約を結ぶ必要はないと後ろ向きであった。その真意は図りがたいが、列強の侵略とその結果としての不平等条約に苦悩していた清朝が、突然開国した日本の国力を計りかねていたのだろう。容貌の似た日本人に内地通商とそれにともなう最恵国条項を許すことに対する後顧の憂いが大きかったようだ。その二項を引っ込めることで、一八七一年九月一三日、天津で日清修好条規および通商章程が調印されたが、主として日本政府の内部調整のため批准書交換は一八七三年四月三〇日となった。やっと中国人は条約国人となったのだが、大使・領事の着任は遅れ、一八七七年一二月駐日公使何如章着任、翌年二月横浜領事範錫朋が着任して、在横浜中国人の管轄業務（函館・築地居留地の管轄兼務）が領事館に移管された。これ以降、幕末から明治一〇年まで殆ど増えなかった在日中国人の数が急激に増大していく。三菱会社によって一八七五（明治八）年に日本初の外国定期航路として横浜－上海間が開設された影響も大きい。明治初年まで居留地内に散在していた中国人が、関帝廟や中華会館（一八七三年、関帝廟と同じ一四〇番地に移転）や同済医院を中心に集まり始め、一八七七年には中国人の約半数がいわゆる中華街地区内に居住し、人口過密状態を呈していたという[20]。

中国人は横浜でどのような職業を営み、居留地の中でどのような役割を果たしていたのだろうか。まず思いつくのは華僑の伝統的な職業と言われる三把刀（刀を使う三つの職業、料理・裁縫・理髪）だが、ディレクトリー（"The Japan Gazette Directory"）によると居留地時代の中国人の職業はきわめて多様であったようだ。「まず商業関係では海産物・砂糖・茶・雑貨など様々な品物の輸出入に従事する貿易商と、漢方薬局、骨董品店、食料品店な

表4-2　神戸居住外国人数の推移

	1870年	1878年	1899年
欧米人計	271人	385人	?
中国人	(400人)	424人	1,587人（兵庫県合計，女子を含む）

出所：『落地生根』より作成.

どの小売店があった。また両替商や保険代理店なども営まれていた。サービス業関係では、料理店、理髪店、クリーニング店、浴場、ビリヤード場、宿屋などがあった。さらに土木建設業、家具・楽器等の製造業、洋裁業、飲食料品製造業なども営まれていた。また、外国商館の買弁、秘書、集金係、英字新聞社の植字工、印刷工、あるいはホテルの給仕、料理人として働く人など、（中略）中国人の経済活動は、横浜居留地社会の商業活動および社会生活の基盤を支える重要な意味を持っていたと言える。さらに、中国人経営の洋裁店、工務店、塗装店、印刷所、ピアノ製造所などで日本人が職工として働いていたことがディレクトリーなどの資料からわかり、華僑が様々な技術を日本人に伝えたという側面も指摘できる」[21]。それが現在の横浜中華街に見られるように三把刀業に集約されていくのは、内地雑居以後の新しい事態である。

神戸開港当時にどれだけの中国人が居住していたかの確たる資料はない。「開港当初の華僑人口は一八六九年の『コマーシャル・レポート』（イギリス領事の本国に対する領事館管轄区域の商業報告）は五〇〇人以上、七〇年（明治二《ママ》年一二月）の兵庫県の調査では「清国人の来寓する者三百余人」とされ、一八七〇年二月一九日付の『ヒョーゴ・アンド・オーサカ・ヘラルド』は四〇〇人以上としている。資料によってかなりの差があるが、開港当初から多数の華僑が神戸に存在していた[22]」。一八七四年四月に「在留清国人民籍牌規則」が実施されるまでの確かな数は分からないが、横浜との比較・趨勢を見るため一八七〇年をとりあえず四〇〇人として、表4-1と同年の数を挙げると表4-2のようになる。

「西洋人と華僑を比較してみると、七五年、七七年、九四年を除き華僑が西洋人より多く居住していたことが分かる。大阪と比較すると神戸の方がはるかに多数の華僑が居住していた。長崎との比較では明治一〇年代にほぼ匹敵するようになり、明治二〇年代にはこれを凌駕するに至っている。横浜は日本の開港場でもっとも華僑人口が多かったが、神戸は次第に横浜の人口の半分程度にまでに増加してくる」[23]。

神戸では居留地造成の遅れのため最初から雑居が認められたことはすでに述べたが、横浜との最大の違いはその雑居にあろう。発見されたわずかな籍牌（四六人分）から見ただけだが、「神戸華僑は、居留地の西側である元町、栄町、海岸通に集中して居住しており、居留地には一人が居留地八三番の『雇工』として登録されているだけである」。明治初年の中国人は居留地への進出を図ろうとしたが、「この問題は外国人居留地の自治行政の機関である居留地会議でも取り上げられ、また神戸発行の英字新聞『ヒョーゴ・ニュース』も華僑の進出を規制しようとする論陣を張っている。一八七〇年四月二五日の居留地会議では、華僑が経営する飲屋がすでに営業しているほか、華僑が居住している所があり、建設中のものもあるとの報告があった。それらは防犯上問題であり、近隣の不動産の価値を減少させているというのである。『ヒョーゴ・ニュース』は、「中国人は居留地で不動産を借りることが許されているのだろうか」「くさびの薄い端が入りこむのを許しておけば、自慢の兵庫の外国人居留地は中国人の居住する場所として極度に弊害のある長崎と肩を並べるのにさほど時間を要しないだろう」と述べている。さらに『ヒョーゴ・ニュース』は七〇年五月一六日の第三回居留地競売で華僑が買い手として登場したことに危機感を募らせた。「誰しも居留地は元来西洋人のみの利用のために造られたのだということを否定しないであろう。……中国人への又貸しを禁止する規定がないことは、借地権の販売と借地権自体についていかに慎重に規定しても、抜け道があることを示している」と華僑の進出に露骨に反感を表明している。このような居留西洋人の華僑進出に対する抑制的な姿勢が主な原因であったかどうかは明らかでないが、華僑が居留地で永代借地権を取得することは後の時代にもなかったとみられる。（中略）その理由について兵庫県は、中国人が居留地に進出しようとした時にはすでに居留地は『充塞ヲ告ゲ実際余地』がなかったこと、居留地の永代借地権を取得する資力がなかったこと、中国人の習慣上一か所に集住することを好んだこと、西洋人も中国人との雑居を敬遠したという事情があったのでないかと推測している[24]」。

横浜にもあるいは似たような状況があったかも知れないが寡聞にして知らない。神戸居留地の設定がもともと狭隘だったのだろう。横浜の借地人会議が自治行政権を放棄したことも中華街形成には幸いしたと言えよう。結局神戸の唐人町＝南京町は居留地外に形成せざるを得なかったのである。もちろん欧米人たちも雑居地外に広く散住したが。

墓地（中華義荘）の設置は、生田川尻の小野浜の西洋人墓地に後れること二年、一八七〇年から宇治野村（現神戸市中央区中山手通り七丁目）において始まり、漸次拡張を認められ、一八八八年までに二三七〇坪の広さとなった。

さて、大阪開市も神戸と同じ一八六八年一月一日に実施され、安治川河口の本田（一般に「川口」と称される）に居留地が設置された。開市場であったため輸出入品はすべて神戸を経由するという形を取ったが、外国人の要求で大阪も同年九月一日より開港場に変更された。しかし大阪港の水深が浅く大型船舶が接岸できないこと、一八七四年に大阪―神戸間の鉄道が開通したことから大阪の貿易港としての地位は低下し、七五年頃には欧米商人の殆どが神戸に移住してしまった。一八七八年九月には神戸に正式に劉寿鑑理事（領事）が着任して理事府（領事館）が開設され、中国人の管理・領事裁判権の行使が開始された。

神戸関帝廟は、一八八八年四月、大阪の布施にあった長楽寺が廃寺となるのを中華義荘のすぐ近くに移転して創建された（大阪関帝廟の創建は一八八五年と神戸より三年早かったが）。長楽寺は隠元禅師の黄檗山万福寺の末寺で、本尊は十一面観音だったが、もともと関帝と天后聖母（＝媽祖）も祀っていたという。

神戸は横浜と違い、まず公所団体（＝幇）が成立した。兵庫県は一八七四年に在神中国人を三組に分け、それぞれに責任者を置くなどの措置を講じた。つまり福建幇・広東幇・三江幇（江蘇・浙江・安徽省出身者の同郷団体）を正式な組織と認め、中国人の管理を委せたのである。内田直作によれば、福建幇の中心となった泉漳幇（福建省泉州・漳州出身者の同郷団体）によって明治三年に八閩公所（後に改称して福建商業会議所）が成立、広東幇の広業公所が成立したのは明治九年頃（建物の建設は遅れた）、三江公所も他幇に先んじて少なくとも明治二四年には神戸と大阪に所屋を有していた[25]。領事着任後もこの兵庫県の方式を受け継ぎ、三幇それぞれ八人ずつの総代を領事の顧問として神戸中国人社会が運営管理された。その中心的な役割は経済的な連携と対日本政府・対欧米人対策であったのであろうが、中華義荘の整備管理、関帝廟の創建運営、中華義荘のそばに開設された中華医院の運営、盂蘭盆会や関帝祭などの祭祀行事の組織など、生活のあらゆる面に及んだ。神阪中華会館は、一八九三年一月、現在の神戸市中央区中山手通り六丁目の神戸中華同文学校校庭の一角にあたる約七三〇坪の土地に創建されたが、その活動は三公所団体によって二〇年も前から始まっていたのである。

四　条約改正・内地雑居論と唐人町

一八五八年の安政五カ国条約では期限が定められておらず、一八七二年七月四日以後双方とも一年前の予告によって修正の協議に入れるとされていた。領事裁判権・低率協議関税を二本柱とする不平等条約を江戸幕府から引き継いだ明治政府は、成立直後から「外交ニ関スル布告書」を発し、条約改正の意向を表明した。しかしその中味は明確でなく、一八六九年九月には逆にオーストリア＝ハンガリー帝国との間にさらなる不平等条約を締結してしまう始末であった。

一八七一年一一月にアメリカに向けて出発した岩倉具視外務卿を特命全権大使とする総勢四八人の大使節団の目的は、列国に条約改正の希望を述べ、列国公法によるわが国の法律制度の変革が必要であるから実際の改正をおよそ三年延期し、欧米の法律・制度・経済・教育を視察してこようというものであった。ところがアメリカ各地で大歓迎を受けてただちに条約改正が可能であると楽観した一行は、翌年一月ワシントンに到着すると、アメリカ政府に条約改正の準備会議に入りたいと要請した。しかし一行は条約改定に必要な全権委任状を持っておらず（条約締結権者は江戸幕府では将軍であったように、明治国家においては天皇であった）、そのため大久保利通と伊藤博文が急遽帰国、留守政府との意見調整に手間取り六月にやっとアメリカに帰着するというドタバタ劇まで演じたが、アメリカは改正希望条項にまったく応じず、ヨーロッパでの列国との合同会議の提案も拒否されて交渉は頓挫してしまった。ヨーロッパに回った使節団は交渉の難しさを痛感して条約改正の希望を述べるだけにとどめ、先進諸国の文物の視察に徹した。総日程は二年に近かった。

一八七九年井上馨が外務卿（在任中に外務大臣と呼ぶことに変わる）になってから、実質的な条約改正交渉は始まったとされる。八二～八三年の条約改正予備会（イギリスの要求で始まった）を経て、八六年の条約改正会議で英独両公使から示された「英独案」に井上は大いに満足し、感謝の意を表した。それは内地雑居、外国人の不動産取得自由、ヨーロッパ式法律司法制度、裁判所への外国人判・検事任用、外国人関係裁判での外国人判事の決定権などを内容とするもので、税率はイギリスの強い意向でわずかに引き上げる程度であった。井上外相在任の八年間、日本にはヨーロッパ化の風が吹き荒れ、夜ごと鹿鳴館で舞踏会が開かれていた。この改正案が亡国的であるという意見が政府内部でも強まり、自由民権運動を経た国民にも大反対を浴び、井上は辞任する。一八八八年外相に就任した大隈重信がこの任を引き継ぎ、井上案を若干修正してメキシコ・アメリカ・ドイツ・ロシアとの個別交渉に成功した。しかしその内容が八九年国内に伝わると旧自由党派や国権主義者に猛反対され、伊藤博文枢密院議長は辞表を出し、大隈も一〇月玄洋社社員に爆弾を投じられて重傷を負い、閣議も条約改正中止を決定する。その後を継いだ山形内閣の青木周蔵・榎本武揚外相の条約改正交渉も失敗、九二年八月に成立した第二次伊藤内閣において外相に就任した陸奥宗光は約一年かけて条約改正案をまとめ、九三年七月、内地雑居容認、領事裁判権撤廃、関税率引き上げ(関税自主権の回復ではない)を骨子とするこの案は閣議決定をみる。

この陸奥改正案が、日本の朝鮮出兵・朝鮮における日清対峙という情勢の中で、ロシアの朝鮮・中国への発言権強化策に対抗するイギリスのアジア経略の具とされて、九四年七月一六日かなりの譲歩をイギリスに認めた上でロンドンで調印される。[26]日本はイギリスとの新しい関係を頼みとして、八月一日には清国との開戦の詔勅が出されるのである。新しい日英通商航海条約は五年後の九九年七月一七日より実施されることになり、アメリカ、イタリアと同様の改正条約が調印されるのは日清戦争の最中であり、ペルー、ロシア、デンマーク、ドイツ……と日清戦後次々と調印を果たしていく。中国は(朝鮮もだが)条約改正のための日本の国力誇示の道具とされたと言ってもいいだろう。逆の言い方をすれば、清朝の無力のお陰で日本は困難な条約改正を勝ち得たのである。

一八九〇年九月に横浜に居留する外国人たちが条約改正反対の集会を開いている。居留外国人にとって治外法権と低率協議関税(と日本人の外国人脅威意識)に守られながら自由な行動が保証されれば、こんなに旨いことはない。それは殆ど植民地での生活である。よって条約改正＝対等条約の締結は維新以来明治政府の、そして日本国民の悲願であった。しかし条約改正交渉は一貫して外相など政府当路者の秘密交渉によって進められた。では反政府諸派や世論はこうした流れをどう見ていたのだろう。対中国（人）の問題は後にまとめるとして、欧米人との雑居についてまず見てみよう。その前提として、条約改正まで外国人が居留地の中だけで（神戸の場合は雑居地も含め）生活していたわけではないことを知っておく必要がある。一八六九年に外国人の要求により病気療養のための箱根・熱海への温泉行を例外的に認めてより、内地旅行の要求は次々と出され、一八七五年には病気療養と学術研究のための「外国人旅行免状」が発給されることになった。発給元は外務省、地方庁と二転三転するが旅行免状の濫発となり、八九年には田口卯吉がその演説で「今や外国人ハ日本中如何ナル所ニモ旅行することが出来マス、日光でも箱根でも如何なる所でも居マス……内地旅行と内地雑居との区別は明にすることは出来マセン」(27)と語るほどになっていた。また使用人や妾の名義を借りて土地家屋を所有する外国人も多かったようだ。陸羯南は、現時における外権内侵を退けなければ、治外法権を撤し雑居を拒んでも、同胞の害を防げないとして、主催する『日本』紙の社員を派遣して横浜居留地近傍を調査させ、その調査結果を「外権内侵録」として『日本』に連載したが(28)、ジャーデン・マセソン商会の主人、デンマーク副領事、ドイツ領事館員が居留地外に堂々と豪邸を構えている、これらの土地家屋は日本人名義になっている、根岸村に多くの土地を所有し外国人に住まわせている大友頼幸・平井保五郎とは何者か、英国皇帝陛下の判事の住まいが根岸芝生台のジャーデン・マセソン邸とは何事か、本牧村の一番良い海岸は夏殆ど外国人の海水浴に占領されている、鎌倉も良い土地には白壁緑門の洋館が並んでいる、本牧村本郷に九七・〇九反の土地を所有する貿易商が住まわせている外国人たちはいかなる法的根拠を有するのか……と、さらに軽井沢、日光、伊香保、富山、前橋、甲府などにまで調査を広げ、その条約違反と政府の黙認を糾弾している。

一八九三年七月陸奥改正案が閣議決定をみた直後、一〇月に安部井磐根、大井憲太郎らが大日本協会を組織し、現行条約励行論と内地雑居反対論を主張すると、日本中に内地雑居賛成論反対論が嵐のように巻き起こる。大日本協会の趣意書では「吾人以為らく維新開国の 聖旨を拡充して大日本国民特有の文化を煥発せんとせば宜く外人の好意に是れ依頼するの陋を去り自主の元気を振興せざるべからず（中略）吾人固より条約改正を切望す、領事裁判の制宜しく撤去すべし海関税法及諸法制定の権宜しく回復すべし、而して内地雑居は我国情未だ之を許さざるなり要は帝国固有の主権を確守し帝国須要の条体を規定すること猶ほ泰西諸国の為すが如きを期するのみ若し夫内地雑居の許否は本来我国の主権に属す固より領事裁判の撤去、税権回復と相関せず国情已に外人の雑居を許さざれば則ち暫らく之を制限する何の不可か之れあらん」(29)と言う。条約励行論とは、現行条約を厳重に守らせれば外国人は生活の不便を痛感するだろうから対等条約が結び易くなるという主張である。これらの主張に杉浦重剛らの国民協会が政府与党を離れて同調し、改進党もこれに接近し、反政府諸派が「対外硬」派を形成して第五議会では衆議院で多数を占め、議会の停止、衆議院の解散などを繰り返す勢いとなる。「百年ノ長計ヨリ考フレバ今日ニ及ンデ早ク雑居ノ姿トナリ西洋人ヲ内地ニ延接シテ内地人民ノ懶夢ヲ警破シ西洋ノ文明ヲ採テ西洋人ト交際競争スルノ覚悟ヲナサシムルニ若カサルナリ或ハ其時ニ一時多少ノ不利アラバ其不利ハ則チ文明ノ代価ナリトシテ之ヲ犠牲ニ供スルモ可ナリ現時内外ノ模様ニテハ交通ノ便益開ケントスル勢ナレバ強ヒテ内地雑居ヲ拒絶スルノ時日モ最早切迫シ来リタリ我国内地ノ人民モ久シキヲ出ズシテ英米仏独伊墺等ノ人ト軒ヲ駢ヘテ相住居シ商売学問政治ノ大ヨリ冠婚葬祭宴楽遊戯花鳥風月ノ細ニ至ルマデ一個人ノ資格ヲ以テ互ニ楽ミ去ルモノハ留メズ来ルモノハ拒マズ人々ノ勝手次第ニ任シテ錯雑喧騒屯然トシテ交際スルコトトモナラン孰レモ男子ノ事業ナリ文明国人ノ行為ナリ深ク恐ルルニ足ラザルナリ」[30]というおおかたの前向きの考え方が、政治の駆け引きの中で、突然まったく逆の守旧的な方向へ急旋回していく。政府の秘密外交に対する反発によるところが大きいだろうが、この政局の大変動の裏には対清開戦の機会を窺う軍部の策謀などもあったようで、きわめて分かりにくい。しかし、この対外硬運動が、軟弱外交と見られていた伊藤内閣を追いつめながら開戦世論を形成していくのである。

内地雑居反対論は、極論すれば、醇朴な日本の民衆と生まれたばかりの日本の産業が強力な外国（人）に蹂躙されてしまうという恐怖に尽きる。欧米は貧富の格差が大きすぎて日本の手本とならない、欧米は金利が低いから資本が日本に殺到し地価が高騰する、商売上の利のため戦争の相手国を利する者が出てくる、今までとは違う無頼の徒が多数入り込む、強圧的なキリスト教が国民をとり込み日本の精神文化が失われる、金と力で政治までも外国人の思い通りにされてしまう、外国人によって日本民族の純血が汚されるなどがその代表的な論点だった。

ではこの内地雑居議論の噴出の中で、中国人がどう見られどう扱われていたかを見てみよう。「一八七一年調印の日清修好条規では、双方が領事裁判権を承認しあっていたため、日本が西洋諸国との条約を改正した場合に、清国との条約を改正しなければ、イギリスなどがこれに均霑して再び領事裁判権を設ける口実となる恐れがあった。そのため、西洋諸国との条約を改正する際には、清国にも条約改正に同意させねばならず、中国人内地雑居は避けて通れない問題であった[31]」。しかし当時の中国人内地雑居に対する見方はきわめて厳しく冷たかった。林房太郎の『内地雑居評論[32]』が引く『時事新報』の記者の言がもっとも当時の一般世論を代表していると思うので、その論点をまとめてみる。支那人の性質は大半皆破廉恥、人の物を盗むのも平気、見つかって叱責されても平気でその場を逃げ明日また来て隙を窺う厚顔鉄面皮、鍵もしない質朴な田舎に入り込めば干してある稲だろうが薪だろうが洗濯物だろうが盗み放題、どこでも阿片を吸って我が下流の愚民に悪習を広める、他人の子女を拐帯し美しい者を妾に売る悪習がある、元来支那上流紳士には蓄妾の習慣がありその数で豪奢を誇る、そのためこれを業とする者がいる、この人非人どもが質朴な我が内地に入り込めばと考えただけでぞっとする、国法で御すればいいと言う者がいるが我が文明の刑法治罪法で処分しても彼らは懲りない、我が獄舎は本国の獄舎に比べれば人生の休息所だ、これに対処する策はないと言うのである。

さらに普遍的な中国人観は、数百年来の習慣として諸方へ移住し、汚穢を厭わず、労役低賃金を辞せず、商売特に小売業に巧みでとても日本人が太刀打ちできない、その国に馴化せず儲けた金を本国に持ち帰るから日本の利益にならない、博打好き、淫猥、不潔などであった。これらの点は中国人を含めた内地雑居の積極的な推進者であった原敬も指摘している(33)。林房太郎はその繁殖力の強さを挙げ、日本人の血脈が汚れる心配などもしている(34)。

こうした日本人の中国人観は、一〇〇年以上の歴史を経過した今もあまり変わっていないように思う。文明先進国としての中国に対する尊崇意識は、江戸時代に微妙に変化している（これについては筆者の手に余るので専門家の考究に委ねたい）かに思えるが、古代より開国まではそんなに大きな変化はなかったはずである。これが開国から三〇年あまりの間に、居留地に囲い込まれている間に、日本の欧州帝国化の進行の中で、国内矛盾を対外侵略に逃げようとするアジアの盟主意識化の世論操作とともに形成されたことがきわめて重要だと思う。こうした中国人蔑視意識がいかに形成されそれに在日中国人はどう対してきたのかこそ考究すべき問題なのだが、筆者にまだその準備がないので、橋本堯論文などに譲る。華僑・華人史研究の中では、たとえば伊藤泉美が、『横浜毎日新聞』の明治五年から明治九年にかけての「神奈川県羅卒取締表」を集計し、「日本人が全体の九二％西洋人が六％を占め、中国人はわずか二％を占めるに過ぎない。日本人は中国人の六〇倍、西洋人は四倍となっている。（中略）人口の比率から考えて日本人が多いのは当然としても、（中略）中国人の犯罪発生率は西洋人に比べてかなり低いということになる。しかも取締表の統計では西洋人の犯罪件数のほうが中国人を上回りながら、新聞ではあまり西洋人の犯罪記事は見当らない。したがって、取締表の実数と新聞紙上で酷評される中国人の犯罪像とは大きな隔たりがある」と指摘し、中国人画家の「貴社の新聞を見るに中華人の悪評が出さるなし清人とても皆悪漢ばかりではない」という抗議の声を紹介している。[35] この指摘は大変重要であると思うが、なぜ西洋人との扱いが違ったのかが筆者としては考えたい問題である。また、人口比率からいえば日本人の六〇分の一は多すぎるように思えるし、中国人自身の「清人とても皆悪漢ばかりではない」というなんとも心細い抗議の意識のありようにももう少しこだわりたい。これこそが百数十年前に日本人と中国人が直面し、今我々が直面している最大の問題だと思うからだ。山田信夫らの『日本華僑と文化摩擦』[36] にその答えを期待したが、そのような問題設定はされていなかった。

おわりに

一八九九年改正条約施行後の内地雑居における中国人の問題も論じたかったが、残念ながら与えられた紙幅も時間もなくなってしまった。本論の中心テーマからやや外れる第二節の論述に紙幅を割きすぎたせいで、他日を期して稿を改めるしかない。そのためにも残された問題を少し整理することでまとめに代えたい。

一八九四年八月一日開戦の詔勅が下されると、国交を断絶された中国人は再び無条約国人となった。政府は八月四日勅令第一三七号を発し、中国人の居留地での居住は引き続き認めたが、発布二〇日以内の居住地府県知事への登録を義務付けた。中国人は反発し、登録は進まず、帰国者も増え、全国で在日中国人は三分の一以下に減ってしまった。

日清戦争勝利の結果一八九五年四月に結ばれた下関講和条約第六条に基づき、一八九六年七月日清通商航海条約が結ばれると、日本は一方的に中国における領事裁判権を獲得した。つまり改正条約実施と同時に中国人に内地雑居を許可しなければならない国際法上の必要性がなくなったのである。そこでますます中国人内地雑居を認めるか否かの議論が白熱化する。中国人たちは戦後まもなく再び日本に来始め、一、二年で戦前の数に回復する。この現象をどう考えればいいのだろうか。中国人の愛国心と本国への帰属意識は、異民族支配という状況の中で複雑に揺れ動いていたはずである。ともあれ彼らは改正条約実施後に独り旧居留地に取り残される不利を恐れ、陳情、集会、新聞への働きかけなどの活動を精力的に展開する。日本に亡命中の梁啓超なども経済的な利点や黄色人種としてともに東洋における欧米人の跋扈を抑える必要性を説いて、この運動を支える。こうした思想の今日的意味を考えてみたいものだ。

中国人内地雑居是非論の沸騰と中国人の運動の中で、一八九九年七月勅令第三五二号が公布される。その第一条「外国人は条約若は慣行に依り居住の自由を有せさる者と雖従前の居留地及雑居地以外に於て居住、移転、営業其の他の行為を為すことを得。但し労働者は特に行政官庁の許可を受くるに非ざれば、従前の居留地及雑居地以外に於て居住し又は其の業務を行ふことを得ず。労働者の種類及本令施行に関する細則は内務大臣之を定む」、翌日公布された施行細則（内務省令第四二号）の「一、明治三二年勅令第三五二号第一条の労働者は農業漁業鉱業土木建築製造運搬挽車沖仕業其他の雑役に関する労働に従事する者を云ふ但し家事に使用せられ又は炊爨若は給士に従事する者は此限に在らず」によって、中国人は旧居留地および雑居地以外での居住・経済活動を厳しく制限され、事実上中国人労働者の日本への進出も殆ど不可能とされたのである。

今の日本には、外国人に対する制約や桎梏は、ないとは言えないが、かなり少ないとは言えよう。さすがに居留地はない。職業の制限も法に触れない限りないに等しい。だが特にオールドカマーと言われる戦前からの居留中国人は、唐人町に、三把刀業にこだわっている。長崎は唐人屋敷復興を計画し、神戸は「南京町」ブランドの大展開に夢を懸ける。世界に展開しながら彼らは二一世紀も「唐人屋敷」を造り続けるのだろうか。それは中国人の本性なのだろうか、彼らの移り住む外国社会がそうさせるのだろうか。また、我々日本人の問題として、中国人を一郭に封じ込め、職業を制限してきたことが、少なくとも日本には利であったと言えるのだろうか。

こうしたことを、今後の課題としたい。

注

(1) 山本紀綱『長崎唐人屋敷』謙光社、一九八三年。
(2) 同前、一九九頁。
(3) 大庭脩編『江戸時代における唐船持渡書の研究』関西大学東西学術研究所、一九六七年。
(4) 加藤祐三「開国―幕府はどう動いたか」藤原彰ほか編『日本近代史の虚像と実像』1所収、大月書店、一九九〇年。
(5) 『横浜市史』第二巻第一篇第一章第二節「通商条約の内容」、一六九頁。
(6) 嶋村元宏「横浜居留地成立の前提―日米和親条約を始点として」『横浜居留地と異文化交流』所収、山川出版社、一九九六年。
(7) 前掲『横浜市史』第二巻、一八三頁。
(8) 前掲、加藤「開国―幕府はどう動いたか」。
(9) 中華会館編『落地生根―神戸華僑と神阪中華会館の百年』研文出版、二〇〇〇年、三三頁。

(10)『横浜市史』第三巻上第五章第一節、三六八頁。
(11)同前、三七三頁。
(12)同前、八六二頁。
(13)『横浜中華街—開港から震災まで』横浜開港資料館、一九九四年一一月初版、一〇頁。一九九八年三月改訂版発行。
(14)伊藤泉美「横浜華僑社会の形成」『横浜開港資料館紀要』第九号所収、一九九一年三月、五頁。
(15)前掲『横浜市史』第三巻上、三七四頁。
(16)前掲『横浜中華街』、同前より。
(17)前掲『横浜中華街』四一〜四二頁。
(18)同前、四四頁。
(19)同前、一一〜一二頁。
(20)同前、一二頁。
(21)同前、一九頁。
(22)前掲『落地生根』三四頁。
(23)同前、四九頁。
(24)同前、五三〜五四頁。
(25)内田直作『日本華僑社会の研究』同文館、一九四九年九月、大空社復刻、一九九八年。
(26)この陸奥改正案は、基本的に青木周蔵が外相時代に英公使フレーザーと協議しながら作成した「青木案」と軌を一にする。しかも、条約の最終調整を進めたのは、イギリス公使を兼ねたドイツ公使青木周蔵とロンドン帰任中のフレーザー公使であった。「条約改正史」『青木周蔵自伝』平凡社、一九七〇年。
(27)田口卯吉『条約改正論』。稲生典太郎編『内地雑居論資料集成』第一巻、原書房、一九九二年、三三頁より引用。
(28)のちに『日本叢書外権内侵録』の一書にまとめた。一八九四年刊、『内地雑居論資料集成』第四巻所収。

(29) 桐村覚豊『国民的大問題—雑居非雑居』より引用。本著は一八九四年刊。『内地雑居論資料集成』第三巻所収。
(30) 林房太郎が『内地雑居評論』（一八八四年刊。『内地雑居論資料集成』第一巻所収）に引く『時事新報』（一八八四年二月二〇日）の記者の言。また同書で林が紹介するところによると、『東京横浜毎日新聞』『朝野新聞』『報知新聞』『明治日報』『自由新聞』などもほぼ似たような論調だったことが分かる。
(31) 前掲『横浜中華街』。
(32) 前掲、林『内地雑居評論』。
(33) 原敬『新条約実施準備』、はじめ一八九七年一二月一日～一八九八年一月二三日『大阪毎日新聞』に連載した。本著は一八九八年五月大阪毎日新聞社刊、同六月再版。『内地雑居論資料集成』第四巻所収。
(34) 前掲、林『内地雑居評論』。
(35) 前掲、伊藤『横浜華僑社会の形成』。
(36) 山田信夫編『日本華僑と文化摩擦』巌南堂書店、一九八三年。

第五章　三井物産のアジア認識と日本型企業進出

――買弁の排除と「現地化」の意味

山村睦夫

はじめに

日清・日露の両戦争を内に含む、日本の一九世紀末、世紀転換期は、数多くの企業や中小商工業者の対外進出とりわけ朝鮮・中国進出が展開された時期であった。こうした日本の企業や商人の進出は、一方で、日本に先立って進出していた欧米商社とともに、さまざまな形で東アジア貿易に従事する中国商らとの厳しい対抗を不可避的に伴うものであった。したがって、東アジア貿易に本格的に乗り出そうとする日本の商社にとっては、それら地域とりわけ中国市場の動向についてのリアルな認識と進出方針の模索が切実な課題とならざるを得ず、政府や参謀本部などと並行して三井物産も各種の市場調査を行いながら市場進出を本格化していった(1)。

こうした、中国市場における三井物産に代表される日本商社とその取引のあり方について、やや後の時期になるが、アメリカの商務官ラルフ・オデル（Ralph M. Odell）は、「日本の貿易発展の上で最も枢要なファクターは、有力かつ重要な企業である三井物産会社である」とした上で、「中国はもともと固有な特徴をもった市場であり、日本商は素早くそのことを認識し、取引方法を適合させていった」と述べ、中国各地への支店取引網の構築、紡績など鉱工業企業との密接な関係の確立、金融や海運での便宜の確保、買弁を介さない市場取引など、欧米商社と異なる日本商独自の取引方式（Japanese Methods）が形成されていたことを指摘している。(2)

オデルの指摘にもあるこうした中国人買弁を排除する一方で、現地の商業・流通システムへの適合を意図した日本型の企業進出のあり方は、日清戦後の三井物産の中国市場進出において端緒的に形成されたものであるが、それは、物産の中国市場認識、および日本認識を含む「アジア」認識と切り離しがたく結びついたものであった。日本企業は、欧米企業や中国商と対抗し合う世紀転換期の東アジアにあって自らの地位（アジアのなかの日本）を認識しつつ、欧米企業のあり方とは異なる特有の市場進出を模索していったのである。それは、後にみるように、日本に内在するアジア的要素を活用した中国市場進出策であったが、同時に自己を東アジアへの国家的進出過程と一体化しようとするものであった。その意味で、中国市場を通じた自己認識とそれを基礎とする日本型の企業進出のあり方は、東アジアに展開しようとする帝国日本に自らを統合せしめる過程とみることもできよう。

こうした理解の上に、本稿では、①近代日本の形成期において、三井物産がどのように中国市場の動向を認識し、それを通じて「アジア」と「日本」をいかにとらえていったのか、②それらの認識にもとづいた中国市場進出はいかなる特徴と性格を有するのか、そして、③ここでの企業進出は、日本の帝国主義移行期の国家とどのような関係を有し、そのことがまた企業にいかなる特徴を付与していたのかについて、検討してゆきたい。

表5－1　日清戦後日本の中国進出

年次	商社数(社数)	居留民数(人)	日本		三井物産	
			輸出(千両)	輸入(千両)	輸出(千円)	輸入(千円)
1897	44	1,116	16,626	22,564	3,937	1,691
1899	195	2,440	17,251	35,896	10,027	1,379
1901	289	4,170	16,874	32,567	6,009	1,864
1903	361	5,287	30,433	50,298	13,874	5,124
1905	729	16,910	35,464	61,315		

注1：商社数には，香港および大連の日本商社を含まず．また，輸出入額も香港は含まない．
注2：居留民数には，香港・廈門を含む．また朝鮮人も含む．
注3：1901年の外国為替相場は，100円＝75.25両．
出所：商社数・居留民数は，リーマー『列国の対支投資』，輸出入額（日本）は東亜同文会『支那経済全書』第7巻，三井物産輸出入額は，三井物産『事業報告』各年次．

一　三井物産の中国進出と市場認識

1　日清戦後の三井物産と中国市場調査

周知のように、日清戦争前までの日本の対外貿易は、三井物産など僅かの貿易商を除いては、いまだ本格的な直輸出入体制を構築し得ておらず、外国商が支配的な居留地貿易に依存していた。一八九五（明治二八）年における日本の対外貿易額をみても、日本商の取扱高は輸出の一九％、輸入の三〇％を占めるにすぎなかった(3)。しかし、日清戦争の勝利は、中国に対する低率関税の強要や長江航路の開放、重慶・杭州等の開市、さらには朝鮮に対する日本の影響力強化など日本の中国・朝鮮市場への進出機会を大幅に拡大した。また、「日清戦後経営」の一環として政府による輸出振興策が進められたことも、それを促した。

このような状況のもとで、表5－1に示されるように、日本の対中国貿易の伸びとともに三井物産の取引高とりわけ輸出高も急増した。そして、この過程においては、新たな市場進出のために、三井物産は各地の市場動向についてさまざまな調査を試みていた。それらを通じて物産は、日清戦後の東アジアとりわけ中国市場における商況や各国商人の動向についての認識を深めていったのである。

はじめに、この時期における三井物産の市場調査動向を一覧しておこう。

三井物産の市場調査

三井物産は、すでに創設（一八七六年）まもなくから内務省勧商局の指示にもとづいて、内外の通商情報の収集を行い、『中外物価新報』を発行してきた。一八八〇年からは、上海支店で収集した商況を「上海市場商況」として『東京経済雑誌』にも掲載している(4)。さらに日清戦争以降になると、それまでの支店から得られる商況の報告にとどまらず、調査員を各地に派遣したより本格的な市場調査をしばしば行っている。

個々の調査報告にはふれ得ないが、表5−2により日清戦争から日露戦後期にかけての市場調査活動の特徴をみると、まず第一に指摘できる点は、日清戦争および日露戦争を契機としたものが多いことである。戦後における三井物産の取扱高の増大や東アジア各地への相次ぐ支店設置からもわかるように、いち早く中国・朝鮮市場にくい込もうとする物産の意図を窺うことができよう。

また第二に、調査対象地域は朝鮮・中国からベトナム・タイ・ビルマなど東南アジアにまで広がっているが、重点は中国・朝鮮とりわけ中国にあったことがわかる。

さらに第三に、日清戦後と日露戦後を較べると、日露戦後の調査が、店舗網の確立もあり各地支店レベルでの調査報告が大半であるのに対して、日清戦後のそれは、三井物産本店の指示にもとづいた調査員の派遣によるものが多く、益田孝専務自身による視察も幾度かなされている。日清戦後の調査が、三井物産としての今後の基本

表5－2　三井物産調査報告一覧

年次	事　　項	担当者	提出先，所属
1890	緬甸紀行一斑	小室三吉	本店
1894	清国内情調査＊	益田孝	重役
1895	朝鮮商況取調	服部種次郎	
	仏領交趾支那等米棉、雑貨及石炭景況報告	遠藤藤次郎	本店
	占領地及朝鮮平安道商況視察復命書	山本条太郎	本店
1896	清国新開港場視察復命書	藤瀬政次郎	産本店
	北清地方巡回	益田孝	重役
1898	台香上出張復命書	益田孝	重役
	芝罘商業事情一斑	石田清直	上海支店
	暹羅出張復命書	遠藤藤次郎	香港支店
	爪哇旅行報告	藤瀬政次郎	新嘉坡支店
	蘭貢実地調査＊	藤瀬政次郎	
	盤谷実地調査＊	山本庄太郎	
	西貢視察＊	船本顕三	
	欧米棉花市場巡視＊	安川雄之助	
1899	北清貿易奨励ニ付私見	永井・小室	
1900	対清貿易及長江視察ニ就テ	石田清直	
	清国廈門福州間鉄道敷設踏査＊	吉川三次郎	
	清国鉄道調査動向　視察報告＊	高橋正二	
1902	福州報告＊	窪田四郎	
1904	サバン湾出張復命書	村尾武	船舶部
	鴨緑江出張報告	窪田四郎	上海支店
	布哇概況	井上泰三	馬尼刺支店
1906	河南出張復命書　付河南阿片	高木陸郎	漢口支店
	太洋島取調報告	小此木為二	本店
	九江付近取調報告	中原精三	漢口支店
	北満州綿糸布談	久原仲東	鉄嶺出張員
	米国に於ける三井の事業	岩原謙三	理事心得
1907	上海生糸商売取調書	新田道丸	横浜支店
1908	九江商況視察復命書		漢口支店
	重慶事情	多久島海朗	漢口支店
1910	台湾烏龍茶視察報告	高木舜三	紐育支店
	大豆ニ関スル取調書　明治42年度		鉄嶺出張員

出所：三井本社調査部『三井物産会社社内調査資料』1944年．但し，＊印は㈶三井文庫『三井事業史資料篇』4上下．

方向を模索するものであり、そこでの市場認識が、以後の市場進出のあり方を強く規定していたことを窺わせる。

最後に、日清戦後の朝鮮・中国調査は、服部種次郎の「朝鮮商況取調」(一八九五年二月二三日～五月二五日)、山本条太郎の「占領地及び朝鮮平安道視察」(同二月一一日～五月一八日)、さらには藤瀬政次郎「清国新開港場視察」(一八九五年一〇月二一日～翌年二月二一日)など、戦争直後の時期に試みられただけでなく、内閣通信員の肩書を借りて、時に日本軍の師団司令部や兵站部にも投宿しながら行われたり(山本調査)[5]、農商務省参事官による清国新開港場視察に同行したり(藤瀬調査)[6]、軍や政府の動きと連携しながら実施されていたことも特徴のひとつとして指摘できよう。

こうした市場調査は、同じ頃、政府や軍においてもさまざまな形で行われていた。

政府・参謀本部関係の調査活動

政府による海外市場調査は、明治初期から、直輸出政策に対応して、外務省傘下の各地領事館報告および農商務省関係の各種海外市場調査を二つの軸として進められてきたが[7]、日清戦争を契機にその活動は、一層本格化していった。

まず、外務省の動向をみると、早くも一八八二年には領事情報の報告体制を作り『通商彙編』(一八八二～八六年)、『通商報告』(一八八六～八九年)等に各地の通商情報を掲載していた。さらに、日清戦争を契機として、一八九四年二月に発刊された『通商彙纂』(当初月一回、後月六回刊行)には、大量の通商情報を載せ、貿易の活性化を促している。

それらの通商情報においては、中国・朝鮮地域に関するものが最大の比重を占めていたが、日清戦後の中国に対しては、一八九八年に主要市場の大がかりな商況調査を実施し「清国商況視察」として『通商彙纂』に掲載している。[8] この商況調査は、「現今日清貿易萎靡不振ノ境ニ沈淪シテ……隣邦ニ対シテ我富源利殖ノ路ヲ開拓シ上ハ国家ノ裨益下ハ邦民ノ殷盛ヲ図ル能ハス」[9]と、対中国貿易の不振を打ち破るために実施されたものであっただけに、各地の詳しい商況とともに、各種の輸出奨励策や邦商と中国商との比較、さらには買弁の問題など商業者に対する業務上の注意点にまで言及していた。[10]

また、領事館による通商情報の収集と並んで海外市場調査を担った農商務省の場合は、日清戦後、一八九五年の第九議会において「外国貿易拡張費」六万円が五カ年にわたって計上されたことにもとづいて、「農商工高等会議」の設置[11]などと並んで海外商況視察を実施している。なかでも、さきの藤瀬も一部行程に参加した一八九五年一〇月から翌年二月の商況視察に際しては、各地商業会議所を通じて商工業者の参加を募り、彼らを含めた二九名の視察団を中国に送って、実況調査を行っている。また、一八九八年には再び「当今日清間ノ関係及本邦対外貿易ノ状勢ハ清国ニ向ッテ一層大規模ノ調査ト画策トヲ促ルモノアリ」と、官吏五名、当業者一三名、計一八名の政府選定視察員、およびそれに同行を希望した各種商工業者二〇名とからなる清国視察団を派遣している。[12]

さらに注目されるのは、外務省や農商務省による市場調査とは別に、陸軍参謀本部関係による、中国内地に関する情報収集と商況調査も独自に実施されていたことである。

陸軍参謀本部は、征韓論や征台論と関わって、早くから中国大陸に関心をよせ、機会をとらえては、参謀本部将校らを派し諜報の任にあたらせていた。[13] なかでも特異な性格を持ち、後の三井物産の活動にも関連を有するのは、参謀本部付き将校・荒尾精による調査活動と、彼により上海に設立された日清貿易研究所の活動であった。

参謀本部支那部付き将校であった荒尾は、一八八六年、清国実状調査の命を受けて現役のまま中国に赴き、三年間にわたって情報収集の任にあたっている。荒尾の調査は、当時上海で楽善堂と称する印刷会社を営む岸田吟香の援助と漢口領事町田実一の協力を得て漢口に楽善堂支店を開き、そこを拠点に二〇余名の要員を中国各地に派遣するものであった。彼ら漢口楽善堂の要員たちは、弁髪と中国服の装いで、薬品や書籍、雑貨の販売など商業活動に従事しながら、中国の地勢、風俗習慣、産業、交通、兵制等の情報収集に携わった(14)。

荒尾は、帰国後一八八九年に、参謀本部に長文の『復命書』を提出しているが、そこで、漢口楽善堂での経験と当時の東アジア情勢を踏まえて、日本の採るべき対清政策として以下のように述べている点は注目される(15)(傍点は引用者、以下同)。

我政府ハ表面ニ於テハ務メテ和好ヲ固ウスルノ意ヲ示シ、妄リニ手ヲ動カサス、而シテ裡面ニ於テ有為ノ志士ヲシテ其内地ニ入込マシメ、開港場其他各要地ニ配布シ、而シテ各々商業其他各種ノ業ヲ営マシメ、之ニ因テ平時ハ力メテ政治及戦略戦術等ニ必要ナル実力、及地理等ヲ精密ニ調ヘシメ、(以下一一六字伏字)是レ実ニ我国ノ清国ニ対スル長計……苟モ組織方法ノ宜キヲ得ハ、決シテ危ムヘキ事ナカルヘシ。其方法トハ、即チ志士ヲ商売ニ扮シ、各地ニ幹部支部ヲ置キ、而シテ上海幹部ニ於テ、日清貿易商会ヲ設立スル事是也。

ここで荒尾は、中国内地に深く入った商業活動や情報収集を、「支那保全」つまり中国における日本の支配的地位確保の重要な手段と考え、そのための拠点として「日清貿易商会」の設立を提起しているのである。また関連して、欧米諸国の場合「人種ノ異別ノ障碍アルヲ以テ」容易に遂行できないのに対し「我ハ即チ之ニ異リ人種同シ」と、いわゆる「同文同種(16)」論に立って、中国進出の上では日本人であることを欧米諸国に対する優位ととらえていた。

こうした認識にもとづいて、一八九〇年に荒尾を中心に日清貿易に従事する人材の養成を目的に創設されたのが日清貿易研究所であった(17)。これが、単に荒尾や根津一らの個人的試みでなかったことは、創設資金が参謀本部次長川上操六の斡旋による内閣補助金四万円を基金にしていたところからも窺えよう。しばしば荒尾を支援した川上の側も、日清貿易研究所の設立を「大陸作戦の準備行動」として位置づけていたのである(18)。

以上、政府や軍による一連の調査や情報収集活動をみてきたが、三井物産の各種の調査活動も、それらと相互に関連し合うものであったことを知り得よう。

では、三井物産は、各種の市場調査や視察を通じて、日清戦後の中国市場をどのようなものとして認識し、いかなる市場進出の方向を追求していったのであろうか。

2　三井物産の市場認識・アジア認識

三井物産の調査報告における市場認識については、前稿でくわしくふれているので、ここでは必要な論点に限定してみることとする。

三井物産の各種市場調査は、各地の物産、貿易品、運輸事情、通貨、金融、度量衡、商業組織、商人動向など、きわめて多方面にわたっているが、日清戦後期の調査において興味深いのは、東アジア市場における欧米商人の後退と中国商人の市場掌握という事態を広く確認し、それに注目していることである。

すでに、居留地貿易をはじめ対日貿易においては、中国商勢力の強さはしばしば指摘されてきたが、日清戦後の中国・朝鮮市場における中国商優位の指摘は、他方での欧米商の後退と深く関連したものとして認識されていた。それは、発展し始めた産業資本の市場要求の強まりと中国市場の一層の開放を前にして、産業資本の流通過程を担う三井物産にとってもきわめて注目さるべき事態であった。

この点を、明確に指摘しているのが日清戦後まもなく上海支店長となる藤瀬政次郎の視察復命書である。視察は、日清戦争後日も浅く、中国民衆の日本に対する敵愾心も強い時期に実施されたものであったが、藤瀬は、まず中国市場を「我ノ対手トス可キハ欧米ナル乎否ナ我等ノ最大得意ハ人口四億万ヲ有セシ隣国支那ニアリ」と位置づける。他方で、この時期の中国市場について「従来外国人ノ掌握セシ支那各港ノ貿易漸次支那人ノ手ニ移リ外人ヲシテ瞠然タラシムル者アルヤ我商工業者尠ナク猛省スル所」と事態をとらえている。[19] そこでは、「従来輸入品殊ニ輸入外国品ハ専ラ外国商館ニテ取扱ヒ来リタリシカ　年々支那人ノ手ニ移リ行キ現今ニ至リテハ洋反物綿糸等重ナル外国品ニ至ル迄悉ク支那人ノ手ヲ経テ輸入スル」（漢口）だけでなく、「重ナルモノハ怡和洋行、太古洋行、利川公司、美泰洋行等ナレドモ其支配人ハ何レモ支那人ニテ外人商売ノ居住セルモノナシ」（宜昌）と、支配人として実質的に中国商が掌握しているケースも含め、各地で中国商が支配的な地歩を占めつつあることを指摘している。[20]

こうした観察は、他の視察報告でも同様であり、上海の事情について、石田清直上海支店次席は「彼等（中国商）ハ一歩ヲ進ムルヤ清国ニアル外国商人ハ一歩ヲ退却セリ。清商ハ上海ニ侵入セリ而テ上海ニ於ケル彼等ハ果シテ外国商人ノ頤使スルニ任スルモノナルヤ。……事実ニ於テ清商ハ全ク外国商人ヲ頤使シ外国商ハ皆鼻息ヲ窺フト云フモ敢テ誣言ニ非ラズ。……商界ニ於ケル清商ハ一大強敵ナリ」[21] と報告している。

また、益田孝も出張報告に「彼ノ商業ニ機敏ナルコト業務ニ勉励ナルコト及生活ノ度高カラサルコトハ支那人種ノ特質ナレハ……近時支那人ノ経営スル商売ハ益々盛ナルニ反シ欧米人ノ経営スル商売ハ漸ク衰退シ清国ニ十有余ニ近キ開港場中英国商估ハ僅カニ百三十軒余ニ過キストテ英領事ブレナン氏ヲシテ思ハス嘆声ヲ発セシ有様」と記し[22]、共通の認識を表している。

ところで、各種の報告は、日清戦後中国における欧米商人の後退という事態の指摘だけでなく、その要因に関しても、欧米商の商売上の問題点と中国商の競争力の両面から眼を向けている。

そのなかで注目していた第一の点は、欧米商における買弁への依存である。買弁とは、欧米商人が、言語や中国市場での複雑な取引事情などに通じていないなかで、一種の請負契約で取引を担う中国商人のことであり、複雑な商慣習に通暁している点でもあるいは各地通貨の決済や取引相手の信用度評価の上でも、中国での外国商の取引には欠かすことのできないものとされていた。しかし買弁の利用は、他面で、取引先と結んで中間利得を図ったり、自分の有する商品を他人名義で買付けたり、しばしば問題点も指摘されていた[23]。

こうした買弁の利用について、石田は「コンプラドルガ如此其害毒ヲ逞フスル内ハ対清貿易上常ニ障碍ノ生スルアリテ到底円滑ニ且有利ナル商業ハ為シ得難キ事ト思ヒ居リマス……ココデ獅子身中ノ虫トハ全ク斯クノ如キ人ニ対シ応用スヘキ文句」と述べ、外国商の中国市場進出における大きな障碍としてとらえていた[24]。

また第二に、中国商側の要因として、在来の自治的商業組織や商業・流通網の合理性と根強さについて、高い評価と強い関心をよせている。

この点について、藤瀬報告は「実地ニ就テ観察スルニ政治ノ不始末ニ似ズ彼カ商業事務ノ整頓セル信用組織ノ行ハレ居ル商売ノ規模大ナル薄利ニ甘ンジテ商売ヲ勉強スル等実ニ驚嘆ス可キ者アリ　即チ商売ハ通例組合ヲ以テ之ヲ営ミ共同戮力互ニ方ヲ守リ権ヲ争ハズ……会館ヲ設ケテ同郷商人若クハ同業者一般ノ利益ヲ保護シ……」と述べ[25]、国家の法や行政制度が未整備ななかで自治的かつ合理的な商人組織が発達している様子に驚きを示している。

こうした中国商の各種商業・流通組織や人材養成システムに関しては、中国語を自由に駆使し日常も弁髪と中国服スタイルで通していた石田が、中国商和城泰号の支配人王正之や開平鉱務分局支配人の季章之らの協力を得て行った調査報告『芝罘商業事情一斑』が詳しく言及している。そのなかで石田は、「要スルニ我国人ノ清国ヲ軽々視ス之ヲ評論スルモノハ多クハ其政界ニ基ヒスルモノニシテ延イテ商界ニ及ホシタルモノナル可シ……然レトモ其商業ノ方法ニ至テハ所謂泰西的ナルモノト其表面ヲ異ニスル感アリト雖トモ　仔細ニ其方法ヲ講究セハ相類似スルモノ少ナカラス」と記し、中国の政治状況から中国商を評価する愚を排しつつ、欧米の「アッソセーション」と中国の「会館」との間にみられる自治的ネットワークの共通性、市場の役割や複式簿記の活用などヨーロッパ式との類似性に注目し、国家に依存しない中国商の商業組織や流通網の合理的な点にしばしば感心している。また、支配人たる掌櫃以下の従業員編成や商店組織、「行桟」と称する取引網を支える機能をもつ廻漕問屋的施設などについても立ち入った報告を行っている[26]。

それらの認識のもとに、石田は「支那人ハ商売上全ク我々ノ教師タルノ資格ヲ有スルモノ」と、中国の在来商業機構のあり方から多くを吸収すべきことを強調している[27]。

さらに第三に、中国商の競争力の基礎として、彼らの低い生活水準や勤勉さを指摘している点も注目されよう。例えば、山本は「彼ノ寧波、芝罘、揚子江等ノ各港ヲ見ルモ輸出品ハ重ニ外商ノ手ニアレトモ輸入品ハ挙テ支那商ノ手ニアリ　蓋シ清商ハ時ニ支那船ニ搭載スル如キ危険ヲ冒スノミナラス生活ノ度モ低キヲ以テ　若シ上海等ニ於テ欧清ノ両商同一ノ値段ニテ同一ノ品ヲ仕入レ之ヲ内地ニ輸送販売スルニ於テハ到底支那人ニ対シ勝ヲ制スル能ハサル」と述べている[28]。また、仁川貿易を視察した服部も、「彼等固有ノ耐労節倹団結等ヲ以テ低利ノ資本ヲ利用シ薄利ニ甘シ我商ト拮抗シ漸次清商ノ侵食スル所トナリ……洋商ニテハ微歩ノ収利ニ甘ンスル事ヲ得ス遂ニ貨物ノ輸入権清商ニ移ル事ニナリ」と同様の事態を報告している(29)。

以上、日清戦後における三井物産の中国・朝鮮市場認識についてみてきたが、三井物産は、東アジア市場への本格的進出のためには、先行する欧米商や欧米商品との競争とともに、独自の合理的流通機構や商業組織に依拠し、生活水準の低さや勤勉さを武器にして貿易取引の実権を奪回しつつある中国商との対抗が不可避であるとの認識を明確にしていたのである。

二　「現地化」方針と日本型企業進出

1　益田孝の「支那化」方針と複層的アジア認識

こうした状況認識に立って、三井物産の最高責任者であった益田孝は、中国、東アジア市場進出の基本方針について、一八九八年の台湾・香港・上海視察の途上、以下のように表明している(30)。

一体　商売ノ拡張ヲ図ルニハ申ス迄モナキ事乍ラ　其国ノ言語ニ通シ其国ノ風俗ニ馴レ其国人民ト親密ノ関係ヲ持タ子バナリマセヌ　若シ其国ノ風俗ニ馴レス其国ノ言語ニモ通セサレハ秘密ノ談話ヲ一切出来マセンカラシテ　商売上ノ幾微《ママ》ヲ知了スルコトモ従テ出来ス商売ノ拡宏ハ以テ期スヘカラサルコトデ御座リマス……英国人等カ今日支那ニテ商売ヲ為ス方法ハ　言語ニ通セス事情ニ疎キ為メ直接ニ取引ヲ為スコトカ出来

ズ　僅ニ買弁ヲ通シテ遣リ居ル故到底商売ノ進張ハ望ムヘカラス……
然ルニ茲ニ一ツ幸ナルコトニ　外国人等ハ到底支那語ニ通シ支那ノ風俗ニ馴ルルコトハ出来ス　是レ既往百年間ノ経歴ニ徴シテ明カナル処ナルモ　之ニ反シ我日本人ハ同文ノ国デモアリ　旁々其言語ニ通シ易ク又風俗ニモ馴レ易ク彼ト親密ノ交際ヲ為シ　ドシドシ商売ヲ営ムコト敢テ不能ニ非スト考ヘル　実ニ清国貿易ニ於テハ　支那人ト親密ノ交際ヲ為シ得ル我々日本人カ勝ヲ占ムルト云フテ差支ハナイ

この訓示で、益田は、欧米商が言語、風俗や社会環境の相違ゆえに容易に買弁依存を脱し得ないとの認識の上に、三井物産は、買弁に代わる人材を養成し、中国市場において中国商と競いながら直接取引に参入するという、欧米商のあり方とは明確に異なる方針を明らかにしている。その方策を通じて、中国市場における日本の優位を実現できると考えているのである(31)。

このような基本方向について、益田は、上海支店視察に際する打合会では、さらに具体的な施策を指示している。それが、つぎに示す事項である(32)。

上海支店打合要領（追加項目）

一、買弁ヲ廃止スル事
一、支那人ノ若手中適任者両三名ヲ選ヒ跑街《パオケー》トスルコト《ママ》、但ガランチーヲ差入レシムル事
一、支那銀行ト取引ヲ開クコト《ママ》
一、各掛ヘモ性質正直勤勉ナル支那人ヲ付属セシメ傭使ニ供スルコトアルヘシ、但此場合ニハガランチーヲ

差入レシムル事
一、江原吉之助ヲ清国商業見習生トスル事
一、勘定掛助手ノ代リ出来次第井出千次モ見習トスル事
一、店限雇ハ試験ノ上月給者又ハ日給者ニ登用シ試験落第ノモノハ解雇スル事
一、向後店限雇ハ之ヲ廃シ（小供小使ヲ除ク）人員登用ノ場合ハ必ズ成規ノ試験ヲ挙行スル事。支配人ニ於テ試験ヲ挙行ノ上採用可然ト考フル人物アルトキハ本店ヘ申立ツヘシ
一、掛ニ依リ特ニ支那服ヲ着用スル事ヲ必須便宜トスル場合ニハ支配人ヨリ命令的ニ之ヲ申付クル事、但此場合ニハ春夏及冬ノ衣服ヲ最初一通丈ケ支給スル事
右支那服一通リノ値段下等ノ分　拾二円乃至拾四円、同上等ノ分　二拾八円位
一、支那語学ノ研究ハ支配人ヨリ命令的ニ申付クル事
（右ノ二項ハ清国各支店ニ適用ノ筈）

ここでは、①取引請負としての買弁廃止の方針を明示するとともに、直接取引に資するために②市場の動向や取引先の信用度を絶えず掌握するための係として跑街《パオケー》を設置し、また③中国銀行との取引を開始すること、さらに④買弁に代わる人材養成のため、清国商業見習生（のち支那修業生）の採用や中国語学習の強化を図ること、その他、人事管理の強化や中国服の強制着用等も含め、直接取引を推進するための具体的施策を提示しているのである。

これらの点、買弁の廃止と直接取引の導入が、単に中国人買弁を利用するか否かだけの問題でなく、中国商の

商業・流通システムに対応しながら、買弁が担ってきた機能を物産自身が内部化し彼らに対抗しうる機構を確立してゆくものであった。益田はさきの訓示中で「支那化」[33]という表現を使っているが、外国企業である三井物産による中国在地市場に対応した「現地化」[34]の試みといえよう。

では、なぜ物産会社が、欧米企業がまったく問題ともしなかったこのような買弁廃止による直接取引への移行と「現地化」という方針を打ち出していったのであろうか。

三井物産は、会社設立の翌年、一八七七年に上海支店を設置し中国貿易を開始していたが、日清戦争以前においては、上記のような方針が問題とされることはなかった。むしろ、上田安三郎支店長指導下のこの時期は、「上海における日本人の地位が極めて低く、外国人から何時も馬鹿にされてゐたのを『日本人侮るべからず。』といふ風に、彼等をして自覚せしめたものは、上田さんのアメリカ式社交法がその因をなした」と評されているように、欧米商社並の取引システムの確立が物産にとっての課題であった。[35]また、業務内容をみても、上海在留の欧米商や入港船舶を取引相手とする石炭取扱が主力を占めており、中国商との取引はようやく棉花取扱を中心に始まったにすぎない。[36]

日清戦後に至って、中国・朝鮮市場進出の本格化のなかで、買弁廃止と直接取引への移行が、欧米商や中国商に対抗して市場での優位を実現するための戦略として具体化してきたのである。

いうまでもなく、欧米資本とりわけ英国資本にとっては、買弁の弊は認識されても、買弁それ自体の廃止が課題となることはなかった。

欧米商にとって買弁抜きの取引が容易でないとの三井物産の認識は、さきの香港支店訓示のうちにも示されていたが、『台香上出張復命書』では、一層明確に欧米商について「上海ニ於テモ亦香港ニ於ケルカ如ク欧米人等ノ生活ノ度ハ非常ニ其歩ヲ進メ交際場裡ニ於テモ驚クヘキ奢侈ヲ極ム　而モ其支那人ニ対スル待遇ニ至リテハ更ニ面目ヲ改メス……即チ居留地ニ於テハ依然支那人ヲ見ルコト奴隷ノ如ク之ト交ヲ訂セス又此人種ヲ教育シテ文明ノ域ニ進マシムルコトヲモ勗メス……蓋シ英国人ハ尊大倨傲ニシテ更ニ交ヲ支那人ニ求メス支那語ヲ解セス支那内地ニ入ラス従テ又支那ノ事情に明カナラス　唯僅カニ自国製造力ノ大ヲ恃ンテ支那貿易ノ陣頭ニ立ツ而已」と評し(37)、彼らのなかにある、一方での自国製造品への優位意識と他方での生活水準の差や生活習慣の相違、そこから生ずる中国人に対する侮蔑意識などを指摘している。欧米商にとって中国や東アジア市場において直接取引や現地化を実現するのは困難であるとの判断の背景には、こうした観察があったといえよう。

　これに対して、三井物産が買弁廃止を軸とした「支那化」方針を打ち出す基礎には、中国市場での商業活動を通じて、欧米資本とは異なる中国市場進出が日本商たる三井物産において可能であるとの自己認識があった。そこでは、中国商の機能的な商業・流通機構を評価しつつも、一般的には、中国を劣等なものととらえており、その劣等的条件にも同調しうる存在として日本人を位置づけているのである。すなわち、一方では、さきの訓示にあるように、「同文同種」論に立って、日本と中国は「同文ノ国」であり、「言語ニ通シ易ク又風俗ニモ馴レ易ク」中国内地市場への進出や直接取引も可能であるとし、他方で、日本人の生活水準の低位や劣悪な生活環境への対応力などを中国市場での競争における優位を実現する条件ととらえ、経営資源として積極的に活用しようと考えていたのである。

　こうした複層的アジア認識と経営戦略について、益田は東京高商の卒業生を前にしてきわめて明確に語っている(38)。

最モ日本人ガ欧羅巴人ト競争シテ私ガ勝テヤウト思フノハ機敏モ同ジ学問モ同ジ胆力モ同ジ其務メル所モ同ジト見ルト差引キ残ルノハ日本人ノ習慣トシテ日曜日ニ休ムト云フ事モナク生活ノ程度モ低イ、又英吉利人ノ如キハ阿弗利加沙漠ノ中ニ行ッテモソレダケノ食用ヲ用意シテ行カナケレバナリマセヌ、サウシナケレバ人間ガ成立タヌ、日本ハ支那ニ行ケバ支那ノデ宜シ、西洋ニ行ケバ西洋料理デ差支ナイ、ドッチデモイケル、ソレデ堪ヘルト云フコトニ至ッテモ欧羅巴人トハ違フ……

我々ノ考デハ優等国ニ向ッテ商売ヲ伸張スルヨリ劣等国ニ向ッテ商売ヲスル方ガ宜シイ、劣等国ト云フ言葉ハ悪イカ知ラヌガ東洋ノ商売ヲ日本人ハ第一ニシナケレバナラヌ……欧羅巴化スルノハ易イガ支那化スルト云フコトハムヅカシイ……私ハ明日ヨリ高等　学校ノ生徒ヲシテチャンチャン坊主ニシテ支那人ノ服ヲ着セ一緒ニ室ヲ共ニシテ支那貿易ニ務メネバナラヌ

ここで益田は、日本人の生活水準の低位、劣悪な生活環境に対する耐久力や勤勉性を、日本商が欧米企業に対抗するための重要な要素として明確に位置づけていることがわかる。しかも、それは「劣等国」＝東アジア市場においてより有効であるとして、日本を優位と考える意識を醸成しあるいは「同文同種」論により補完しつつ、日本人社員を買弁抜きの直接取引や中国奥地での商売に強制力をもって従事せしめようとしているのである。

つまり、益田のいう「支那化」とは、単に中国の商慣行や流通システムなどに適応した「現地化」というだけでなく、日本社会に内在する生活水準の低位性や勤勉性などアジア的共通性を前提とした「現地化」戦略ということができる。それはまた、アジアを劣等なものとする意識の上に立つ一方、その「アジア的なもの」と共通する「日本的なもの」を、アジア市場での支配的地位獲得＝「脱亜」の武器として活用しようとする経営戦略であ

り、そうした意味で「脱亜」の企業的形態ということもできよう。そして、この時期に打ち出された益田の「日本的なもの」をアジア市場進出さらには対外貿易の発展に積極的に活用しようとする方策は、その後三井物産の基本的商略とされていったのである。[39]

ではさらに、三井物産の買弁廃止による直接取引および「現地化」方針の展開をみよう。

2　日本型企業進出の端緒的形成

三井物産の「現地化」方針は、外国商社の中国進出としては先行する欧米商に類例をみないものであり、経営戦略として日本的特質を活用しようとする意味で日本型ととらえることができる。そして、それら諸方策は、その後の日本企業の中国進出においてしばしばみられる特質となるものでもあった。以下、日本型企業進出の端緒的形成という側面から、[40]三井物産の「現地化」方針の展開をみておこう。

買弁の廃止[41]

すでにふれたように、三井物産は、一八九八年四月に清国商業見習生規則を制定する一方で、同年一二月には、上海および香港支店において買弁廃止の方針を決定し、以後徐々に各店において買弁依存を改めていく。人材養成策と一体になった買弁廃止の過程は、以下の通りである。[42]

一八九八年　四月　清国商業見習生規則
　　　　　一二月　支那並台湾語学研修規則
一八九九年　一月　支那修業生規則

七月　上海支店買弁解雇
一九〇〇年一二月　天津支店買弁解雇
一九〇一年　六月　台北支店買弁全廃
一九〇二年　九月　香港支店買弁全廃
一九〇四年一二月　語学研修規則

上記の買弁廃止は、中国人の活用をすべて排除したものではなく、物産と取引相手との間を請負的に仲介する存在としての買弁の廃止であり、複雑な通貨・金融事情や商慣行による取引の必要上、各支店での中国人の雇入は行われている。すなわち「買弁ニ換フルニ土人ヲ利用シ之ヲ他ノ使用人同様ニ取扱ヒ行」くものであり、正確には買弁による請負制から直傭制による現地取引の直接掌握への移行といえよう(43)。

その状況は、比較的順調に進んだ上海の場合、早くも一八九九年において、真贋の判別が難しい通貨を取扱う出納係の買弁四～五名を除いて、支店の商売はすべて日本人社員が応対するまでに至っているとされる(44)。

こうした買弁排除において、三井物産は、まず、仲介手数料をはじめ各種の戻り口銭や金品収受、買弁を介した中国人雇用者への賃金支払い等の中間経費面の節約を可能としたのである。従来、買弁は、外国商社からだけでなく、取引先からも仲介手数料を受け取っており、物産はこの二重の手数料を自らの収益に組み込むことができたし、監督不行届による取扱商品の紛失も減少した。これらの買弁排除による中間経費の節約が、物産中国店の収益にかなり寄与したことは、買弁廃止策の実施後しばしば指摘されている。

さらに重要な点は、自らの経営方針にもとづいて業務を遂行し得ることであった。東アジア市場の拡大を追求するこの時期、市場の開拓よりも当面の手数料確保を優先する買弁に依存した体制では、時には一定の損失を覚悟したり、見込み取引をも行う必要のある積極的な市場進出は困難であった[45]。買弁を廃した取引においては、三井物産は、「外国人ヲ使用スルニ付テ之ヲ三井ノ『タイプ』ニテ使用セハ可ナレト　外国人ノ『タイプ』ヲ我々カ取ルニ至ラハ即チ二〇有余年来ノ主義ヲ破ラルル結果トナル」との立場に立っており、経営意思に関わる部面からは中国商を排除しながら、自らの経営方針や経営方式の貫徹を図っていったのである[46]。

　ところで、買弁廃止を可能とした人材養成政策の中心には支那修業生制度が位置していたことは、すでにふれた。一八九九年制定のこの制度は、発足時に一〇名の修業生を採用した後、日露戦後の一九〇八年まで、毎年五名前後を新規採用し、対中国貿易の拡大期に直接取引に携わる人材養成を担っていった。修業生はその後一時採用を中止した後、第一次大戦後の新たな貿易拡大期に入って再び、一九一七年一九名、一八年九名、一九年五名の採用を行っている。

　しかしここでは、修業生制度自体でなく、修業生教育において、日清貿易研究所の講師であった御幡雅文を雇用し中国語教育を委ねていたことに注目しておきたい[47]。御幡は、外国語学校卒業後、外務省留学生として北京に四年間留学。一八八二年に帰国後熊本鎮台にあって将校に中国語を教えていたが、一八八九年、荒尾精の対中政策に共鳴して日清貿易研究所の設立計画に参画し、上海で人材養成に努めた。その後日清戦争に第二軍司令部付き一等通訳官として従軍、さらに、台湾総督府勤務を経て、一八九八年、支那修業生らの教育を担うため三井物産に迎えられている。三井物産の「現地化」方針のための人材養成が、国家主義的志向を強くもった日清貿易研究所の人材養成を担った人物によっていたところに、三井物産の中国進出と日清貿易研究所のあり方との興味深い関連性をみることもできる。

直接取引の推進と取引機構整備

つぎに、買弁廃止と表裏の関係で進められたのが、在来流通に適応するための取引網の整備である。すでに一八九六年に、益田は、北清地方の視察を踏まえて対中国人販売の強化を提案しており、三井商店理事会において中国人向け店舗の設置が議題に上っている(48)。そして同年、香港および天津支店で市中に分店を設け、綿糸布の直接販売が試みられている。その後、一八九九年には中国各地で絹綿織物卸業を開始することが理事会で決定され、上海に陳列店(翌年四月綿布小売店開設)、その他必要な地に支店を設置することなどが決められている(49)。こうした中国人への直接販売を行う取引店の設置は、自ら市場動向を把握し、取引拡大の拠点を確保しようとするものであったが、この方針にもとづいて、一八九九年に廈門・芝罘・漢口、一九〇二年、広東・北京、一九〇三年、台南・牛家屯と順次支店が設置されている。

しかも重要なことは、在来流通を担う中国商の場合、さきの市場調査でも指摘されていたように、幇《バン》と称する商人ギルド組織に基礎を置いた広範な取引ネットワークを形成するとともに、戻り貨の確保や片為替の回避など流通費用を節約した合理的商売を営んでおり、物産の取引も、個々の中国商のみならずそれら取引ネットワークとの対抗を課題としていたことである。したがって、広範な支店網の形成と支店間の共通計算規則や為替決済や金融あるいは船舶の操廻しなど有機的取引網の構築が、同時に追求されていったのである(50)。

また、これら外延的な取引機構の拡充とともに、中国の在来流通に対応するためにその方式の一部を自らのうちに導入する試みもみられた。そのひとつが跑街《パオケー》の制である。跑街については、さきの石田による中国商の商業組織に関する詳しい調査でふれているが、中国商がその業務の必要上、商況や取引先の信用などを絶えず調査・掌握するために設けている係である。これについて、益田は、以下のように述べ、「現地化」方針の一環として、上海・香港両支店に設置していった[51]。

（清商は）使用人登用方ニ於テ……実ニ敬服ノ外ナク就中、跑街ノ制ニ至リテハ最モ有益ナルモノニシテ彼ノ支那商人カ有ラユル商売上ノ状況ヲ知リ又得意先ノ信用程度并其動静等詳細ニ知悉シ商機ヲ愆ラサルハ畢竟此跑街カ各所ヲ駆ケ廻リテ種々ノ事柄ヲ採聞シ之ヲ報告スルニ依ルモノニシテ……我社ニ於テモ此制ニ則リ上海及香港支店ニ跑街ヲ設ケ常ニ取引先其他ヲ訪問シテ用務ヲ聞キ商況ヲ探リ之ヲ報告セシムルコトト為シタリ

跑街には、雇い入れた中国人を充当せざるを得なかったが、この時にあわせて「支那服ノ着用方命令」の「達」が発信され、清国および台北の各支店に在勤し中国人相手の商売に従事する者や内地に入り込んで取引を行う者に対して、必要に応じて中国服を着用することも定めている[52]。

これらは、総じて、アジア的共通性を前提としながら、現地市場の状況に適応した中国商的取引機構の内部化=現地化の動きとみることができよう。それは、中国市場において三井物産流の経営方針をより貫徹し易くするものでもあった。

さらに、買弁廃止と直接取引への移行は、貿易・商業部面だけでなく傘下上海紡績会社の経営においても、買弁を介さない直接的統轄の実施という形で進められている。

上海紡績経営と直接統轄

三井物産は、中国市場への本格的進出のなかで、一九〇二年に設立された上海紡績会社に投資し（一九〇三年、一〇〇〇株・三万五〇〇〇両）、代理店としてその経営に関与していった(53)。これは、有力取引商との関係を密接化し、綿糸布商売の拡大を図ろうとするものであったが、物産は、原棉や製品綿糸布の取扱とともに、当初から経営にも深く関わり、買弁廃止も実施している。

そこでは、まず、支配人や主要な職工を中国人から日本人に換えるとともに、中国人従業員に対する採用や解雇、昇進あるいは監督などに関する責任と権限を自ら掌握して経営を行っていった。その事情の一端について、上海紡績の経営に関わった山本条太郎は、つぎのように語っている(54)。

> 私共ノ工場デ昼夜八百人程ノ職工ヲ使ッテ居リマスガソレヲ廻ハスニ以前ハ「コンプラドル」トカ監督者デアルトカ種々ノ外国人ガ居ッタガ、私ガ来テカラ悉ク之ヲ日本人ニ変ヘタ為メニ屢々「ストライキ」ノヨウナモノモアリマシタガ何ニシテモ考エガ一致スルコトガ出来ル。例ヘバ奨励法ニシテモ自ラ筆ヲ執ッテ分カラナイナガラモ工場ニ張リ出スト直チニ其意思ガ疎通致シマス。或ハ罰法ノコトニ致シテモ種々ノ命令ナリ規則ナリガ外国人ガ通弁ヲ通シテヤルヨリモ能ク意思ガ通ズルコトニナリ、又「コンプラドル」其他職工ノ間ニ在ル種々ノ弊害誤解等モ悉ク無クナリ、従ッテ職工等ヘモ我々ガ思ッタ通リニ通ズルヤウニナリマシタ。

職工の反発を抑えながら、中国人買弁による経営に換えて、日本人管理者を入れるとともに、生産過程に対しても各種の直接的指示命令や奨励策の実施など直接管理を進めていった姿が窺えよう。

在華紡の経営における労働者直傭制の採用と生産工程に対する直接管理は、買弁制（英国人工場）や工頭制（中国人工場）と区別される日本独自の経営様式とされるが[55]、その端緒は上海紡績において与えられたものであった。

以上みてきたように、三井物産は、日清戦後の中国市場において得られた対外認識および自己認識にもとづいて、華商の商業・流通システムを部分的に導入しながら、固有の取引方法を確立していったのである。それは、一面では中国市場に対応した「現地化」であるとともに、他面では、中国人買弁を排除し三井物産の経営的意図や営業方針をよりストレートに貫徹しようとするものであった。それは、後に「我が対支取引に一革命を来したもの」と評されたように、物産のみならず日本商社の取引の特質となってゆくものでもあった[56]。

さらに、中国市場に対応した取引機構の構築過程は、中国商のそれが国民国家的枠組を越えたものであったのとは異なって、買弁を排除した自前の組織であったがゆえに、日本の国家的進出とも切り離しがたく結びついて展開していった。この点さらなる特質をなしていた。

三　国家的進出と三井物産

1　三井物産と国家的進出への連繫

日清・日露の両戦争を契機とした日本の東アジアへの軍事的・国家的侵略過程において、三井物産が、さまざまな形で国家に連繋した活動を行っていたことは、これまでも指摘されてきた(57)。しかし重要なことは、それらの連繋が、三井物産の買弁排除や「現地化」など特有の進出のあり方と深く関連していたことである。ここでは、行論との関わりで、日清戦争および日露戦争時に限定して物産の国家的進出への連繋をみておきたい。

日清戦争と三井物産の動向

日清戦争は三井物産の飛躍的発展の最初の契機であったが、この戦争に対して物産は「我利戦ナリキ、物産会社ニ取リテ実ニ天与ノ好時機ナリキ、内外各地ニ設ケタル支店ハ其任務ヲ全フスルニ躊躇セズ」と自らの「利戦」として積極的に戦時商売に取り組んだ(58)。

しかし上海支店においては、つぎの引用にみられるように、一般的な商品取引を通じた戦時商売にとどまらず、軍事活動に対する兵站・情報面での活動にも従事していた(59)。

(開戦当初上海に踏みとどまった山本条太郎臨時支店長代理は) 上海が中立地帯と宣言されたのを利用して、盛んに裏面の活躍をしたのである。或時は軍部の命を受けて、軍需品の買入供給に当り、被服類、艦用石炭等を各所に密買してわが国に輸送したり、船舶四艘をも購入した。或時は諜報機関として上海に潜入した黒井海軍大尉、津川陸軍大尉のため自己の名義を以て軍事通信をやったこともある。

ここに述べられた兵站や情報活動が、山本条太郎の個人的行動でなかったことは明白であり、営口出張員なども軍通訳官として満州守備隊に随伴している(60)。

こうした軍との親密な関係は、戦争直後に試みられた先述の占領地および朝鮮平安道の商況視察に際してもみられる。すなわち、本店から占領地調査の命を受けた山本は、内閣書記官長伊東巳代治に懇請して内閣通信員の肩書を得るとともに、現地では第二軍司令官から占領地通行免状を受け取り、しばしば各地の兵站部や軍司令部に宿泊しながら九〇日余の占領地調査を実施しているのである。そして、帰国後作成された視察復命書は、三井物産本店だけでなく、物産を通じて外務省方面にも提出されている(61)。もちろん、この調査は、日本軍による占領地支配という条件をいち早く物産の営業基盤拡大に生かそうとするものであるが、国家の侵略過程に連繫した三井物産の中国市場進出と取引機構強化は、日露戦争時においては、さらに多面的なものとなっていく。

日露戦争における兵站・情報活動

日露戦争は、一九〇四年二月一〇日開戦に至るが、三井物産の関わりは、開戦準備から戦後経営への協力まで多方面にわたるものであった。

早くも開戦に先立つ一月一五日には本店参事内に御用掛が設けられる一方、陸軍から当初の作戦計画にもとづいて、朝鮮国内において食糧、焚料、馬糧等を蒐集すべく内命を受け、「軍用商売ノ為メニ一ノ団体ヲ作リ」京城出張所長の小田切捨次郎を責任者として担当者たちを朝鮮に派遣している。この時に、陸軍経理部員も朝鮮において兵站活動に携わったが、彼らの場合、日清戦後占領地調査における山本のケースとは逆に、三井物産店員の名目で朝鮮に渡っていたのである。一時出張者も含め二〇名の社員を送り込んだこの準備業務自体は、戦争局面が変化し予定した陸路の軍隊派遣も変更されたためそれほど役立たなかったが、その活動を通じて物産は、「自然ニ陸軍トノ関係モ付キ……重要ナル御用商務ヲ命セラルルニ至」っていた(62)。

その後の日露戦争から戦後経営にいたる時期の、満州地域における三井物産の動向について、「満州ニ於ケル三井物産株式会社関係事業概覧」により、一瞥しておきたい。(63)

日露戦役出征軍ニ従軍セル三井社員ノ献身的活動

……日露戦役ハ全ク国家ヲ賭シタル大戦争ナル故三井物産員ハ全ク軍人ト変リナク利益ヲ度外視シタル献身的ノ働キヲナセリ　先ヅ第一ニ三井物産ハ平素ヨリ育成シタル支那修業生ヲ挙ゲテ各軍ノ重要ナル部分ニ従事セシメ軍ノ行動ヲ助クベク努力セリ　而シテ成ルベク軍隊トシテ不得手ナル困難ナル仕事ヲ三井ハ悦ンデ如何ナル犠牲ヲ払テモ従事セリ、サレバコソ三井物産ハ第一軍第二軍第三軍ノ各軍ヨリ賞賛状ヲ頂戴セリ、明治三十七年ノ初メ陸軍経理部ノ朝鮮ニ渡リシハ三井物産ノ店員トナリテ渡リシモノナリ、新嘉坡ヨリバルチック艦隊ノ動静ヲ報導シタルモ当社ナリキ　日露戦役直後満州経営ニ付テ当時ノ鉄道提理陸軍少将竹内轍氏ト計画ヲ巡ラシ……日露戦後撫順炭礦ノ計画ニ参与又同炭ノ販路ヲ開拓シタルモ当社ニシテ……

みられるように、満州地域においては、物産は、本店御用掛の責任者であった藤瀬政次郎を現地責任者として営口に派遣し、藤瀬以下、営口および大連出張所に帰任した出張員、朝鮮から移動の社員らは、日本軍に隷属して、車馬や苦力の徴発、鉄道や橋梁材料の調達、土地買収等々多方面にわたる現地での兵站活動に従事していった。また、支那修業生が従軍通訳をはじめ軍に多大な協力を行ったことも特筆されている。さらには、戦後の満鉄経営や撫順炭礦開発、軍票回収など日露戦後経営への連繫についても言及されている。

日本の軍事的・国家的進出に対する三井物産の対応を、日清・日露戦争期における兵站・情報活動への関与を中心にみてきたが、さまざまな形で物産が、軍の活動や政府による戦後経営策を補完し、また連繫していることを改めて確認できよう。

また、そこにおいては、「三井の仕事は軍の命令とあれば何でもやったが車馬、苦力の徴発は一番大きな役目で◈の社旗を翻して戦火を避けた車馬、苦力の狩り出しに奔走したものである、三井は戦役前より満州で名が通っていた御陰で社旗を翻すところ必ず所要の苦力、馬車が集った」と語られているように[64]、在地市場と結びついた取引機構が重要な役割を担っていたことも注目される。買弁を廃した三井物産の取引網は、中国市場における競争力を強めるだけでなく、買弁の排除や「現地化」ゆえに、情報や物資の蒐買をはじめ日本の軍事的国家的進出を補完する機能を併せもって展開していったのである。

そして、このような商業・貿易機構と人材や経験を基礎とした国家的進出の補完という三井物産の活動の一側面は、さきにふれた荒尾精の日清貿易協会構想や日清貿易研究所に付与された役割と共通するものでもあった。すなわち、荒尾はさきの『復命書』において、「有為ノ志士」を中国の開港場やその他要地に派遣して「日清貿易商会」を設立し、貿易・商業を通じて各地の事情を調査し、協力を得られる人物を求め、さらには貿易の拡張と商権の回復を図るとする対清国政略を開陳していたが、それは、貿易商会の設立と中国内地への業務の展開を、「支那保全」＝中国に対する日本の勢力浸透と主導権確立のために活用しようとの意図を内包していた。

その意図は、日清貿易研究所においても貫かれており、日清貿易研究所の生徒らに宛てた一八九〇年末の書簡で、荒尾は、「今日我が国経済の消長は、偏に日清通商政略の方針を誤ると誤らざるとに在り。……豈奮励宜しく我が事業を以て国家問題となし、諸子自ら我が国経済の機関となり、又我が国を機関ともなし、電運雷転、進んで皇国の美名を輝かし、亜細亜の衰態を挽回するの基礎を立つべき時にあらずや」と述べ[65]、日清貿易研究所事業を中国に対する国家的進出の先導役として位置づけていたのである。ここでは、商業・貿易活動は「支那保全」策の補完物とされている。事実、日清戦争に際しては、卒業生八九名中七二名を陸軍通訳として送っているが[66]、これは、北清事変や日露戦争時における三井物産支那修業生らを従軍通訳官として派遣したケースの先導事例となっている。

もちろん、貿易商社としての三井物産と日清貿易研究所とは基本性格を異にするが、買弁を排除したその取引機構や担い手が国家のもとに包摂され、日清貿易研究所とも共通する役割を担いつつ、東アジアにおいて市場拡大を追求していたのである。

2　三井物産における国家主義的潮流とその位置

ところで、三井物産の国家的進出と連繫した活動は、時に、その内部に国家主義的潮流を生むこととともなった。国家的進出との連繫の一側面として、その意味を検討しておきたい。

国家主義的潮流の代表的存在として、さきの山本条太郎（上海支店長、常務取締役、のち政友会幹事長、満鉄総裁）や森恪（支那修業生、天津支店長、のち政友会幹事長、内閣書記官長）、高木陸郎（支那修業生、漢口支店、のち中日実業副総裁）らを挙げることができるが、ここでは、後に東方会議（一九二七年）を組織し、また犬飼内閣の実力書記官長となって日本の満州侵略の路線を押し進める上で指導的役割を果たした一人とされる森恪の事例について みておこう[67]。

支那修業生として三井物産の履歴を開始した森は、日露戦争時、山本条太郎とともにバルチック艦隊の動向探査など情報・兵站活動に従事したことで名を挙げた。そして、一九一三年には、山本や高木らと組んで中国興業の創設に関与し、取締役に就任している。中国興業は、渋沢栄一らを発起人として創立された日中合弁の対中国投資機関であるが（創立時総裁孫文、一九一四年中日実業と改称）、森らは、これを通じて中国の利権獲得を図ろうとしていたのである。さらに辛亥革命に際しても、宮崎滔天らから革命支援の依頼を受けた藤瀬政次郎上海支店長の指揮のもとで、森は、高木らとともに漢冶萍公司を担保とした孫文への三井物産名義の三〇〇万円秘密借款の交渉（一九一二年調印）に奔走している。中国支店在勤の間、支店業務のみならず、日本の権益拡大や勢力浸透政策の面においてきわめて活発に動いていたのである。このような国家主義に強く傾斜した森の活動について、天津在留の奈良武次支那駐屯軍司令官は、「三井の一支店長でありながら、支店の業務に屈托せず、もっと大きな、国家的立場から対支政策について常に東奔西走していた」と語っている(68)。

しかし、中日実業や漢冶萍公司が三井物産とさまざまな面で関係を有するとはいえ、国家的活動への没入は、三井物産の本来的活動とは立場を異にするものであった。森自身、中日実業の業務との関連で、物産における自らの位置についてつぎのように語っている(69)。

> 三井と中日を兼務することは到底真剣となり得ない。三井の現状は凡衆政治である。三井に於ける吾人の心志と三井現局者の夫れと一致を欠くこと日一日と大なる傾向がある様だ。……現時に於ては吾人は畢竟無用の長物である。三井は到底国家本位なる吾人の自由を許さぬ王国である。……況んや国勢支那大陸に伸びんとする現下の気運は、則ち志を支那に有する吾人の起つべき絶好の機会である。

森の姿勢は、三井物産がその業務を通じて日本の軍事的国家的侵略に密接に関わってきたことに規定されたものであるが、国家主義に強く傾斜した立場と三井物産の企業としてのあり方とは、矛盾せざるを得なかったこともまた明らかであろう。興味深いことに、中国への侵略志向を強く有した森の場合、中国認識においては、さきの各種報告書にみるような中国商らに対する高い評価はみられない[70]。

山本や森に代表されるような潮流を生むとはいえ、三井物産の基本的立場は、企業利益の追求と市場取引の拡大に置かれており、その立場は、日露戦争期にあっても明確であった。その点について、益田は「我社事業ノ減退ハ即チ我国ノ消長ニモ関スル次第ナリ、一般ノ趨勢ヨリ見ルモ満州、朝鮮若クハ支那方面ニ於テ将来我国家ヲ代表シ他国人ト競争ヲ試ミンモノハ三井ヲ措キテ他ニ之ヲ求ムヘカラス」と述べ[71]、日露戦後の東アジアにおける列国との争闘を、企業としての三井物産の発展を軸に把握している。物産の立場は、基本的に企業活動による東アジア市場での優位の実現であり、「商業的戦争」を通じた国家への一体化であった。

おわりに

一九世紀末から二〇世紀初頭における三井物産会社の中国進出の特質とそれを規定した市場認識およびアジア認識について検討してきた。最後に、これまでの論点を簡単に振り返って結びに代えたい。

日清戦後、三井物産の東アジア市場とりわけ中国市場への進出も本格的なものとなっていくが、この過程において、物産は、従来外国商の在華活動に欠くことのできなかった買弁を廃止する一方、在来市場との直接取引の導入や、独自的取引機構の構築を進めていった。これら日清戦後の市場進出は、中国人買弁に代わる人材を養成するとともに、跑街の設置や中国商の商業・流通機構を自らの中に内部化するなど、中国市場に適応した「現地化」であった。こうした「現地化」は、従来の欧米企業の進出においては、まったくみられなかったものであり、また、日本の有する特性を経営戦略的に活用している点で、日本型企業進出と呼びうるものであった。これが第一点である。

そして第二に、これらの方向を規定したものは、当該期の東アジアとりわけ中国市場動向の認識および自己認識を含むアジア認識であった。

この時期、三井物産は、政府や参謀本部の調査活動とも併行して、活発な市場調査を行っていたが、それらは、中国市場における欧米商人の後退状況の一方で中国商の意外な優位や商業組織の合理性という市場動向を明らかにし、中国市場への本格的進出においては、欧米資本との競争とともに、在来市場において根強い力を持った中国商との対抗が不可避的課題とならざるを得ないことを提起していた。こうした市場認識こそ、欧米資本が取り組むことのなかった買弁廃止や「現地化」の推進を促すものであった。

それは同時に、欧米列強同様アジア諸国を劣等視する意識の上に立つ一方、その「アジア的なもの」と共通する日本的特質――日本社会に内在する生活水準の低位や劣悪な生活環境への耐久力さらには「同文同種」意識などのアジア的要素へ着目する複層的認識であり、それを通じて自らを日本帝国による東アジア支配の方向に一体化せしめていくものであった。こうした意味において、三井物産による「現地化」方針は、日清戦後の中国市場において支配的地位を確保するために、「アジア的なもの」を意識的に活用した経営戦略であり「脱亜」の企業的なあり方ととらえることもできよう。

関連して第三に、こうした三井物産の東アジア市場進出における特徴として、当該期の国家的・軍事的進出への強い連繋を指摘できる。それは、買弁を廃した直接的取引や各地取引機構の構築など「現地化」方針と深く関わって展開したものであり、対抗関係にあった中国商の通商網とは異なる日本商社三井物産の一特質をなすものであった。またそれは、企業内部に、主潮流とはいえないがしばしば強いアジア侵略の志向を有する国家主義的潮流を生む要素ともなっていた。これらの強い国家主義的潮流は、世紀転換期の東アジアにおいて三井物産が推進した、特有の日本的企業進出とその「脱亜」的方向が生み出さざるを得なかった一潮流であったともいえよう。

注

(1) 一九世紀末の東アジアにおける中国商の動向と華商ネットワークの状況については、かつて「日清戦後における三井物産会社の中国市場認識と『支那化』―総合商社の形成と中国市場」と題する拙稿(『和光経済』第二二巻第三号、一九九〇年三月、以下「三井物産会社の中国市場認識」と略記)で論じたことがある。本稿は、三井物産の中国市場認識や「現地化」方針の展開に関して、一部重複するところがある。しかし、前稿が、中国商の在来商業・流通機構の動向とそれへの対抗としての三井物産の総合商社機構――直接取引機構と総合的取引網――の形成過程の解明を主要課題としていたのに対し、本稿は、中国市場を通じた対外認識および自己=日本認識の検討とそれを媒介とした日本的な企業進出の性格と特徴を解明しようとしたものである。また、中国商の在来流通ネットワークに対応した日本商社の通商機構の形成が、華商のそれとは異なって、日本国家との強い関係をもって展開していた側面の検討を改めて課題とした。

なお、東アジアにおける地域通商網に関しては、杉原薫、浜下武志、川勝平太氏らの問題提起以来、きわめて活発な研究が進んでいる。とりあえず、近年の代表的成果と議論の整理として、『社会経済史学』第五一巻第一号(第五三回大会特集号)一九八五年三月、浜下武志・川勝平太編『アジア交易圏と日本工業化 1500-1900』リブロポート、一九九一年、浜下武志『近代中国の国際的契機』東京大学出版会、一九九〇年、杉原薫『アジア間貿易の形成と構造』ミネルヴァ書房、一九九六年、籠谷直人『アジア国際通商秩序と近代日本』名古屋大学出版会、二〇〇〇年、古田和子『上海ネットワークと近代東アジア』東京大学出版会、二〇〇〇年を参照。

(2) Ralph M. Odell, *Cotton Goods in China* (Department of Commerce, Government Printing Office, 1916), pp. 106-8. オデルが指摘している日本商進出の特徴は、もちろん、一九七〇年代以降とりわけ一九八〇年代後半以降活発になる、日本企業の対外進出における日本的方式（日本的経営の対外移転）にそのまま繋がるものではない。しかし、日本企業の本格的対外進出が開始されるなかで、早くも「日本的」とされる独自の経営方式を展開していたことは注目されよう。

(3) 農商務省『第一回農商工高等会議議事速記録』一八九六年、二七頁。なお、この時期の日本貿易商の状況については、角山栄編著『日本領事報告の研究』同文舘、一九八六年、二六～三六頁参照。

(4) ㈶三井文庫『三井事業史本篇』第二巻、一九八〇年、二九八～三〇〇頁、前掲、角川『日本領事報告の研究』一〇九頁。

(5) 山本条太郎『日本占領地及朝鮮平安道視察復命書』(以下『占領地視察復命書』と略記)、一八九五年、物産四〇二、一頁、山本条太郎翁伝記編纂会『山本条太郎・伝記』一九四二年、九九～一〇八頁。

(6) 藤瀬政次郎『清国新開港場視察復命書』一八九六年、物産四〇四、一～三頁。

(7) 前掲、角川『日本領事報告の研究』はしがきおよび第二章、第三章。なお以下の叙述も同書参照。

(8) 外務省通商局『通商彙纂』第一一五～三〇号、一四二号各付録。

(9) 外務省通商局『清国商況視察復命書』一九〇二年、一頁、本書は『通商彙纂』掲載の「清国商況報告」をまとめた四八六頁にわたる大部の報告書である。

(10) 同前、一～八頁。

(11) 農商務省幹部と民間の有力商工業者を会議メンバーとしたこの会議自体、金子堅太郎農商務次官が冒頭の挨拶において「是レヨリ海外貿易ニ力ヲ尽スト云フコトハ、時勢ニ連レテ進マナケレハナラヌ、故ニ今日ニ於テ海外貿易ノ方針ヲ極メルコトハ最モ必要デアル」と述べているように、貿易振興を最大の課題としたものであった（前掲『第一回農商工高等会議議事速記録』二九頁）。

(12) 通産省『商工政策史　貿易』上、一九六五年、二九七頁、また農商務省『第一五回農商務省報告』一八九六年、七五〜七六頁、同『第一八回農商務省報告』一九〇〇年、一〇二〜三頁も参照。

（13）徳富猪一郎『陸軍大将川上操六』第一公論社、一九四二年、一〇四〜六頁、また戸部良一『日本陸軍と中国』講談社、一九九九年、序章および第一章参照。

（14）荒尾の調査活動については、黒龍会『東亜先覚者志士記伝』上、一九三三年、三三一〜五九頁。また、この時に収集した資料を中心に根津一がまとめたものが、二〇〇〇余頁になる日清貿易研究所編『清国通商総覧』一八九二年である（東亜同文会編『山州根津先生伝』一九三〇年、四一〜四二頁）。

（15）対支功労者伝記編纂会『対支回顧録』下巻、一九三六年、四九四〜九五頁。なお、荒尾の対清政策に関しては、翟新『東亜同文会と中国』慶応義塾大学出版会、二〇〇一年、三五〜六六頁参照。

（16）「同文同種」論は、科学的妥当性を抜きに、日本と中国や台湾等との言語や人種の同一性を主張する見解であるが、必ずしも明確な論理や思想的内実を有するものではない。しかしそれが、近代において、日本を優越とする意識の下で語られる場合、中国や東アジアに対する勢力拡大や侵略政策へ国民を同調せしめる帝国主義的イデオロギーとして機能する一面をもったといえよう。「同文同種」論については、竹内好「同文同種」『竹内好全集』第一〇巻、筑摩書房、一九八一年。また、日本の朝鮮支配における「日鮮同祖」論の意義については、ピーター・ドウス「朝鮮観の形成」同編『帝国という幻想』青木書店、一九九八年参照。

（17）日清貿易研究所は、全国から募った一五〇名の学生を上海において教育し、曲折を経て八九名の卒業生を出して一八九三年に閉校している。同研究所については、野間清「日清貿易研究所の性格とその業績」『歴史評論』第一六七号、一九六四年、佐々博雄「日清貿易商会構想と日清貿易研究所」『アジアの教育と文化』巌南堂書店、一九八九年。また井上雅二『巨人荒尾精』左久良書房、一九一〇年、前掲『東亜先覚者志士記伝』上、前掲『対支回顧録』下巻、大学史編纂委員会編『東亜同文書院大学史』一九八二年等も参照。

（18）前掲、徳富『陸軍大将川上操六』一〇八頁。

（19）前掲、藤瀬『清国新開港場視察』七〜九頁。

（20）同前、三三、七三頁。

(21) 石田清直『芝罘商業事情一斑』一八九八年、物産四一二、一七〇～七一頁。
(22) 益田孝『台香上出張復命書』一八九八年、物産四一〇、上の一〇丁。
(23) 買弁利用の問題点については、前掲、拙稿「三井物産会社の中国市場認識」一〇九～一一二頁。
(24) 石田清直『対清貿易及ビ長江視察ニ就テ』一九〇〇年、物産四二二、頁なし。
(25) 前掲、藤瀬『清国新開港場視察報告』八～九頁。
(26) 前掲、石田『芝罘商業事情一斑』一七一～七三、一五一～五九頁。
(27) 前掲、石田『対清貿易及ビ長江視察ニ就テ』頁なし。
(28) 前掲、山本『占領地視察復命書』一一九頁。
(29) 前掲、服部『朝鮮商況取調報告書』九頁。
(30) 「香港支店ニ於ケル益田専務理事演説ノ要旨」三井物産会社『会議録』明治三一年、三井物産一四一、一～三丁。
(31) 益田をはじめとした三井物産諸報告においては、しばしば、商売の方式について「日本人」を「外国人」(=欧米人)および「支那人」と比較し、両者の間に位置する日本商の特性について言及している(例えば前掲、石田『対清貿易及ビ長江視察ニ就テ』)。また、ここで問題とする中国商の商業機構・通商網の根強さや市場統轄力への対抗の重要性も、東アジア市場をめぐる欧米資本との争覇の課題と結びついたものとして、換言すれば欧米資本との競争上の戦略として論じられている。この点で、近年のアジア交易圏に関する議論において「アジア間競争」(川勝平太)、「東洋の衝撃」(籠谷直人)を強調して華僑ネットワークのアジア市場への規定力を欧米資本の存在と離れた独自のものとしてとらえようとする見解とは認識を異にするといえる。これらに関しては、古田和子によるアジア交易圏論についての論点整理「補論『アジア交易圏』論とアジア研究」前掲、古田『上海ネットワークと近代東アジア』参照。
(32) 益田孝「上海支店打合要領報告」三井物産『会議録』一八九八年、物産一四一。
(33) 前掲、益田「香港支店ニ於ケル益田専務理事演説ノ要旨」一丁。
(34) 「現地化」については、日本的生産システムの海外移転の評価に関する「適用と適応モデル」の提起がある(安保哲夫ほか編『アメリカに生きる日本的生産システム』東洋経済新報社、一九九一年、同『日本的経営・生産システムとアメリカ』ミネルヴァ書房、一九九四年ほか)。しかし、ここでの「現地化」という規定は、そのような多面的検討を経たものではなく、商慣行や商業・流通機構レベルでの現地への適応という程度に限定したものであり「 」付きで使用している。また、三井物産の「支那化」は、後にみるように、業務の主要な局面において中国商を排除し、その経営方針を貫くことを課題としており、本質的な意味での現地化とはいいがたいことは、後にみる通りである。

現地化それ自体についても、概念化するためには、①現地での企業・営業活動、②経営的意思の決定権限、③収益や資本の循環(現地保留、本社還流等)、④現地社会との関係等、海外展開する企業経営の側と現地経済ないし当該国民経済の側、画面からの検討が必要であるが、その用意を欠いている。

(35) 前掲『山本条太郎・伝記』七六頁。また上田寿四郎「上田安三郎年譜」『三井文庫論叢』第七号、一九七三年、三〇七頁。

(36) 田中康雄「三井物産会社上海支店『内状』」『三井文庫論叢』第七号、二〇四頁。

(37) 前掲、益田『台香上視察復命書』上一〇丁。ただし、欧米商のなかでもドイツ商人に関しては、「支那語ヲ学ヒ支那人ト交ヲ訂シ英人ノ排斥スル所ノモノト雖モ之ヲ引受」るなど独自の積極策を進めていたことも観察している(同、上一一丁)。

(38) 「商議員益田孝君演説大意」『東京高等商業学校要覧 明治三〇―三一年』一六一~六三頁。侮蔑的表現がみられるが、資料としてそのまま引用する。以下同様。

(39) 益田は、『自叙益田孝翁伝』(長井実著、一九三九年)において、「日本の婦人は、亭主の行く処へは何処へでも行って家を守る。亭主は後顧の憂ひなく専心働くことが出来る。之が日本の海外貿易の発展する大原因である」(四七一~七二頁)等、三井物産の貿易事業を支えた日本的要素について繰り返し語っている。

(40) 戦前における日本企業の海外進出やそこでの経営のあり方について、「日本型」として一般的に特質づけようとする議論は、現在のところみられない。しかしながら、戦前日本の民間資本輸出の主力をなした在華紡に関しては、戦前来、中国民族紡や英国紡との対比のなかで、労働の直轄制など在華紡経営の特質が論じられてきた（岡部利良『旧中国の紡績労働研究』九州大学出版会、一九九二年、高村直助『近代日本綿業と中国』東京大学出版会、一九八二年、桑原哲也『企業国際化の史的分析』森山書店、一九九〇年など）。また、貿易商社の中国進出についても、すでに井上晴丸・宇佐美誠次郎『危機における日本資本主義の構造』（岩波書店、一九五一年）により、「買弁ぬき」との指摘がなされてきた。さらに、満鉄に関しても経営史的研究が進められ（高橋泰隆『日本植民地鉄道史論』日本経済評論社、一九九五年）、経営管理の特質が論じられている。そして近年は、植民地工業化の研究や植民地進出企業の経営分析も次第に進展している。

しかし、本稿は、上記のような諸研究を踏まえて日本型進出や日本型経営を論じようとするものではない。またその段階でもない。ここでは、三井物産の対外認識および日本認識にもとづく経営戦略として展開した東アジア進出の歴史的性格を、こうした規定で試論的に把握しようとするものである。

(41)　以下、買弁廃止と修業生制度に関しては、山下直登「三井物産会社支那修業生制度の歴史的意義」『西南地域史研究』第四輯、一九八〇年、拙稿「日本帝国主義成立期における三井物産会社の発展」『土地制度史学』第七三号（以下「日本帝国主義成立期の三井物産」と略記）、一九七六年、前掲拙稿「三井物産会社の中国市場認識」によっている。

(42)　㈶三井文庫『三井事業史資料篇』四上・下。

(43)　三井物産合名会社『明治四〇年支店長諮問会議事録』物産一九七―六、八頁。

(44)　前掲、石田『対清貿易及ビ長江視察ニ就テ』頁なし。同時に、他方で「果タシテ土着商ト同一ノ位置ニ立ツヲ得ベキヤ否ヤ……尚実力に於テ彼ニ数歩ヲ譲ラサルヲ得サルヘシ」と、リアルな認識も示していた。

(45)　この時期の中国市場進出においては「支那方面ニ対スル商売ヲ盛ンナラシメンニハ、或ル物ニ付テハ当分損失ヲ為サヽルヘカラサルモノアリ、或ル物ニ付テハ模様ノ分ラサルモノアリ、或ル物に付テハ非常ナル見込ヲ以テ之ヲ為ササルヘカラス」（前掲『明治三八年支店長諮問会議事録』物産一九七―四、一三四頁）との姿勢が貫かれていた。

(46) 同前『明治三九年支店長諮問会議事録』物産一九七－五、一二三六頁。
(47) 前掲『明治三五年支店長諮問会会議録』五四の四三。また、以下御幡については前掲『東亜先覚志士記伝』下、一二三四～三五頁。
(48) 前掲「香港支店ニ於ケル益田専務理事演説ノ要旨」一丁。
(49) 前掲『三井事業史資料篇』四上、四七六頁。なお、この前後の支店等設置状況については、同書参照。
(50) 買弁廃止方針が実施される一八九八年の時期は、「輸出綿糸共通計算取扱細則」「営口大豆並豆粕商売用船舶操廻し為替売却並保険取扱ノ事」「為替部規定」「営口積出品為替取扱方ノ事」等、いずれも中国各地での有機的な取引網構築のための方策が提起されている（『三井物産合名会社現行達令類集』）。
(51) 前掲、益田『台香上出張復命書』上九丁。三井物産物産合名会社「上海支店服務規程」、同「香港支店服務規程改正」（いずれも明治三二年一二月一〇日、物産六六五）も参照。
(52) 三井物産合名会社「明治三二年一二月一五日　達（号外）」、物産六六五。
(53) 上海紡績に関しては、前掲、高村『近代日本綿業と中国』七五～八五頁。
(54) 「三井集会所談話会速記」明治三七年八月一七日、物産四三三一一〇丁。
(55) 中村隆英『戦前期日本経済成長の分析』岩波書店、一九七一年、二八四～八六頁、および前掲、高村。なお、高村氏は上海紡績の数十人の日本人労働者を活用する労務管理が失敗に帰したとしているが、中間管理的な部面からも中国人労働者を排する結果、しばしば中国人の反発を招いたが、相当数の日本人監督労働者を置いた直接統轄の経営様式は、その後も継続・定着している（「日支の労働比較」『長崎大観』一九二二年、七九頁）。
(56) 前掲『対支回顧録』下、五四八頁。
(57) 栂井義雄『三井物産会社の経営史的研究』東洋経済新報社、一九七四年、二六七～七八頁、また前掲、拙稿「日本帝国主義成立期の三井物産」三五～三七頁も参照。
(58) 臼井喜代松「三井物産合名会社概覧」前掲『三井事業史資料篇』三、四三三頁。
(59) 前掲『山本条太郎・伝記』一〇〇頁。

(60) 前掲、山本『占領地視察復命書』五四頁、村上一郎『満州と三井（稿本）』一九四一年、五頁参照。
(61) 前掲『山本条太郎・伝記』一〇四〜六頁。
(62) 以上は、前掲『明治三七年支店長諮問会議事録』物産一九七－三、三〜四頁。また前掲、村上『満州と三井』一七〜一九頁参照。
(63) 三井物産本店業務課長「満州ニ於ケル当社関係事業概覧」一九三一年、物産・川村資料一四、三〇〜三一頁。この文書は「三井物産ハ満州ニ於テ何等国家的貢献ナシト云フ声」に対して「旧キ記憶ヲ集メテ参考ニ供」するために作成されたものであり、三井の軍や政府に対する貢献が強調される一方、相互依存や国家による政策的保護の側面については言及されていない。
(64) もと営口出張員長谷川作次談、前掲、村上『満州と三井』二〇頁。
(65) 前掲『東亜先覚者志士記伝』上、四〇六頁。
(66) 同前、四二六〜三三頁。日清戦争に際して日本陸軍は、欧米列強国からの干渉を避けるために、なるべく「文明的に」戦争を遂行するべく約二七〇名の通訳官を召集した。なお、日清貿易研究所の通訳官従軍者数について、佐々博雄は、教職員・未確認生徒も含め、日清貿易研究所出身の通訳一二〇名という参謀本部の推計数を妥当としている（「日清戦争と通訳官」東アジア近代史学会編『日清戦争と東アジア世界の変容』下巻、ゆまに書房、一九九七年、三七五〜八〇頁）。
(67) 以下の叙述は、山浦貫一『森恪』同伝記編纂会、一九四〇年、一一八〜一二五、一九七〜二二九、三七六〜四一二頁を参照。国家主義的傾斜は、山本や森において顕著であるが、中国商業を高く評価した石田清直などの場合も「在芝中は、同地駐紮の陸海軍武官と交わり、対露作戦の準備工作に貢献したものが鮮少でなかった。……君は常に私財を投じ、我が有為の青年をして予定線路の踏査及び河川測量等に従はしめ、資料は之を領事館若くは駐紮武官に寄贈して、私かに国策を支援した」とされているように（前掲『対支回顧録』下巻、五四九頁）、物産が国家的活動に関与するなかで、強い国家意識や国家主義的傾向は物産の広い範囲の人物においてみられた。
(68) 同前、一七三頁。

(69) 同前、一八八頁。
(70) 森恪「支那人の特性」前掲『森恪』九五三頁。
(71) 前掲『明治三九年支店長諮問会議事録』二二六頁。

第六章　利用と排除の構図
――一九世紀末、極東ロシアにおける「黄色人種問題」の展開

ユ・ヒョヂョン

はじめに

ヴラヂヴォストークやハバロフスクを含む現在のロシア極東地方の南部地域[1]がロシアの領土となったのは比較的新しく、いまから一四〇年あまり前の一八五八年と六〇年に清国との間に結ばれた二つの条約（アイグン条約と北京条約）によってである。ロシアは、不凍港の適地を含む一〇〇万平方キロにも上るこの広大な土地の獲得によって東アジアへ展開するための大きな地盤を手に入れることができたが、早くも一八六〇年に建設が始まった不凍港の名前、ヴラヂヴォストーク＝「東方を掌握せよ！」は、この土地の獲得がもつロシアにとっての意義とそこに寄せられたロシア国家の思いをそのまま象徴するものであったといえる。

しかし、新付の土地を思いどおりのものにしていくことは簡単ではなかった。最大の問題の一つは「労働力不足」であった。新領土の獲得とともに長い国境線を守るべき軍隊の移動配置がなされ、不凍港とともに拠点となるいくつかの都市づくりやその他各種施設および設備の建設が始まるが、これらの諸事業には多くの労働力が求

地図　6－1

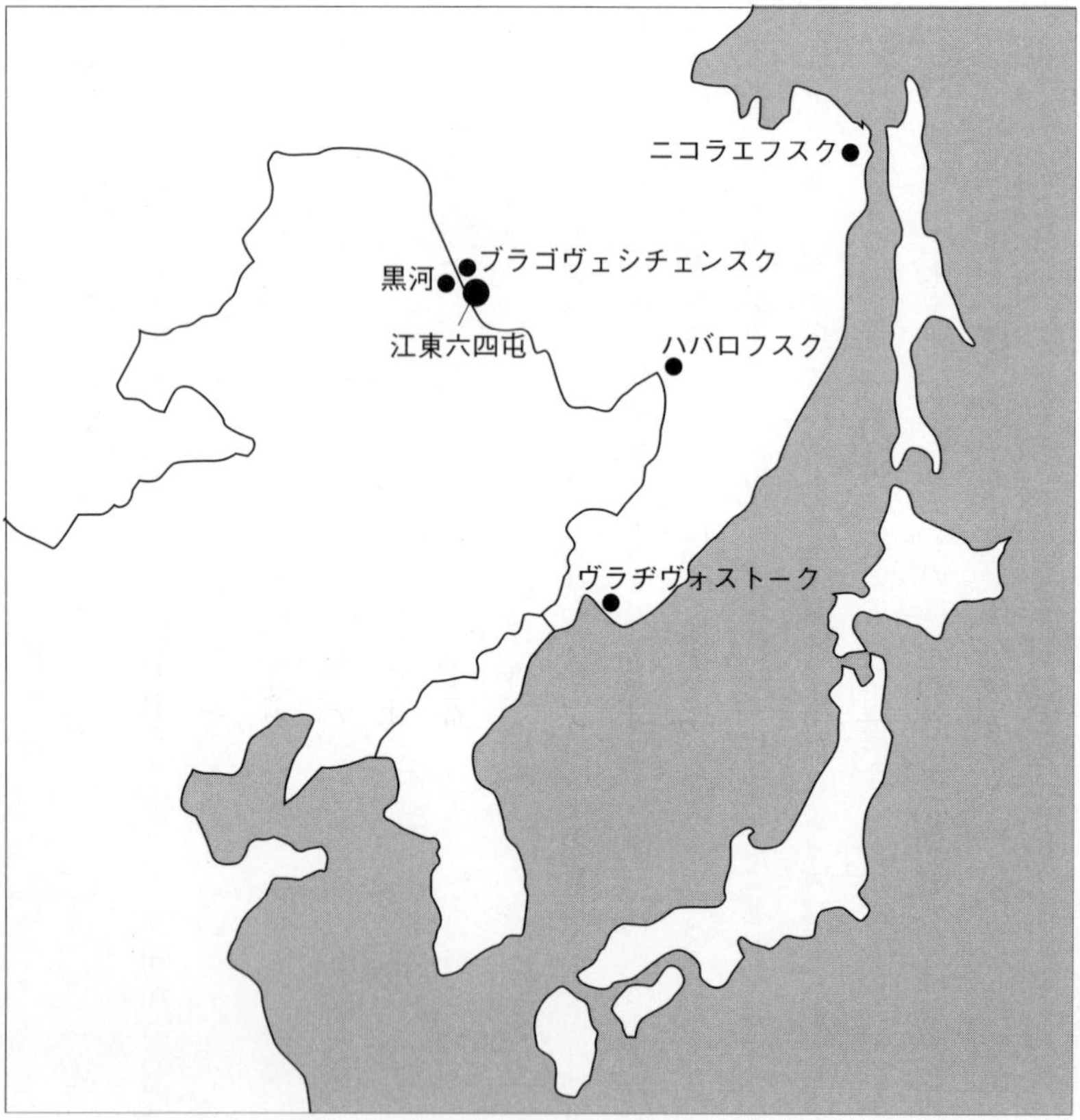

められた。労働力は、兵士を含む住民への安定した食糧などの供給の必要からも切実なものであったが、しかしそれに対応できるほどの人力を確保することはきわめて困難であった。当時、そこに住んでいたのはわずかな数の原住少数民族と、同じく狩猟や漁業、あるいは人参や砂金の採集に携わっていたこれまた少数の清国人だけであり、広大な土地は文字どおり「未開」のままであった。このように、新領土がごくわずかな住民しかいない人口希薄の地であったという点は、露清両国間の政治・軍事力の歴然とした格差

とともに、領土そのものの獲得を可能にした重要な要因の一つでもあった。やがて、これはロシアの支配にとっても早急に解決せねばならない課題として立ちはだかるようになっていった。

この課題を解決すべくさまざまな対策がとられた。ロシア人植民の尖兵として屯田兵部隊のザバイカル・カザークの一部がただちに移動配置されたのに続いて、いわゆる「非行兵士」が内地の懲罰大隊から駆り集められ、カザークの入植地に補助的労働力として送り込まれた。一般農民の植民については、一八六一年四月にこの地方への移民を奨励する規定が公布され、彼らには二〇年間人頭税を免除するとともに、一家族当たり一〇〇デシャチーナ（一デシャチーナは一・〇九ヘクタール）の土地が無料で二〇年間貸されることになった。しかし、交通手段の不備による長く不衛生な旅がもたらす苦痛と危険、入植先での辛苦などのために、植民事業は遅々として進まなかった。最初の一一年間（一八六〇～七一年）にウスリー地方に四四四四人の移民が到着したが、続く一二年間（一八七二～八二年）にはわずかに七四二二人しか来なかったのである。

このようにロシア人の植民事業が遅々として進まなかった時期に、ロシア領に流入し、地域の労働需要に応えた人々がいた。隣国の清国、朝鮮からの移住者である。彼らは、過剰人口の圧力や不作、地元の権力の苛斂誅求などから逃れようと国境を越えてロシア領に入り、労働力、食糧、その他の有力な供給源となっていった。一八六一年の移民規定は外国人に対しても開かれており、これがいわば呼び水になって彼らの流入に拍車をかけた。

越境者の増加のテンポは実に速いものであり、一八六三、四年ごろから始まった朝鮮からの越境者は、六九年には国境地帯のポシエット地区に作られた三つの村に一八〇〇人を数えるようになり、対岸の朝鮮側に洪水にもとづく飢饉があった六九年には一挙に六五〇〇人が越境し、同地区が含まれるウスリー地域全体のロシア人の数をはるかに抜き去った。同様の状況は清国人にも見られ、ロシア側の統計で一八六〇年に約八〇〇人であったウスリー川支流の清国人数は一〇年後の七〇年には一七九七人、そのさらに一〇年後の八〇年には一万人へと膨らんでいった。清国人はアムール州のゼーヤ川地区により多く居住しており、ロシアへの編入当時すでに一万五〇〇人がいたが、二〇年後の八一年には一万四〇〇〇人くらいになっていた。

隣国からのこうした急速な移住者の増加は、当然ながらロシア当局の憂慮するところとなり、八〇年代を境に次第にそれを制限、統制するための措置が講じられることになった。同時に、ロシア人の植民を促進するために海上輸送路の開拓が行なわれ、これは一定の成果をあげたものの、地方の開発を清国人、朝鮮人の労働に頼らざるを得ない状況を変えるほどではなかった。それどころか、ヨーロッパ・ロシアからの移民や物資輸送の簡便化をも重要な目標の一つとして国家的事業として着手されたシベリア鉄道の建設は、彼らに対する労働需要を一層拡大させるものであった。

ここで取り上げる、この地方における「黄色人種問題」とは、このように地方の「主人」となるべきロシア人住民の絶対的、相対的不足という状況のなかで、とりあえずの労働需要を埋めあわせる形で入ってくる清国人、朝鮮人ならびに日本人などという近隣の諸地域および国々の人々＝黄色人種の流入や居住をどのように「コントロール」するか、という問題にほかならない。もとより、ここでいう「コントロール」とは、黄色人種の流入や居住を制限することだけを意味するものではない。必要な分だけ受け入れ、不要になればキチンと帰らせることのできる体制をいかにして作るかの問題であったといえる。また、受け入れ策の中には外国人のロシア国籍への編入という積極策が含まれることはいうまでもない。

ただ、この問題の解決が簡単ではないことは、その解決のためのドラスティックな方法として一九三七〜八年に行なわれた朝鮮人の中央アジアへの根こそぎ強制移住および中国人の強制収容・追放という異様な事態をはさんで、問題の発生から一世紀以上が経ったところで改めて顕在化しつつある一九九〇年代はじめ以来の状況が雄弁に物語っているとおりである。(2)

極東ロシアにおける「黄色人種問題」のありようを、基幹民族としてのロシア人またはスラブ系住民の構造的、慢性的不足とともに特徴づけてきたもう一つの重要な要素は、流入してくる人々がほかならぬ隣りの国の民であることとも深く関係している、移住者の出身国とロシアとの国家間関係そしてその総和としての東アジアにおける国際関係である。二〇世紀はじめころまでを見ても、露朝国交樹立、日清戦争とその結果にもとづく清と朝鮮との間のいわゆる宗属関係の終焉、日露戦争とその延長線上にある日本による朝鮮の併合、この間にあったロシアによる中国侵略の試みとその挫折など、当該時期の東アジアにおける国際関係を織りなしたさまざまな出来事がほとんど例外なしに「黄色人種問題」にかかわっているといえる。二〇世紀末の一〇年間についても同じことがいえる。それゆえ、「黄色人種問題」の推移を見ていくことは、とりもなおさず、この問題とのかかわりを中心に東アジアにおける国際関係、民族間関係の歩みを見ることにもなろう。

このような状況を念頭におきつつ、以下ではとりあえず、黄色人種の流入と居住をコントロールするためにロシア側によってとられた諸政策や制度の推移を中心に、「黄色人種問題」に接近してみたい。問題をより広い文脈で丁寧に見るためには、ロシアをはじめとする関係各国における世論を含めた各種言説の動向や、そのありようの分析などを含めた幅広い考察が必要とされるが、紙幅の制約や準備不足などから今回はこうした限定のもとに考察を進める。また、対象の時期はとりあえず、世紀転換の年の一九〇〇年までとする。

この問題にはそれなりに長い研究の歴史が存在する。問題がもっとも尖鋭化していた一九世紀から二〇世紀への世紀転換期には当面の解決策を探るために当局者の手によってまとめられた各種の資料、文献などが多く出され、またそれらを利用した諸研究も日本、中国を中心にかなり蓄積されている。これらは今日においても基本資料となっている。これらをここで詳しく紹介することは省くが、ただ次の二点だけは触れておく必要があろう。一つは、近年、わたしたち外国人研究者にも接近がずっと容易になった、ロシア内の各文書館所蔵の資料をふんだんに利用した高いレベルの研究がロシアで出されつつあることであり、(3) もう一つはこれら新しい研究も、諸外国での研究を含めたこれまでの多くの研究と同様に、研究者が属している「国家」というバックグラウンドの拘束性からまだそれほど自由ではないと思われるということである。しかし、この点は今後のより客観的な研究を目指して各国の研究者の間で行なわれるべき活発な討論の出発点をいま一度確認させてくれる意味で、それとして受け止めておくべきといえるだろう。

一　極東ロシアにおける黄色人社会の形成

1　朝鮮人の越境と定住

朝鮮東北部地方の朝鮮人が豆満江を越えてロシア領に移住しはじめたのは、すでに触れたように、一八六三、四年ころとされている。朝鮮人の越江耕作は一八五〇年代までにはすでに行なわれていたと考えられているが、これについての記録はないため、ロシア当局によって朝鮮人移民の存在が公式に確認され、定住が認められたこの時点を、朝鮮人のロシアへの移住の始まりとしているのである。(4)

朝鮮人の定住がはじめて許可されてから六年後の六九年にその数がすでに一八〇〇人を数えるまでに膨れ上が

ったのは、いうまでもなく、ロシア側の手厚い保護と支援があったからであった。一八六四年一月付に国境地帯のノヴゴーロド哨所長宛てに出された沿海州軍務知事の次のような指示は、この段階におけるロシア当局の朝鮮人に対する基本方針をよく表している。

新しい移住地に朝鮮人の家を建てることを許可する。そしてわれわれの領域に住んでいるすべての土着民の安全と平安のためにもっとも精力的にかつできる限りの手段をとることを求める。あなたは土着民との関係において、満洲人〔ここでの満洲人とは、清国人の意味であり、民族としての満洲人ではない〕たちのあらゆる妨害と勝手な管轄を除去しわれわれのところに移住してきている朝鮮人との関係において、あなたは、彼らがわれわれの法律を犯していない限り彼らは完全な自由と法の保護を受けられる。そして清国籍でない彼らは清国官憲に服従すべきではなく、またわれわれの領域内で犯された犯罪に対しては彼らはわれわれの法律によって処分されるという考え方を実行することができる(5)。

この指示は、朝鮮人の出現を報告し、彼らに対して地元当局の判断にもとづいてとった一連の措置を伝える哨所長の報告への答えとして出されたもので、国境地帯と州都のニコラエフスクが遠く離れていたこともあって、かなり遅れて現地に伝えられたが、それまで現地でとられていた諸措置を追認し、さらにハッパをかけるようなものであった。それまで現地では、越境した朝鮮人に対して食糧その他定着に必要な物資が提供されるとともに、彼らが生産した農産物を買い入れるなどの措置もとられていた(6)。また、清国との国境には軍隊が増強されていた。

翌一八六五年一月に、軍務知事は東シベリア総督のコルサコフに朝鮮人の移住を報告するとともに、国境地帯の朝鮮、清国当局側による妨害から守るために彼らを国有地農民に編入する方法で彼らの法的地位を確立するようにと進言した。

昨年、約三〇世帯の朝鮮人が家畜をつれてやってきました。哨所長の報告によれば、彼らは並々ならぬ熱心さをもって畑仕事に精を出し、夏のおわりまでに住居を建てただけでなく、春蒔きの穀物を用意し、蒔くことに成功し、いくらかの量の蕎麦を売りたいとまでしています。かくも短い期間でのこのような成果は、（われわれに）この種の移住者を非常に高く評価せざるを得なくさせています。とりわけ、政府はほとんど出費なしに、短時間に南の港湾に配置されているわれわれの兵士を給養できる優れた耕作者を獲得できるという点を考慮して、わたしは、これらの移住者たちの状況を保障するためにいくつかの措置をとらねばならないと考えます……

朝鮮政府とわれわれとの間にいかなる条約もなく、またすべての外国人に自国政府の許可を請うことなくロシア国籍を受け取ることが許されているという点を考慮し、わたしは、〔朝鮮人を国有地農民に編入することは〕朝鮮および清国官憲の言いがかりから移住朝鮮人を保護するうえで大いに有用であり、かくしてこれを清国官憲に知らせ、明らかにするようにしなければならないと思慮されます。(7)

このような提案に対してコルサコフは、国庫の備蓄からの援助を含めて朝鮮人を「保護」することについては許可する一方、彼らを国有地農民へ編入することについては否定的な見方を示した。ロシア国籍を持たない移住者を国有地農民へ編入することはできないというのが理由であった。(8)ちなみにこの直前の一八六四年二月に制定されたロシアの国籍法では、外国人がロシア国籍を取得するためには五年以上の居住が必要とされていた。

こうして越境朝鮮人を国有地農民へ編入する形で法的地位を安定させるという沿海州知事の構想はいったんは見送られたが、朝鮮およびその宗主国の清国側から予想される送還要求に対し、それを退けるための論理はすでに用意されていた。それは、一八六一年制定の移民規定「アムール州、沿海州へのロシア人および外国人の入植のための規定」を楯にすることであった。同規定は、ロシア人と外国人を全く差別せず、両州への入植を希望するものは等しく一定の土地の使用や分与が認めるとなっており、したがって、朝鮮人の移住はこの法にのっとったものであり、またロシアと朝鮮の間には彼ら移住者の問題にかかわるいかなる協約もないため、彼らの移住を拒み、また送還の要求に応じることはできないというのがロシア側が用意した論理であった。もっとも、ロシア側が朝鮮人への土地分与をこの法律にしたがってただちに行なっていたかは定かでなく、戸当たり一〇〇デシャチーナまで分与されるという法の規定をそのまま適用したのは、あとで見るように、一八七一年のヴラゴスロヴェンナヤ村の例が唯一であるが、朝露交渉によってそれまで移住した人々の処理に関する問題が一応の解決を見るまで、一八六一年の規定を楯にした対処は有効に機能していた。

六〇年の北京条約によって、朝鮮とも国境を接することになったロシアは、六四年と六五年、二回にわたって豆満江を越えて朝鮮領に入り、通商を求める形で地方当局との接触を試みていたが、朝鮮側の消極的な態度によって、ただ文書を伝えるだけで終わっていた(9)。この時ロシア側から渡された文書の詳細は明らかになっていないが、少なくとも移住民問題に関連したものではなかったように思われる。越境民の存在そのものは朝鮮側にも一応知られており、ロシア人の到来と関連して、二人の朝鮮人が彼らと内応した嫌疑で処刑されていた(10)。越境者はその後も増えつづけ、朝鮮当局の憂慮も深まっていったものの、それでも越境民の受け入れを抗議するなどといった。ロシアを相手に直接交渉をするという行動はとらないままだった。その代わりに、朝鮮当局はこれを清国側に伝え、清にロシア側と交渉させ、越境民の送還（いわゆる「刷還」）を実現させようとしていた。このような姿勢は、対外関係は基本的に宗主国の清に委ねることになっていたいわゆる宗属関係の理念にもとづくものであった。ところが、清とロシアとの交渉が始まる前に、朝鮮とロシアが直接交渉せざるを得なくさせる事態が起こった。

その事態とは一八六九年に一挙に六五〇〇人もが越境したことであり、交渉はロシア側のイニシアチブの下で開始された。ロシア側がこの時朝鮮との直接の交渉が必要と考えたのには二つの理由があった。一つは、あまりにも多くの越境民がもたらす経済的負担であり、(11)もう一つは、その受け入れが朝鮮政府を過度に刺激させることへの懸念であった。(12)

両者の交渉は、一八六九年一二月はじめに南ウスリー地方の国境委員（＝国境監督官、コミッサール）が随員をともなって対岸の国境の町の慶興を訪れ、地元当局と会談し、ロシア領からの帰還者に対する寛大な処分と、越境をやめさせるための努力を求める形で行なわれた。これに対して慶興府使は、「食べ物と衣服を与えながら朝鮮人を誘惑」しているとロシア側の態度を批判しながらも、二つの要求をともに受け入れることを約束した。両者の会談は月末に再度行なわれ、同じくロシア側の要請で前回の会談での合意事項を書面で確認した。(13)

このような朝露の直接の交渉と合意は、当然ながら清国側とロシア側との交渉に影響を及ばさずにはいられなかった。以前から朝鮮側からロシアとの交渉を依頼されていた清とロシア側との交渉は、翌七〇年三月から五月にかけて琿春協領と国境委員との間で行なわれた。協領は朝鮮人越境民の送還を要求したが、ロシア側の答えはほとんど門前払いに近いものであった。ロシア側は、要求に応じられない理由として①朝鮮人が勝手に潜入してきたもので、境界地帯で問題を起こすことのないよう綏芬河地方に移した、②朝鮮人には経費を支給して耕作に従事させている、③このことはすでに朝鮮国王に通報済みである、④この問題は、本来清国の琿春の官員がかかわる問題ではない、などとした(14)。朝鮮側を代理する形での清側の対露交渉はその後もしばらく続いたが、ロシア側の断固とした態度は変わらず、結局、清は一連の交渉の過程を通して自らの無力さを露呈させる結果となってしまった。

このように、ロシア側は、朝鮮側との直接交渉を通じて、帰還者への寛大な処分の約束を取り付け、必要に応じて越境者を返すこともできる地盤を新たに獲得するとともに、それまでの越境者については自らの方針にもとづいて処理できる根拠をも手にすることに成功した。またこれを基盤として、移住民問題にかかわる清国側の干渉を排除することにも成功した。

この結果を踏まえてロシア側は、さっそく六九年の越境者を朝鮮に返すこととし、その説得にかかった。しかし越境者のロシア残留への意志は強く、送還は断念せざるを得なかった。そしてこの事態は、すでに部分的に実施されていたもう一つの移住民対策の必要性に弾みをつけることになった。その対策とは、新たに越境した人々を、できるだけ国境地帯や海岸から離れた内地へ「分散入植」させることであった。この時までにロシア当局には、越境民の殺到そのものがもたらす不安とともに、それによって国境地帯がほぼ朝鮮人だけの地域になりつつあることに対する不安が広がっていた。越境民を遠隔地へ入植させることはこうした不安を解消するだけでなく、朝鮮、清国との摩擦の可能性をも少なくするとともに、越境民をロシア人と雑居させることによって彼らのロシア化を促進することもできると考えたのである。

新しい入植地として、モングガイ、ツィムへからスイフン（綏芬）、レフなどの河谷地帯と興凱湖湾地帯などが選定され、移動と定着が推し進められた。しかしその過程は凄惨を極めた。充分な給養もなく、ほとんど着の身着のままでの移動とゼロからの新しい出発は病者や老幼者の弱った体にさらに追い打ちをかけることになり、半数近くの命が失われたのである(15)。

一八七一年に遠くアムール河沿いのカザーク地区に新しく建設されたヴラゴスロヴェンノエ村（「祝福の村」の意）は、こうした状況を踏まえて構想されたように思われる。地方の最高当局者であるシベリア総督の直接指示によって着手されたこの建設計画は、沿海、アムール両州の知事が協力しあう形で周到に推進された点や一八六一年移民法にのっとって一戸当たり一〇〇デシャチーナの土地がただちに分与された点など前年以来実施された入植事業とは大きく異なった画期的なものだった。しかし、こうした形での入植事業は二度と繰り返されなかった。なによりもこのような大掛かりな事業には莫大な費用が必要だったからである(16)。

こうした農民としての入植と同時に、人夫や技術人力として人々を各地の産業現場に配置する形で仕事を与える事業も進められた。ポシエット炭坑やヴラヂヴォストークの港湾や南ウスリー鉄道などの建設現場、さらには船舶用燃料として薪をとる作業現場といったように配置先は多様であったが、いずれも地域の開発に欠かせない重要な現場であった。この点とともに重要なことは、こうした配置先からもうかがえるように、越境者には農民だけでなく、大工、鍛冶屋、石工、指物師などといった技術者が多く含まれていたことである(17)。

以上見てきたように、新領土の併合初期には朝鮮人越境者に対するロシア側の対策は、当の越境者の意に沿ったものであっただけでなく、朝鮮当局からの諒解も一応取り付けるなど全体として順調なものであった。これに比べて、清国人に対する対策は、はるかに複雑で曲折に満ちたものであったが、それをもたらした最大の原因は、条約による領土画定の結果としてロシア領に取り残されるようになった清国人の存在であった。

2　残留清国人問題と「蛮子《マンザ》戦争」[18]

「ゼーヤ河から南へホルモジン（霍爾莫勒津）屯（村）に至るまでのアムール河左岸に居る清国人（マンジュウル人）は、ロシア人住民が彼らに侮辱と迫害を加えないように、清国政府の管轄下に永久に従来の居住地に居住させる」。これは、一八五八年に結ばれたアイグン条約第一条の後半の文言であり、文面どおり、アムール河左岸地域がまるごとロシア側の領土になるなかで、この地域に住んでいる清国住民は「永久に」清国の管轄下に残る、ということを規定したものである。南北約七〇キロ東西三五～四〇キロに及ぶこの地域には、中国側の文献によれば、当時、四四の屯（村）に満洲、漢、ダウールの三つの民族からなる一万から一万五〇〇〇人の清国人が住んでいた。周囲がまだほとんどまばらな当時にこれだけの規模の人数がこの地域に集住していたことは、この一帯がアムール、ゼーヤ（中国名は精奇里江）両河の沖積平原に位置し、土地が肥沃で、貯水や灌漑が有利なうえ旱魃の害をあまり受けないなど、農業に最適だったからである。

それだけに、戦略的にも重要であり、ロシアがこの地区への進出を図って南下したときも要路として使われていた。このため、清朝は早くからここの住民を八旗に編入し、愛琿副都統の直接の管轄下に置いていた。屯には屯長（＝「屯千」）や総屯長（＝「五護廬」）がおり、副都統の指揮を受けながら食糧や兵員の管理、村民間の係争の処理などに当たっていた[19]。

ロシアは当初、この地域の住民をロシアの管轄下に置くこととし、それを希望しない者はアムール河右岸に立ち退かせる方針であった[20]が、清国側の抵抗でこれを撤回し、条約文にあるような形で決着がついたのだった。しかし、土地はあくまでもロシアのものであり、住民の居住権や清国側の管轄権だけは残す、という条約文の内容

地図　6－2

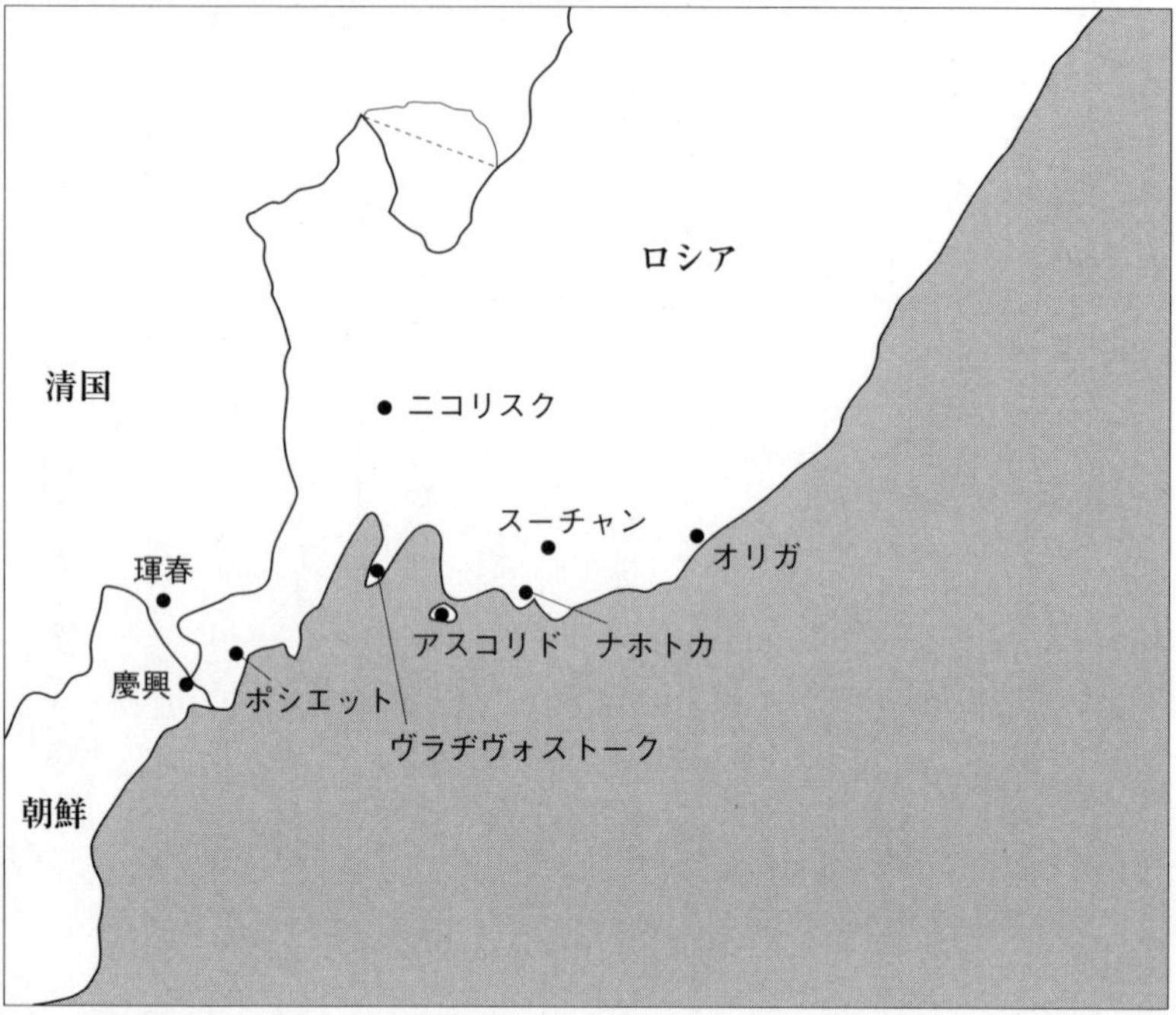

を実現することは簡単なものではなく、土地利用の仕方など生活の根幹にかかわるさまざまな問題についての取り決めを欠いたままでは、清国側の管轄権はともかく、住民の居住権は有名無実化しかねないものであった。実際、こうした曖昧な取り決めが孕む問題性はやがて現実のものとなり、露清両当局間の激しい応酬を経てもっとも悲劇的な形で「解決」を迎えることになる。ただし、海上輸送路の開拓によってヨーロッパ・ロシアからのロシア人移民の入植が活発になる八〇年代までは比較的静穏な状態が続いた。

これに対して、六〇年の北京条約によってロシア領に編入されたウスリー河右（東）岸、すなわち沿海州南部地域の清国系住民をめぐる状況は、最初からぎくしゃくしたものだった。同条約第一条では彼ら清国人住民にかかわって、「もし上記の地域〔ウスリー河右岸地域〕に清国人の村落があるとすれば、ロシア政府は彼らをその地に住まわせ、従来のように漁業や狩猟に従事することを容認する義務を負う」(21)と規定している。一見、先ほどの愛琿条約の規定に似ているように見えるが、しかしここには清国側の管轄権に関する言及はなく、なによりも「清国人の村落があるとすれば」とあるように、取り決めの対象となる村落の存在そのものがあたかも双方によってまだ確認されていないような表現になっている、という大きな違いがある。

ところが、この地域に多くの清国人がいたことは、ロシア側もすでにわかっていた。北京条約に向けての交渉の中でロシア側は、国境確定以降、ロシア領内に住む人は所属する種族や氏族にかかわらず均しく自由に居住し、商品の取引を含めて自分の生業を自由に営むことができ、さらに、所有する土地や牧地をそのまま所有し、いかなる税も払う必要がなく、誰からの侮辱や迫害も受けないなどと闡明《せんめい》していたのである。(22)それがいざ条約文では、「村落があるとすれば」と仮定法の表現になったうえ、配慮すべき対象が「漁業」と「狩猟」に従事する「村落」のみとなった経緯は明らかでなく、その後ロシア側の方針に変化が生じたと思われるが、いずれにしても、これは当初の方針にあった「配慮」の対象をできるだけ少なくしようとするロシア側の意志が力の優位を背景に押し通された結果と見ていいだろう。

数年後の一八六七年から六九年までの二年間、皇帝の勅命を受けてこの地域を踏査したあの有名な軍人「探検家」のプルジェヴァルスキーによれば、当時ウスリー地方には約四、五〇〇〇人の定住漢人（キターイツィ）がいた。(23)彼らの多くは農業を営んでいるが、「それは実に完全なもので、彼らの住居や房子に隣接している畑は、勤勉さの見本のようなもので、穀物、とりわけ主食のキビの収穫が非常に多く、主人や作男たちの一年間の暮らしが保証される」くらいであった。その他に北京などで珍重される朝鮮人参を栽培する者もいたが、彼らを含めて定住清国人はみな村落を形成して住み、村には村民が選挙で選ぶ村長（「溝長」または「屯長」）がおり、村民の間の些細なもめ事などは村長が解決にあたった。名の知られた（中心的な）地区には、同じく選挙で選ばれ、「溝長」の上位にある村長（「区長」）が重大な犯罪、たとえば窃盗や殺人などを裁いた。その権限は、死刑を宣告できるほど絶大であった(24)。こうした定住者と並んで、さまざまな目的でやってくる非定住者も多かった。もっとも多かったのは海草をとりにくる人々で、その数は三、四〇〇〇人に達していた。彼らは春先にきて、秋のはじめまで海で働くが、風の強い日が続くと鹿猟にでかけることも多かった。このほかナマコ取りやキクラゲ取り、砂金探しなども多くいた。これら非定住者たちの多くは、秋になると収穫物を都会で売ったり持参して帰るが、なかには帰らずに金持ちの定住者に雇われ、冬を過ごす者も多く、そのため彼らがもっとも集まるスーチャン（水清）河谷の冬の人口は常に夏の二倍にも膨らんでいた(25)。

これら漢人たちがいつごろからこの地域に移住または出入りしはじめたのかは定かでないが、「おそらく満洲人が中国を征服した一七世紀半ば頃から、オロチやゴーリドなど土着種族が住んでいるだけであったかれら満洲人の故郷である東部地域が種々の犯罪人の追放地になったのであろう。一方、この地方の自然の恵み、とりわけ黒貂や、清国では金と同じ価値の朝鮮人参が、故郷ではやるべき仕事がないため、一獲千金を夢見て新しい土地にやってきた無宿の放浪者たちを引きつけたのだろう。最後に、岩の多い突出部に昆布が豊富に生育する日本海沿岸は、黒貂獲りや朝鮮人参探しに劣らぬほど儲けのいい採取場として広い活動舞台を提供したであろう。このような条件のもとに、定住者と一時的な渡来者と分けられるこの地方の漢人住民が形成されたのであろう(26)」とプルジェヴァルスキーは推定している。実は、この時までの漢人の移住史にかかわって、このような推定を上回る研究は今日までもないらしく、関連諸状況からしても、プルジェヴァルスキーの推定はおおむね妥当であると考えられる。一つだけ付け加えるべき点は、一九世紀の半ば近くになってからは、彼らの存在と活動が清国当局にも認められ、一定の管理のもとに「保護」されるようになっていたようだということだろう。

いずれにしても、いま見たような状況は、定住者にとってはいうまでもなく、出稼ぎとして一時的に出入りする者にとっても、この地がすでに第二の故郷または生活のかかった大切な仕事場となっていたことを意味する。それならば、いわば自分たちの頭越しで行なわれた領土の画定と、それにともなうロシア支配の出現、そして、それを象徴するものとしてのロシア人の入植は、それ自体、それまでまがりなりにも保たれていた安定した状態を直接に脅かし、破壊するものとして映っただろう、ということは想像に難くない。そして彼らのこうした気持ちは、「北京条約」の関連条文に見るようなロシア側の高圧的な姿勢とあいまって、ロシアの支配に対する反発として爆発し、両者の直接の衝突へとエスカレートする可能性を最初から孕んでいたといえよう。一八六八年に起きた事態、いわゆる「蛮子戦争」はまさにこうした可能性が一気に顕在化したものであった。

ことは、砂金の出る小さな島から始まった。ヴラヂヴォストークの東南、五〇キロの海上にあるこの島は、青島（漢名）またはレフ島（満名、熊島の意）と呼ばれていたが、ロシア支配が始まった直後にアスコリド島と新しい名前がつけられた。衝突の直接のきっかけは、一八六七年の冬に、この島で働いていた清国人の砂金工たちをロシア軍が武力で排除したことであったが、この措置が偶発的なものではなかったことは、同じころに前東シベリア総督で新領土の獲得活動を陣頭で指揮したムラヴィヨフが、後任のコルサコフに対して送った手紙の中で、沿海州へのロシア人の移民を促進するためにも州内の多くの地域を皇室領とし、特に気を配って経営しなければならず、砂金業に対しては、税金を免除するなど一切の制限や例外をなくして各階層の人々に広く開放し、その振興に努めるべきと述べたことからも裏付けられる(27)。

武力によって一時島から排除された清国人の砂金工たちは、翌六八年には島に戻り、作業を再開した。これを知ったロシア側は五月一日に再び武力での排除を目指し、艦隊を派遣した。そして島に上陸しようとしたロシア軍に対して、すでに武装し、待ち伏せていた砂金工たちが先に攻撃を加えたことから両者の直接衝突に火がつけられた。戦闘は、緒戦でこそ多くのロシア兵を倒せたものの、ロシア援軍の到着とともに守勢に回ることになった砂金工たちが、包囲網を潜り抜けて島を脱出して大陸に上陸し、スーチャン河谷に移った結果、その周囲の清国系住民も引き入れることになり、一気に拡大していった。「青島奪取」、「金鉱奪回」、「侵略者駆逐」などのスローガンのもとに当地の清国系人が続々と合流し、五、六〇〇人に膨らんだ砂金工隊は、近隣のロシア人哨所や村落を攻撃しながら進路を広げ、戦闘の範囲はニコリスク（雙城子）やその北の興凱湖（ハンカ湖）湾までに拡大していった。この段階で砂金工隊の人数は二、三〇〇〇人に達していた[28]。戦闘地域がこれだけ拡大したことは、彼ら砂金工隊が、戦いの目標を単に青島の回収だけでなく、沿海州地域からロシア人を追い出すことにまで目指すことになったためとされる[29]。

しかし、そもそも民間人の集まりであった砂金工隊の戦いは長くは続かなかった。砂金工隊が興凱湖に達した時点の五月半ばに、沿海州知事は「戦争状態」を宣布し、東シベリア総督に援軍の派遣を要請すると同時に、清国当局に対して砂金工隊の鎮圧に協力するよう圧力をかけるという対策に乗りだした。東シベリア総督がアムール州からの大量の援軍派遣を指示し、また清当局が、ロシア側の要求に屈服して国境守備を固め、出兵に応じたことで戦局は一変した。戦力を増強したロシア軍はニコリスク付近で猛攻を加え、やむなく国境地帯に移動した砂金工隊を今度は清国軍が攻撃するような事態になり、多くの戦死者を出した砂金工隊の戦いは七月半ばまでには終わりをつげることになったのである。

戦いの中で逮捕された人々には、厳しい処罰が待ち受けていたが、祖国であるはずの清国当局に捕らわれた人々の運命はより過酷なものであった。ロシア側に捕らわれた砂金工隊のメンバーはヴラヂヴォストークに組織された「特別委員会」にかけられ、主導者の一五名はサハリンの炭坑に労働者として送られ、四三名はロシア領への入国を「永久に」禁止される条件で琿春当局に引き渡された(30)。これに対して、清当局側に捕らわれた多くは死刑にされ、うち四名は首を斬られ、琿春境内にある国境の村、長嶺子に晒し首にされたのである(31)。

こうして、沿海州南部の全域を戦場としながら約二カ月半にわたって、広範囲な層の清国系住民を引き入れながら展開された砂金工の闘いは、砂金工隊の敗北の形で終わった。しかし、それが残した傷跡は深かった。当然ながら清国系住民にはロシア人やロシア支配に対する根深い敵対心が残った。と同時に、自分たちを守ってくれるどころか、外来の支配者に屈服し、それと呼応して弾圧を加えた清国当局に対するやり場のない怒りや恨みにもさいなまれつづけることになった。一方ロシア側には、これを機に清国系住民に対する深い警戒心と厳しい管理の必要性を感じさせた(32)。それは、直後に一〇〇名のカザーク騎兵から組織された巡察隊が清国系住民の監視に当たることから始められ、一〇年あまりの過渡期を経て、流入および居住制限のための諸制度や同化への圧力として顕在化することになるのである。

二 「ロシア人のためのロシア」と黄色人種のロシア化

1 露清の入植競争と新しい入国管理体制の形成

「蛮子戦争」の後も、ロシア当局の清国人、朝鮮人などに対する政策には特別な変化はなく、ロシア領に入る清国人、朝鮮人の数は増えつづけた。それが一八八〇年代に入って大きく変わり、流入や居住に厳しい制限が加えられるようになった背景には、いわゆる「イリ問題」（「クリジャ問題」ともいう）をめぐる露清間の対立と、これを契機として本格化していった大掛かりな植民事業を中心にした露清両国間の競争的な辺境防備体制の強化があった。

イリ問題とは、イスラム教徒の対清反乱の結果として清国の西北地区に成立した政権を、インドから北上をねらっていたイギリスが支持する状況のなかで、ロシアがその影響を警戒して一八七一年に軍を派遣してイリ地方を占領したことである。清は、武力でイスラム政権を倒した後、返還を求めたが、ロシアはこれに応じようとしなかった。結局、外交交渉に問題の解決が委ねられ、ロシアがイリ地方を返す代わりに一部の領土と貿易上の諸特権を得る形で事態は収束されたが、七八年に始まった交渉の過程は緊張したものであり、とりわけ八〇年はじめから八一年はじめの条約（サンクト・ペテロブルグ条約）締結に至る一年間はともに戦争を準備するなど一触即発の険悪な雰囲気が続いた。そしてこの事態は、両国が戦争の可能性に備えて辺境の防備態勢を強化していくきっかけとなったのである。[33]

戦争に備える態勢作りをより集中的に、かつ多方面にわたって推し進めたのは、清国側であった。清国側は、戦争の危機がもっとも高まっていた八〇年はじめから東北辺境が戦場になる可能性がもっとも高いと見て、対応態勢を整えつつあった。この作業は、「吉林辺務督弁」として現地に派遣された呉大澂を中心に推し進められ、それまで吉林地域にあった八旗軍と錬軍の二つの軍隊が靖辺軍として統合されるとともに、八旗兵の世襲制が廃止され、募兵制にするなど一連の改編、強化措置がなされた。この結果、一八八一年中に靖辺軍の数は九〇〇〇人に達した。同時に、戦争の際にロシア軍の進入路として予想される琿春と三姓（現在の依蘭）を中心に、砲台や陣地を築造する工事も行なわれ、また、国境地帯の地方官を格上げし、権限を拡大する指揮統率体制の強化もなされた。

こうした作業は、条約が締結され、緊張状態が一応収束した後も中断されず、むしろ一層本格化されていった。この段階での作業は、武器および弾薬の近代化と軍隊を支えるための大量の移民入植の推進という二つの柱を中心に行なわれた。前者のために吉林に「機器局」が設立され、早くも一八八三年に武器と弾薬を現地で生産する体制ができあがった。

一方、一八八一年の琿春招墾総局を皮切りとして各地に設置された招墾局および同分局が中心となって長期にわたって精力的に推し進めた植民事業には、これによって軍隊を支えるという観点だけでなく、清朝の入関以来東北辺境に対して続けられたいわゆる「封禁」または「虚辺」政策に対する痛烈な反省、つまりこの地が反乱のための空間として利用され、あるいはここの住民が外来の侵略者のための道案内や食糧源として利用されることを恐れて一般人の出入りや居住を厳しく統制した政策が、結果として土地の荒廃化と経済の凋落、交通の不便、兵力および兵站資源の不足をもたらし、ついにはロシアの侵略を許してしまったという認識が込められていた。

また、呉大澂らの考えの中には、禁令を破ってこの地に入り、苦労して開墾に精を出す者も多いが、この流れをせき止めることはもはやできないので、封禁を解いて民衆を土地に根づかせ、荒れ地を開墾させ生産の発展を図らせるのが対露防備にも積極的な役割を期待できる、という要素もあった。(34)

広大な地域への入植となるだけに「招墾」の対象も広かった。この中には多くの朝鮮人が含まれていた。まず、禁令を破って入り込んだいわゆる「偷墾」者に対してはそのまま定住と耕作を認めた。知られているように、ロシアへ越境していった朝鮮人たちとほぼ同じ時期に、大量の朝鮮人の農民が豆満江を越えて清国領に入り、耕作を行なっており、彼らの刷還問題は清朝両国間においても一八七〇年代以来懸案の一つになっていた。(35)

次に人口過剰地域の山東省各地や山海関地域、奉天などの地に招墾使が派遣され、墾民の募集、誘致がなされた。特記すべきことは、この招墾事業がウスリー河以東のロシア領においても活発に行なわれたことと、その中には同地に移住していた朝鮮人も一部含まれていたことである。

墾民は一〇戸で一棚を、三棚が一屯を作る形で組織化され、墾地を与える代わりに収めることになっていた保証金の支払が免除されるとともに、食糧や、役牛を含む各種生産道具が支給されるなどの優遇措置がとられた。道路や橋の建設、宿駅の増設も活発になされたが、これらは墾民の開墾を促進するとともに戦略的な意味をも有するものであった。(36)

このように、一八八〇年の露清間の緊張した状況を契機に始められた清国側の東北辺境防備態勢強化事業は周到に推し進められ、短時間に刮目すべき成果を収めていった。

これに対してロシア側の対応状況は、同じく植民事業の促進や強化を柱にしながらも、領内に多くの外国人を抱えており、しかもその大半が他でもない相対立する清国の民であっただけに、より複雑で曲折に満ちたものにならざるを得なかった。

イリ問題をめぐる一連の緊張事態を受けてのロシア側の新しい方針は、極東地方に「スラブ人の砦」を作るという明快なものであった。(37) この方針は、いうまでもなくイリ問題をめぐる一連の緊張状態を機に浮き彫りになった新領土のありよう、つまり併合から二〇年以上が経っていても、依然としてロシア人住民は少ない一方で、相対立する清国系の住民が大きな割合を占め、経済の主導権を握ったままであるという状況に対する深い懸念から出されたものであり、こうした状況を早急に改め、まさに「ロシア人のためのロシア」を目指そうとするものであった。

新方針の目指すこうした方向は、一八八二年一月に発布された新移民規定に端的に示されていた。新しい規定は、新領土への移民を促進させるテコとして機能していた六一年の移民法をほぼ踏襲し、以後一〇年間の免税を約束するものであったが、ただし、六一年の移民規定では外国人にも無条件に与えられるとしていた移住の際の諸特恵が、東シベリア総督の裁量に委ねられ、特別な場合にのみ認められるという点が異なっている。(38) これは、以降の植民の中心をロシア人に据え、清国人など外国人の流入は制限していくということを意味するものであり、移民政策の大きな転換であった。

ロシア人の植民(39)をできるだけ大量に、しかも速やかに誘致するための具体的な方策は、それまでほとんど実績をあげられなかった陸路に代えて、新しく開拓されたばかりの海上輸送路を利用することであり、この事業は、八〇年に東シベリア総督に就任したアヌーチン自らが構想し、皇帝の裁可を得て、内務省とオデッサ総督などが責任をもって協力するという体制にも見られるように、文字どおり国家的事業として始められた。輸送事業の直接の担い手は、七九年に黒海沿岸のオデッサからサハリンまで囚人を輸送し、翌年にヴラヂヴォストークに出張所を開設していた義勇艦隊であった。

農民の移住意欲を高めるためのさまざまな優遇措置がとられた。移住先に定着するための一定の費用はすべて公費で賄われることになった。国税や国家賦役は到着時から五年間免除、また、移住時に一五歳以上の者は兵役も免除されることになった。最初の三年間の移住者に対しては、これに加えて乗船から移住先に到着するまでにかかる一切の費用も公費で支払うことになった。この優遇措置の幅と内容は、自費移住を基本としていたそれまでの支援態勢を上回るものであり、移民の誘致にかけるロシア当局の意気込みをよく表していた。

移民は、与えられた区画内ならどこにでも定住の場所、つまり家を建てられるとなっていた。ただし、各戸は必ず村落に入らなければならず、また各村落は一〇ベルスタ(「露里」、一一・〇六キロメートル)以上離れていることが必要なうえ、各村の戸数は一〇戸以上二五戸以内とするという厳しい制限が設けられていたが、これはロシア人の移民ができるだけ広大な地域をできるだけ速やかに占有し、「蛮子の優勢を取り除く」ことをねらったものであった(40)。

このような態勢で一八八三年から始められた移民事業は、当局の期待どおり、いやそれをはるかに超える成果をあげていった。というのは、公費負担による年間移住枠の二五〇戸の他に、自費移住者が多く加わり、八七年には公費移住が基本的に廃止されるまでになっていったからである。この結果、一八八三年から一九〇一年までの約二〇年間にヨーロッパロシア地域から南ウスリー地方に移住したロシア人住民の数は五~六万人にも上り、地方全体の人口は一八八三年当時の一万前後から数倍にまで膨れ上がるようになったのである(41)。

こうして極東地方を「スラブ人の砦」としていく作業は順調に進んでいったが、それはとりもなおさず、非ロシア人、なかでも漢人を中心とする清国人住民にさまざまな制限や抑圧を加えていく過程でもあった。

海路による移民事業のちょうど開始期に当たる一八八二年から八五年に数回にわたってウスリー地方を調査した陸軍中佐ナダーロフの報告によれば、八五年当時、同地方には一万四〇〇〇人あまりの「蛮子」がいた。このうち、定住者は一万人強であるが、この数は七九年の約七〇〇〇人から三〇〇〇人程度増えたもので、その大半はヴラヂヴォストーク居住者の増加によるものとされている。また、七〇年から七九年までの漢人の増加人口は年平均四〇七人、八〇年から八五年までの増加総数は二〇三五人と推定されている。[42] 七〇年代以降の増加分の中身については、ナダーロフの報告を含めて詳しい情報を与えるものはないが、ヴラヂヴォストークなど都市部の増加が著しいことから、都市の発達にともなうさまざまな労働需要、商業や貿易などの増加に起因する部分が大きかったと考えられる。現に、ヴラヂヴォストークへの清国人労働者の受け入れは、七〇年代半ばに山東、直隷両省から一五〇人の建築労働者を招致して以来年々増えていった。この動きは、八〇年代における東北アジア国際海運ネットワークの形成および展開とともに一層加速化され、ヴラヂヴォストークにはとりわけ山東省芝罘から大量の出稼ぎ労働者が流入するようになっていった。商業の面での優位は著しく、ヴラヂヴォストークやハバロフスクなどの都市部はいうまでもなく、原住少数民族の住む僻地の小さな村に至るまで彼ら清国人商人の商業活動が及ばないところはないほどであった。

これら清国系住民に加えられた、八二年の新移民規定に続く制限措置は、まずは八五年に沿海州で先に導入され、翌年にアムール州にも適用された新しい旅券規定による入国管理体制の強化であった。この結果、清国人のロシア領への出入りのための地点は四カ所の関所だけに限定され、ロシアに入ろうとする清国人は関所で旅券を提示し、査証を受け取るが、この際、手数料として三〇コペイカを支払うことになった。これによって、数次の国境通過と一カ月間の滞在が可能になるが、引き続き滞在するためには一年間有効のロシア旅券（居住証）を申請しなければならず、そのためには一ルーブリ五〇コペイカを払わなければならなくなった。もとより入国後一カ月以内に居住証を申請しない者、在留期限満了後更新手続きをしなかった者、他人の居住証を使った者や他人に貸した者などの違反者は、高額の罰金を払ったうえ、追放されることになった(43)。

入国制限に続いて八六年一一月からは国境から五〇ベルスター以内の地域での居住が禁止されるようになった。これには、国境越えにおける清国側の入植事業や、ポシエット湾地区の帰属をめぐってそれまで激しい応酬をかわしていた露清両国間のいわゆる勘界交渉を意識して、国境をはさんでの清国人同士の連携を断ち切るというねらいとともに、清国人など黄色人種をロシア人と混住させ、ロシア化を促進するというねらいもあった。

この二つの制度の導入はただちに効力を表し、清国人の流入は大幅に減少した。すでに流入していた人々の生活に与えた打撃も大きく、清国人住民の不満も募るばかりであった。しかし、清国人にとってこの規制がいかに苦しいものだったとしても、ロシアからすれば国境地帯での居住禁止や、八五年の新しい入管体制にともなう各種手数料の徴集やその金額の多寡はともかくとして、入管体制そのものはそれとして必要かつ自然ともいえるものであり、それ自体は不当なものとして非難されるべきものではなかったともいえる。問題は、清国人に加えられた制限がこうした制度の導入だけではなく、農業や狩猟およびその他各種生業にかかわる規制や抑圧といった面でも同時進行的になされたことであり(44)、ここから受ける被害や抑圧感は、新しい制度の導入がもたらした抑圧感とあいまって、ロシアやロシア人に対する抵抗の気持ちをますます深めていくことになったのである。

2　露朝国交の樹立と移住民問題の展開

七〇年代を通しても朝鮮人の流入は引き続き増加していた。ロシア側の統制もあって一般農民の流入は少し減ったが、その代わり、朝鮮産の牛の取引を中心とする国境をはさんでの貿易活動が活発になり[45]、南ウスリー地域はいつも朝鮮人商人で賑わっていた。露朝国境は事実上開放されている状態だった。出稼ぎのために国境を越える人々も多くなり、人夫、手工業者、鍛冶屋、鋳造工などの職人に商人を加えた出稼ぎ者数は八〇年代はじめには年三〇〇〇人にも及んでいた。この結果、朝鮮や清国との国境地帯に居住する朝鮮人の数は八七六八人を数えるようになった。朝鮮人農民の耕作活動も着実に進んだ。この段階で総面積六五〇〇デシャチーナを耕作していた彼らは早くも穀物の余剰を出すまでになっており、彼らがくるまではすべて清国領の琿春から仕入れていた軍隊用の穀物を、七四年までにはすべて地元で調達できるようになった[46]。また、賦役による貢献も著しく、ノヴォキーエフスコエからオリガ哨所までの八〇〇ベルスターの道路をはじめ多くの道路や橋が彼らによって建設された。

そのかたわら、子どもにロシア語を学習させる、ギリシア正教を受け入れるといった速やかなロシア化のための事業も活発に行なわれ、学校や教会が多く作られた。ロシア語を教える学校の設立は早くも六八年に始まっていたが、これに加えて、遠く離れた中心地に子どもを留学させることも行なわれた（七一年には勉強のためペテルブルグに向かう人も現れた）。一方、ギリシア正教への入信は、それがロシア国籍を取得するための前提条件になっていたこともあって、多くの人々が争うように洗礼を受け、その数は七二年までに一〇〇戸を数えた[47]。

この間、国境をはさんでは、越境民が朝鮮国境地方で窃盗や暴行事件を起こしたり、その犯人を検挙するために今度は朝鮮官憲が密かに国境越えの朝鮮人村を訪れて住民を威嚇するなどのいざこざが起こっていた。これが契機となって、八〇年三月にロシアの国境委員マチューニンと慶興府使など対岸の地元当局者の間で国境管理や越境民対策をめぐる交渉が再開され、互いに相手の失策を非難しあうなど対峙する場面も見られたが、前回と同じく会談の雰囲気はおおむね穏やかなものであったようである。[48] また、朝鮮人の越境に対する清国側からの干渉も七一年を最後に見られないなど、国境をめぐる状況は全体として平穏であった。

こうしたなかで起こったイリ問題をめぐる露清関係の緊張と、それを契機とした両国の激しい入植競争は、朝鮮人住民をめぐる状況にも大きな影を落とすことになっていった。双方の競争的な入植の結果、国境地帯における朝鮮人の集住というかねてからあった状況に対するロシア側の不安が一気に蘇り、それまでどちらかとすれば積極論が支配的であった朝鮮人の移住に対する見方を大きく揺さぶることになったからである。

国境委員のマチューニンなど国境実務当局者から出された提案は、こうした状況変化を受けた最初の反応であった。一八八二年にマチューニンは沿海州知事に対して、朝鮮人を国境地帯のポシエット地区から北部に移住させることを提案した。それは、朝鮮人を豆満江の河口より綏芬河河口に至る山地のロシア人の村に、ロシア人住民の数より少なくなるように考慮しながら分散配置させ、現住地に残る者に対しては税を課すというものであった。同様の提案は、同年に国境警備隊長と郡警察署長からも出されていた。[49]

しかし、この提案に対する答えはすぐには出されなかった。その最大の原因は、ちょうどこの時期にロシアが朝鮮との国交樹立のために積極的に動き出すことになっていたことであり、当面はその推移を見守る必要があったからである。

いままで見てきたことからも明らかなように、それまでロシアは、新領土、なかでも沿海州の軍隊や住民のための食糧調達の必要性から国境を通した朝鮮との貿易を重視した一方、越境民の処理をめぐっては国境地帯の朝鮮当局と接触しながらも、政府同士の正式な国家間関係の樹立には消極的な姿勢をとり続けていた。朝鮮の開国を実現させるためには清国との摩擦を覚悟せざるを得ないが、まだ弱い新領土の経済的、軍事的状況からしても、それはかなりの負担であり、また朝鮮の開国に成功したとしても、それはロシアに敵対する欧米列強の朝鮮侵略に道を開くことになるので、朝鮮の現状維持に努めるのが得策という判断があったからである(50)。それがこの時に急変したのは、清国が、日本やロシアの朝鮮進出に対抗すべく朝鮮を欧米諸国に開国させるという構想を立てて動いた結果、アメリカ、イギリス、フランスがあいついで朝鮮と条約を結ぶという、従来の政策の前提を崩す事態が生じたからである。ロシアは、この動きを阻止しようと動いたが、それが失敗したため、自らも条約締結を進めることにしたのである(51)。

朝鮮との条約交渉の際の基本方針作りは、交渉の当事者として内定した天津駐在領事のヴェーベルが外務省の命令を受けて八二年七月にヴラヂヴォストークに派遣され、市軍務知事や国境委員をはじめとする当局者はもとより、朝鮮人住民代表とも会うなどしながら案を練り上げ、これを総督などに報告して調整する形で進められた。その結果まとめられた案の方針は、国境貿易を重視する観点から、他の諸国との条約とは異なり、国境問題にかかわる条項を必ず含めねばならないというものであり、これが最重点項目であった(52)。これは、ロシア側の基本方針であったため、交渉を国境地帯で行ないたいという提案とともに、ヴェーベルがヴラヂヴォストークに発つ前にすでに清国を通して、朝鮮側にも伝えられていた。一方、越境民問題にかかわっては、東シベリア総督のアヌーチンの意見に沿った方針での交渉が予定されていた。アヌーチンの意見とは、「一、すでにロシア領に移住しているか逃げ込んでいる朝鮮人は決して追放しない」「二、ロシア国籍への編入を前提に移住を希望する者は支障なく受け入れられる」「三、ロシア領内で家畜飼養業や農業を営むことを希望する者は、政府によって定められた税や義務と交換に、沿海州およびヴラヂヴォストークの軍務知事の裁量で未墾地が与えられる」という内容であり、引き続き朝鮮人移民を積極的に受け入れようとするものだった(53)。ヴェーベルはこの意見に同意しつつも、ただ朝鮮との交渉の席では「逃亡者」問題も取り上げられるだろうと予想し、その場合には「われわれの領内に渡ってきた平和な移住者を朝鮮当局の迫害から守るために」、有罪の証拠が提示されるという条件があれば窃盗や殺人犯などの引き渡しに合意することもあり得るという対応をとる案を進言していた[54]。

しかし、天津に戻ったヴェーベルを待っていたのは、清国を通して伝えられた、「国境関係の諸問題」に関する交渉そのものを断るという朝鮮側からの回答であった。その理由としては、ロシアと朝鮮は海に流れ込む豆満江河口のわずかな距離で接しているにすぎず、周辺に交易を行なえるほどの中心地も存在しないことなどをあげていたが、いうまでもなく、こうした姿勢には清国の意向が強く反映されていた[55]。やむなく、ロシア側は当面は他の列強と同じ内容の修好通商条約を結ぶことにし、陸路交易および移住民問題を含むその他国境問題に関する条約のための交渉はしばらく後に始めることにし、ヴェーベルに交渉に関する全権を与えた。しかし彼の朝鮮への出発は七月末に発生したソウルでの反日軍人暴動（＝壬午軍乱）とこれに続く日清両国軍の軍事干渉によって延期されてしまった。結局、「露朝修好通商条約」および、その付属の「朝露水路通商章程」（ロシア語テキストでは「朝鮮においてロシア国籍者が行なえる通商に関する規定」）はその二年後の一八八四年に締結されるが、ロシアにとってもっとも重要な陸路貿易に関する協定を欠いていただけに、ロシア国内ではこれを不満とする意見が最初から強かった。

それだけにロシアは次の条約締結に全力を傾け、長い交渉の過程を経て八八年に「朝露陸路通商章程」（ロシア語テキストでは「豆満江における国境関係および通商に関する規定」）の締結にこぎつけるが、その間に極東の現地では、最初の条約締結と同じ年に行なわれた極東地方の行政区域および体制の改編、それにともなう当局者の交代とともに[56]、移住朝鮮人問題に対する政策をめぐる新しい動きが現れていた。

東シベリア総督府の管轄地域から極東地域が分離され、沿アムール総督府が設置された直後の一八八五年にハバロフスクで開かれた「第一回沿アムール地方の軍務知事、地方当局の代表、実業家の大会（＝「ハバロフスク大会」）」は、朝鮮人問題に関してはっきりした方向性を打ち出した。それは、朝鮮人のロシアへの「これ以上の移住は好ましくなく、既に移住している者は国境地帯から一掃する」(57)「毎年ロシア領に出稼ぎにやってくる三〇〇〇人の朝鮮人には、清国人同様税金を課す」「朝鮮人の金鉱への就業は禁止する」(58)というものであった。これに続くのがすでに見た例の国境地帯での清国人、朝鮮人の居住を禁止した八六年の法令である。

こうした一連の動きは、清国人同様、朝鮮人の移住や居住に対しても厳しい制限を加えていこうとするものであり、八二年の条約案とは明らかに異なるものであった。そしてこれは八八年の条約締結に向けた交渉過程においてロシア側の新しい方針となり、これに沿った内容での合意が目指されることになった。

新しい条約のための交渉は、朝鮮がロシアに保護を求めてくるというロシアにとってはきわめて有利な条件のもとで、つまり軍人暴動以来、日清両国が軍隊を駐屯させながら朝鮮に対する支配を強化し、またイギリスが朝鮮領土の巨文島を不法占領している状況のもとで、八六年春頃から始められた。それが二年近くまで長引いたのは、条約に反対する諸列強の圧力もあり、朝鮮側が交渉そのものに消極的であったうえ、ロシア側が主張する陸路交易の関税率引き下げに難色を示し続けたことと、移住民問題の処理をめぐってなかなか折り合いがつかなかったためである。

もっとも、移住民問題に対する処理の基本方針は比較的早い段階で一応は合意が形成されていた。その合意とは、「（一八八四年の）露朝条約締結以前にロシアに移住し、ロシア国籍を取得しているすべての朝鮮人は、ロシアと朝鮮両方において他のロシア人と全く同等の権利を行使する」(59)というものであった。こうした合意がなされながらも決着が遅れたのは、朝鮮側が、後になってこの合意事項を受け入れることには同意しつつも、条約文に盛り込むことには反対という姿勢を示したからである。それを盛り込むと、自らの民を放棄することを公に宣言することになり、「(国際関係を理解できない) 人民に悪い印象をもたらす」というのがその理由であった[60]。そのうえ朝鮮側は、条約文には「ロシア国籍を取得した朝鮮人は、いつでも朝鮮に帰り、再び朝鮮国籍を取り戻すことができる」という文面を盛り込むよう求めたが、これはロシア側に断られた[61]。この結果、八八年八月二〇日に調印された「陸路通商章程」そのものには移住民の処理にかかわる条文は盛り込まれなかった。ロシア側は、その後も引き続きそれを盛り込んだ個別の文書の引き渡しを要求したが、これも結局は実現されなかった。

交渉の過程の中で朝鮮側は、朝鮮国籍の移住者の利益を保護するためとの理由でヴラヂヴォストークに領事を駐在させたいという希望を示したが、受け入れられなかった。八四年の条約には、総領事および領事駐在は、他の国の領事が駐在する場所において(のみ)可能であるとなっており、ロシア側の答えはこれを楯にしたものであった[62]。また、朝鮮側は、南ウスリー地方に居住している朝鮮人のうち、ロシア国籍に入っていない者の数と名簿およびその居住地などの情報を渡すように求めたが、次のような答えで、これも事実上退けられた。「ロシア当局はいつでも、南ウスリー地方にいるロシア国籍の朝鮮人および国籍を変えていない朝鮮人それぞれのおおまかな人数を知らせる用意がある。(しかし) すべての朝鮮人に対する人口調査には多大な労力と金が必要である。しかし、このために朝鮮の官吏がロシア領に派遣される必要はない[63]」。

こうして、移住朝鮮人の処理にかかわる合意事項の文書化はできなかったものの、中央政府を相手にした正式な交渉で、移住民問題に関連した朝鮮側の要求をほぼすべて退け、自らの方針に沿った合意を取り付けたことは、ロシア側にとって大きな成功であり、移住民政策の展開に大きな弾みをつけるものであった。これを機に、すでに準備されていたさまざまな対策が相次いで実行されていくことになった。

三　ロシア籍朝鮮人の誕生と「江東六四屯惨案」

1　ロシア国籍朝鮮人の誕生

移住民問題の処理をめぐる露朝の合意を受けてからのロシア側の動きは素早く、かつ周到なものだった。

条約締結直前の八八年五月一七日、皇帝アレクサンドル三世は沿アムール総督コールフに対して、同地方に居住する清国人と朝鮮人のうち、不動産を持たず、商業活動も行なっていない者から、特別税を総督の裁量で徴収する権利を一〇年間試験的に与える法律を裁可した。これは、コールフが清国人を対象に八五、八六年にとった措置、つまり入国ヴィザ申請や一カ月以上滞在するための居住証申請の際に手数料を徴収する制度の導入を追認するとともに、後者の居住証申請の際の手数料を居住税として切り換え、これを朝鮮人にも適用することを認めるものであった。

条約締結後の翌八九年にコールフは、前者の入国ヴィザ申請にかかわる旅券規則をも朝鮮人に拡大することを決定したが、これは、条約での合意にもとづいて朝鮮政府が九〇年三月から、新たにロシアに向かう人々に対して正式に旅券発給を開始することを見越してなされた措置であった。露朝両国でのこうした新制度の導入によって、朝鮮政府発行の旅券を持たないかあるいはその他の理由によってロシアの居住証を所持していない移住者は、強制的にロシアから追放されることになった(64)。ただし、これはとりあえず新しい渡来者を対象にしたものであり、すでに入国し、定住している者には、ロシア国籍へ編入するなどの措置が予定されていた。

朝鮮人への国籍付与の権限は、そのための準備作業の開始命令とともに、朝鮮との条約締結直後に、中央から沿アムール総督にすでに与えられており、それを実行するためにまず、基本原則が作られた。その内容は、移住者を三つのカテゴリーに分け、それぞれ異なる扱いをしていくというものであった。まず第一のカテゴリーは、一八八四年までに移住し、ロシア国籍への編入を希望する者であり、彼らには現住地への継続居住が許可されるとともに、ロシア国籍への編入と土地の分与が行なわれる。第二のカテゴリーは、八四年以降に移住し、定住している者および、ロシア国籍への編入を希望しないそれ以前の移住者であり、彼らには二年間の猶予期間が与えられ、その間に財産を処分し、期間満了までに帰国させる。第三のカテゴリーは、朝鮮政府発行の旅券を所持してロシアに入る一時滞在者で、ロシアの旅券および居住規則の適用を受けて在留できるが、ただし国有地での入植や耕作は禁じられる、というものであった(65)。ここで確認しておくべきことは、以上で詳細に述べてきた内容からも明確に確認できるのは、八八年の露朝合意にあった「一八八四年の条約締結までにロシアに移住し、(すでに)ロシア国籍を取得している者」はこの時点まではまだ存在していなかったということである。確かに八四年までに移住した者の中には、耕作地を与えられ、また賦役の対象になるなど、ロシア国籍者に準じた扱いを受けていた者が多かったのは事実であるが、しかしそれはあくまでも便宜的な措置によるものであり、正式な国籍編入にもとづくものではなかった。

この点とも関連してもう一つ触れておくべきことは、一八八六年に開かれた第二回「ハバロフスク大会」での朝鮮人問題にかかわる決議である。ここでは前年の第一回大会とほぼ同様の内容に加えて、速やかなロシア化のために次のような諸措置を講じることが決議されていたのである。「朝鮮人のための学校と教会を設立し、最寄りのロシア当局の管理下に置く」「自分の髪の毛を束ねて頭の上に帽子のようにのせ、あたかもコブのような形になっている民族的髪形（＝サントゥ、朝鮮式の髷）を禁止する」「子どもたちにロシア農民用の衣装着用を習慣づける」[66]。

これらはいずれも、国境地帯から奥地へ移住させる方針と合わせて、朝鮮人を朝鮮国内や清国在住の朝鮮人から切り離すとともに、新しく流入する者とも引き離し、文字どおりロシア化するためのものといえる。しかしこれを実行するためには朝鮮や清国当局からの干渉の可能性を排除する措置が必要であり、露朝交渉で、「ロシア国籍を取得しているすべての朝鮮人」は「他のロシア人と全く同等の権利を行使する」という合意の取り付けは、そのための必須課題だったのである。また、露朝交渉で「すでにロシア国籍を取得している者」という、八四年以前の移住者がすでにロシア国籍へ編入されているかのような表現を使ったのも、ロシア国籍者がまだ存在していない実態がそのまま伝わった場合に予想される朝鮮側からの反発や反対を未然に封鎖するための意図的な術策だったのであり[67]、それだけに国籍編入の手続きを一日でも早く完了させる必要があったのだろう。

さて、八四年までに移住した者に国籍を与えるなどの作業は、一八九二年にまず移住者ひとりひとりを三つのカテゴリーに振り分け、名簿を作る作業から始められた。この作業の進み具合は地域によって偏差があり、早い地区では同年内に完了され、第二のカテゴリーに分類された者の中には、猶予期限前の翌九三年に早くも帰国するか清国領へ移る者も現れた[68]。当然ながら第一のカテゴリーへの振り分けが確定した者も同時に現れたが、しかし彼らに対する国籍編入の措置はすぐにはとられなかった。

もっとも、振り分け作業は簡単なものではなく、さまざまな混乱がともなわれた。出稼ぎ者はともかく、定住者にとってはその結果次第でそのまま居住できるか、それとも強制退去されるか、というまさに運命が決まるだけに偽りの申告をする者も多く、また振り分け事務を委託された朝鮮人村会の幹部が、親戚などの追放を恐れて、第一カテゴリーに入るべき人々と入れ替えするなどの不正を働くケースもあった。また、朝鮮人の弱みにつけこんで、金銭を騙しとるなど不正を働くロシア人の調査担当者や弁護士などもいた。それだけに、振り分けの結果を不服とし、上級の官庁に抗議や苦情を寄せ、再調査を請願する動きが相次いだ(69)。

しかし、こうした混乱が国籍編入の措置がすぐにとられなかった理由とは考えられず、主な原因はやはり、その権限を持っていた総督コールフが朝鮮人の状況に対して否定的な見方をもっていたことにあると思われる。

国境地帯での清国人、朝鮮人の居住を禁止した八六年の法令の審議に先だってコールフが大臣会議に送った上奏書の中で述べられている以下の文章には、朝鮮人に対する彼の見方がよく表れている。「彼ら（朝鮮人）は地方のより良い土地を占拠し、隣り合わせに大きな村を作り、国境地帯に見渡すかぎりの定住地帯を形成している」にもかかわらず、土地の利用や入植場所の制限にかかわって彼らを制限する条件は何もなく、何の税金も払っていない。このままでは彼らは「（ロシアと）清国との戦争の場合は、清国人側にくっつくだろう(70)」。彼はまた、朝鮮人の耕作方法に対しても厳しく、たとえば、振り分け作業最中の九三年に開催された第三回「ハバロフスク大会」の決議には次のような見方が示されていた。「南ウスリー地方に移住している朝鮮人は、最初は穀物の生産者としてその地方に利益をもたらしたとはいえ、ロシア人住民の増加や彼ら朝鮮人の略奪的な耕作方法によって、今では彼らの必要性は年々小さくなっている。彼らの耕作方法は草さえ育たないほどまでに土地を痩せさせるのである(71)」。こうした見方をしていたからこそ、コールフが国籍付与対象者をできるだけ少なくしたいと考えるのは当然であっただろうし、国籍を与えるにしても、第二、第三カテゴリーの追放などの措置が終わった後にそれを行なった方がよく、少なくとも振り分け作業がすべて完了するまで国籍編入の手続きを引き伸ばす必要があっただろうと考えられる。

しかし、こうした状況は、コールフの急死を受けて、ドゥホフスコーイが後任として総督に就任したことによって大きく変わることになった。コールフとは対照的に、彼は、朝鮮人は地方の植民事業にとって有用な存在であり、彼らの物質的条件を向上させるとともに、この物質的条件の向上を通じてロシアに対する朝鮮からのより大きな好意を呼び起こすためにも、土地の分与とともに彼らを遅滞なくロシア国籍へ編入することが必要だと考えていた(72)。こうした考え方に立って、彼は九五年夏からまず国境地帯のスイフン地区とポシエット地区に居住する第一カテゴリーの朝鮮人をロシア国籍へ編入するための手続きを実行していくとともに、九二〜九三年の調査時の段階で五年以上居住していた者を第一カテゴリーへ編入し、第二カテゴリーの猶予期間を延長するなどの措置をとっていった。

もとより、こうした積極的な措置は、速やかなロシア化の促進という課題の推進とペアをなすものであり、例の「民族的髪型の禁止」などが、国籍編入措置への許可を求める上奏文にも明記されているほどであった(73)。

こうしたドゥホフスコーイの積極的な朝鮮人引き入れ政策を考えるうえで見逃してはならないのは、各々の措置は、それが朝鮮や清国に及ぼすかもしれない影響を常に意識しながら推進、調整されたと見受けられる点である。彼の側近として朝鮮人問題の処理にあたっていたナセーキンが、自らの報告の中で第二カテゴリーの追放に反対する理由を述べた次の一節はそれをよく物語っている。「自分の国にはなかった正義と慈悲を求めてロシアの地にやってきたこれら渡来者のかなりの部分を追放することは、隣りの国（朝鮮）において形成されているわれわれに対する心からの信頼を今後長年にわたって破壊するはずである。同時に、彼らが現在住んでいる場所に残される第一カテゴリーの朝鮮人のロシア化をも間違いなく困難にするはずである(74)」。ドゥホフスコーイらが、第二カテゴリーなどの追放に消極的であったもう一つの理由は、追い出された人々がそのまま満洲にわたり、その結果、「(もう一つの)隣りの国が強くなる」ことへの警戒であった。この対清警戒心とかかわって注目される重要なことの一つは、ドゥホフスコーイが朝鮮人に対する国籍編入手続の実行に着手した時期がちょうど、日清戦争の終結と、その結果を踏まえて両国間で結ばれた下関条約の調印直後であるという点である。ドゥホフスコーイの措置がこれを直接受けてなされたことは間違いないと思われる。というのは、清国がその弱体ぶりを露呈しながら惨敗した結果、対朝鮮政策の推進を含めてそれまでロシアの東アジアへのプレゼンスを大きく制約してきた障害要素の一つがなくなったうえ、下関条約によって朝鮮と清国間の宗属関係が消滅し、移住民問題にかかわって清国が介入できる根拠も消滅したからである。

いずれにしても、ドゥホフスコーイによる政策転換の結果、第一カテゴリーの人数は次第に増えていき、最初の国勢調査が行なわれた一八九七年段階では、すでにロシア国籍へ編入された者と、総督府当局によって国籍編入が政府に具申されている者を合わせて一万四〇八四人に及んでいた(同年一二月までにロシア国籍編入者数は一万二二七八人)[75]。そして国籍所得者には、一般ロシア人農民と同様の権利と義務をともなった国有地農民の身分とともに、九七~九八年にかけては一戸当たり一五デシャチーナ以上の土地が与えられ、朝鮮人は法律によって土地を分与された最初の外国人(出身の)植民者となった。

ドゥホフスコーイの政策は九八年に彼の後任として着任したグロデコヴォに受けつがれた。彼は一層積極的な政策を推し進め、一九〇〇年までに第二カテゴリーのほぼ全員にも国籍と土地が与えられた。その結果、それまでロシアに生活の基盤を置いて定住しながらも長い間不安定な状況が続いた朝鮮人はそのままロシアの地に安心して暮らせるための大きな地盤を手にすることができた。

こうしてロシア当局にとっても長年の課題であった朝鮮人移住民問題は一応の解決を見たかのように思われた。しかし、問題はこれで終わらなかった。ドゥホフスコーイ以来の積極策は、九一年のシベリア鉄道の着工とともに急増した労働需要ともあいまって、新たな流入への呼び水となり、ロシア国籍へ編入された数を上回る勢いで新来者が殺到していたからである。その中には、旅券や居住証を持たない不法滞留者も多いうえ、定住朝鮮人やロシア人農民の分与地で農業労働者や実質的な小作人として働くなどの不法就労を行なう者も多かった。このため、定住者をロシア国籍へ編入するという形で一つの問題をやっと片付けたばかりのロシア当局は、こうした新来者の処理という新しくかつ厄介な課題に再び直面せざるを得なくなったのである。

2 「江東六四屯惨案」への道のり

一九〇〇年という年は、この年までに定住朝鮮人のほぼ全員がロシア国籍へ編入され、朝鮮人問題に一つの区切りがついたという意味で、極東ロシアの「黄色人種問題」の展開上、一つの節目になる年だった。この一つの「区切り」または「節目」としての意味は、清国人についてもいえることであるが、しかし、この年に彼らにかかわって起き、この年を「節目」たらしめる出来事の内容は、朝鮮人のそれとはかなり対照的なものであった。

この年に起きた「出来事」とは、アイグン条約の結果としてロシア領にできた清国人の飛び地である、例の「江東六四屯」(76)が、ロシア軍の襲撃を受けて、住民の大半が犠牲になり、飛び地が事実上消滅したうえ、生き残ったわずかな数の人々を含めて、極東地方の各地に居住していた清国人の多くが身の危険を感じて国に帰ったことである。六四屯へのロシア人の襲撃は、ブラゴヴェシチェンスクの部隊が国境のアムール河を越える直前の七月はじめに行なわれたもので、同年に起こった義和団の反帝闘争に対する軍事干渉のために清国の東北地方を占領したロシア軍によってその後東北地方の各地で続発した民衆虐殺の序奏となるものであった。しかし、清国の地での虐殺はともかく、六四屯へのロシア軍の侵入は、それ自体としてアイグン条約の明白な違反であり、しかもそれがとりわけ残虐な形で行なわれたという点で、単に清国に対する侵略の一環にとどまらない性格を持ち合わせていたと考えられる。

実は、この地がロシアの領土として確定されてからしばらく後に、屯の住民とロシア側との間にはさまざまな紛争が絶えず起こっていた。そしてこれらの紛争は世紀末に近づくにつれてますますエスカレートしていったのだが、その原因ともなったロシア側の行ないには、極東ロシアの清国人一般に対するロシア側の諸政策や抑圧と共通する部分が多かった。その意味で、この出来事はロシア側と、当局を含めた清国側との間の移住民問題をめぐる葛藤や対立が背景として存在しており、そうした状況を一気に解消しようとしてロシア側が意図的に起こしたものだったと考えられる。

もとより、清国人移住民一般に対するロシア側の諸政策や措置によって露清間の葛藤や対立が深まっていったからといって、ロシア側の諸政策が常に抑圧的で、清国人を排除しようという意図に満ちたものではなかった。地方のより速やかな開発のためにも清国人を排除するのではなく、むしろ積極的に誘致すべきであるという意見が優勢を占める時もあった。世紀末の数年間はまさにそのような時期であり、朝鮮人の状況にも見られたように、ここには総督の交代が大きくかかわっていた。

総督が交代する直前の一八九二年には外国人の不動産買い入れを禁止する法令が出されたが、これは着任以来一貫して黄色人種に対する制限政策をとり続けてきたコールフ総督のイニシアチブによるものであり、これはとりわけ清国人商人や都市部の清国人労働者の居住や経済活動を制限することをねらったものであった。つづいて翌九三年には、より直接的な方法で商人の活動を制限しようとする動きとして、ヴラヂヴォストークで開かれた同市の市会議員や実業家たちの集会で次のような提案がまとめられた。「一、清国人に商取引額の五〜一〇パーセントの物品税を課す」「二、この税金で清国人の商業活動を監督する特別委員会を組織し、物品税の監督官を置くとともに、委員会に租税徴収規則の作成を委任する」「三、規則を違反した清国人には累進的に罰金を課する」「四、規則を三回違反した清国人はその店員とともにロシアから永久に追放し、店を閉鎖する」「五、税金の正しい徴収を監督する事務を清国人協会に委任し、清国人商人の商業上の義務の回避に対する一定の責任と罰金を課す」「六、都市を除いて、南ウスリー地方のあらゆる地域における清国人の商業活動を無条件禁止とし、同地域に現存する商店は一定の期間内に閉鎖する」[77]。この決議内容は、いずれも清国人の商業活動を一定の範囲内に制限し、それを踏み外す者に対しては追放を含む厳しい制裁を加えようとするものである。このうち、「六」には、こうした清国人の商業活動に対する一般的な規制という側面とともに、新領土の併合から数十年が過ぎても依然として続いているゴーリド、ウデヘ、オロチなど地元の原住少数民族や朝鮮人に対する清国や清国人の支配や搾取を切り崩すというねらいもあった[78]。この提案は、沿海州知事のウンチェルベルゲルの支持を受けていた[79]。ウンチェルベルゲルは、八八年の着任以来、コールフ総督の黄色人対策を全面的にサポートした人物であった。

しかしこの提案は新総督のドゥホフスコーイによって受け入れられなかった。朝鮮人のロシア国籍への編入にも積極的であった彼は、清国人の商業活動を高く評価し、それがもたらす地域や住民への利益からしても、その活動にいかなる制限も加えてはならないという意見をもっていた。

彼のこのような見解は、後日送った皇帝宛ての報告書で、清国人の流入や経済活動そのものを制限すべきではないという自らの主張を次のように述べていることからも明らかである。極東地方へのロシア人の移住が集中的に行なわれるとしても地方にはなお長く労働者、技術者、企業家、資本家の不足を感じずにはいられない状況があり、「そのような場合、外国人が自分の労働、知識、資本でもって自発的にわれわれに提供できる協力を全く軽視してはなりません」、「それ故に、考えるべきは清国人労働者の追放ではなく、地方への誘致であります。同様に、アムール州、沿海州でとりわけ小売りを担っている清国人商人を現時点で排除することは、多くの商品の甚だしい値上がりをもたらす（だけ）でしょう。他の民族の商人がほとんどいないところでは彼ら（清国人）とは競争にならないでしょうからであります[80]」。

もっとも、だからといって、清国人の流入をそのまま無制限に放置するというものでもなかった。「ロシア人のためのロシア」の構築は、彼にとっても揺るぎのない大前提であり、清国に対する警戒心は前任者たちと同じく強かった。「われわれは、われわれが自分の住民を数億人とみなし、自らの人々をもって、まだ弱いわれわれの地方を完全に氾濫させるかもしれない国と関係しているということを忘れてはならない」と考えていた彼が、清国人の流入を「コントロールする方策」として考え出したのは、居住証申請の際に払う特別税金（居住税）を五ルーブリに上げることであった。ドゥホフスコーイは、これによって、家を持たないか、旅券をもたない清国人の流入を食い止めることができるし、必要に応じて金額をさらに上げることもできると考え、さらに、総督に与えられていたこうした権限を、少なくともシベリア鉄道建設工事の完了までは維持すべきだと、考えていた[81]。こうした政策もあって清国人の流入は増えつづけ、八一年の段階で一万五二二八人であった沿海、アムール両州の清国人数は、一八九七年の国勢調査時には四万二八二三人にまで膨らんでいた。

コールフからドゥホフスコーイへの総督交代にともなう黄色人種政策の大きな転換は、両者の政策の対象となる黄色人種にとってはもちろん大きな影響を及ぼすものであったが、しかし両者の政策間にある違いは決して本質的なものではなく、あくまでも「ロシア人のためのロシア」の建設に向けての方法論の違いであった、ということができる。つまり、新領土の開発を、時間がかかってもロシア人の手で進めるか、それとも、それにともなう危険性の除去に努めつつ外国人をも利用しながら進めるか、という違いだったのである。清国人を中心とする外国人の利用に積極的であったドゥホフスコーイにおいても「シベリア鉄道の建設まで」という時間限定を設けていたことからも明らかなように、（黄色人種の労働力に依存しなくともいいような状況が期待どおりに訪れるかどうかは別として）不要になった時や清国など関係国との関係が悪化した場合などには流入を禁止するということが最初から前提になっていた。その意味で、両者の政策の間のぶれは一時的なものであり、清国や清国人に対する警戒心に基本的な差はなかったというべきであろう。

この点とともに指摘すべきもう一つ重要なことは、清国人に対する両者の政策間の違いは、基本的に非定住の出稼ぎ者や商人など新規移住者にかかわるものであり、定住者、とりわけ併合以前からの居住者に対する扱いには何ら違いがなく、共通して「ロシア化」を迫っていたということである。その最大の対象だった「六四屯」を舞台に併合直後から進行していた状況はそれを雄弁に物語っているといえる。

ロシアへの併合直後からロシア側は、「六四屯」の周りにロシア人の村を建設する作業を精力的に推し進めた。それでもロシア人村と「六四屯」の間には三〇キロ程度の間隔があり、両国の住民が直接ぶつかるようなことはなかった。しかし、こうした状況は長くは続かなかった。ロシア人の入植地はだんだんと広がり、あたかも「六四屯」を包囲するかのようなかっこうで近づいたからである。

事態が一層深刻化したのは、露清関係が緊張しはじめた七〇年代末であった。ロシア人の植民がいよいよ「六四屯」住民の牧地や農地にまで入り込み、これを不当とする屯の住民が清国当局に訴えかけるようなことが頻発するようになったのである。こうした事態を解決するために露清両当局間に数次にわたる勘界作業が行なわれ、境界を表す「封堆」や「界壕」が新たに設置されるなどの解決が図られた[82]。しかしその後も、屯民の農地の中に電信柱や道路を作って農地を寸断したり、ロシア人の土地に入った屯民の家畜を殺すなどの「蚕食」活動は続いた。

こうした「蚕食」活動は、清国人住民に対する強硬な姿勢で臨んだコールフ総督のもとで一八九〇年代に一段と強くなった。九〇年に起きた「蘇忠阿墾地事件」と九三年の「焼酎惨案」は、その最たる事例であった。「蘇忠阿墾地事件」とは、屯民である蘇忠阿の農地がアイグン条約で定められた「六四屯」の境界の外に位置しているという前提を立ててコールフが税金を課そうと試みたことによって引き起こされたものであり、両国の外交問題にまで発展した末、最終的には問題の耕地は「六四屯の中」にあるという清国側の主張が通って一応解決したものであった[83]。一方「焼酎惨案」は、「六四屯」の一つである補丁屯の酒屋がロシア兵隊に襲われ、破壊された事件であり、その背景には、ロシア商人を保護するという観点から清国人による焼酎のロシア領への持ち込みを警戒視していたロシア当局の思惑があった[84]。この二つの事件を契機として両国民の間の溝はさらに深まり、九〇年代の末にはロシアの兵士が屯に押し寄せて衝突し、屯民を殺害する事件が頻発していたのである[85]。

こうした事態は、直接的には併合以来の両国関係やロシア領内の清国人住民に対するロシア側の政策の推移に規定されながら進行していたものであるが、しかし併合当初からある程度は予想されたものでもあった。すでに指摘したように、併合以前からの定住者は、五八年と六〇年の領土画定条約の際の取り決めによってロシア領での継続居住が一応は認められたものの、肝心の土地の保有や利用などに関する具体的な取り決めはなく、その結果、住民の生活は、露清両国の関係のありようやロシア側の政策次第で大きく変わり得る危険性を最初から孕んでいたのである。[86]もとよりその逆の可能性、つまり細かい取り決めがなくとも、相互で合意した大枠をまず尊重しながら、必要に応じて細部の取り決めを交わしていくような道のりも一応はあり得た。しかしそのためには両国の関係が、少なくともそうした話し合いが可能なほど友好的なものである必要があったが、残念ながら、両国の関係はそのようなものではなかった。その意味で、一九〇〇年の「出来事」は、そうした両国関係の証であると同時に、そのもっとも不幸な形での帰結でもあったのである。

四　利用と排除の構図――結びにかえて

「彼らは死体からぬすむようにして中国からぬすみにかかったのだが、死んだとおもわれていたこの者が抵抗を試みたとき、野獣のようにそれにとびかかって、いくたの村々を焼きはらい、武器をもたない住民たちやその妻子を黒龍江にしずめ、銃殺し、銃剣の先に突きあげたのである[87]」

これはレーニンが、一九〇〇年の義和団闘争に対して行なわれたロシアなどによる軍事干渉や民衆虐殺を批判するために、ロシア社会民主労働党の機関誌としてライプチヒで同年一二月に発行された『イスクラ』の創刊号に寄せた「中国戦争」なる文章の中で、「江東六四屯惨案」について触れている部分である。それほど長くはないものの、この「惨案（＝虐殺事件）」に特に言及しているのは、その虐殺ぶりがとりわけ凄まじく、衝撃的であったからであろう。

事態の発端は、確かに義和団の反帝闘争であった。遼寧や吉林の両省に少し遅れたものの、七月はじめまでには黒龍江省にもその荒波が押し寄せ、黒龍江将軍がそれに共鳴を示す中で、前の両省を上回る勢いで広がっていった。そして黒龍江沿岸の愛琿城では兵士たちが、清国領に近づこうとしたロシアの兵船を引き止めるなど緊迫した状況も現れた。しかしそれはあくまでも対岸での出来事であり、ロシア領のブラゴヴェシチェンスクや「六四屯」にはそれらと連動する動きなどはまだなかった。

義和団の嵐が黒龍江に及んできたのとほぼ同じころの七月九日にはすでに清国領への進軍の命令が出されていた。ここからも、ブラゴヴェシチェンスクや「六四屯」やそこに住む清国人に対するロシア軍の攻撃は初めから、ロシア側から仕掛けられたものであり、その背景には義和団闘争をきっかけとして、義和団に直接かかわっている人々だけではなく、清国人全体を敵視するようになっていた地元ロシア人社会の雰囲気があったと思われる。また、より直接的には、「蛮子戦争」のように、在留の清国人が武器をもって抵抗するような状況が再現する可能性を未然になくしておこうとするねらいも強く働いていたのだろう。

それだけに清国人に対する攻撃は残酷で徹底したものであった。襲撃はまずブラゴヴェシチェンスクから始められ、一六日に市内の清国人数千名を警察署などに監禁した後、翌一七日に全員をアムール河（黒龍江）辺まで連行し、カザーク兵たちが銃剣で威嚇しながら河の方に追いやり、水没させるというやり方がとられた。反抗する者や立ち留まる者は銃剣によって殺害された。同じく一七日からの「六四屯」への襲撃は、ここの清国人の存在がロシア側にとっては「のどに刺さった棘」(88)であっただけに一層残酷さを増していた。ここではカザーク兵士たちがやみくもに財産を奪った後、家に火を放ち、家とともに中にいた屯民をも焼死させるという残忍な手口が用いられた。アムール河辺などへ逃げる者はブラゴヴェシチェンスクと同じく銃や剣で殺害された。こうした襲撃は数日にわたって行なわれ、屯は文字どおり焦土化した(89)。

清国人も手をこまねいてやられるばかりではもちろんなかった。禍を免れた人々の中には早速武装し、隊伍を組んでロシア軍の哨所を襲撃する動きに乗りだし、彼らとの戦闘でロシア軍も一〇〇名の死者を出した。しかしこの状況も長くは続かず、生き残りは河を越えて清国領に移らざるを得なかった。これを受ける形で八月一二日、補忠屯への襲撃の際に現場で直接指揮をとったアムール州軍務知事のグリープスキーは、「六四屯」をロシアの管轄とし、屯を離れた清国人は再び戻ることを許されず、彼らの土地はロシア人植民者に与えられるということを宣布したが(90)、これは、ロシアへの併合後も数十年間存在した清国の飛び地が事実上消滅したことを確認するものでもあった。

しかし、事態はこれで終わらなかった。ロシア領内の清国人に対する攻撃はハバロフスク、ヴラヂヴォストーク、サハリンなどの地でも行なわれ、多くの人が殺された。虐殺はまた多くの清国人が身の危険を感じて急遽帰国する状況をも生みだし、多くの人々がロシアを去った。その結果、九三年の段階で二万二七二人であったアムール州の清国人人口は、その間の大幅な増加にもかかわらず、一九〇〇年末には一万五〇〇〇人台に減少し(91)、また五八年当時、八〇〇人近くであったウスリー地方の定住人の数は、たった九人だけになってしまった(92)。

あたかもその穴を埋める形で増えたのは朝鮮人の流入であった。その結果、一九〇二年の段階で朝鮮人の人口は九九年の二万七〇〇〇人からさらに増え三万二三八〇人を数えた。これは九一年の一万二八五七人からすれば二・五倍にも膨れ上がったものであり(93)、一九世紀いっぱいまで続いたロシア側の清国人警戒、朝鮮人引き入れ政策が、一九〇〇年の出来事を契機に一層勢いづいたことを物語っている。その限りにおいて、清国人と朝鮮人との間に見られるこの見事なまでの対照的な状況は、極東ロシアにおける外国人移民政策の成功を示すものでもあったともいえるかもしれない。

しかし、事態はそれほど簡単なものではなかった。というのは、早くから存在したものの、それまでは朝鮮人を有益と評価し、ロシア国籍への編入を積極的に進める動きに押されていた、こうした積極論とは正反対に朝鮮人の状況を危険視し、その受け入れに消極的な見方が、世紀末に近づくにつれて再び強くなっていたからである。以下は、いみじくも、一九〇〇年に出された前沿海州知事であるウンチェルベルゲルの著作『沿海州　一九五六―一八九八』における朝鮮人にかかわる一章の抜粋である。

わが国の領土に三〇年以上居住している朝鮮人は、その支柱となりまた黄色人種による平和的襲来にバランスをとるためにも本来ロシア人が必要である沿海州では、植民者として不適当であり、太平洋沿岸でのわが陸海軍の柱としても不適当であることがわかった。

あらゆる面――宗教、習慣、慣習、思考様式と経済生活の条件――から考えて、朝鮮人はわれわれとは完全に異質であり、彼らのロシア人住民への同化は極めて困難である……彼らの現在の状況からして、必要なときに、わが国のために自分自身や自分の財産を犠牲にする所属意識を彼らに期待することはできない。国籍は朝鮮人にとってはただ物質的状態を保証する意義しか持っていない。政治的紛糾の際、彼らがロシア国民としての意識のもとに行動せずに、より強い方につくであろうことは間違いない。なぜなら彼らにとってはそれが有利と見られるだろうからである……

朝鮮人は越境民族である。彼らは自分の意思でわれわれのところに住み付いたのであり、われわれはいかなる責任も有していない……

しかし、後任のドゥホフスコーイは違った目でこの問題に対処しようとした。彼は、(われわれとは異なった）国家的利益の観点から、ただちに第一種朝鮮人の宣誓、入籍を着手しなければならず、こうした新しい特権を賜うことによって彼らの物質的状況を向上・強化し、またこうなることを通じて朝鮮においてわれわれに対するより大きな好感を引き出すことができる、と考えたのである……

このように、朝鮮人問題の解決は（それまでとは）異なる方向性を与えられることになった。（しかし）次のことを願わずにはいられない。つまり、これらの方策のもとになっている予想が実証されること、次にそれによって定住のつもりでわれわれのところにやってくる朝鮮人の流入が止まること、最後にわれわれのところに残った朝鮮人の同化が今後成功に進むことなどである。(94)

ここには、八八年の知事就任以来、コールフ総督の黄色人種に対する統制・制限政策を全面的にサポートし、そうした立場から、途中で交代したドゥホフスコーイ、グロデコヴォ両総督の時代以降九八年の自らの州知事退職に至るまでの期間にわたって、総督の指示や方針を尊重すべき下級者でありながらも、それに協力するよりは抵抗することが多かった人ならではの自己主張がよく現れている。彼にとって朝鮮人問題が大きな関心の的であったことは、それが単独の一章として設けられていることからもうかがえる。

問題は、こうした見解が強い調子で改めて強調されることが、自らの見解への単なるこだわりではなく、それなりの根拠を有していたことである。その根拠とは、すでに見たとおり、第一カテゴリーの朝鮮人などのロシア国籍への編入が、朝鮮人の新たな流入をせき止める決め手になるどころか、かえってそのための呼び水となっていた現実である。とりもなおさず、これは、こうした状況が続けば、それだけ朝鮮人を危険視する雰囲気も一層強くなることを示し、朝鮮人の前途多難を暗示するものであった。

ふりかえってみれば、そもそも清国人が朝鮮人に比べてより警戒され、排除の対象になりがちだったのはその背後にある国家の力の強さとその国家とロシアとの間の緊張した関係であった。逆に朝鮮人がより「優遇」されたのはその背負っている国家が弱く、ロシアの「保護」の対象として存在していたことと深く関連していた。ということは、こうした状況が変われば、つまりその背後にある国の力やその国とロシアとの関係が変われば各々に対する態度も変わり得るということを意味するものであった。

実際、こうした状況は、日露戦争後に早くも現実のものになりはじめ、その後も繰り返されることになるのだが、その対象となる人々にとってはまさに運命が翻弄された場合も多く、また政策を実行する側にとっても凄まじいエネルギーと無理を強いられた。

こうした厄介な状況にならないようにするための方策として、黄色人種を全く使わないという対応も考えられ、実際、一九世紀以来そうした主張がロシアの中に根強く存在するのも事実である。しかし、それがもっと至難な選択肢であるということは、中国人の労働力や商業活動なしには住民の日常生活そのものさえままならないというソ連邦の解体直前から今日にいたる極東ロシアの現状が物語っているどおりである。外国人など外部の人々の助けに頼らざるを得ないことが避けられないのであれば、それを前提にした、より望ましい付き合い方がもっと真剣に工夫されなければならず、そのためにも関係国の間がもっと開かれたより友好的なものでなければならない。本稿で考察した一〇〇年くらい前までの状況はそれをも改めて確認してくれるといえよう。

注

（1）「ロシア極東（地方）」または「極東ロシア」とは、バイカル湖以東のより広い地域を指すが、ここでいう、その「南部地域」とは、一八八四年に創設された沿アムール総督府の管轄地域のうち、沿海州の南部（現在の「沿海地方」と「ハバロフスク地方」）とアムール州を指す。当時の「沿海州」は、現在の「沿海地方」に「ハバロフスク地方」、さらにはカムチャツカ半島、千島列島などを含む広大なものであった。なお、沿アムール総督や、一八八四年までこの地域を管轄していた東シベリア総督は、管轄地域の軍管区司令官と民政総長官を兼ねていた。この点は、その下の各州を統括する知事も同様であり、それ故、知事は「軍務知事」と呼ばれていた。総督と州知事の違いは、総督は皇帝の直接の選任により、皇帝に直接上奏できるのに対して、知事は、内相の人事によって、内相ないし総督に服従するという点である。

（2）　最近の状況を含めて、本稿で取り上げられる一九世紀末以降の状況については、さしあたり、ユ・ヒョヂョン「ヴラヂヴォストーク—アジアのなかのヨーロッパ的都市の民族関係」（『人間関係学部紀要』第二集、一九九七年、和光大学人間関係学部）を参照。

（3）　次にあげるものが代表的である。①Б. Д. Пак. Корейцы в Российской империи. Издание второе, исправленное. Иркутск, 1994. ②Б. Б. Пак. Российская дипломатия и Корея. М. -Иркутск-СПб., 1998. ③А. И. Петров. Корейская диаспора на Дальнем Востоке России 60-90-е годы XIX века. Владивосток, 2000. ④Ф. В. Соловьев. Китайское отходничество на Дальнем Востоке России в зпоху капитализма（1861-1917гг.）. М., 1989. ⑤Т. Н. Сорокина. Хозяйственная деятельность китайских подданных на Дальнем Востоке России И политика администрации Приамурского края（конец XIX-начало XXвв.）. Омск. 1999. ⑥А. Г. Ларин. Китайцы в России. М., 2000. ①②③は朝鮮人関係で、いずれも本格的な研究で本稿においても大いに参考になる。④⑤⑥は中国人（清国人）関係であるが、④⑥は本稿で取り扱う一九世紀後半についてはいずれも簡単な叙述にとどまっている。⑤は、本稿と共通する問題をも扱っており、重要であるが、ただし、入手が遅れたために、充分に検討、利用することができなかった。後日を期したい。

（4）　Б. Б. Пак. Указ. соч., стр. 18-19.

（5）　там же, стр. 19.

（6）　там же, стр. 19: Б. Д. Пак. Корейцы в Российской империи. стр. 16-17: Петров. Указ. соч., стр. 100.

（7）　Б. Б. Пак. там же, стр. 20.

(8) там же.

(9) Б. Д. Пак. Россия и Корея. М., 1979, стр. 38. および田川孝三「近代北鮮農村社会と流民問題」（『近代朝鮮史研究』朝鮮総督府、一九四四年）五六四頁。

(10) 秋月望「朝露国境の成立と朝鮮の反応」（『国際学研究』第八号、一九九一年、明治学院大学）二九〜三一頁。

(11) この時期におけるロシア側の「経済的困難」の一つの大きな原因として、後で述べる一八六八年の「蛮子戦争」による被害が挙げられる。

(12) Б. Б. Пак. Указ. соч., стр. 23-24.

(13) там же, стр. 24: Б. Д. Пак. Корейцы в Российской империи. стр. 29-33.

(14) 前掲、秋月「朝露国境の成立と朝鮮の反応」三一頁。

(15) Б. Д. Пак. Корейцы в Российской империи. стр. 29-33.

(16) Приамурье. Факты, цифры, наблюдения. М., стр. 152. および和田春樹「ロシア領極東の朝鮮人 一八六三―一九三七」『社会科学研究』第四〇巻第六号、東京大学社会科学研究所、一九八九年三月、一三九頁。

(17) Б. Д. Пак. Корейцы в Российской империи. стр. 29. このように、朝鮮人越境者の中に各種の職人が多く含まれていたことと共に注目すべき点は、越境民の元の職業が農業だけでなく、軍人、学者、官吏、シャーマン、職人などと多様であったことである（там же, стр. 30）。

(18) 「蛮子（マンザまたはマンズ）」の由来について当時代のロシアの聖職者で、中国の文化や歴史の学者でもあったパラディウスは次のように述べている。「マンズ［蛮子］とは漢人移住者のことである。満州と蒙古に住む漢人に与えられたこの名は、古くモンゴルが中国を支配していた頃に成立した。その当時のモンゴルは南中国の住民を、南方の野蛮人《マン［蛮］》との混血であるとして貶める意味でそのように呼び、この通称を自らの民法典において法制化している。南方の漢人がモンゴルを中国より追い出した後、蒙古と満州の域外の中国内部の住民は全て自らをマンズと名乗りだした。……マンズはその名前を他者から受容したのだが、自らは概ね、単に《パオ・トゥイ・ツ［跑腿子］》もしくは《パオ・トゥ・ルジ》、即ち、歩く民（逐語的には走者を意味する）あるいは浮浪者と、その語に悪い意味を付与しないで自称していた。」（井上紘一「パラディウスの南ウスリー踏査記—翻訳と解説」浜中幸子・原山煌編『東北アジアの歴史と社会』名古屋大学出版部、一九九一年、一四七頁)。
(19) 佟冬主編『沙俄和東北』吉林文史出版社、一九八五年、一六三～一六四頁。
(20) И. Барсуков. Граф Николай Николаевич Муравьев-Амурский. кн., М., 1891, стр. 497.
(21) 南満洲鉄道株式会社社長室調査課『近代露支関係の研究　沿黒龍江地方之部』一九二二（大正一一）年、二九六頁（露文テキスト）、三〇八頁（日訳）、三一八～三一九頁（漢文テキスト）。
(22) Барсуков. Указ. соч., стр. 576-577.
(23) Н. Пржевальский. Путешествие в уссрийском крае, 1867-1869гг., СПБ., 1870, стр. 152. この数は、のちほど紹介する非定住者の数とともに、研究者を含む多くのロシア人によってあまりにも大きく見積もったものだとして否定されてきたが、人口調査がまだ行なわれていなかった段階で現地を歩き回った人の「実感」として受け止めるべきであろう。
(24) там же, стр. 85-86. プルジェヴァルスキーは、つづいて、博打の途中で仲間を殺害した者に対して村長が生き埋めの判決を下し、村民の多数がそれを実行した例を紹介している。彼によれば、「最近（ロシアへの併合後）」では村民の自治が制限されるようになり、選挙制の村長は存続しているもののその権限は各地区のロシア人長官に従属され、軽微なもめ事だけを取扱うようになったが、このロシア併合以降の状況変化についてのくだりは第二版（一九四七年発行）以降からは削られている。
(25) Пржевальский. Указ. соч., стр. 88.
(26) там же, стр. 79.
(27) Барсуков. Указ. соч., стр. 654.
(28) 前掲『沙俄和東北』二三一～二三三頁。
(29) П. Ф. Унтербергер. Приморская область, 1856-1898. СПб., 1900, стр. 190.
(30) Н. П. Матвеев. Краткий исторический очерк г. Владивостока. Владивосток, 1990, стр. 59.
(31) 前掲『沙俄和東北』二三七頁。
(32) 現地でこの「戦争」にかかわることになったプルジェヴァルスキーは、この戦闘を評して「紅鬚族の戦闘行動

(彼は砂金工隊を、清国領から入った紅鬍族＝匪賊の部隊に砂金工たちが合流してできたものと捉えている）とそれに対して示された地元の清国人の共感はわれわれに対するこれら住民の真の見方を表し、また将来この種の事態を防止するために軍事的、政治的対策の必要性を明確に教えた」と述べている（Пржевальский. Указ. соч., стр. 91-92)。

(33) イリ問題をめぐる一連の状況展開については、坂野正高『近代中国政治外交史—ヴァスコ・ダ・ガマから五四運動まで』東京大学出版会、一九七三年、第九章「辺境の喪失・その一」第2節伊犂問題（三三五〜三四〇頁）などを参照。

(34) 前掲『沙俄和東北』二五六〜二八〇頁。

(35) 秋月望「朝中勘界交渉の発端と展開」（『朝鮮学報』第一三二輯、一九八九年、朝鮮学会）七九〜一〇八頁、など。

(36) 『沙俄和東北』二七五〜二七八頁。

(37) Унтербергер. Указ. соч., стр. 74.

(38) там же, стр. 72.

(39) ここでいう「ロシア人」とは、狭義のロシア人（＝「大ロシア人」）だけでなく、ウクライナ人などを含む（東）スラブ人全体を指す。実際、極東へのロシア人移民のかなりの部分を占めていたのは当時「小ロシア人」と呼ばれていたウクライナ人であった。

(40) Унтербергер. Указ. соч., стр. 77-78.

(41) Б. Д. Пак. Корейцы в Российской империи. стр. 55 など。

(42) 伊凡・納達羅夫『《北烏蘇里辺区現状概要》及其他』上海人民出版社、一九七五年、一一〇〜一一二頁（これは、ヴラヂヴォストーク発行のロシア語新聞《Владивосток》に一八八五年から一八八六年にかけて掲載された、陸軍中佐 И. Надаров の数編の報告を漢訳したものである。原本の入手ができず、ここではやむなく、この漢訳本を利用した）。

(43) 同前、一一五頁。一方、北京条約によって引き続き居住が認められた六〇年以前の定住者に対しては一回の申請で無期限の居住証をもらうことになっており、その際の手数料は六〇コペイカであった。

(44)　こうした各種の規制・制限に加えて言及すべきことは、衛生行政と関連した都市部における居住規制である。これは八六年と九〇年の二回にわたるコレラの流行を契機に始まったもので、清国人、朝鮮人の非衛生的な居住状況にコレラなど伝染病蔓延の原因を求め、彼らを都市の中心部に形成されていた住居地域から排除し、郊外に特定の区域を設定し、そこに隔離する政策が推し進められたのである（前掲、ユ・ヒョヂョン「ヴラヂヴォストーク—アジアのなかのヨーロッパ的都市の民族関係」一六七〜一六八頁）。

(45)　八一年の朝鮮からの牛の輸入頭数は四五〇〇頭であった（Б. Б. Пак. Указ. соч., стр. 74）。

(46)　Б. Д. Пак. Корейцы в Российской империи. стр. 38-42.

(47)　там же, стр. 43-46.

(48)　Б. Б. Пак. Указ. соч., стр. 45-51.

(49)　В. Д. Песоцкий. Корейский вопрос в Приамурье. Хабаровск, 1913, стр. 111-112.

(50)　Б. Д. Пак. Россия и Корея, стр. 44.

(51)　この過程については、佐々木揚「一八八〇年代における露朝関係—一八八五年の『第一次露朝密約』を中心として」（『韓』東京韓国研究院、一九八七年、通巻一〇六号）六〜八頁。

(52)　そのための具体案は、次のようなものであった。一、国境の両側にそれぞれ五〇ベルスターの無関税の自由貿易地帯を設置する、ただし酒類や武器類のロシア領内への搬入は禁止する。二、ロシア貿易のために少なくとも北部朝鮮を開放する。三、ロシアと朝鮮の国境当局間に公式的な関係を樹立し、咸鏡道観察使（＝知事）所在地に（ロシア）領事官を設置するが、こうした権利は他国には与えない。四、国境線の警備を複雑にしている豆満江での自由航行は、ロシアにとって軍事上不利であるため認められない（Б. Б. Пак. Указ. соч., стр. 76）。

(53)　これは、ヴェーベルのヴラヂヴォストーク滞在中の八二年七月に、アヌーチンより沿海州知事に送られた電報で述べられたものである（Б. Б. Пак. Указ. соч., стр. 75-76）。なお、外国人移民への特恵付与の廃止を盛り込んだ新しい移民規定が出された八一年一一月に、アヌーチンに対して、新しく沿海州知事に就任したバラノフが、朝鮮人の「ロシア国籍への編入と農民身分への編入」を提案していた。この提案のその後の推移は不明だが、その後の状況からして、見送られたと考えられる。アヌーチンは、朝鮮人の移住そのものには積極的な考え方をもっていたが、しかし朝鮮との合意なしに、一方的に国籍編入などを行なうのは、後任のコールフと同じく、以後の対朝鮮関係の推進のためにも得策ではないと考えていたと思われる。

(54) Б. Б. Пак. Указ. соч., стр. 76.

(55) Б. Д. Пак. Россия и Корея. стр. 52-53.

(56) 極東地方の開発促進や東北アジアへのプレジェンスを強化するために、従来の東シベリア総督管轄地域から、新領土の沿海、アムール両州とザバイカル州、カムチャトカ州およびサハリン島を切り離して、この地域を管轄する沿アムール総督府(所在地はハバロフスク)が新設され、下位の行政単位の改編も行なわれた。なお、新設の沿アムール総督にはコールフが就任した。

(57) Песоцкий. Указ. соч., стр. 112.

(58) Б. Д. Пак. Корейцы в Российской империи. стр. 59: Петров. Указ. соч., стр. 102.

(59) 高宗二四年四月二八日(西暦一八八七年五月二〇日)、督弁交渉通商事務金允植発露公使韋貝宛照会『旧韓国外交文書』第一七巻(俄案一)、高麗大学校亜細亜問題研究所、一九六九年、二四頁。

(60) Б. Д. Пак. Россия и Корея, стр. 66, 68: Б. Б. Пак. Указ. соч., стр. 200.

(61) Б. Д. Пак. Корейцы в Российской империи. стр. 64.

(62) Б. Б. Пак. Указ. соч., стр. 193-194. 実は、同じく自国民保護のためにヴラヂヴォストークに領事を駐在させたいという要求は、清国からも出されていたが、ロシアはこれをも退けて、長い交渉を経て商務官の派遣だけを認めていた(前掲『沙俄和東北』二五五~二五六頁)。

(63) 高宗二四年閏四月一七日(西暦一八八七年六月八日)、露公使韋貝発督弁交渉通商事務金允植宛照会№6、前掲『旧韓国外交文書』、二七~二九頁。

(64) Петров. Указ. соч., стр. 103-106.

(65) Б. Д. Пак. Корейцы в Российской империи. стр. 66-67: Петров. Указ. соч., стр. 106.

(66) Б. Д. Пак. Корейцы в Российской империи. стр. 60.

(67) ところが、実に面白いことに、両者の「合意事項」の表現が漢文テキストとロシア文テキストのあいだで異なっている。ロシア語テキストの「露朝条約締結以前にロシアに移住し、ロシア国籍を取得しているすべての朝鮮人は、ロシアと朝鮮両方において他のロシア人と全く同等の権利を行使する」の傍点の部分が、朝鮮側によって作成されたはずの漢文テキストでは「両国が和約を締結する時以前にロシア境内に移徒した者は、ロシアの人民とし」となっており、実態に合った表現となっているのである（前掲、露公使韋貝発督弁交渉通商事務金允植宛照会№6など）。このズレに両者がどれだけ自覚的であったのかはわからないが、交渉に臨む際の両者の心構えや気持ちを表すものとして興味深い。

(68) Б. Д. Пак. Корейцы в Российской империи. стр. 68.

(69) там же, стр. 69-70: Петров. Указ. соч., стр. 107-108.

(70) А. Волохова. Китайская и корейская иммиграция на российский Дальний Восток в конце XIX - начале XX вв. "Проблемы Дальнего Востока" №. 6. стр. 105.

(71) Б. Д. Пак. Корейцы в Российской империи. стр. 68.

(72) там же, стр. 71.

(73) там же, стр. 72.

(74) Петров. Указ. соч., стр. 113.

(75) там же, стр. 113, 269. ただし、一八九四年に国籍編入が行なわれたヴラゴスロヴェンノエ村を除いて、他の地域での国籍編入が九六年から九七年の両年にかけて行なわれたのか、それとも九七年にまとめて行なわれたのかは明らかではない。この国籍編入にかかわる過程を比較的詳細に跡付けているペトロフもこの点についてはあいまいな叙述をしている。

(76) ロシアへの併合当時、四四の屯（村）に一万から一万五〇〇〇人がいた「飛び地」の屯数と人口は、その後の人口増加や開墾によって増え続け、世紀末には六四屯、三万五〇〇〇人になっていた（前掲『沙俄和東北』一六八頁）。

(77) В. Граве. Китайцы, корейцы и японцы в Приамурье. М., 1912, стр. 39.

(78) 一八八〇年代前半に北ウスリー地方を調査した陸軍中佐のナダーロフによれば、この地方の原住少数諸民族（＝

「異族人」）は、その地方がロシアの領土に変わったことさえ知らず、依然として清の皇帝を仰ぎ、朝貢を続けていた。こうした状況は一九一〇年代においても変わらずにいた。清国人による支配は、朝鮮人に対しても行なわれ、高利貸しなどを通じた経済的支配と馬賊を使った横暴とが日常的に行なわれていた（前掲、伊凡・納達羅夫『《北烏蘇里辺区現状概要》及其他』三四、四六～四八、五一頁、Граве. Указ. соч., стр. 36-38: Петров. Указ. соч., стр. 118-119）.

(79) Граве. Указ. соч., стр. 39-40.

(80) Волохова. Указ. статья, стр. 106-107.

(81) там же, стр. 107.

(82) 前掲『沙俄和東北』一六八～一七〇頁。清国人「原住民」の農地がロシア人に奪われ、それがもとになって両国民が衝突するようなケースは、沿海州ウスリー地方のスーチャン地区でも起きていた。ここでは海路による移民輸送が開始された直後に、移住したロシア人農民が、開墾の必要のある与えられた未墾地の代わりに清国人の熟地を欲しがり、それを移民局が規定に違反して強行したのに対して清国人が抵抗し、ついには両者の流血衝突にまでなっていった。土地を奪われた清国人の一部は帰国し、残りはスーチャン河以北の地に移っていた（Унтербергер. Указ. соч., стр. 86-87）。同様なケースは南ウスリー地方の他の地区でも起こっていた（前掲『沙俄和東北』二四五～二四六頁）。

(83) 前掲『沙俄和東北』一七〇～一七二頁。

(84) 「焼酎問題」は、清国商人の活動が活発化し始めた一八七〇年代末頃から既に大きな問題としてロシア当局者に認識されていた。しかし焼酎の免税搬入は一八八一年の露清条約（「陸路通商章程」）で認められている上、ロシア産のウォッカに比べて安価でロシア人に好まれていたこともあり、簡単には禁止措置を実現できないでいた。

(85) 前掲『沙俄和東北』一七二～一七三頁。

(86) 併合以前からの清国系定住者に対するロシア側の政策に関連して、実態がまだはっきりしていない問題として、彼らに対するロシア国籍への編入をめぐる状況がある。八〇年代初め頃までには、彼らをロシア国籍へ編入しようとする動きもあったようであるが、それに応じたものは少なく、むしろ、その圧力から逃れるために清国に戻った人々が多かったようである（前掲『沙俄和東北』二五五頁）。

(87) 『レーニン全集』第四巻（大月書店、一九五四年）三四九頁。

(88) 前掲『沙俄和東北』二四四頁。

(89) 「江東六四屯惨案」を含む一九〇〇年の「露清戦争」の詳細については、George Alesander Lensen, *The Russo-Chinese War*, Tokyo, 1967 を参照。

(90) 前掲『沙俄和東北』四〇〇～四〇一頁。

(91) Сорокина. Указ. соч., стр. 37-38.

(92) Соловьев. Указ. соч., стр. 37-38.

(93) Б. Д. Пак. Корейцы в Российской империи. стр. 74.

(94) Унтербергер. Указ. соч., стр. 114-118.

第Ⅲ部　「国民」の統合と隔離

第七章　隔離と消毒
——明治のコレラ対策における予防と治療

内田正夫

はじめに

人が病気に罹るということはその当人や家族にとって重大な事件であることはいうまでもないが、社会にとってもそれはさまざまなレベルと意味において大きな事件でありうる。ことにそれが急性の伝染病である場合、短期間のうちに次々と多数の患者が発生することより、直ちに社会的対処を必要とする問題となる。

伝染病はその原因微生物がヒトの体内で増殖しておこる病気である。すなわちヒトが宿主として伝染の一環をなしている。そのために、患者ないし保菌者はその病気の被害者であると同時に、新たな伝染の原因者でもありうる。社会的な対処の必要という場合、多く念頭に置かれるのはこの点であって、感染者は病人としてよりも、他人への感染源として対策の焦点に置かれる。すなわち衛生当局のとる伝染病対策は、患者の救命治療よりも、病気の蔓延防止＝取り締まりという視点で行なわれがちとなるのである。

もちろん、罹ってしまってから治療するよりは罹らないように予防することのほうが、苦痛も費用も少なくてすむので合理的であり、伝染病対策の中で「予防」が大きなウェイトを占めるのは当然ではある。しかし、社会的衛生基盤の整備によって予防を図るには多大の費用と年月が必要であるため、「予防」が緊急の「蔓延防止」にすりかえられることがしばしばおこる。後者の意識が強ければ、社会の健康な部分を病気から防衛するという名目で、患者・保菌者はそれ以外の健康な人々から隔離されるだけの扱いを受けることになる。伝染病撲滅のためには健康者の人権さえ抑圧されることもある。民衆を病から守るという目的（福祉政策）ではなく、社会の不安定要因の増大を防ぐ、いわば治安対策としての性格が前面に出るのである。

幕末明治維新以後、日本の近代化とともにさまざまな伝染病がこの国の民衆を襲い、とくにコレラは数年おきに大流行を繰り返した。この伝染病の流行に対して、形成期にあった衛生行政の対応には、富国強兵を旗印とする明治政府の国家主義的政策を背景として、多分にこのような傾きがあった。形成途上にあった西洋の伝染病学の成果を取り入れつつ、明治の衛生学者・衛生行政担当者たちが暗中模索の中で行なってきた伝染病対策は、その根底に感染者や家族をはじめ民衆の人権を軽視した社会防衛の発想が体質となっていた。こうして積み重ねられた行政施策は一八九七（明治三〇）年、「伝染病予防法」[(1)]としてまとめ上げられ、この法律はその後一〇〇年間、一九九八年に全面改定されて感染症新法となるまで機能し続けることになった[(2)]。

近年の歴史学においては、民衆史、生活史、都市史などの領域で研究が進展し、民衆にとっての病気の問題に歴史学者の関心が向けられるようになって、一九九〇年代に入って以後その成果が次々に発表されてきた。そのなかでも明治時代のコレラ流行をめぐって多くの実証的研究が発表され、コレラの防疫対策が、民衆を国家という機構に統合していく過程を反映したものであり、またそれを促す契機として作用したことが明らかにされてきている。[3] 民衆には日頃から清潔と規律の観念および習慣を浸透させ、伝染病流行の緊急時には強権的な防疫対策を実施する。これが文明的で強健な国家への道であるとする意識が衛生行政の形成に与ってきたことはまちがいない。

本稿ではこれらの研究成果に依拠しつつ、コレラ流行対策の問題をやや違った角度から考察してみたい。すなわち細菌学をはじめとした伝染病に関する医学理論と医療技術の進歩が、衛生行政の現場へどのように適用されたかという問題である。明治の伝染病対策が形作られていく過程で、具体的な政策決定の要因には、その時代その社会で利用可能な科学技術の水準というものがあったであろう。筆者は技術水準だけを政策決定の主要要因とみなすものではないが、衛生行政という技術的性格の強い行政領域において、この両者の関係は、今日のエイズや感染性海綿状脳症をめぐる病問題においてもみられるように、普遍的な検討課題であると考えられる。

一　コレラの流行

1　世界的大流行のなかの日本流行

コレラという病気はもともとインド、ベンガル地方の地方病だった。これがイギリスをはじめとする西欧諸国の植民地政策による交通の頻繁化によって一八一七年ガンジス川に沿って広がり、やがて東西へ拡大して世界的な大流行（パンデミー）となった。パンデミーはつぎのように前後六回にわたって世界を荒らしまわった。[4]

第一次　一八一七〜一八二三

第二次　一八二六～一八三七
第三次　一八四六～一八六三
第四次　一八六三～一八七九
第五次　一八八一～一八九六
第六次　一八九九～一九二六

第一次パンデミーの波は一八二二（文政五）年、日本に渡来した。第二次は一八三一年にヨーロッパに及び、南北アメリカへ渡った。第三次もヨーロッパに一八四九～五四年の大流行をもたらし、日本は一八五八（安政五）年の大流行に見まわれた。第四次から第五次のパンデミーの波は明治の日本に繰り返し大流行をもたらした。ヨーロッパの先進諸国ではこの頃から上下水道など都市衛生環境の整備により次第に大規模の流行を見なくなる。(5) コッホによるコレラ菌の発見は一八八三年のエジプトにおける流行のときである。日本でも一八九〇年代末からコレラの大流行は散発的となった。一九三〇年代からはそれまで猛威をふるったアジア型または古典型といわれる系統のコレラ流行は見られなくなり、症状もやや緩和なエルトール型に交代した。

2　文政五年と安政五年の流行

明治以前の日本における流行は上述のように一八二二（文政五）年が最初である。このときは長崎または対馬から入ったコレラは大阪で大流行したが、その東進は沼津で止まったという(6)。この年、コレラが日本に侵入する直前に、江戸の蘭医、桂川甫賢らがオランダ商館長ヤン・ブロムホフからバタビアでのコレラ流行の情報を聞き、もらった小冊子を宇田川榕菴が『革列亜没爾爸斯《コレアモルボス》』として訳出した。これが日本で最初のコレラ文献ということになる。ただしこの書が治療や予防に役立てられたかどうかはわからない。

第二回の流行はそれから三六年後の一八五八（安政五）年、七月一日（旧暦五月二一日）上海から長崎に入港したアメリカ軍艦ミシシッピの乗組員から広がったとされ、京阪に続いて東海道を急速に東進して、[7]江戸に大流行を引き起こし、全国へ広がった。関西では冬を越して翌年にも流行があった。江戸の死亡者はさまざまな史料によって大きく幅があるが、だいたい三万から四万人というところのようである。[8]

この四年後の一八六二（文久二）年にも流行があったが、一八五八年ほどの大被害にはならなかった。[9]

3　明治の流行

一八六二年の流行後、明治維新前後の混乱期にはさいわいコレラの流行はなく、明治に入って最初の大流行は一八七七（明治一〇）年であった。九州地方に入ったコレラは西南戦争から帰還する兵士によって山陽、阪神地方に広まった。明治政府はすでに一八七五年内務省に衛生局を発足させ、衛生行政の整備を開始していたのでこれによって伝染病流行の統計データも集積されるようになった。[10]

表7‐1は明治期の伝染病流行の有様を患者数、死亡者数で示したものである。[11]

コレラの全国的大流行は、一八七七年、一八七九年、一八八二年、一八八五～八六年、一八九〇～九一年、一八九五年、一九〇二年と続き、とくに一八七九年と一八八六年には一五～一六万人を超える患者、一〇万人を超える死亡者を出した。

表7‐1からみるとコレラの流行がやや間遠になった一八九〇年代には赤痢が増加し、また腸チフスも毎年確実に三～四万人の患者と一万人近い死亡者を出していた。明治後半からは慢性伝染病である結核が年ごとに増加

明治期伝染病の患者数および死亡者数

痢	腸チフス		痘瘡		ペスト		結核
死亡者数	患者数	死亡者数	患者数	死亡者数	患者数	死亡者数	死亡者数
76	869	108	318	145	—	—	—
38	1,964	141	3,441	653	—	—	—
181	4,092	558	2,896	685	—	—	—
1,477	10,652	2,530	4,799	1,295	—	—	—
1,305	17,140	4,177	3,415	1,731	—	—	—
1,802	16,999	4,203	342	34	—	—	—
1,313	17,308	5,231	1,106	197	—	—	—
5,066	18,769	5,043	1,271	295	—	—	13,808
6,036	23,279	5,969	1,703	410	—	—	29,269
10,690	29,504	6,672	12,759	3,329	—	—	—
6,839	66,224	13,807	73,337	18,678	—	—	36,138
4,257	47,449	9,813	39,779	9,967	—	—	36,369
6,576	43,600	9,211	4,052	853	—	—	39,687
5,970	35,849	8,623	1,324	328	—	—	42,452
8,706	34,736	8,464	296	25	—	—	46,025
11,208	43,967	9,614	3,608	721	—	—	54,505
16,844	35,636	8,529	33,779	8,409	—	—	57,292
41,284	34,069	8,183	41,898	11,852	—	—	57,798
38,094	36,667	8,054	12,418	3,342	—	—	52,888
12,959	37,015	8,401	1,284	268	—	—	58,992
22,356	42,505	9,174	10,704	3,388	—	—	62,790
23,763	26,998	5,697	41,946	12,276	1	1	—
22,392	25,297	5,697	1,752	362	—	—	—
23,763	27,673	6,452	1,215	245	62	45	—
10,164	23,855	5,362	111	92	168	122	71,771
10,889	24,112	5,411	4	4	3	3	76,614
8,442	21,094	4,808	46	7	14	10	82,559
7,209	18,852	4,292	72	6	58	39	85,132
5,293	19,628	5,096	1,188	154	1	1	87,260
3,762	22,853	6,280	278	70	282	107	96,030
5,171	25,133	6,325	496	99	498	157	96,069
5,872	25,916	5,974	1,034	211	646	320	96,584
8,053	24,492	5,822	17,832	4,265	347	159	98,871
8,655	25,101	6,018	90	36	389	237	113,622
9,877	35,378	8,046	80	15	49	22	113,203

制百年史 資料編』(1976) 544-547 頁.
近代日本における病のイメージ』名古屋大学出版会 (1995) 50 頁 (『帝國統計年鑑』等による).

表7-1

年		コレラ		赤
西暦	明治	患者数	死亡者数	患者数
1876	9	—	—	976
1877	10	13,816	8,027	349
1878	11	902	275	1,078
1879	12	162,637	105,786	8,167
1880	13	1,580	618	5,047
1881	14	9,387	6,237	6,827
1882	15	51,634	33,784	4,330
1883	16	669	434	20,172
1884	17	904	417	22,702
1885	18	13,824	9,329	47,307
1886	19	155,923	108,405	24,326
1887	20	1,228	654	16,147
1888	21	810	410	26,815
1889	22	751	431	22,873
1890	23	46,019	35,227	42,633
1891	24	11,142	7,760	46,358
1892	25	874	497	70,842
1893	26	633	364	167,305
1894	27	546	314	155,140
1895	28	55,144	40,154	52,711
1896	29	1,481	907	85,876
1897	30	894	488	91,077
1898	31	655	374	90,976
1899	32	829	487	108,713
1900	33	378	231	46,255
1901	34	101	67	49,635
1902	35	13,362	9,226	36,996
1903	36	177	91	30,311
1904	37	1	48	22,765
1905	38	—	34	37,981
1906	39	—	29	22,270
1907	40	3,632	1,702	24,940
1908	41	652	297	32,808
1909	42	328	158	28,005
1910	43	2,849	1,656	31,958

注：－は統計項目または計数のない場合.
出所：コレラ～ペストについては，厚生省医務局『医
結核については，福田眞人『結核の文化史―

しはじめ、やがて毎年一〇万人を超える死亡者を出すようになって、第二次大戦後まで日本の国民病とまでいわれるようになった。しかし近代日本の衛生行政の形成期であった一九〇〇年頃まで、その焦点にあったのはなんといってもコレラであった。

4　死亡者一〇万余

一年間、それも実質的には五月から一一月までの半年間に一五万人余の患者、一〇万人余の死亡者が出る、というのはどれくらいの大事件であったろうか。一八七九（明治一二）年、一八八六（明治一九）年は全国統計で

みても人口動態にその影響がはっきりと見て取れるほどの多数の死亡者を出した。この両年について、その統計データを検討してみたい。これは現代の日本では想像もできないほどの大惨事であり、まして被害の大きかった府県ではとくにその影響が甚大であった。

まず全国の患者数でみると一八七九年は一六万二六三七人、一八八六年は一五万五九二三人。これらの年の総人口は一八七九年は約三六四六万人、一八八六年は約三八五四万人なので、人口一〇〇〇人あたり四・五人（一八七九）、四・〇人（一八八六）の罹患率である。死亡者数でみると一〇万五七八六人（一八七九）、一〇万八四〇五人（一八八六）なので、コレラによる死亡率は人口一〇〇〇人あたり二・九人（一八七九）、二・八人（一八八六）となる。一八八六年はコレラ以外の急性伝染病も大流行し、腸チフス、痘瘡、発疹チフスにおいても明治年間最大の犠牲者を出しているので、それに赤痢、ジフテリアの患者、死亡者をも加えると、その数は、患者三三万一三〇〇人、死亡者一五万七七一人となり、人口一〇〇〇人あたりの急性伝染病罹患率八・六人、死亡率三・九人となる。

各年の総死亡率は人口一〇〇〇人あたり一九・八人（一八七九）、二四・三人（一八八六）であり、それぞれの前後の年と比較して三〜四人ほど押し上げられている。したがって、大まかにいえば、一八七九年の全死亡者の七人に一人、一八八六年の全死亡者の六人に一人が、コレラまたはその他の急性伝染病で死んだことになる。

類似の計算を、一八八六年とくにコレラ被害の大きかった富山県、大阪府、東京府でみると、さらに一段とその激甚であったことがわかる[12]（煩雑となるので、人口、死亡数は省略する）。

コレラによる死亡率は人口一〇〇〇人あたり一四・九人（富山）、九・八人（大阪）、九・四人（東京）。全死亡者のうちコレラによる死亡者はそれぞれの府県で三七％（富山）、二五％（大阪）、二七％（東京）を占める。

すなわち、一年間全死亡者の三人ないし四人に一人がコレラで死んだことになる。このような多数のコレラ死亡者のために、各府県の総死亡率が、コレラ流行がなかった一八八七年と比べて一五七％（富山）、二四七％（大阪）、一三九％（東京）に跳ね上がっていた。

図7－1〜7－4は全国および三府県における一八八六年中の月ごとの死亡者数を示す。これらの府県ではコレラの犠牲者が通常の死亡率を大きく押し上げたことが如実に見て取れるであろう。

なお、大阪府と東京府では夏にコレラ死亡者が増加するとともにそれ以外の死亡者が減少しているが、その理由は、他の原因で死亡する病弱者がコレラに罹りやすかったということかもしれない。他方富山県では反対に、コレラ死亡者の増加とともに他の死亡者も目立って増えているが、その理由は、①衛生状態の全般的悪化によってコレラ以外の病気にも罹りやすくなったことか、②家族や医師による隠蔽の結果、死因をコレラと届け出ない場合が多かったことが考えられる。東京や大阪のような行政組織の密な地域と異なり、地方では隠蔽がより多かったであろうと推測してもよかろう。この推測が正しいとするなら、コレラの犠牲者は統計上の数値よりもさらに多かったことになる。

以上に概算を示したように、死亡者が一〇万人を超える大流行とは、流行府県においては人口一〇〇人に一人の死亡者であるから、一つ町内の近隣で、あの家にもこの家にも患者が出るというくらいの事態であったことがわかる。しかもコレラの罹患者は青壮年に多かったから、職業や家族の生計への影響、また国内経済全体への影響を考慮するなら、それは日清日露の戦死者の何倍という数字だけで表すことのできない、たいへんな大惨害だったのである。

上述の死亡統計の検討に併せて、致死率についてもふれておく。コレラの致死率、すなわち罹患者のうちの死亡した者の割合は非常に高い。すなわち、罹ってしまったら助かる見込みは少ない。突然の発病、急速な衰弱と併せてこの致死率の高いことが、人々がこの病気を恐れた理由の一つであった。けれどもこの致死率は、統計上は府県によって大きく違いがある。(13) 一八八六年流行の全国平均は七一%であるが、最低は山梨県の五二%から、最高は千葉県の八四%となっている。東京、大阪、京都は揃って八一%、兵庫が八二%と、都市圏で高い傾向が見られる。この致死率の違いは治療成績の問題というよりはむしろ、患者の診断や届け出の実態がどうだったかという条件によるのだろうと筆者は推測する。なぜなら、後に述べるように、この時代にはまだ、コレラに対する有効な治療法はほとんどないに等

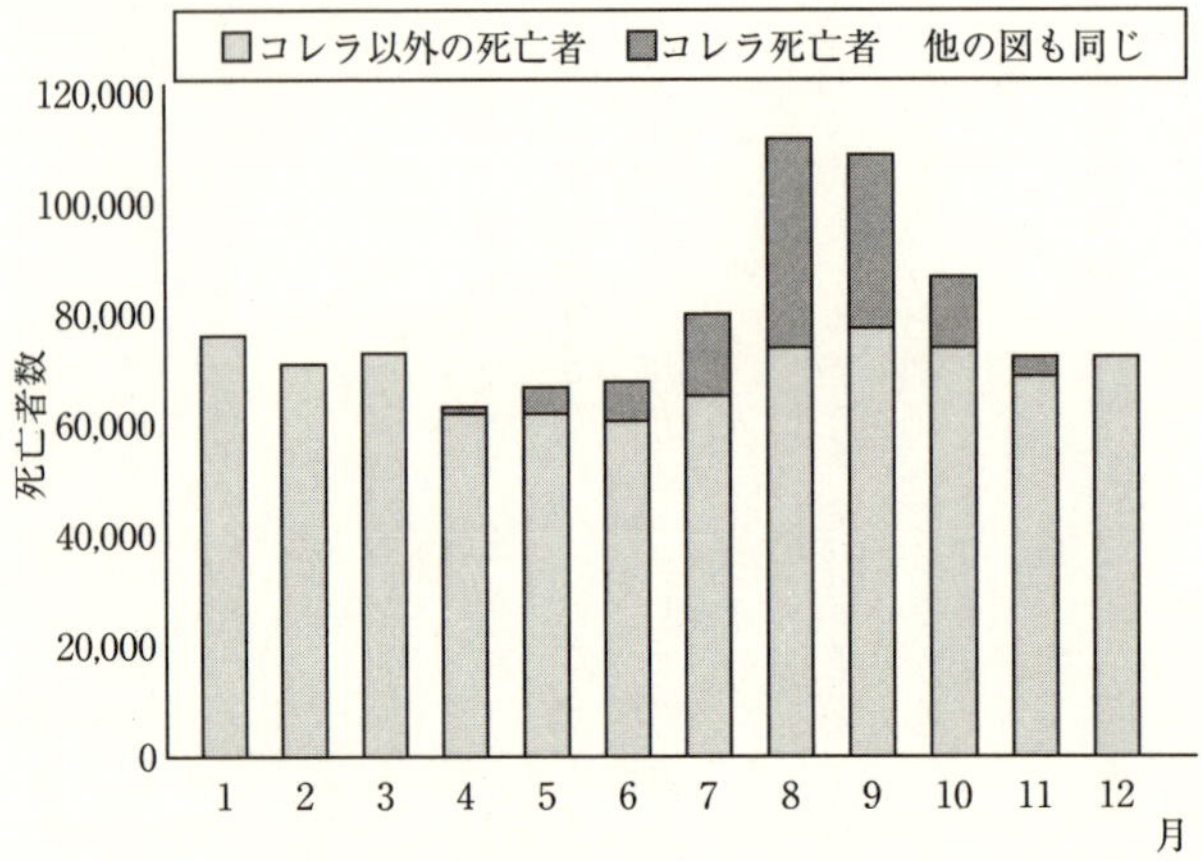

図7－1　全国死亡者数（1886年）

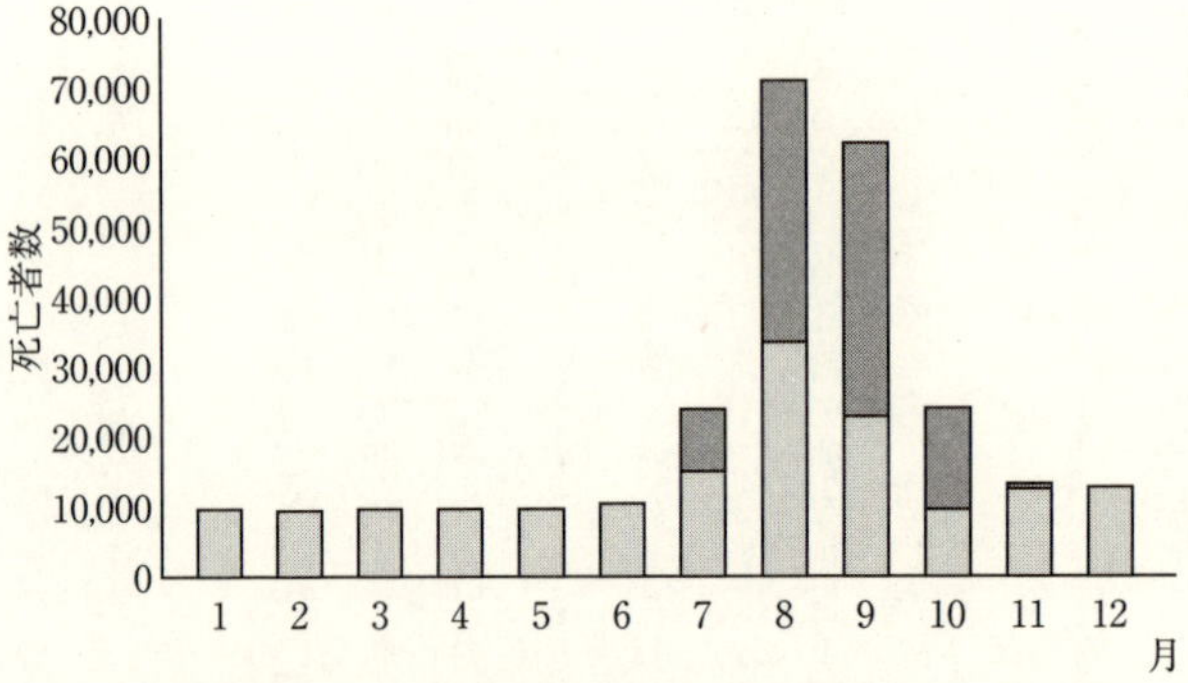

図7－2　富山県死亡者数（1886年）

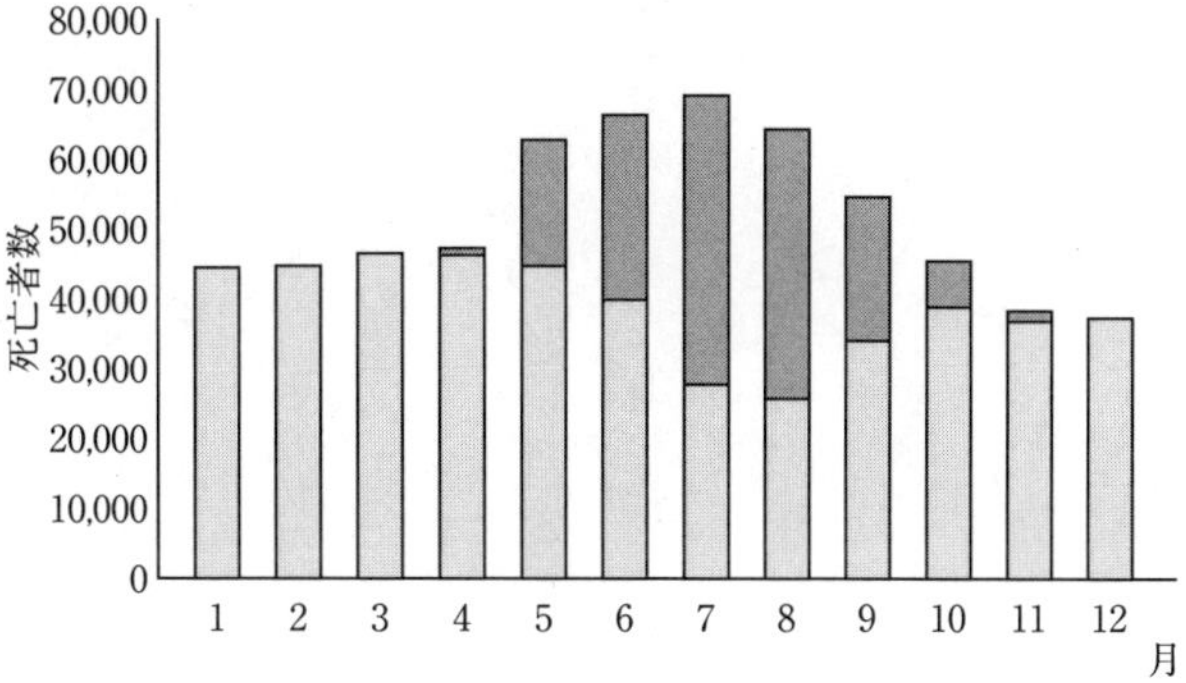

図7－3　大阪府死亡者数（1886年）

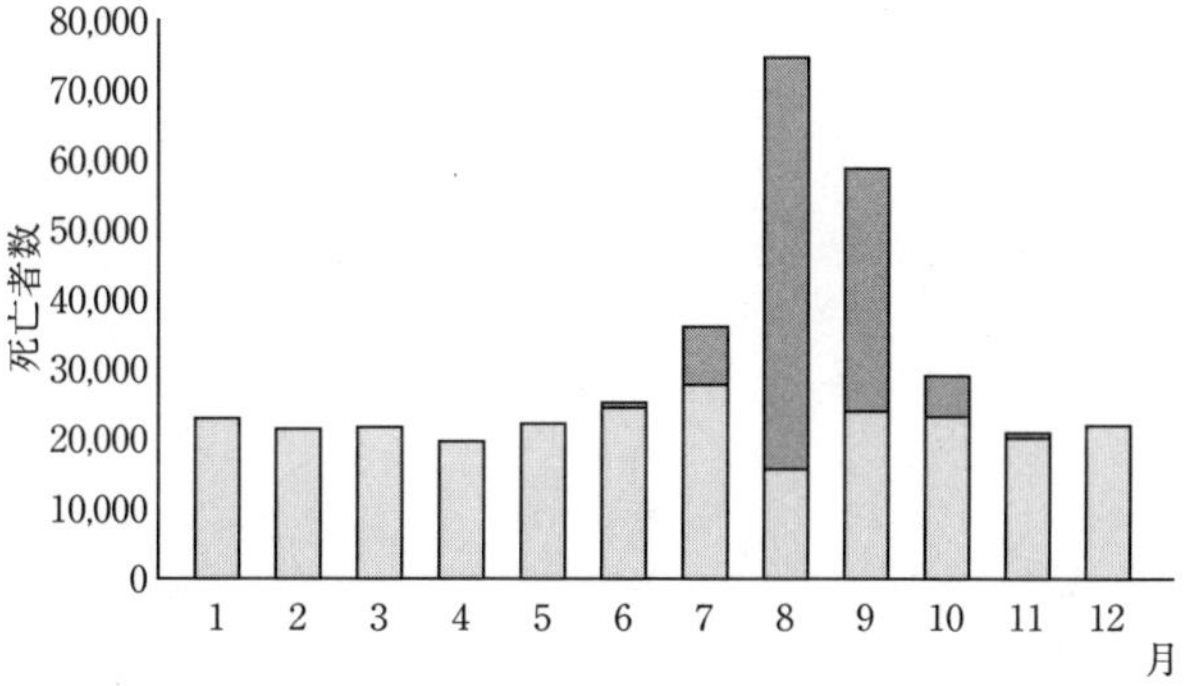

図7－4　東京府死亡者数（1886年）

しい状態だったから、治療の善し悪しの差はあまりなかったと思われるからである。

なお、避病院入院患者の致死率も府県により五〇%以下から八〇%以上まで大きな差がある。これも治療の善し悪しだけでなく、隔離入院のタイミングの早遅や発生患者数に対する入院施設の数など行政対応のあり方による違いも大きかったことを推測させる。

二　コレラ流行対策——隔離と消毒

1　なすすべなしから攻勢へ、姿勢の変化

絵1は一八五八（安政五）年のコレラ流行時の火葬場の様子を描いたもので、「荼毘室混雑《やきばこんざつ》の図」という標題がつけられている。金屯道人（仮名垣魯文）編の『安政午秋　頃痢《ころり》流行記』（一八五八）というルポルタージュの挿絵である。(14) 積み重ねられた棺桶には「三百ばん」とか「百七十ばん」などの番号が見える。火葬を待つ順番であろうか。この冊子の本文には、

余の知己なる何某……小塚原なる荼毘所にまかりし折……棺をかけ入れるに場無ければ往還の傍に積揚て両側に充満したゞ一身の往来のみなれば其臭気はなはだしく手拭をもて半面を包み足早に新町の通りに出たりしが……

とあり、絵の中の人々の表情や立ち上る煙は、鬼気迫るものを感じさせる。

一方、絵2は一八七九（明治一二）年流行時の『團團珍聞《まるまるちんぶん》』の挿絵である。(15) 地の文には、

……航海通ふの病症らが時候の間《ひま》を窺い寄来たらぬうち

絵 1　「茶毘室混雑之図」金屯同人（仮名垣魯文）『安政午秋　頃痢流行記』，国立国会図書館所蔵．

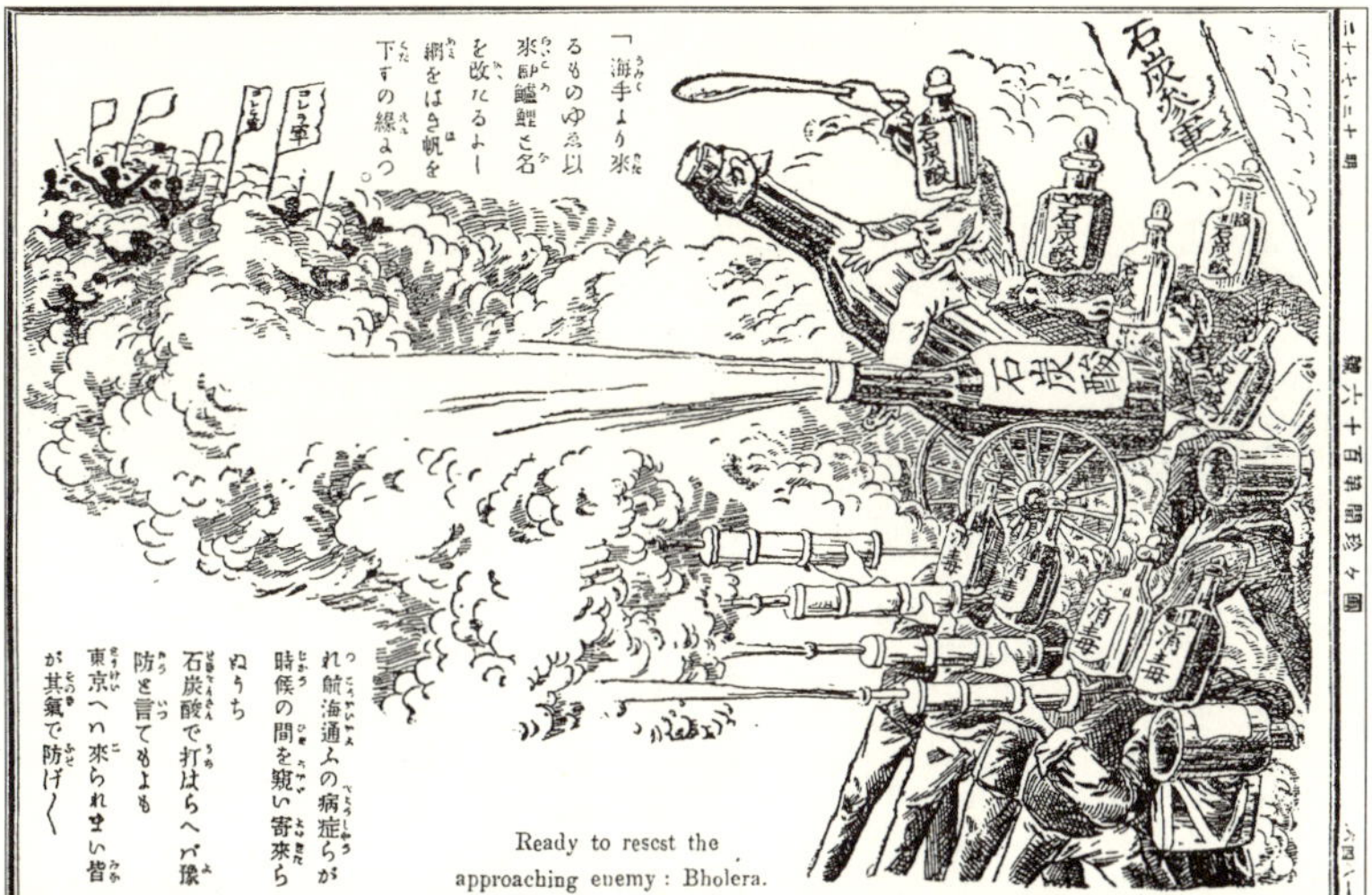

絵 2　石炭酸による消毒『團團珍聞』第 116 号（1879 年 7 月 12 日），国立国会図書館所蔵．

絵3　入港船の舳先に腰掛けたコレラの死神．雑誌 *Puck*（London）の挿絵．アルバート・ライオンズほか『図説医学の歴史』学習研究社，1980年，より転載．図の右方，護岸の上に並べた消毒薬の砲列（DISINFECTANT BATTERY）には，Carbolic Acid（石炭酸），Chloride of lime（塩化石灰＝さらし粉），Thymol（チモール）の文字が見える．

石炭酸で打はらへば予防と言てもよも
東京へは来られまい皆が其の気で防げ〳〵

とあり、大量の石炭酸（消毒薬）撒布によってコレラの病毒を殲滅することを呼びかけている。消毒側は軍服の兵士が、銃や大砲に見立てた噴射器と薬瓶から薬液を撒布してコレラ軍を圧倒している。コレラ防疫をコレラ軍に対する衛生消毒軍の闘いとして描くことは明治以後少なからず見られるものの、この絵ほど好戦的なものはない。絵3はイギリスの風刺画雑誌 *Puck* の挿絵で、これもコレラの死神を石炭酸や塩素水の薬瓶の砲列で迎え撃とうとする図であるが、『團團珍聞』のほうが数段すさまじい。*Puck* の

絵はむしろ、入港船の舳先に腰掛けたコレラが、沿岸の人々や検疫船の役人たちをあざ笑っているかのようにみえる。(16)

『團團珍聞』は鋭く世相を風刺した雑誌であったので、あるいはこの殲滅の主張は、このようなコレラ撲滅キャンペーンを張る行政当局に対する皮肉をこめたものと受け取ることもできる。しかしいずれにせよ、この一八七九年の流行以後、コレラ防疫対策が戦争にも似た非常時の強硬さをもって行なわれていったことを象徴するような図であると筆者は考える。わずか二一年前の安政五年、なすすべもなく火葬場に棺桶の積み上げられた光景と鮮やかな対比をなしている。

2　伝染性の認識以前の予防と治療

明治以前の、一八二二、一八五八、一八六二年の大流行においてはどんな対応がとられたか。上に象徴的に述べたように、明治以後の流行時とのもっとも著しい違いは、流行を抑え込む施策がほとんどみられなかったことである。コレラが伝染病であることがはっきりする前には、人々はこの点で比較的「のんびり」していたようにみえる。流行性と伝染性の間の認識の隔たりは大きい。流行病であっても、その原因が病原の増殖・伝染によるとの認識がないならば、伝染経路を断とうという発想は生まれてこないからである。

明治以後の伝染病対策のうちで中核をなしたのは、隔離と消毒という防疫対策だったが、それ以前にあっては、行政的対応として行なわれたことは、日常生活における衣食住の注意を触令《ふれ》として散発的に発することや施し米の緊急放出くらいであった。(17) もちろん医師らは患者の治療に手を尽くし、さまざまな治療法を試み、いくつかのオランダ医学書も翻訳刊行されたが、(18) そこには体調を崩さぬよう日常生活の節制を勧める以外に予防の観点はほとんどなかったし、行政的に治療体制を整えたということもなかったようである。これが、人民の健康確保が行政の責任事項であるという社会的了解ができる以前の状態であった。

庶民は「水毒といひ魚毒とす。是が為に市中の上下、水上清き玉川の流れを汲ず。盤に躍る生魚を喰ず……」といったような、伝聞あるいは経験から得た合理的な自衛手段をとると同時に、御輿《みこし》を担ぎ出したり、真夏に松竹を立てて年越しを装うなどの祭り騒ぎや祈願を行なった。[19] これも地域社会のひとつの対応方法であったということができるだろう。[20]

一八五八年流行の長崎では、医学伝習所に着任したオランダ人教師ポンペ（Pompe van Meerdervoort, 1829-1908）が長崎奉行に食品の販売規制や病院の設置、施療を勧告し、伝習生を指導して患者の治療にあたった。これは伝染病対策として計画的に行なわれた行政措置の最初といえるだろう。

松本順（一八三二～一九〇七）は幕府派遣の伝習生で長崎医学伝習所の頭取であった。松本の『蘭疇自伝』[21] の記述によれば、ポンペは数冊の医書の中から「ウンドルリフ」[22] の書物を参考として治療方針を立て、また、その口述を松本が筆記したものが大坂や江戸の蘭医の間に流布したらしい。その主な処方はキニーネの内服と温水浴であった。

大坂、江戸それぞれに医師らは患者の救療活動に従事したが、病因もわからず、もちろん的確な治療法があったわけではない。大坂適塾の緒方洪庵（一八一〇～一八六三）は多数の患者の治療にあたり、松本から送られたポンペの処方をも批判的に検討しつつ、三冊の蘭書を参考にして『虎狼痢治準』（一八五八）を著した。[23] これは五六丁の本で、翻訳を下敷きにしたものとはいえ、コレラに関するわが国初めての本格的なモノグラフと言ってよい。そこでは、西洋医術におけるさまざまな治療法をあげて検討し、刺絡（瀉血）、甘汞やアヘン、吐根、キニーネ、硝酸ビスマス等の内服、温浴、冷罨法《あんぽう》、温罨法、芥子泥《からし》、カンフル、葡萄酒、ラム酒、コーヒー、電気ショックなどそれぞれの長短を三書の記述に自身の経験を加えて比較して論じている。[24]しかし、これと言った決め手はなく、結局、嘔吐、痙攣、厥冷《けつれい》などそれぞれの症状に対応した対症療法を行なうしかない、と述べている。

ポンペは予防の方法についても長崎奉行に勧告し、これが市中に公示された。ただしそれは飲食睡眠などの生活上の節制を簡潔に述べたものである。西洋においてもこの病気の本性については定説がなく、ポンペが依拠した右記ウンデルリヒ（ウンドルリフ）は一八四〇年代後半の標準的な知見であったと思われる。

予防法といっても、この流行病が伝染性のものであることにポンペも松本も緒方も注意を払っていない。松本ははっきりと伝染性を否定する立場をとり、これは晩年まで変わらなかった。[25]このように流行性の認識は明らかであっても伝染性の認識が曖昧であったことが、流行をくい止める施策が社会的に行なわれず、被害をいっそう大きくしたといえるかもしれない。まさに悪疫の猖獗になすすべもなく、患者に対して積極的な治療を施すこともできずに、「徒らに頭を傾げ手を拱いて死を待而已」[26]しかなかったのであろう。

したがって「予防」という積極的な行政対応は、いまだ医学的にも社会的にもありえなかったのである。

3　伝染性の認識と予防法――隔離、消毒、清潔、摂生

一八七五（明治八）年、長与専斎（一八三八～一九〇二）を局長として内務省衛生局が設置され、近代日本の衛生行政の基礎づくりが始まった。この時期の衛生行政の課題は漢方から西洋医学への切り替えを含む医師養成をはじめとした諸制度の整備にあったが、これと並んで、次々と日本を襲う新たな伝染病への対策に追われ、その緊急対処に明け暮れた観がある。

明治初年までは伝染病としての認識も曖昧で、その流行に対して打つ手もなかったコレラだったが、一八七〇年頃からヨーロッパにおける医学の進歩を受けて、「予防」対策が行なわれるようになる。一八六〇年代末から七〇年代にかけてのヨーロッパでは、パスツールによって発酵や伝染病の原因が微生物の作用であることが明らかにされ、また外科手術におけるリスターの石炭酸消毒法が広まりつつあった。こうして形成途上にあった細菌学や伝染病学の諸概念が、日本への西洋医術の本格的導入開始とともに、はじめは曖昧な「病毒」として、やがて一八八〇年代末からは「黴菌《ばいきん》」(27)として導入され、「予防」の理論的背景となった。

一八八〇年代までのヨーロッパ医学において流行病の病因はおおむねミアスマ説か接触伝染説のどちらか、または両者の混交した概念によって説明されてきた。前者は、河沼の汚水や腐敗物から地中に浸透した悪性の瘴気が気象条件などによって大気中に発散し、これを吸い込むことによって発病する、とするいわば環境原因説であり、後者は患者に接触することによって病毒が伝染するとするものである。両方の考え方は一七世紀のペスト大流行などの経験を通して、その流行の形態から推測されてきた(28)。病原微生物を原因とする現代の伝染病の概念からすれば接触説のほうが正しく、ミアスマ説は正体不明の発散気を仮定する誤った説、と見なしうるけれども、接触説にしても顕微鏡的微生物を病原菌として同定していたわけではないし、また、ミアスマ説によるほうが屎尿や下水の処理、上水道の整備、住宅政策など、環境衛生のインフラ整備を促進する論拠となり、じっさい一九世紀中葉におけるヨーロッパの公衆衛生事業を推進した自由主義的改革派の医学者や行政官たちはおおむねミアスマ説を理論的背景としていた(29)。

明治初期のコレラ対策の基礎知識を与えた書物のひとつに、石黒忠悳《ただのり》（一八四五～一九四一）訳編『虎烈刺論』（一八七一）がある。これはドイツ人ヘルキスニーメルの内科書の翻訳である。本書は当時の標準的であったペッテンコーファのミアスマ説に基づくコレラの病因論に続き、脱水による諸症状と経過、予防・治療法・薬方を解説したものである。予防法について食餌や清潔等の日常生活の注意一〇カ条を掲げているものにとくに目新しいものはないが、一方で、ミアスマ説とはいいつつ同時に、「虎烈刺毒ノ原ハ……患者ノ大便ニ含メル故」、便所を緑礬《りょくばん》（硫酸鉄(II)）またはコロールカルキ（さらし粉＝次亜塩素酸カルシウムが主成分）で消毒することが紹介されていて、コレラが伝染病であることが述べられている。[30] コレラが明確に伝染病として認識されたときがいつなのか、はっきりと決定することができないが、明治初年のこの書の前後ということはできよう。これ以後、伝染を抑え込むことが衛生行政の課題となる。

一八七七年、明治になって初めてのコレラ流行に際して内務省衛生局は「虎烈刺病予防法心得」（内務省達乙七九号）を公布して行政的対応の方針を規定した。一八七九年の大流行においてこれは「虎烈刺病予防仮規則」として充実され、翌一八八〇年に「伝染病予防規則」[31] として六種の急性伝染病を統一した法令となった。これらによって整えられた予防の主な手段は、検疫、隔離、消毒、および清潔・摂生[32] などの日常生活習慣の注意であった。

便所の構造や井戸の補修、手洗いの習慣などの日常生活に官憲が嘴をはさむこともともかく、患者が発生した場合の隔離や交通遮断、消毒などの処置は庶民にとってコレラそのもの以上に恐怖であった。[33] 規定にしたがって現場で行なわれる防疫施策の実施においては、患者や家族の人権と執行官吏の強権的姿勢との対立がしばしば起こった。行政対応への抵抗は避病院への入院忌避や患者の隠蔽、患者家族や地域に対する差別などの問題のもととなり、また、コレラ一揆などの騒擾事件を引き起こした。[34] また、医師にとっても、コレラ患者を発見した場合の厳しい届け出義務と患者家族が見まわれるであろう窮状に対する同情との間の板挟みや、誤診を犯した場合のリスクに対する恐れに悩むことも少なくなかった。[35]

三　新知見の導入

1　細菌学の発展

病原細菌学（あるいは細菌学的伝染病学）は、一八七六年、炭疽菌が炭疽の病原であることをコッホ（Robert Koch, 1843–1910）が完璧に証明したときに確立されたといってよい。そして一八八三年末から八四年にかけてコッホはエジプト・インドの調査を行なってコレラ菌を発見し[36]、これがコレラの病原菌であることを確立した。コレラ菌説はコッホの名声とともに速やかに承認され[37]、日本にも直ちに紹介された[38]。

それまで曖昧なまま消毒や隔離という防疫対策の論拠となってきた「病毒」という概念に、コレラ菌説は「黴菌」という明確な実体を与えた。コレラ菌が発見されたといっても、防疫の現場でコレラの伝染経路を追跡・確定することはたいへん難しい作業であるし、治療法もコレラ菌を直接叩く方法があったわけではないので、菌の発見が直ちに実地の予防法や治療法をがらりと変えたわけではない。とはいえ、コレラ菌の感染という病因論が確立されたことが進歩の画期となったことは事実である。

コッホは一連の細菌学研究（とくに一八八一年の結核菌の研究）において、ある細菌がその病気の原因であることを確定するための条件である「コッホの条件」を立てて病原細菌学の理論的基礎を固め、一方、純培養法や顕微鏡技術など、その基本的研究手段の数々を開発してきた。このコッホのもとで世界のトップ水準の手法を学んで帰った日本人留学生たちは一八八〇年代後半（明治二〇年代）以降、医学界の若手の働き手として活動を始

絵4　「虎列剌の奇薬」木村竹□（1886年8月）．日本医史学会編『図録日本医事文化史料集成』第1巻，三一書房，1978年，218頁より転載．原図は中野操氏蔵．

めた。[39]

コッホのコレラ菌を日本で最初に確認したのは一八八五年九月流行の長崎へ出張した内務省衛生局の北里柴三郎と長崎医学校の山根正次であった。[40]北里はまもなくコッホのもとへ留学する。

コレラ菌の知識はまもなく一般へも流布したものと思われる。北里と山根の調査を紹介した長崎の新聞『鎮西日報』の記事にもその旨の解説がみえる。また、翌一八八六年八月の大流行中に神田区で刊行された錦絵「虎列剌退治　虎列剌の奇薬」[41]（絵4）には、地の文に「……顕微鏡にてらして病毒とおぼしきものを見るに果して数多《あまた》の動物《むし》ありて……」とあって、この「むし」とはコレラ菌を科学になじみのない庶民にもわかるように表現したものであると思われる。また、そのむしに石炭酸は効かなかったが、梅酢で退治されたというくだりも、酢に食品の防腐効果があるという一般的知識を述べただけのものでなく、コレラ菌が酸性環境に弱いという最新知見を反映したものかもしれない。

2　診断法の革新、消毒法の変化

コレラ菌という新知見は防疫対策の執行に対して、すぐには著しい変化をもたらさなかった。コレラ菌は、コレラ「病毒」に対してそれまで行なってきた消毒も隔離も、それらが正しい方法であったことを裏書してくれるものだったからである。とはいえコレラ菌説あるいは病原細菌学はそこにとどまるものではなく、コレラを含む伝染病への対策が新しい、科学的な対処へとむかう時代を開いた。それまではいわばめくら滅法に行なっていた対応策を、合理的な根拠に基づいたものにする基礎となったことである。予防法や治療法ががらりと変わるわけではないが、病因の実体を捉えることはやがてそれに結実する医学の進歩の不可欠の前提であった。

伝染病の診断はその流行が盛んになったあとでは症状に基づく診断でおおかた誤りはないが、初発患者については確定診断を下すことが難しい。とくにコレラの場合のように、病気の足が速くて一刻を争う一方、その診断結果の及ぼす社会的影響が大きいとき、これまでのように臨床症状だけによる診断では他の消化器病との区別が難しい場合や、あるいは社会的配慮によって判断がゆがめられることがある。

ここに細菌学的診断法が導入されてきた。患者の吐瀉物や死体解剖による腸内容物を顕微鏡検査し、あるいはさらに培養して検鏡する、という検査法により、コレラ菌が検出されればコレラにまちがいない。一八八〇年代末以後、油浸レンズや平行光源つきの高性能顕微鏡の輸入、検鏡や培養の技術が盛んに導入されるようになり、(42)当初は東京大学や内務省衛生局など一部の機関にかぎられた検鏡技術も広く普及しはじめる。たとえば中浜東一郎は一八九一年、『大日本私立衛生会雑誌』の論説で、「虎列刺患者ノ下泄物ノ検査ハ今ヤ本邦各地ニ於テ施スモノ寡ナカラズ……」と述べ、初発患者の確定診断が「コンマバチルス」の検出によるようになってきたことを述べている。[43] また、細菌学的検査の普及に功をなしたのが遠山椿吉（一八五七〜一九二八）の東京顕微鏡院であった。これは遠山が検鏡技術の普及のために一八九一年に設立した機関で、委託検査の需要に応じるとともに、医師に対する検鏡技術講習を行なった。[44]

コレラの診断において細菌学的検査が普及しはじめたことを示す一例として、一八九三年、横浜の初発患者発見を報じた記事をあげる。[45] この患者の主治医中島與佐吉は東京顕微鏡院の講習を受けた医師で、「即座に標本二枚を作」り、……「コンマバチルス」を発見してこれを「真性コレラと診断報告」した。さらにかれは試験材料を持って東京顕微鏡院に赴き、遠山とともに培養を行なって確認した。

こうした細菌学的診断法が普及するにつれて、それまでの臨床症状のみによる曖昧な診断や同定から脱し、コレラ菌の検出の有無という明確な基準に基づく確定診断の方法が可能になる。したがってコレラという病気の定義も明確になり、たとえば中浜東一郎は「類似虎列剌」のごとき曖昧な用語を使うべきでないと述べている。[46] この変化は隔離や消毒などの行政的対応をもはっきりした基準の上に行なうことを可能にする基礎となり、やがて確定診断や伝染経路の探索にとって細菌学的検査が不可欠の基本手段となっていく。[47]

病原菌の発見は消毒法の改善にも関係した。明治はじめに「消毒」が導入されて以後、ある程度あてずっぽうに行なわれてきたこの作業が少しずつ合理的なものとなりはじめた。すなわち、流行を抑制するために必要なのはコレラ菌の増殖と伝播を断つことであるということが明確に理解されるや、この菌の性質が具体的に明らかにされるにつれ、これを死滅させるのに適切な方法を合理的に選択し、改善することができる。

たとえば、初めて消毒法を具体的に規定した一八七七年以来、消毒薬の筆頭は、一％から五％の石炭酸水溶液であったが、消毒方法を解説したその後の文書を比較すると、[48] 適切な使用濃度や使用方法に関して内容が次第に緻密になり、外国文献の翻訳紹介の他に独自の実験的研究も見られるようになる。[49]

二酸化硫黄薫蒸はあまり効果がないことが明らかとなり、他方、生石灰や石灰乳が効果的であることが確認されて、[50] 一八八九年、衛生局は「予防消毒心得」の指定消毒薬としてこれを追加した。昇汞（塩化水銀(Ⅱ)）も追加されたが、これはタンパク質を多く含む吐瀉物などの消毒には不適であることも指摘されている。

化学薬品の他に、熱で傷まない物品に対しては熱気消毒が最も効果的であることが理解され、九〇年代にはこれが消毒法の主力となった。[51] 一八九五年、後藤新平が指揮を執って日清戦争の帰還兵の検疫を行なった広島県似《にの》島《しま》の検疫所においても、後藤が誇りとしたその目玉施設は大型の蒸気消毒罐であった。[52]

また、細菌学的研究は、健康保菌者の問題や回復後患者の排菌停止までの期間の問題にも研究者の目を向けさせた。[53] これはもちろん、患者の隔離期間を合理的に決定するのに不可欠となる基礎的知見であった。

このような進歩の一方で、コレラ菌の発見は根本的な対策を遅らせた面もあるように思われる。伝染病予防にとって隔離や消毒はほんらい、病原菌に侵入されてしまった後にとる緊急的処置であって、長期的な対策としては上下水道や住居など環境衛生インフラの整備が基本である。長与専斎をはじめ衛生行政に携わる人々はこのことを繰り返し主張し続けたにもかかわらず、[54] 費用のかかるこの事業はつねに先送りされた。[55] 病原菌の発見によって「撲滅」の対象が明確になったことは、隔離と消毒という「姑息の手段」が伝染病予防の主要な施策としていっそう幅をきかすという結果をもたらしたのではなかろうか。

3 治療法の変革へ——輸液法の導入

細菌学の導入と並んでコレラ対策に変化をもたらすことになったものは、輸液という治療法の導入である。ただし、この変化も最初の導入からそれが標準的な方法として普及定着するまでには数十年の時間がかかった。

医学史家のハワード＝ジョンズは、一九世紀においてはコレラに対する有効な治療法がなく、試みられた積極的治療法のほとんどは「善意の殺人」とさえ言うべきものであった、と述べている。[56] たとえば「瀉血」は静脈をメスで切開して血液を抜き取る「治療」法だが、その量は数百ミリリットルから一～二リットルにもおよんだ。脱水による血行障害によって死に至るコレラという病気においてこれはとくに危険なことであり、現代から見れば百害あって一利もない方法であるが、一九世紀の西洋では瀉血がさまざまな病気に対して多用され、コレラに対しても標準的な治療法だった。

また、芥子《からし》泥の湿布を腹部に貼り皮膚が真っ赤に腫れるまで我慢させるとか、口渇を訴えて水を欲しがる患者にけっして水を与えてはいけないとか、ひどい肉体的苦痛を与えるような治療法ほど効果があると考えられたのではないか、とさえ思われる。この他、前に述べた緒方洪庵が列挙していたようにさまざまな処置や投薬処方が試みられたが、これといった決定的な方法がなく、「症状に応じて」対症療法を行なうほかはない状態が、[57] 一八八〇年代末まで続いていた。

現代医学からいえば、コレラの救命治療において最も大切なことは、患者を脱水からいかに守るかである。[58] したがって、失われた水分と塩類を補給することが最も必要な治療であり、これを直接体内に送り込む輸液法が決め手となる。

コレラ患者が脱水により体内の水分を失っていることは早くから知られていた。[59] すでにコレラが初めてヨーロッパに迫った一八三〇年に、モスクワのヘルマンは患者の血液を分析して二八％もの水分が失われていることを見いだし、これを補うために水分を静脈に注入することを提案した。続く一八三一〜三二年の英仏の流行において、ロンドンのオショーニシーも血液の化学分析によって水分と塩類が失われていることを確認して静脈注入法を提案し、ラッタらがこれを実地に試みた(60)。これらの治療例では、黒くタール状となった血液に欠乏している水分と塩類を補給するため、食塩や炭酸ナトリウムの薄い水溶液（六〜七グラム／リットル程度）を二〜六リットル程度、多い場合には一二リットルを静脈に注入した。この方法によってたいていの患者は一時的にめざましく回復したが、身体に水分が戻ればまもなく激しい吐瀉が再び襲い、いっそう衰弱が進むことが多かった。そのうえ、細菌感染の概念がなかった当時(61)、不十分な滅菌操作と器具の不完全とによって、脱水の危機を乗り越えた患者も敗血症か空気栓塞で死亡するのであった。こうしてこの画期的な治療法によっても結局は数時間から数日しかもたず、致死率は相変わらず高かった。

この危険な静脈注入の他に、水分と塩類を補給する方法として（そのような明確な理解があったわけではないが）、直腸からの塩類溶液注入（浣腸）を推奨する者もあった。これは補水よりも、腸内のコレラ菌を洗い流す効果と、厥冷した身体を温水によって温める効果があったものと思われる。経口補水すなわち水や茶、レモネード、希硫酸水などを飲ませることもしばしば推奨された。コレラ患者は口渇を訴えるのでこれは合理的な処置であるが、口から飲んだ水は激しい嘔吐によって吐き戻されてしまうし、腸管は水分を吸収することができないので、十分に効果的ではない場合が多かった。氷を口に含ませることで口渇感を鎮めるくらいのことであった。

このように、最も直接的な効果を収めるはずの輸液法は長いあいだ繰り返し試行錯誤が続けられたが、顕著な成果を得ることはできなかった。初めてそれが一般に有効な方法として普及するのは半世紀余り後の一八八〇年代半ば、イタリアのカンターニの報告以後である。カンターニ（Arnaldo Cantani, 1837-1893）は一八八四年ナポリのコレラ流行のとき、塩化ナトリウムと炭酸ナトリウムの水溶液の皮下注入とタンニン溶液の直腸注入（浣腸）による治療を行なった。一八八五年六、七月にイタリアの医学誌上に掲載されたその報告は、同年九月にイギリスの医学誌 *The Lancet* に概要が紹介され、[62] ドイツ語訳は一八八六年に出版された。[63] アメリカ医師会誌には一八八七年にカンターニ法を紹介する記事が掲載されたが、[64] その前の一八八四年にも、少量の塩類溶液を皮下注射する方法が紹介されている。

このカンターニ法はまもなく日本にも紹介された。コレラ大流行の最中であった一八八六年八月に出版された、佐藤佐講述『虎列拉療法新論』[65] はおそらく最も初期の紹介であると思われる。佐藤はドイツ語訳書の出版後すぐにそれを入手し、試してみたのであろう。この中で、佐藤は「皮下注入療法 Hypodermoclyse」と「腸管注入療法 Enteroclyse」の理論と方法を詳しく紹介した。皮下注入に用いる溶液は塩化ナトリウム四グラム、炭酸ナトリウム三グラムを蒸留水一リットルに溶かした溶液を三九度から四〇度に温めて、通常八〇〇ミリリットルから一・五リットルを、二重の保温容器からゴム管で脇腹の皮下に注入する。腸管注入法は温めたタンニン水溶液あるいは塩酸水溶液二リットルを肛門から注入する。佐藤は後者の方を「甚ダ簡易」であり「単一無害ニシテ良効アル」として推奨した。[66]

カンターニは皮下と直腸への注入法を述べているが、静脈への注入には言及していない。けれどもこの年の流行において、大阪府立天王寺避病院の治療では静脈注入法が多数の患者に試みられた。しかし、その結果は一時的に状態が良好となるが、それを維持することはできず、一、二時間して再び悪化して死亡した。[67]

一八九一年、佐々木政吉の紹介[68]では直腸注入（カンタニー氏療法）と皮下注入法の他、静脈注入法を述べているが、やはり後者は特殊な器具を必要とし、血管内に異物混入の危険もあるため、前者を推奨している。ところが、一八九二年、オーストリアの治療法を紹介した『大日本私立衛生会雑誌』の小記事[69]では、予防に希塩酸水の飲用、タンニン液の浣腸、塩類溶液の皮下注入、静脈注入を推奨し、「大家にしてもこのような平々凡々の」処置であると締めくくっている。平々凡々とはすでに輸液法が普及したことを示しているのだろうか。

一八九五年大阪、桃山避病院における治療では、皮下注入法の成績が大変良かったが、カンターニの浣腸法は効果がなかったこと、血管内注入は致死率を五％しか下げなかったことが報告されている[70]。

このように皮下あるいは静脈からの輸液法は一八九〇年代から次第に試みられたもののようであり、一九一二年の本所避病院の報告では、浣腸と食塩水の皮下または静脈注入はかならず行なうと記されている[71]。しかし、それでも致死率が大きく引き下げられるのはまだまだ後のことであり、適切な輸液法によってコレラ患者が確実に救命されるようになるのは第二次大戦後のことであった。一八八〇年代末というのは、そのような現代の治療法への端緒が開かれた時期であった。なお、北里柴三郎が試みた血清療法の研究もコレラ治療法として考慮すべきであるが、その有効性と副作用の危険性に対して当初から中浜東一郎が疑問を呈し[72]、現代でもコレラワクチンは確実な方法となってはいない。

コレラという伝染病の対策を衛生行政の角度から見る限り、予防あるいは蔓延防止に重点が置かれ、治療法についての関心は非常に希薄であったように思われる。この急速に悪化する病気は致死率が高く、罹ってしまったが最後、手の施しようがないに等しいものであったし、また、行政担当者の視点からみれば、伝染病対策とは流行を押さえ込むことが目的であって、個々の患者を救命・治療することが目的ではなかったのだといえるのかもしれない。そして学ぶべき西欧においても、脱水という病理の理解に基づいた輸液法という治療法が一般化するのは、無菌操作が普及する一八九〇年代以降のことであった。

おわりに

一九世紀末という時代、明治半ばの日本は近代国家の体裁を整えることに専心していた。伝染病予防という事業も、「人民には政府に向て『我等を健康にせよ』と求むる権理あり」[73]と述べた若き森林太郎の理想とは裏腹に、西欧諸国と対等の立場を築こうとする国家の体面作りのために進められた感が強い。緊急の対策として蔓延防止を図った伝染病予防の諸規則は、国民の人権や自治的健康管理の視点を置き去りにしたまま、一八九七年「伝染病予防法」に集大成された。これは伝染病という外敵から国家の健康を守るために国民統合をつくりだし、一方その統合に同調できない感染者という非国民を文字通り隔離する法律であった。

衛生行政はこのようなイデオロギーを背景にもちつつも、半面、その技術的性格によって時代の医学・医療技術の水準に規定される面ももっている。コレラ菌が発見されてこの病気の本性が解明され、またそれと並行して消毒法や治療法に改善がもたらされた。本稿は、コレラ流行対策のあり方と医学的知見の進歩とを対照させることにより、世紀末に至る統合と隔離の技術的一面を描いてみたものである。

注

(1) 正式名称は「感染症の予防および感染症の患者に対する医療に関する法律」(第一一四)。一九九八年九月一六日可決成立、一九九九年四月一日施行。

(2) このような社会防衛的な発想に基づく行政施策がいつまでも改善されなかったもっとも著しい例として、ハンセン病患者隔離問題がある。一九〇七年に制定された「癩予防ニ関スル件」(のち「癩予防法」に改定) はこの治安対策としての面とともに、日清・日露戦争を経て先進国への仲間入りを急ぐ明治政府にとって「国辱」の隠蔽策としての患者隔離政策でもあった（藤野豊『日本ファシズムと医療―ハンセン病をめぐる実証的研究』岩波書店、一九九三年、一二頁、藤野豊「問われる国策としての隔離」『世界』二〇〇一年八月号、四八頁）。この問題は二〇〇一年五月の熊本地裁判決によってようやく解決の緒についた。

（3）以下に近年発表された論考のいくつかを掲げる。

大日方純夫「コレラ騒擾をめぐる民衆と国家―新潟県を事例として」民衆史研究会編『民衆史の課題と方向』三一書房、一九七八年、二三五～二五二頁。内海孝「アジアコレラ対策と不潔の排除―一八七七年の流行をめぐって」『社会科学討究（早稲田大学社会科学研究所）』第三八巻第二号［通巻第一一一号］、一九九二年、五九～九九頁。小島和貴「我が国近代医療行政の形成―明治一二年虎列刺病対策を中心として」『慶應義塾大学大学院法学研究科論文集』第三六号、一九九五年、一一一～一二六頁。尾崎耕司「一八七九年コレラと地方衛生政策の転換―愛知県を事例として」『日本史研究』第四一八号、一九九七年、二三～五〇頁。安保則夫「都市衛生システムの構築と社会的差別」『歴史学研究』第七〇三号、一九九七年、一一〇～一一七頁。谷口直人「『伝染病予防法』の制定過程」内務省史研究会編『内務省と国民』文献出版、一九九八年、七九～一〇九頁。小林丈広『近代日本と公衆衛生―都市社会史の試み』雄山閣出版、二〇〇一年。

西洋については、見市雅俊ほか『青い恐怖・白い街―コレラ流行と近代ヨーロッパ』平凡社、一九九〇年。見市雅俊『コレラの世界史』晶文社、一九九四年。

（4）立川昭二『病気の社会史』日本放送出版協会、一九七一年、一七三～一七七頁。

（5）一八九二年一万七〇〇〇人の患者と八六〇〇人の死亡者を出したハンブルクの流行が最大最後の大流行であった。柿本昭人「ハンブルクのコレラと排除の構造―一八九二年のハンブルクを例に」『西洋史学』一九八八年、一六～三〇頁。

（6）富士川游『日本疫病史』平凡社、一九六九年（初版一九一二年）、二一三～二四七頁による。

（7）野村裕江「江戸時代後期における京・江戸間のコレラ病の伝播」『地理学報告』第七九号（一九九四年）、一～二〇頁。

(8)　子鹿島果編纂『日本災異誌』日本鉱業会、一八九四年（地人書館復刻、一九六七年）、疲れい部の記述だけは三カ月で二六万八〇〇〇という江戸の寺院の葬儀数をあげている（『諸宗院死人書上写』による）が、人口一〇〇万の江戸にしてこの数は大きすぎる。

(9)　同前、五七七頁。

(10)　各年の内務省衛生局編『虎列剌病流行紀事』。

(11)　厚生省医務局編『医制百年史』ぎょうせい、一九七六年、五四四〜五四七頁。結核については、福田眞人『結核の文化史―近代日本における病のイメージ』名古屋大学出版会、一九九五年、五〇頁（『帝國統計年鑑』等による）。

(12)　統計データは内務省衛生局『各地方虎列剌病日計表　明治十九年』（一八八八年）、内務省總務局戸籍課『明治十九年日本全国民籍戸口表』（一八八六年）、同『明治二十年日本帝国民籍戸口表』（一八八七年）による。

(13)　ただし、表7-1の死亡者数と患者数の比は、正確な意味での致死率とはいえない。なぜなら、この表の死亡者数とは、患者の届け出とかかわりなく、死因をコレラとされた者の数を示しているので、患者のうちの死亡者というわけではないからである。

(14)　金屯道人（仮名垣魯文）編『安政午秋　頃痢流行記』一八五八年（国立国会図書館蔵）。引用文は日本科学史学会編『科学技術史大系　第二四巻　医学1』第一法規、一九六八年、三二頁による。

(15)　『團團珍聞』第一二六号（一八七九年七月一二日）（国立国会図書館蔵）。

(16)　アルバート・ライオンズほか『図説医学の歴史』学習研究社、一九八〇年、五六〇頁。また、柿本昭人「ならされた空間―コレラ流行とオブン説」、前掲、見市雅俊『青い恐怖・白い街』一九二頁。ただし柿本氏は筆者と見解が異なり、この絵を、病気に対するかつてのフォークロア的な民衆の対処法に代わって、科学技術の力で病気をねじ伏せる近代的対処のしかたを象徴するものと見ている。

(17)　前掲、金屯道人編、二九〜三一頁。

(18)　つぎに述べる緒方洪庵の他、一八六二（文久二）年の流行時、江戸では洋書調所の杉田玄端らが小冊子『疫毒預防説』を刊行した（国公立所蔵史料刊行会編『日本医学の夜明け』日本世論調査研究所、一九七八年、二七四〜二七五頁）。

（19）前掲、金屯道人編、第四丁。科学史学会編、二九頁。

（20）小野芳朗『〈清潔〉の近代—「衛生唱歌」から「抗菌グッズ」へ』講談社、一九九七年、はこれら民衆の対応をサブカルチャーと呼んでいる。

（21）松本順『蘭疇自伝』一九〇二年（小川鼎三・酒井シヅ校注『松本順自伝・長与専斎自伝』平凡社、一九八〇年所収）、一五頁。

（22）「ウンドルリフ」はドイツ、テュビンゲン大学の教授 Carl August Wunderlich（1815-77）で、*Handbuch der Pathologie und Therapie*, Stuttgart, 1846-54 を出版。そのオランダ語版は G. L. H. Ellerman en J. H. Jansen の訳で *Handboek der pathologie en therapie*, Amsterdam, 1847-49。一八五〇〜五五年のオランダ語第二版もある。ドイツ語第二版は一八五六年。緒方富雄「幕末の疫病と緒方洪庵」『日本細菌学外史—その三つの断面』一九七五年、非売品、一四五頁によれば、この蘭訳書は日本にあるそうだが、筆者は未見である。

松本は、「……ただ英のウンドルリフの書克く視るところを記したり。いまだ定説なきもその真率かえって則とすべし。この人はかつて印度英領にありて久しく病院長たりしかば、この病に接すること多かりし故なり」（前掲、松本『蘭疇自伝』一五〜一六頁）と書いているが、これはポンペが説明を省略したか、松本の聞き違いであろう。ポンペがこのドイツ人医学者とインド駐在のイギリス人医師とを取り違えることは考えられない。Wunderlich はインド駐在イギリス人医師の報告を引用してこの本を書いたのであろう。したがって、この一件から松本が、事実を直接に研究した人の報告でなければ信用してはいけないという教訓を引き出したと『自伝』に書いているのは、誤解に基づいたナンセンスであった。

（23）緒方洪庵『虎狼痢治準』一八五八年（国立国会図書館蔵）。前掲、緒方富雄、一二五〜一三五頁によれば、緒方洪庵は松本の筆記を読んで、ポンペの治療法が激しい吐瀉の連続する初期と衰弱の進んだ末期とで病状の進行を顧慮することなく、キニーネ一辺倒であるとして批判した。松本はこの書を見て抗議し、Wunderlich の原書の写本を洪庵へ送った。これを読んだところきちんと書いてあったので、洪庵は松本に陳謝し一二月に刊行した第二版ではそのことを追記した（国会図書館所蔵本にはこの追記はない）。この一件も、おそらくその悶着のもとは、流布した松本の筆記がかなり粗略な書き方だったためであろう、と筆者は前注の誤解の件から推測している。

(24) このうちに、本稿後半で論ずる塩類溶液の静脈注入法もあげているが、「服膺《ふくよう》シテ行フヘキノ術ニアラス」と、さほど価値を認めていない。一五六人に試みて二五人を救命したと、蘭書からの成績を伝えているが、洪庵自身がこの方法を試みてはいない。当時の日本では簡単な皮下注射でさえ、注射筒や注射針を入手することは困難だったであろう。

(25) 松本は自身の罹患という経験にもかかわらず、あるいはそれゆえにいっそう確信を持って、コレラを単なる下痢症と見なし、治療法についても『蘭疇自伝』を口述した一九〇二年に到っても温水浴とキニーネで十分としていた（前掲、松本『蘭疇自伝』九〇～九三頁）。

(26) 前掲、金屯道人編、第四丁。科学史学会編、二九頁。

(27) 「細菌」という用語が一般的になるのは一八九〇年代からである（藤野恒三郎「明治時代の細菌学教科書について」緒方富雄ほか『日本細菌学外史―その三つの断面』一九七五年、非売品）。

(28) 唯一、痘瘡のみはその接触伝染性が顕著であり、種痘が早くから実用化されてきた。

(29) ジョージ・ローゼン『公衆衛生の歴史』第一出版、一九七四年、二〇五頁。

ここで、一八五四年、ロンドンの医師ジョン・スノウ（John Snow, 1813-1858）の業績に触れておきたい。スノウはブロード街のコレラ流行が水道栓からの「伝染」によることを解明した。これはコレラ菌という病原の実体が未発見であったことを除けばほぼ完全にコレラの伝染様式を突き止めたもので、今日では疫学の古典と称される研究であり、伝染説を強く暗示するものであったが、当時のイギリスでは十分に評価されなかった（John Snow, "Cholera and Water Supply in the South Districts of London," *Journal of Public Health and Sanitary Review*, 2: 239-257, (1856). UCLA Epidemiology ホームページ http:/ww.ph.ucla.edu/epi/snow.html より）。

ロンドン市公衆衛生委員会はスノウの調査とは別に綿密な調査を行ない、水中に多くの微生物を観察してさえいたが、それをコレラの原因とは見なさず、一般的なミアスマ説に立っていた（Paneth, Nigel et al., "A Rivalry of Foulness—Official and Unofficial Investigations of the London Cholera Epidemic of 1854," *American Journal of Public Health*, 88（10）: 1545-1553,（1998））。なお、このブロード街の流行の初発患者を突き止めたのは、スノウとは別に聞き取り調査を行なったホワイトヘッド牧師であった（右記 UCLA Epidemiology ホームページ）。

（30）石黒忠悳訳編『虎烈刺論』大学東校官版、一八七一年、二九丁。

（31）外国から侵入するコレラを防ぐための海港検疫については、その必要を主張する日本政府に対し、欧米諸国とくにイギリスは海運上の便宜を優先する主張を譲らなかった。こうして、内国船に対する出入港の規制は行なわれたが、外国船に対する効果的な検疫はこの世紀末に条約改正に成功するまで実施できなかった。具体的には、船舶の出港地が流行地と指定されなければ、もしくは船内に現に発病者がいることが明らかでなければその船に対して検疫や消毒を実施することができず、イギリスは香港や上海での流行をコレラとは認めようとしなかった。

（32）「摂生」は「伝染病予防心得書」（内務省達乙第三六号）一八八〇年、の用字による。

（33）たとえば、「伝染病予防消毒取締規則執行心得」（警視訓令甲第二三号、明治二一年七月三日）をみると、警察署が、入院及転居、遮断及隔離、焼却及消毒、死体処置等々を取り扱う手順が詳細に指示されている（前掲、山本『日本コレラ史』八七九～八八八頁）。

（34）コレラ防疫対策が一般人の人権や生活にいかに配慮なく実施されたかについてはすでに多くの論考があるので省略するが、その有様をリアルに伝える新聞記事や文学作品のいくつかをあげておく。それらは衛生当局による隔離や交通遮断、消毒などを一般の人々がどう見ていたかを示している。いずれもコレラそのものの恐怖以上に当局への恐怖や不安、不満を表している。

「拉病《らびょう》隠蔽の害」『朝日新聞（大阪）』（一八八六年七月二日）は早期届け出を勧奨する記事の一例。田山花袋「東京の三十年」（『明治文学全集99　明治文学回顧録集（二）』筑摩書房、一九八〇年、九頁）は一八八六年の流行時の世相を描写している。尾崎紅葉「青葡萄」（一八九五年）（『紅葉全集　第六巻』岩波書店、一九九三年、三六三～四五五頁）は一八九五年の流行時、弟子の発病から届け出、避病院への搬送までの紅葉の心の葛藤を描く。ただし、医師や警察官の対応については、紅葉が著名な文士であり、経済的にもゆとりのある階層に属していたことを考慮に入れて読まなければならない。中勘助『銀の匙』（一九一二年）（角川文庫、一九八九年、一〇頁）は行政に対する庶民の不信感に言及している。内田百閒「虎列剌」（一九三三年）（『内田百閒全集　第一巻』講談社、一九七一年、一八九〜一九一頁）は明治末ころの防疫作業の有様を子どもの目から描いている。細井和喜蔵『女工哀史』（一九二五年）（岩波文庫、一九八〇年、二四五〜二四六頁）にはコレラに罹った紡績工女の悲惨な扱われ方が描かれている。一八七九年の流行時、千葉県鴨川の漁民暴動で殺害された医師沼野玄昌のことは、沼野元昌『コレラ医　玄昌・沼野家の記録』（非売品（共栄書房）、一九七八年）に詳しい。吉村昭「コロリ」（『磔《はりつけ》』文芸春秋、一九七五年、一一七〜一六四頁所収）はこの事件を題材とした歴史小説。

　また、御雇教師ベルツや長与専斎ら行政側の人々も、避病院の設備や待遇を改善すべきことを指摘している（トク・ベルツ『ベルツの日記』岩波文庫、一九七九年、一八九二年三月一〇日の項、長与専斎「虎列剌の予防に就て」『大日本私立衛生会雑誌』第一四六号（一八九五年）、六四五〜六五八頁）。

　当局は患者隠蔽や入院忌避などの庶民の反発を、衛生の趣旨を理解できない愚民ゆえと見なし、これを啓蒙教化するため、パンフレットの刊行や演説会などを行なった。その例として、内務省社寺局・衛生局編『虎列剌予防諭解《さとし》』（一八八〇年）（国立国会図書館蔵）がある。この文書は全国各地で印刷され、これに沿って教導職（神官や僧侶）が民衆に衛生を説くための教材として用いられた。阿部安成「伝染病予防の言説―近代転換期の国民国家・日本と衛生」『歴史学研究』六八六号（一九九六年）、一五〜三一頁をも参照のこと。また、大日本私立衛生会は一八八六年六月『虎列剌予防心得書』を刊行し新聞などで広報した（前掲、山本『日本コレラ史』六九四〜六九六頁）。一方、加藤尚志編『検疫の心得』丸屋善七、一八七九年（国立国会図書館蔵）という文書は、防疫作業実施にあたっての検疫委員向けマニュアルとして刊行されたものと思われる。これは不安や疑問を抱く一般人に対して無理に強制するのではなく、消毒や隔離の必要性を懇切に説得すべきことを強調している。さまざまな規制措置に対する庶民の反発をかわすため、高圧的な態度を取らぬよう執行吏員に注意を与えた文書であろう。

　長与専斎は岩倉具視らの使節に随行して米欧の公衆衛生制度を学んで帰り、イギリス、オランダ流に倣って人民自治を基礎とすることを理想としてわが国の衛生制度をうち立てようとした。しかし、国内の政治的諸事情や不平等条約のもとにある外交事情、伝染病流行の緊急性などのため、必ずしも理想通りには進まず、むしろ官治的な制度へと形成されていった。これが日本の近代衛生制度の形成過程であった。

そのような展開の中で、伝染病予防は警察的武断的な治安対策として、蔓延防止という性格を強めていった。長与は自治的な住民代表としての衛生委員制度を発足させるが、やがてそれは十分に機能しないことが明らかになって一八八五年に廃止され、一八八六年の地方官官制公布によって衛生行政が警察の所管となり（たまたまこれはコレラ大流行の年と重なり、その最中にこの行政制度の改定が行なわれた）、さらに一八九三年の地方官官制改正以後、いっそう伝染病対策の前面に警察官が出ることになった。

(35) 東京独立医保権会会員某（匿名）は、一八七九年、「虎列刺病診断ノ困難」（『東京医事新誌』第七四号、一二〜一六頁）という投書で、確定診断が難しい状況下での板挟みの困惑を述べている。流行病患者発見時の医師の届け出義務は他の防疫対策に先駆けてもっとも早く、一八七四年「医制」の第四六条に定められた。伝染病対策において患者の早期発見を行政当局がいかに重視していたかを示すものといえよう。その後の諸法規でもこの届け出義務は厳しく規定され（たとえば、太政官布告第四八（明治一五年九月一日）は吐瀉二症あるものはすべて届け出るものとした）、一八九七年の「伝染病予防法」に到る。伝染病予防法では第三条に医師の届け出義務が規定され、第三〇条には届け出を怠った場合または虚偽の届け出には罰金五〇円とされている。

(36) Bacillus cholerae. この桿菌はやや屈曲して英字のコンマ形に似ているため、コッホはこれをコンマ・バチルスと呼び、その後もコンマ菌と通称された。コッホに先立つ三〇年前の一八五四年、イタリアのパッチーニ（Filippo Pacini, 1812-1883）がコレラ菌を観察し、報告していたが、病気というものが細菌によっておこるとの認識が確立されていなかった当時、その発見はあまり注目されず、コッホが「再発見」することになった。パッチーニの業績は一世紀余後の一九六五年になって認められた。

(37) 医学界のおおかたがコッホ説を受け入れた後にも、ミュンヘンのペッテンコーファはベルリン学派に対抗して最後までミアスマ説を捨てず、コレラ菌説に反対して、自ら培養コレラ菌を飲んでみせた。これはよく知られているエピソードである。ミアスマ説の強かったイギリスでもコッホ説の受容に当初若干のとまどいが見られた。たとえば、*The Lancet*, 1885: 32-33 (July 4); 252-253 (August 8); 1017-1018 (November 28)。

(38) コッホのエジプト・インド遠征（一八八三年八月～八四年五月。詳細は森鷗外訳「コッホ師印度紀行抄」『鷗外全集』第二八巻、岩波書店、一九七四年、二七九～三〇三頁）におけるコレラ菌発見を、柴田承桂はいち早く、一八八四年三月頃に報じている。コッホの下へ留学生を送りはじめて以後、日本はベルリンと緊密な連絡を保っていた。

(39) 一八八六年の流行以後、明治二〇年代に入ると衛生行政とコレラ対策の様相は近代的なものに変化しはじめる。この流行の後、衛生行政に官治的性格がいっそう強まった一方、それまでの蘭学出身の医学者に代わって、東京大学において最初から本格的な西洋医学教育を受け、ドイツへ留学していた若手が帰国して活躍を始める。緒方正規（一八五三～一九一九）は一八八四年帰国して東京大学に、森林太郎（一八六二～一九二二）は一八八八年帰国して陸軍軍医学校に、中浜東一郎（一八五七～一九三七）は一八八九年帰国して内務省衛生局に、それぞれ帰任した。北里柴三郎（一八五二～一九三一）は一八九二年に帰国して、彼のために設立された伝染病研究所に着任した。

(40) 「バチルレンの試験」『鎮西日報』（一八八五年九月二三日）および「虎列刺病死屍体剖検記事」（同、一八八六年一月八日）は山根正次と北里柴三郎によるコレラ患者死体の解剖と細菌学的試験を報じている。また、北里柴三郎、「長崎県下虎列刺病因ノ談〈十月常会演説〉」『大日本私立衛生会雑誌』第三一号、一四～二六頁（一八八五年）。東京大学教授緒方正規も翌一八八六年には「百余名の虎列刺患者に付てコンマバチルスを」確認したと述べている（緒方正規・佐々木政吉／述『虎列刺病原因及療法』一八九一年六月、非売品、六頁）。

(41) 木村竹□「虎列刺の奇薬」（一八八六年八月）日本医史学会編『図録日本医事文化史料集成』第一巻、三一書房、一九七七年、二一八頁。

(42) 『大日本私立衛生会雑誌』（一八九〇年）広告。松本儀兵衛・平野伊三郎の二医療器械商が扱った顕微鏡の売上は一月から七月までに一七〇台という記録を作った（前掲『日本科学技術史大系　第二四巻　医学1』二六三頁）。

(43) 中浜東一郎「本年ノ悪疫」『大日本私立衛生会雑誌』第一〇〇号（一八九一年）、六六九～六八六頁。

(44)　前掲『日本科学技術史大系　第二四巻　医学1』二六二～二六七頁。
(45)　中島與佐吉「虎列剌患者記事」「同続報（排泄物の黴菌学的検査）」『医事週報』第一一号、四頁、第一二号、四頁（一八九三年）。
(46)　中浜東一郎「類似虎列剌の解」『東京医事新誌』第七二二号（一八九三年）、二八～三〇頁。
(47)　病原菌の発見は、いったんそれが病原であると確定されれば、以後はその病原菌が検出されたものをその病気という、といった定義の逆転をもたらす。この点に関して、川喜田愛郎『感染論』岩波書店、一九六四年、七頁を参照。アメリカでも、早くも一八八六年に、ヨーロッパを視察して帰国したシェイクスピアが、コレラ菌の検出は絶対確実な診断法であり、医師や官吏がこの方法（細菌学的検査）を怠ったとしたらそれは重過失の罪にも相当する、と述べている（"Dr. Shakespeare's Recent Investigation upon Cholera," *Journal of the American Medical Association, 7*: 643-644 (1886), *Philadelphia Medical Times*, November 27, (1886) からの抄録）。現代の細菌検査の一例は、三輪谷俊夫ほか「コレラ流行時の細菌検査―有田市のコレラ流行を顧みて」『臨床検査』第二二巻第六号（一九七八年）、五八二～六〇二頁。
(48)　内務省達乙第七九号「虎列剌予防法心得附録消毒薬及其方法」（一八七七年）、前田治『虎列剌病予防消毒心得書（改正）』（一八八七年）、柳下士興『虎列剌赤痢予防消毒実施手控』（一八九五年）を比較。
(49)　たとえば、内田萬平訳「石炭酸水消毒ノ効験ヲ論ズ」（*Langenlre. Arch. f. Blin. Chirurgie*. (1885) からの翻訳『東京医学会雑誌』第三号、一四七～一五〇頁、第四号、二〇五～二一〇頁、第五号、二六七～二七〇頁（一八八七年）。「コレラバチルスと温度」『大日本私立衛生会雑誌』第六七号（一八八八年）、八九八頁。「石灰の消毒力／消毒用の石炭酸／ウォルメル氏の消毒薬／剃刀の消毒」（ドイツの雑誌からの翻訳）同誌第八二号（一八九〇年）、二一六～二一七頁。「格魯児石灰の消毒力」同誌第八四号（一八九〇年）、三八〇～三八二頁。安原豊也「虎列剌病毒空気より伝染の実験（三月常会演説）」同誌第一〇七号（一八九二年）、二五三～二七一頁など、消毒薬の効果や感染様式に関係する報告が多く見られるようになる。
(50)　中浜東一郎「伝染病予防及ヒ石灰乳消毒ノ事ヲ論ス」『衛生新誌』第九号（一八九〇年）、五～一七頁。

(51) たとえば中浜東一郎「消毒論」『衛生新誌』第一九号、一三～一八頁、第二〇号、一～一八頁（一八九〇年）。日本公衆医事会「消毒法ハ伝染病予防上如ナル効アリヤ」『大日本私立衛生会雑誌』第八六号（一八九〇年）、五九～六〇頁。外科手術の消毒法も、石炭酸水溶液を創部に吹き付けるリスターの方法から、一八八〇年代末には手術器具をオートクレーブで煮沸滅菌する無菌法に変わりはじめた。

(52) 後藤新平「臨時陸軍検疫部報告摘要」（前掲『日本科学技術史大系　第二四巻　医学1』二七三～二七七頁。

(53) 遠山椿吉「虎列剌患者ノ糞便中こむま菌存在ノ日数ニ就テ」『顕微鏡』第九号（一八九六年）、一一～四四頁。同「伝染病予防法ハ如何ナル程度マデ病毒ヲ発見シ得ルヤ」同誌第三八号（一九〇〇年）、一～一〇頁。

(54) 一、二例をあげれば、たとえば中央衛生会「東京ニ衛生工事ヲ興ス建議書」（一八八七年六月三〇日）では、虎列剌病流行のとき、検疫・消毒の二法のごときは「一時ノ姑息法ニ過ギ」ない、「根治ノ方法」は「衛生工事、即チ上水ノ供給、下水排除ヲ以テ骨子トシ……」と述べている（前掲『医制百年史　資料編』三一七～三一八頁）。また、中浜東一郎は「……就中完全ナル上水及ヒ下水改良工事ヲ起スヲ以テ最大要件トナス夫ノ消毒法ヲ施行シ患者ヲ隔離スルカ如キハ固ヨリ其効用ナキニアラスト雖モ一時ノ必要ニ迫ラレテ施行スル姑息ノ方法ニシテ上下水改良ノ設ケナキ以上ハ決シテ伝染病ヲ勦絶スルコト能ハサルナリ」（前掲「伝染病予防及ヒ石灰乳消毒ノ事ヲ論ス」一一頁）と述べている。

(55) たとえば東京では、市区改正事業の必要が早くから叫ばれたにもかかわらず、近代的上水道が通水を開始したのは、一八九九年、下水道が運用を開始したのは一九二二年であった。

(56) Norman Howard-Johnes, "Cholera Therapy in the Nineteenth Century," *Journal of the History of Medicine and Allied Sciences*, 27 (4) : 373-395 (1972).

(57) コレラに対する治療は症状に応じて対症療法を行なうほかはないとの認識は、一八一八年にベンガルにおける最初の流行を詳しく伝えた医師アンダーソンの報告（William Steuart Anderson, "An Account of Cholera Morbus Epidemic in India in 1817 and 1818," *Edinburgh Medical and Surgical Journal*, 15: 354-372, (1819)）から、ポンペが口述したウンデルリヒ（前掲『蘭疇自伝』一六頁）や、緒方洪庵の『虎狼痢治準』（前掲、二二丁）、そして石黒忠悳訳『虎烈剌論』にも述べられている。

(58) コレラという病気について医学的な基礎知識を以下に要約しておいた。

コレラとは、コレラ菌（Vibrio cholerae O1）がヒトの腸管内で増殖することによって発病する消化器伝染病。症状は脱水症で、体内の水分と電解質がはげしく失われる。感染後半日から二日くらいで胃腹部の不快感から始まって急激に進み、激しい嘔吐と下痢を発する。いわゆる米とぎ汁状の下痢である。血液中の水分が失われて、血液がタール状となり、血行障害を生じる。これを補うために身体中の組織から体液が血管に集まり、これも腸管からの浸出によって失われる。このため、脈拍が薄弱となり、手足の末梢が冷たくなり（厥冷《けつれい》）、皮膚の弾力が失われ、顔色は青黒く、目がくぼみ、鼻梁が突出していわゆるコレラ顔貌を呈する。さらに脱水が続き衰弱が進むと、虚脱期となり、冠状動脈へ送られる血液も不足するため、いよいよ心臓の機能が弱まる。やがて腎臓の血行障害から尿毒症に陥り、中枢神経障害や心臓の麻痺が起こって死に至る。

コレラ菌は経口的に消化管内に侵入して、小腸で増殖する。この菌が産生するコレラ毒素は腸管内の上皮細胞に侵入し、この細胞の吸収機能を障害して、細胞液を腸管内に浸出させてしまう。こうして脱水が起こり、上記の諸症状を呈する。

コレラ菌の感染経路は感染者の吐瀉物で汚染された飲料水や食品から、あるいは汚染物品に触れた手指などから口に入るので、不完全な上下水システムや食品管理、また患者看護の不適切な操作によって感染を広げることになる。人体外に排出されたコレラ菌は吐瀉物中や水中などで、条件がよければ数日から数十日も生存する。また、コレラ菌は好塩菌で、海水中でも生存する（したがって甘塩の保存食品は安全とはいえない）。一方、加熱や乾燥、および酸性の環境には弱い。多くの場合、口から侵入したコレラ菌も胃酸によって死滅されるが、胃を通過したものはアルカリ性の小腸で増殖を開始する。したがって、コレラ菌が口に入ったからかならず発病するわけではなく、なんらかの理由で胃酸分泌が不調であったり、炭酸水素ナトリウムなどで胃酸を中和してからコレラ菌を取り込むと発病しやすい。

現代のコレラの治療法は輸液が基本である。失われる水分と電解質その他の栄養成分を補給するため電解質溶液の静脈内点滴注入を行ない、さらに、コレラ菌の消滅を速めるためにテトラサイクリンなどの抗生物質を投与する。このような治療によって現代では、適切な治療を受けさえすれば、コレラ患者の致死率はほとんどゼロに近く、完全に治る病気となった。

なお、一九世紀の大流行の病原菌であった古典型またはアジア型といわれる菌型は二〇世紀に入って減少したが、一九三〇年代以後エルトール型の流行例が増加し、一九六〇年代以後は全世界的にほとんどがエルトール型に交替した。また、0-139 型の流行も近年の話題となっている。

井村裕夫ほか編『最新内科学大系〈27〉感染症二　細菌感染症』中山書店、一九九四年、二四二～二四七頁、竹田美文『ビブリオ感染症』医歯薬出版、一九八二年、九九～一〇五頁、一七四～一七九頁、竹田美文・三輪谷俊夫「腸炎ビブリオとコレラ菌の生態」ほか〈特集　コレラの臨床〉『綜合臨床』第二八巻第七号（一九七九年）、一三三八～一三四一等を参考とした。

(59)　ヨーロッパにおける輸液法の発展についてはHaward-Jones（前掲、三八五～三九五頁）による。

(60)　*"Report on the Chemical Pathology of the Malignant Cholera...,* By W.B. O'Shaughnessy, M.D. London. Highley. 1832"（オショーニシーの著書の紹介記事）, *The Lancet,* 1831-32 (1): 929-936. Thomas Latta, "Malignant Cholera: Documents ... Relative to the Treatment of Cholera by the Copious Injection of Aqueous and Saline Fluids into the Veins," *The Lancet,* 1831-32 (2): 274-81; 368-373. なお、オショーニシー法について見市雅俊『コレラの世界史』晶文社、一九九四年、一二〇～一二五頁をも参照のこと。

(61)　リスター以前のこの時代は、外科手術後に術創が化膿することは手術の成功の証しとすら考えられた時代であり、外科患者の多くが敗血症で死亡した。

(62)　原報は *Il Morgagni,* 27-1 (6, 7): 313-383, 1885. その英訳抄録が、"Treatment of Cholera by Hypodermoclysis and Enteroclysis," *The Lancet,* 1885: 589-590; 637. カンターニは、この方法を試みた比較的重症の患者二二六人のうち回復一五五人、死亡七一人という数字をあげている。

(63)　Arnaldo Cantani, *Die Ergebnisse der Cholera-Behandlung mittelst Hypodermoclyse und Enteroclyse waehrend der Epidem ie von 1884 in Italien*, Deutsche von M.O. Fraenkel, Leipzig, 1886（筆者未見）.

(64) H. von Ziemssen, "Abstract of a Lecture on Cholera and its Treatment," *Journal of the American Medical Association*, 9: 131-134 (1887).

(65) 佐藤佐講述『虎列拉療法新論』順天堂医院蔵版（島村利助）、一八八六年（国立国会図書館蔵）。

(66) タンニン液による浣腸法はこのカンターニ法以前にも試みられており、たとえば、一八七七年に翻訳刊行されたウンデルリヒ著・櫻井郁次郎訳『独乙新方彙』英蘭堂（島村利助）（国立国会図書館蔵）にも紹介されている。また、一八七九年に翻訳刊行された戎・密爾列（ジョン・ミルレー）著・横井俊蔵訳『虎烈剌論』（原著一八七四年）でも、浣腸法は「一八三四年以来著シキ良効ヲ得タリ」（二一頁）とし、皮下注入法がいいという人もある（三四頁）、また「塩性液ノ大量ヲ静脈ニ注入」するのは一時回復するかに見えるが持続せず、まもなく心臓作用が減衰する（三七頁）、と述べている。これらカンターニ以前の浣腸や輸液療法と、カンターニ以後、さらに一八九〇年以後に次第に効果を上げていった静脈注入法との、具体的な操作の違いはいまのところ筆者には不明である。

(67) 前掲、山本『日本コレラ史』七六三頁。

(68) 佐々木政吉述『虎列刺治療ノ話』非売品、一八九一年（国立国会図書館蔵）。

(69) 「ノートナーゲル氏の虎列刺療法」『大日本私立衛生会雑誌』第一一二号（一八九二年）、八二八頁。

(70) 赤沼信吉／閲・大日方隆二・菅井竹吉「明治二十八年大阪ニ於ケル虎列刺病ニ就テ」『東京医学会雑誌』第一一巻第一九号（一八九五年）、八七四～八八八頁。

(71) 前掲、山本『日本コレラ史』一三八頁。

(72) 中浜東一郎「北里医学博士の実布垤里亜及び虎列刺治療報告を読む（承前）」『医事新聞』第四六八号、三五～四〇頁、第四六九号、三六～三七頁（一八九六年）。

(73) 森林太郎「衛生新誌の真面目」『衛生新誌』第一号（一八八九年）、六頁。

第八章　長崎におけるコレラの流行と「救済」
——世紀末におけるその展開

松　永　　巌

はじめに

ここに「勝海舟翁(1)」という見出しの新聞記事がある。これは勝海舟が一八八六年にコレラに罹り、その時の様子を快復後に回想して一文にし、毎日新聞社員の許に送って掲載され、一八八六年九月一六日の『鎮西日報』に転載されたものである。一八八六年は一八七九年に次ぐコレラの大流行の年であり、一八八五年から二年続きということもあって官民こぞってコレラ撲滅作戦を展開した年でもあった。そのような中で、一教養人としての勝海舟が自らのコレラ病をどのように見ていたか、その時の心情はどうであったか見てみるのも、当時のコレラに対するいろいろな見方や考え方を知る上で興味深いと思うので、長い引用になるが全文を掲げることにする。

八月三十日来客談話半日大に疲労を覚ふ翌日又来客談二時より三時半に及ぶ為めに胸膈閉塞足部麻痺を来たすこの際洋菓《プリューム》五六枚ビスケット三四枚を喫す暫時にして腹中饑を致す葛麵一椀を喫す。

この五六日大便不通秘閉して益胸中閉塞を増す常用《じょうよ》の下剤を用ふまた不通客去て後足部麻痺甚敷胸膈下部より突くが如し為之嘔気を発す頻りなりその気先の悪き実に名状すべからず耐忍暫時忽として下痢を発す既に二回頭額より冷汗浸々《しんしん》として下だる爰《こゝ》に到り心気死すべきが如し幸にして浴涌き既に適宜なるを聞く直に入浴凡そ廿分時この時下腹空虚し唯だ胸塞甚敷試みに手足をひねるに少感なし須臾《スユ》にして毛穴より粘液を発し神経恍惚殆んど気絶せんとす爰に到りてまた心頭熱くが如く家属の身体に近寄るを厳禁し大罵して身側に到らしめず皆予が発狂を疑ふ予自から浴を出で単衣を纏《まと》ひ毛布上に横臥すこの時心中思へらく是虎病を発せしなり耐忍嘔吐すべからず若一度吐せば嘔気止るべからず終に精神昏迷俄然として死に附かむこの大煩悶は当然なり唯一片の神経昏迷せざればその煩悶の因て生ずる縁因を覚知すべきならむ歟《や》と歯を喰《くひ》しめ希くは大苦を度外に置かむと閉目動かず又一言を発せず如斯なして意を爰に決す小間再び一暴瀉を発すこの際心気遊離し体に附せざるが如く細に観念すればその先きに腸中腐敗の元素を生じ直ちに吐瀉を起し先腸中消化の機関力を失はしめ是に因て血液その運行を失ひ粘液分離し液は毛穴より出で手足冷へその他の機関皆その活動を失ふ歟この時若し嘔吐再三に及ばゝ随て精神昏盲俄然として死に到るべき歟予此際唯大苦の因て発する所以を思ふに切にして死生その他は放擲《ほうてき》して不顧此念頭を猛発し以てその大苦痛と闘はしむるにあり果して神経昏迷せず漸にその苦痛に堪ゆるを覚えたり又思ふ此際に当て良薬も胃に受けず反して嘔気を助け促すことを爰に覚ふゴムの細管を用ひ口中より殆んど胃中に達さしめ善良の防腐薬汁を注射せば必ず大功を奏せむ歟予医理を解せず或はこの伎倆を以て大医に糺さんとす再暴瀉後に苦痛を殺き九時頃に到て不思一睡す終に暁鳥の啼くに到て心胸快唯身体大疲して殆んど死人の如く朝八時に到て務めて浴湯し石鹸を用ひ全体を洗ふその快言ふべからず後横臥湯水を不用寝て二日昼夜今猶大疲甚敷起臥に困す予今歳六十四是体力の既に衰ふる

に依る者歟予死を遁《のが》れ既に六七日回想すれば我居室家属の居所を隔る七八間大喚するに非ざれば声咳通せず又浴室庭隅に在り我居所を離る五六間此の時や幸にして湯涌きその適宜の温度なるを以て直ちに入浴するを得たり

鳴呼府下の同病に感冒するもの多くは貧困狭屋汚穢の居に起臥しその妻子或は同所者三四名多きは五六名大抵畳を敷く四枚半その内に起臥棲息す加えその食半ば腐敗に至る物品と雖も猶その口腹を養ふに足らず一朝この病苦に逢遭せば唯大苦呻吟空敷死を待つ而已《のみ》何の暇か予防摂生に及ぶ余力あらむ哉これを思へば惨澹の情我が衷心に感発し為之不覚涙の潜々たるを

勿言老朽の半死翁死に瀕して呻吟以て無用の空言を吐露すと若不幸にして同患者一読するあらば必其苦況中大に省悟する所あらむ歟

明治十九年九月七日

海舟散人疲労を忍び病中の苦況を記す

勝海舟のこの体験談が掲載されたのは、コレラが猖獗を極めた時期であった。掲載した新聞社側は自覚症状とその克明な体験とを読者に知らせ克服可能の自信をつけさせることを目的としたものと考えられる。勝海舟自身は非常に克明に病状や処置、克服の感想を記録しているから、これにとびつく思いで読んだ人々も多かったであろう。勝海舟の注意は罹病者の多くを占める貧困生活者に向けられてはいるが、その防止のための方策を指示するには至っていない。それは彼の立場からすれば止むを得ない限界と見ることができよう。むしろこの文章は体験記録としての価値を持つものとしてその意義を認めるべきであろう。

この小論では長崎におけるコレラの流行とその防疫について取り上げることにするが、鎖国体制のもとでも長崎は国外との交通が認められていたことなどから、伝染病の侵入地でもあったことが推測される。このような地理的条件のもとで、長崎における伝染病としてコレラの侵入とその防疫策、実施を明らかにし、中央の行政指導に対する地域の自主性のあり方、それが中央の施策に統合されていく過程を検討したいと考える。

鎖国時代は長崎は唯一外国に開かれた港だったことから、外国からの伝染病が侵入し、長崎を経由して全国へ流行していく、また開国後も、疫病の流行地の大陸に近いことからコレラ等はまず長崎に上陸し、やがて全国へと蔓延していく例が多かった。

日本で初めてコレラが流行したのは一八二二（文政五）年だといわれている。二度目の一八五八（安政五）年は全国的に大流行した年である。この年の流行の出発点は長崎であった。

この時代は、治療法も定まらず、コレラの正体はもちろん分かっていなかった。一度コレラに罹ると、急激な苦しみにおそわれ、手の施すべもなく、ただ死を待つだけであった。この恐怖から逃れようとして、悪気を払うため、みこしや獅子頭など多人数で持ち歩く者がいたり祈祷を唱えたりする者もいた。明治維新以後、コレラ予防に関する法令もでき、養生法や衛生法など個人の生活能度にかかわる「論達」なども公布され、コレラ対策はしだいに具体化した。しかし一八七九年の「虎列刺予防仮規則」[2]の中にも群集の禁止条項があり、一八八二年には内務省は「加持祈祷の禁止」[3]令を出している。群集も加持祈祷も民衆の主体的行動であり、幕藩体制のころから支配者はこのような信仰が社会不安の大きな要因となると考えた。その体質は、コレラの流行という状況にあっても変わっていなかった。

これに対し民衆の側は検疫委員の取締りを恐れ、病状があっても医者の診断を受けなかったり、診断を受けた結果コレラ患者と認定され避病院へ入れられることを恐れ入院を回避しようとする者もいた。「コレラが発生すると、患者はもちろん一家の家財道具全部が消毒のため焼捨てられるものと誤認し、病気をかくし、医師の診察を拒絶し、また加持祈祷や民間療法にたより、患者を死にいたらしめ家族感染で一家全滅する例もあった。あるいは、患者みずから家族への伝染を恐れてひそかに戸外にさまよい、そのまま路傍に死体をさらすことも随所に見られた(4)」とされている。

行政としてはこのような貧民とコレラの関係も大きな関心事となり、コレラが住環境の悪い一帯で多く発生することから貧民街からのコレラ流行の拡散をいかに防ぐかに大きなエネルギーを注ぐことになった。治療や薬代を払えない貧民がコレラに罹った場合、各自治体では何らかの方法を採るが、まず法令では避病院に隔離することになっていた。また結果的には隔離することになるかも知れないが、その前に治療や薬代を免除する施療券を発行する自治体もあった。長崎県では一八八五年に県が施療券を発行している。

避病院に入院させるのも、施療券を発行するのも、患者に対する経済的支援である。後に残された家族に対する支援策は、一八九七年の「伝染病予防法(5)」(法律第三六号)に僅かに見られる程度である。そのような社会状況の中で、長崎区において、医師会が独自に施療券を出したり、生活の支柱となる人をコレラで失った遺族を支援するための義捐金募集を行った一新聞社の慈善活動は特筆すべきであろう。このことについては第三節で述べることにする。

コレラ流行時に、罹病者の半数以上の人々が死亡するという大きな、悲惨な社会問題を長崎区という一つの都市がどのように克服し、近代化していったか、それが中央の「統合」施策とどのように関わったか、そうした問題は第四節で見ていく。

一　開港場としての長崎の特殊性

1　西洋医学の伝来

西洋医学は、鎖国時代や開国後に、交易に伴って和蘭商館の医官として出島蘭館に来住した医師たちがわが国にもたらした。ここでは西洋医学の基礎および応用を日本の医学生に伝授したシーボルトとポンペの二人についてふれることにする。

シーボルト

フィリップ・フランツ・フォン・シーボルト（Philipp Franz von Siebold, 1796-1866.〔ドイツ語訓みとしては「ジーボルト」だが、ここでは通例の訓みにしたがって「シーボルト」と訓むことにする〕は一八二三（文政六）年に来航した。当時出島への出入は、外部からも内部の人たちにも厳しく制限されていたが、シーボルトは日本の熱心な蘭学者・医学者にオランダ語や医学を教授し、彼らと共に病気に苦しむ人々の治療をしていた(6)。そのようにして患者に対しては日本の医師を介しての診療であったが、名医との評判が高まり、長崎奉行も病人の治療、学者・医者との交際が長崎の上下一般の人々に有益であるという心証を得て、シーボルトに出島の出入を許可した。吉雄幸載と楢林栄建・宗建兄弟（いずれも長崎の医者）の協力を得て、大村町に楢林塾、樺島町に吉雄塾を開き、医学の教授と治療を行った。彼の指導方法は、「実地的に子弟に教授することを得たるが、そは医薬の学問と技術とに留まらず、動物・植物・鉱物など万有学上の知識より、薬剤を烹たり煉たりする方法にまで及びて、これを口述的に説明せしのみならず、又実地につきて懇に指導せしかば、日本に於ける是等学問の研究方法は従来の方式とは大にその趣を一変すること、なりたり」(7)といわれ、その自然科学全般の知識に立つ指導は全く新しいものであった。

やがて長崎奉行の許可が出て、彼は一八二四（文政七）年鳴滝に塾を開く。当時の鳴滝の写真を見ると、塾は山裾の畑の中にあり、民家も少なく、「遠くは彦山の深き翠を望みて、風色如何にも趣あり。森には杜鵑のなき渡り、山鳩の徐につぶやくをき、、庭内・屋外には蛇多く、蝮《まむし》蛇もあり。百足、蜘蛛、蝶、蛾、甲虫の類に乏しからず。屋内には数も知れぬ鼠の荒れ荒れて、時としては大きやかなる蛇に屠られてあることもあり」といった、風景は良く静かな所ではあったようだが、物淋しい感じもする塾舎であった。しかし医者も学者も病人もシーボルトを慕い集まって来た。患者は身分の高い人もいれば、市井の賤民もいた。

鳴滝塾へシーボルトが来るのは大抵週一回で、その間は弟子たちが診断治療を行った。診断の難しい患者はシーボルトが来るのを待つことになるのだが、シーボルトはその病人を見て、一々病症を説明し、診断の仕方、治療の方法を講じて、最後にその患者に治療を施した。彼は、理論と同時に臨床的な医学の指導にも力を注いだ(8)。

シーボルトについては次のような逸話がある。シーボルトは薬草採集のために日を決めて出島を出ることが許されていた。そのような時は、出かける先々に布令が廻っていて、それを知った沿道の人民農夫は「病人を路傍に連れ出し、平身低頭して其の診察を乞ふた。それでシーボルトは忙しいことは大したものであったが、氏は少しも嫌な顔をせず、丁寧に病人を診察し、一々通詞を経て其の養生法を教へてやった(9)」。身分や貧富の差別なく、一人一人に患者として平等に対処し、治療を施す献身的なシーボルトは、身分格式によって治療の内容を変えたそれまでの医療のあり方とは明らかに異なった、医療の対象者はすべて平等という近代医学の理念を実行した。その点で画期的な意味を持ったのである。

ポンペ

ポンペ・ファン・メーテルオールト（Johannes Lijdius Catharinus Pompe van Meerdervoort, 1829-1908）は一八五七（安政四）年に、徳川幕府が招聘した最初の外人医学教師として来崎した。

ポンペの功績は、大村町の医学伝習所や小島養生所を開設し、そこで日本の医学生に西洋医学を伝授し、同時に罹病者の治療に当り、そしてそのことが日本の医学、医療のあり方を決定づける程の大きな影響を与えたことであろう。

一八五七年九月二六日、ポンペは海軍伝習の一環として長崎奉行西役所で、松本良順、司馬凌海など一四人[10]の医学伝習生に対して医学講義を始める。彼はその時、開講の挨拶として、「自然科学の性質並びに状態、その文化に及ぼす影響などに就いて概説し、進んでこれを内科や外科に応用すべきことを論じた[11]」といわれている。

やがて学生はしだいに増え、西役所は手狭になり、その年の冬には大村町の民家に[12]、良順を頭取とする医学伝習所を開設する。この伝習所が開設された次の年一八五八年は全国的にコレラが流行し、長崎でも多くの患者が出た。ポンペは、長崎奉行と松本良順の協力を得て伝習所を市民に開放し、貧富にかかわらず、コレラ患者を受け入れ診察治療を行った。また病状が重い人のためには、医者を二四時間待機させ、患者からの連絡ありしだい往診に行けるような体制もとった。伝習所は臨時的ではあったとしても病院の形態を備えていて、小島養生所へと結実していく。

小島養生所は、患者に接する付属病院がなければ、真の医学教育ではないというポンペの強い信念が長崎奉行を動かし実現した。一八六一（文久一）年八月一六日下長崎村小島郷字佐古で養生所開所式と医学所開校式が挙行され、大村町の伝習所はここに移転した。わが国で初めての洋式病院の誕生であり、内容外観ともに整った学校の発足であった。(13)

この養生所に医学所を併置したポンペの医学教育についての考え方は、医大には必ず付属病院が併置されるといた形で、今日まで受け継がれてきている。また小島の養生所は明治維新以後名称が変更されたり、一八七四年には廃校にもなったが一八七六年には医学所、一八七八年には長崎医学校となり、疫病の流行の際はこの医学校の教師が予防治療に重要な役割を担うことになる。

一八五八年、アメリカの軍艦ミシシッピ号の乗組員の中に清国でコレラに感染し、艦内で発病した者が出て、コレラはまず長崎に上陸し、やがて他府県へ蔓延していった。このコレラ流行の際ポンペはその予防法を長崎奉行に上申したばかりでなく、「率先して学生等を指揮して、これが予防と治療にあたりました。これによって学生等は、図らずも西洋流の伝染病予防法を実習したわけでありまして、これが明治以後に至るまで、我邦の伝染病予防の指針となった(14)」のである。

シーボルトとポンペについて見てきたが、二人の功績は誠心誠意日本の医学生を教授しそれ以後の日本の西洋医学の発展の基礎を築いたことであろう。また医学の知識技術と同時に義務感、医の倫理といった精神的な面でも彼らに大きな影響を与えたと考えられる。

2　伝染病の侵入

鎖国時代唯一の「世界の窓」となっていた長崎には、外国の文化と同時に各種の伝染病も入って来た。さらに開国によって、大陸との交通が開始されるようになってから、くり返しコレラ、ペスト、天然痘等の外来伝染病の侵入があった。これらの伝染病の中でもコレラと天然痘は大流行することがあり人々を恐怖に落し入れた。ここではこの二つの伝染病について見ることにする。

コレラがわが国で最初に流行したのは前にも述べたが一八二二（文政五）年といわれている。その後一八五八（安政五）年の大流行では、長崎でも患者数一五八三人を数え死亡者は七六七人であった。当時は明確な治療方法もなく「居室を清潔にし飲食を慎み刺戟性飲料を禁じ清水による含嗽または醋橙を喫せしめ」るほか、居室の硫黄燻蒸は赤熱の鉄板（または石）に酢を注いでその蒸気を室内に満たせる方法をとった。漢方では、「雄黄丸の内服または梅干を食わせていた」(15)ということである。

ポンペについては前述したが、彼はウンデルリヒ内科書にもとづいて硫酸キニーネ・阿片チンキの投与を唱導し、これを患者に施した。(16)

明治に入ると、コレラは一八七七年、一八七九年、一八八五年、一八八六年に流行し、その中でも一八七九年と一八八六年は全国での患者一〇万人を超える大流行となった。それぞれの流行については、第二節以降考察することにするが、一八八七年に「虎列刺病予防心得」が布告されて以後法令が改正・改定され、行政のコレラ予防に対する姿勢は厳しくなっていく。一八八九年以降は流行は見られるが、全国的には、一八九〇年の患者四万六〇一九人、一八九五年の患者五万五一四四人が目立つ程度で、徐々に沈静化していく。その理由として、法令の整備、都市のインフラ整備が進んだこと、一人一人の衛生思想の浸透、船舶その他乗物の検疫の実施、治療法の進歩などが挙げられる。

天然痘は、長崎では一六六二（寛文二）年に流行し、死者二三一八人を出し、一七一二（正徳二）年、一七二四（享保九）年にも流行した。ジェンナー（一七四九〜一八二三）が牛痘種痘法を発明したのが一七九六年であるので、右の天然痘流行時にはまだ種痘法もなく予防のしようもなかった。そこで「もっぱら避痘を予防法としていた」[17]。すなわち

旅において流行があれば速かに逃れること、患気のある者は地方に入れないようにしたが、感染した者は山野に移し、既患の者に菜食を供させる等唯一行っており、また避痘地として伊豆の八丈島、信州の御嶽、肥前の大村、五島その他天草が選ばれていた[18]。

このように山野に移されたり、島流しになった患者が、再び家族の元に帰ることができたのかどうか。

一八五七年以後長崎に天然痘が大流行したため、ポンペはバダビヤ政庁を通じて痘苗を入手し、一八五八年に一歳から二歳までの小児二一八人に種痘を施行した。また翌一八五九年中に一三〇〇人に種痘を行うなど種痘法の普及に力を盡し、日本人を天然痘の惨禍から救うことに大きな貢献をした[19]。

明治政府は一八七六年に天然痘予防規則（内務省布達甲一六号）を公布し、その第八条は次のようになっている。

第一条[20]及ヒ第二条[21]の旨ヲ尊守セス或ハ無稽ノ説ヲ唱ヘ種痘ヲ拒ミ若クハ他人ヲ蠱惑スル等ノ者ハ違式詿違ヲ以テ諭シ罰金ヲ科ス可シ

種痘に不信感をいだき、忌避する者も多かったのであろう。大正から昭和の初め頃になってやっと全国的に種痘

が普及し、それに従って天然痘の流行は減少していった。

二　長崎におけるコレラの流行と防疫対策——一八八五年、一八八六年

一八八五年、一八八六年の長崎区およびその近郊におけるコレラ流行について述べる前に、まずわが国の明治維新以後のコレラ流行状況を見ることにしよう。表8-1に患者数が多かった年の患者数とカッコの中に死亡者数を掲げる。

この表で見ると全国で大流行した一八七九年には長崎区（港内外を含む）でも一番多くの患者が発生している。全国で次に大流行するのは一八八六年であるが、この年は長崎区は前年の一八八五年よりも患者は少なくなっている。その点に注目し、一八八五年の流行から一八八六年にかけて長崎ではどのような対策がとられたのか見てみようと思う。

明治政府のコレラ防疫に関する法令も、基本的なものは出揃いつつある時期であり、長崎県の防疫対策、それに医師たちの行動についても見ていくことにする。

この節ではまずコレラの発生状況を、次に行政の防疫対策について述べる。

1　コレラ患者の発生状況

一八八五年

長崎区での患者の初発は、この年は遅く八月一九日であった。それ以後流行は急速に拡大し、九月二日までに

県全体で患者数五五八人、死亡者数二八四人に達した[22]。この年の発生原因は、孟蘭盆の墓前の暴飲暴食が誘因と考えられている。

長崎県では、コレラや他の伝染病について新聞で逐一報道している。この年の『鎮西日報』には、七月二五日頃からコレラ関係の記事が見られるようになる。前述のように長崎区での初発の患者は八月一九日が定説となっているのは、次の記事に見られるような「類似コレラ」は、考慮されていないことによるものかも知れない。七月二五日の記事は次のようになっており一般の人たちに警戒を呼びかけている。

今まで外国や他県の事と思ひ居たるが長崎村高野平郷一五三番戸水口亀吉は本月二三日類似虎列剌に係り未だ治療中なり最早対岸の火災にあらず

『鎮西日報』には、九月九日から「虎列剌患者統計」が毎日載せられ各町、村、郷の新発患者の数値が示される。たとえばこの年の最初の「虎列剌患者統計」は次のようになっている。

本年七月廿五日より一昨七日までの患者総数は千二百五十八名内全治二十二名死亡六百四十九名未治五百八十七名にして一昨日の新発患者は百四十二名即ち左

表8-1　維新以後のコレラ流行状況

（単位：人）

年	全　国	長崎区
1877	13,816（ 8,027）	575（ 272）
1879	162,637（105,786）	3,634（2,219）
1885	13,824（ 9,329）	833（ 617）
1886	155,923（108,405）	583（ 417）
1890	46,019（ 35,227）	858（ 581）
1891	11,142（ 7,760）	181（ 137）
1895	55,144（ 40,154）	261（ 214）
1902	12,861（ 8,012）	748（ 511）

注：1877，1879年の長崎区の数値には港内外も含まれている．
出所：全国の数値は『日本コレラ史』より，長崎区の1885～1902年は『明治維新以後の長崎』より，1877，1879年は『長崎県警察史上巻』による．

に掲ぐる如にして同日全治したるもの五名死亡したるもの七十六名なり
〔ここでは長崎区と西彼杵郡だけを提示する〕

萬屋町	三	築町	一	本石灰町	一
油屋町	一	銀屋町	二	今魚町	二
本下町	一	江戸町	一	新橋町	一
伊勢町	一	東上町	二	鍛治屋町	一
古川町	一	廣馬場町	一	銅座町	一
今博多町	一	樺島町	二	本博多町	一
與善町	一	船津町	六	西濱町	二
浪ノ平町	一	馬町	一	丸山町	四
八幡町	一	本籠町	三	紺屋町	一
本五島町	一	西古川町	一	居留地女学校	一
恵美須町	一	今下町	一	通船船夫	二
上築後町	一	桶屋町	一	(以上長崎区)	
大浦郷	九	長崎村	一	稲佐郷	一
高野平郷	六	茂木村	十五	長崎木岩原郷	一
伊良林郷	二	矢上村	一	西山郷	一

十善寺郷	十三	沖合船中	三	浦上山里村里郷	一
長崎村船津郷	二	小島郷	七	大黒丸船頭	一
浦上山里村本尿郷	一	野母村	四	紡績場内	一
浦上淵村飽ノ浦	一	戸町村	二	（以上西彼杵郡）	

この統計表からは、長崎区内とその周辺に位置する西彼杵郡の町、村、郷のコレラ患者の発生状況を見ることができる。長崎区内でも広い範囲に患者が発生しているが、それぞれの町を見ると、一日で複数人の患者が発生している町はそれほど多くない。九月七日は、船津町の六人、丸山町の四人などが多い方である。それに比べると、西彼杵郡では茂木村の一五人を筆頭に十善寺郷一三人、大浦郷九人、小島郷七人、高野平郷六人、というように、一つの村、郷の患者が多い。

ここでも、貧困生活者の多い地域での患者発生を見ることができる。第三節で触れることになるが、この年は貧困家庭を支援する義捐金募集が行われ、『鎮西日報』の記者が生活困窮者調査をするために茂木村に行き、その惨状を報告している。

一八八六年

この年のコレラは、まず関西で流行し、やがて広島、山口、福岡、熊本の各県に拡まり、長崎でも特発的コレラは郡部で発生したが、大きな流行にまでは到っていなかった。しかし七月一一日に長崎に入港した郵船の名護屋丸にコレラ患者が発生して、そこから伝染したと考えられている。

その事情を『鎮西日報』は次のように報じている。

一昨十二日入港の名護屋丸が当港碇泊中昨朝下等船客の英人一名コレラ病に罹りたる旨昨日朝同船乗組検疫委員より届出ありて直ちに検疫本部より出張されしに同船の火夫に伝染せしかば両人とも竹久保避病院に送られ尚ほ昨日正午ごろ長崎医学校教師のプッチマン氏及び山根医学士が容体視察のため同病院へ赴むかれしに英人はとても快癒束なく火夫は尚ほ望みありとのことなり。(23)

名護屋丸に発したコレラは、伝染性の強いもので、忽ち長崎港沿岸、西彼杵郡、港内の船舶、長崎区等に伝播していった。この日からしばらくは一日に二、三人から四、五人の患者の発生が見られ、七月二一日に一一名の患者が出ると、それから徐々に増加していった。この年は、前年と違い急激に患者が増えることはなかったが、流行の期間は長崎区内では七月一一日から一一月一四日まで続いた。患者数は区内では五八三人であったが、死亡者は多く四一七人であった。死亡率が七二％と高いのもこの年のコレラの特徴である。

『鎮西日報』では、一八八五年の際と同様コレラ患者の発生状況を七月一四日の名護屋丸事件以後「虎列拉記事」という見出しのもとで、また七月二四日以後は「本県のコレラ」という見出しを付けて報じている。たとえば七月二五日の記事では次のようになっていて、一八八五年の「患者統計」の記述方法とは違っている。

廿四日届出　長崎港金屋町女一人（廿三日后十時五十分発病）新大工町女一人（廿三日前六時発病）古町弓弦師女一人（廿三日后十一時発病）大浦郷日雇男一人（廿四日前二時発病）同女一人（廿二日前八時発

病）岩瀬道郷男一人（廿三日后五時発病）古川町船乗男一人（廿三日后十一時発病）港内船中男一人（廿三日后十二時発病）大黒町女一人（廿三日前一時三十分発病）稲佐郷男一人（廿三日前九時発病）水ノ浦郷女一人（廿一日前四時発病）西彼杵郡神ノ島漁男一人（廿三日前六時発病）北松浦郡平戸町男一人（廿三日発病）壹岐郡箱崎村農女一人（十九日後一時発病）上縣郡伊奈村に五人発病

廿四日死亡届　区二人　郡三人

「本県のコレラ」では発病日時やときには死亡日時が表示されることもある。この記事は一日分のものであるから、流行期間中の患者数が分かれば、この年の特徴を見ることができるのだが、ここでは資料が十分でなく、明確なことは言えない。ただ概算で発生傾向を見ると、郡部での発生件数が前年に比べて少なくなっているようである。

いずれにしても、全国的には一八八六年は一五万人以上の患者が出るという大流行の年であったが、長崎区およびその近郊では前年よりも患者数は少なくなっている。防疫対策に何か特別な措置がとられたと考えられる。そこで一八八五年と一八八六年の防疫対策を見ることにする。

2　行政の防疫対策

一八八五年

コレラ防疫に関しては、一八七七年「虎列刺病予防心得」、一八七九年「虎列刺予防仮規則」、「海港虎列刺病伝染予防規則」および「検疫停船規則」、一八八〇年「伝染病予防規則」など政府の主要な法令は整ってきていた。

長崎県でもこれらの法令に則って、この年の防疫対策が施行されたことは当然として、県で独自に出された「通達」としては次のものがある。

回第百二十八号

長崎港内虎列拉病流行ニ付長崎区椛島町四十六番戸ニ検疫事務所ヲ置キ検疫一切ノ事務為取扱候条為心得此旨相違候事(24)

明治十八年八月十八日

長崎県大書記官柳本直太郎

（回号達）

告第百六号

長崎港ニ於テ虎列拉病流行ノ兆有之ニ付西彼杵郡浦上渕村字大田屋へ避病院開設候条此旨告示候事(25)

明治十八年八月二十五日

九月三日、長崎にコレラが蔓延して、有病地と他地方との交通遮断法を次のように定めた。

告第百九号

管下長崎港ニ於テ虎列拉病蔓延ニ付明治十三年七月第三十四号布告伝染病予防規則第十五条ニ依リ有病地

ト他方トノ交通遮断法左ノ通定ム

一、左ノ場所ニ見張所ヲ置キ昼夜見張ヲ為シ左ノ各項ニ依リ処分スルモノトス

時津口　日見口　西山口

(一)　有病地ヨリ他方ニ出テ及ヒ他方ヨリ有病地ニ来ルモノハ一切見張所ニ於テ通行ヲ遮断スルモノトス

但公用ニテ通行スル者及ヒ電信郵便配達人等ハ此限リニ非ラス

(一)　有病地ト他方トノ用弁ハ郵便ヲ以テ往復シ若シ郵便ニ付スルノ遑ナク急要ノ事柄ニシテ相当ノ理由アルモノト認メタルトキハ他方ヨリ有病地ニ来ル者ハ直ニ通行ヲ許シ有病地ヨリ他方ニ出ル者ハ病毒感染ノ有無ヲ検査シ感染ノ虞ナキ者ハ通行ヲ許スモノトス

但見張所ヨリ壱里以内（見張所内外ヲ問ハス）ノ地ハ其事柄ニ依リ見張所ヨリ通知スル事

(一)　前二項ニ依リ有病地ヨリ他方ヘ通行ヲ許ス者ニハ相当ノ消毒法ヲ施行スルモノトス

(一)　有病地内日常必需ノ米穀薪岩塩味噌魚肉蔬菜他方ノ輸入ヲ仰クモノハ見張所内外ニ適宜ノ場所ヲ定メ売買セシムルモノトス

右告示候事(26)

明治一八年九月三日

長崎県令石田英吉代理
長崎県大書記官柳本直太郎

この年は、コレラ患者の初発日が残暑のきびしい八月一九日ということもあったのか、行政の動きは鈍かった

ように思われる。八月一九日の発生の前日一八日に「検疫事務所」の設置を通達しているが、これなども、次の年の一八八六年の行動に比べると動きが遅い。

一八七九年以降この年まで長崎区内では目立ったコレラの流行はなかった。これに先立つ二年間を見ると、一八八三年は患者は一人も出ていないし、一八八四年は患者二人死者二人であった。行政にも防疫面での油断があったのかも知れない。

一八八六年

(イ) 下水工事とコレラの侵入に対する警戒

長崎県ではこの年一月二七日に溝渠改造を進めるための予算を議定する臨時県会を開いた。溝渠改造の必要性については次のように述べている。

管下長崎港ハ客年虎列拉病流行頗ル猛烈ヲ極メタルニ依リ当時厳密ノ消毒法ハ施シタリト雖トモ猶病毒蟄伏ノ恐レアル本港ノ溝渠下水ハ其構造完全ナラサル為メ假令之レカ浚渫ヲナスモ所謂姑息ノ清潔法ニシテ到底之ヲ改造スルニ非サレハ除害ノ効蹟ハ収メ難キト認メタルカ故ニ委員ヲ設ケテ溝渠改造ノ方法ヲ計画セシメ而シテ該費ヲ議定セシムル……(27)

そのために臨時県会が開かれ、議決に従い内務省へ費用の補助を請願し、三月九日に補助金が下りる。

三月一五日に改良工事を起工したが、夏近くなり、前年のコレラの余毒が拡散するのを恐れて工事は中断された。この年に完成したのは大溝の改良だけで小下水および中溝の改造は次年度に廻されることになった[28]。

この下水工事に見られる長崎県の政策は、コレラ防疫という点から見ると、これまで患者の隔離消毒に重点を置いてきたのに対して、ここで環境衛生の重要性を認識し、それを地方自治の権限において企画し実行した点で大きな意味を持ってくる。

この年、県はコレラ情報に敏感に反応し、五月六日に入ると京都、大阪、兵庫におけるコレラの流行を伝え、次のように予防に対する注意を喚起している。

達第二五号

虎列拉病ノ蔓延ヲ防御スルハ当初発生ノ一局部ニ於テ厳ニ隔離消毒ヲ行ヒ之ヲ防遏スルニ非レハ終ニ防クヘカラサルノ惨況ニ陥ルモノナリ今ヤ時漸ク夏季ニ向運シ昨年流行ノ余毒再然ノ処不少加之府県ニ於テハ巳ニ該病発生ニ付何時病毒ノ侵入ヲ受クルモ難計旁以テ郡区長戸長ニ於テ吐瀉病ノ有無ニ注意シ若シ吐瀉病ニ罹ル者アラハ速ニ医師ノ治療ヲ乞ハシメ適当ノ予防消毒ヲ施シ病毒ヲシテ蔓延セシメサル様致ス可シ[29]

明治十九年五月十二日

長崎県令日下義雄代理
長崎県大書記官小野修一郎

五月は長崎ではまだコレラ患者は発生していないのだが、昨年の流行に続いて、今年も流行の兆しがあり、他府県では患者が出ていることから、厳重な警戒態勢で臨もうとしている県の姿勢が、次に示すような通達、訓令からも見えてくる。

大務大臣からの訓令を受けて、

京都大阪両府下及ヒ兵庫県下ヲ虎列拉有病地ト認定ス就テハ該地ヨリ来ルモノニ対シ伝染病予防規則ニ依リ厳重予防スヘシト電報ニテ内務大臣ヨリ訓令アリシヲ以テ即日ヨリ長崎港ニ於テハ有病地方ヨリ来ル船舶ニ対シ伝染病予防規則第十三条ニ依リ船舶検査ヲ実施ス該施行ニ係ル事項ハ船舶検査紀事ニ掲クルヲ以テ茲ニ略ス(30)

五月二二日には、朝鮮国釜山港近傍でコレラが発生したことを釜山領事から連絡を受け、その旨内務大臣に上申し、厳原支庁および郡区役所戸長役所宛に次のような通達を出している。

達第三拾号

京都大阪両府下及ヒ兵庫県下虎列拉病流行ニ付管下長崎港外五港ニ於テ船舶検査実施ノ義ハ本月当庁告示第十七号及ヒ第二十号ヲ以テ及告示置候処朝鮮国釜山港近傍馬山浦ニ於テモ該病発生病勢猛烈忽チ金海亀浦ニ伝播ノ旨釜山領事ヨリ通知有之候旁比際船舶検査ヲ実施セサル港浦ト雖ドモ流行地ヨリ来ル船舶ニハ患者若クハ死者ノ有無ニ注意シ病毒ノ侵入ヲ防クヘシ(31)

明治十九年五月二十二日

長崎県令日下義雄代理

長崎県大書記官小野修一郎

長崎県は外部からのコレラの侵入に対して神経を使い、船舶の厳重な検疫や患者発生の際は初期防疫の重要性と適切な対応等について十分に準備するよう呼びかけている。

何が何でも前年の轍は踏まぬようにという意気込みは、六月以降県が打ち出す各種の防疫対策の中に見ることができる。六月以降の通達、規則等については注の後に挙げた一覧表を参照してもらうとして、ここではコレラの予防消毒等検疫に関する一切の事務を統轄する検疫本部および検疫委員と罹病者を隔離する避病院について見ていくことにする。

(ロ) 検疫体制の強化

五月三一日、この年は「予防委員」という名称で委員が選出され、委員長は衛生課長であった。本部事務所を県庁内に置き、予防一切の事務を行った。七月に入るとコレラ患者が発生し始め、県の防疫対策はさらに強化される。七月五日、これまでの「伝染病予防本部」が「検疫本部」[32]と改称され、検疫本部長には警部長がなり、衛生課長が次長に、そして幹事には長崎病院長が選任された。検疫本部は警察本部に移され検疫予防一切の事務を統括した。これで警察を中心にした防疫体制が整ったことになる。

長崎港地区で四人の患者が発生した七月一三日には、防疫体制はさらに強化され、長崎区内の櫻町、濱町、楳ヶ崎町に検疫支部を置き、櫻町支部長に長崎区長、濱町支部長に長崎警察署長、楳ヶ崎町支部長に楳ヶ崎警察署長が任命された。[33]

七月下旬には長崎区長の呼びかけによって住民を中心とした「悪疫予防委員」が組織化された。

悪疫予防上に付その筋の注意実に反覆丁寧到らざる処なきが人民各自の不摂生によりして発する特発症は人民各自をして摂生上一層の注意を為さしむる外更に尽すべき道なきを慮かり朝長区長は一昨二十二日より日々中島区書記と共に桶屋町光永寺に出張区内の重立たる輩（一町に付き五名以上十名以下）二百名及至三百名づつを招集し夫れぞれその一町内団結一致して各自の摂生注意方に付精々の申合或は規約等を為さしむる周旋方を委嘱し都てその町内に於ては自ら悪疫予防委員となり将来その町より一人にても該病の発生なからしむる様注意すべき旨懇篤諭示せられたるに重立たる輩は何れもその意を体し各戸の注意申合等に取懸かるべきことに決定したり（七月二四日、『鎮西日報』記事）

この「悪疫予防委員」の立ち上げは、行政の指導による一種の町内会的性格のものであり、コレラの防疫や衛生指導を町の隅々にまで徹底させることを可能にした。

このように防疫体制を整えてきたにもかかわらず、コレラ患者は八月に入って徐々に増加の傾向を示し、八月一〇日には長崎区内で五七人というこの年最高の数値を示した。八月六日の三三人から見て患者の急激な増加に直面した検疫本部は八月一一日に、巡視職務に重点を置く「臨時検疫委員、検疫係」をそれぞれ三〇名と六四名増員する。(34) 人海戦術によるコレラ撲滅作戦ということになるが、この時の検疫委員および同係は県の官吏の中から任命された。

臨時検疫委員および検疫係の役割は次のように定められている。

巡視検疫委員及ヒ検疫掛ハ概チ左ノ各項ヲ施行ス可シ

一、道路邸宅内外掃除ノ潔否ヲ監視スル事

一、溝渠下水ノ壅塞便所芥溜ノ不潔其他悪臭ヲ発スヘキ物品ハ可成取除キ清潔ニ掃除セシメ防臭剤ヲ散布セシムル事

一、汽船問屋宿屋貸座敷飲食店市場裏屋貸長屋路傍ノ便所等ハ特ニ検察ヲ精密ニスル事

一、不熟ノ菓物及ヒ今般禁止ニ係ル食物ヲ目撃シタルトキ棄却セシムル事

一、盆祭ニ用ユル食物等ヲ調理スルモノヲ懇篤説諭シテ罷メシムル事

一、本県諭達予防心得ニ基キ毎戸ニ就キ懇諭スル事

一、吐瀉病者アルトキハ臨機ノ処分之アルヘキ事

一、各検疫委員同係ハ午前七時ヨリ午后十二時迄交番巡視スル事
但人民輻湊又ハ夜更テ往来スルトキハ比時限外ト雖モ巡視スベキ事

一、盆祭ニ付僧侶檀家ニ出入スル者アルトキハ懇諭スヘキ事

右ノ各項ハ検疫支部長ノ指揮監督ヲ受ルハ勿論ナレドモ其受持区ノ事項ニ付テハ什長ノ指図ニ従フモノトス(35)

このようにして、コレラ患者の発見、環境衛生の監視、指導が可能になり、町や近郊の村の隅々にまで行政の目が行き届くようになる。

以上は行政の指導のもとに組織された体制であるが、長崎医師会も、医師としての立場からそれぞれの検疫支

部の職務を支援するために立ち上がった。

八月一四日長崎医会々長吉田健康ヨリ目下流行ノ虎列拉病毒ハ日ヲ逐テ増々猖獗ヲ逞スルノ傾向アリ此際只管官ニ委シテ顧ミサルハ該会ノ旨意に戻ルノミナラス業務上袖手傍観スヘカラス必ラス国家ニ対スルノ義務ヲ盡スヘキ時トシ日々会員十六名宛順番ヲ以テ差出シ防疫ノ助力ヲ為サン事ヲ出願セシニ依リ之レヲ聞届該会ヨリ出ル医師ハ長崎港内巡視ノ検疫員ニ属シ委員巡視中患者発見ノ場合該医師ニ診断セシメ相当ノ処置ヲ施サシム(36)

この件に関して、八月二一日の『鎮西日報』は概略次のような内容の記事を載せている。「過日長崎医師会々員諸氏は酒屋町本蓮寺出張説教場において区部臨時相談会を開き、コレラ防疫の支援策を協議し、同会会長吉田健康の提案に賛同し検疫委員を出すことを決定した。この議決をもって県令に出願し許可が下り、医師たちは一昨日より各部各区へ出務し居らるゝよし業務柄とはいへ実に奇特なことにて斯く官民奮て撲滅の力を尽さるるに於ては如何なる猛劇なる虎的も不日に退散するならん実に喜ばしき事なり。」

医師たちのこのような支援活動は、長崎においては検疫本部と医師会の関係が良好であったことを物語っている。この点に関しては、医会々長で長崎病院長であると同時に幹事として検疫本部の中枢にいる吉田健康の存在が大きかったと考えられる。

検疫委員は患者にとって、ときには恐怖の対象となり、忌避されることもあった。そのような両者の間に医師が入り、両者のあつれきを緩和すれば、防疫対策としては大きな効果が期待できよう。ここに「民」の力をうまく束ねた強力な検疫体制ができあがった。

避病院

一八七七年に公布された「虎列刺病予防法心得」では、避病院は船舶のコレラ罹病者を隔離する施設で、建物は簡素で臨時的なものであった。また一般民衆のためには仮病院を設けるということになっていた。避病院制度の発足時の実状について、長与専斎は、「従来は避病院とは伝染病患者を隔離するためだけの場であって、既に隔離した患者は死亡したも同然で看護も十分にせず放置し……」(37)と言っている。治療法も定まっていない、設備も不十分なこの時代にあってはこのようなこともあったかも知れない。時代が下り一八八六年には「避病院は治療を施す所」という文言が長崎県令による通達六三四号の条項の中に見られる。ただしコレラ流行時だけの臨時的な施設で「軽易」の建物という点は、長崎県では一八八五年のコレラ流行の時まで続く。

長崎県は一八八五年八月、西彼杵郡浦上淵村字大田尾に避病院開設を告示している。どのような構造であったか明確ではないが、従来通りの臨時的な建物であったことは、同年一〇月には、新たな病院が起工されたことからも明らかである。

一八八五年、コレラの流行が沈静化した後、同年一二月、西彼杵郡浦上村竹ノ久保郷において竹ノ久保隔離病院が起工、一八八六年三月落成する。これは県の事業として設置されたのであるが、一八九四年六月から長崎市に譲渡され、長崎市伝染病院と改称する。(38)

竹ノ久保隔離病院は恒久的な施設として設置されたという点では全く新しい形式の避病院である。山根正次の『虎列刺病汎論』によると、該病院の概要は次のようである。

長崎港ノ北西岸ニ位置ヲ占メ西北ハ山ヲ負ヒ南方ハ海浜ニ臨ミ建物大小十六棟ヨリ成立ス内六棟ハ病室二棟ハ屍室一棟ハ火葬場五棟ハ消毒室一棟ハ快復室残余二棟ハ事務室及門衛場トス……
病室ハ第一室第二室ハ各四十坪第三室ハ四十八坪第四室ハ六十坪第五室ハ四十四坪第六室四十坪総計二百七十二坪ニシテ其内土間及看護人休憩場竈《かまど》備付場処ヲ除去スルモ平均一室二十八人ト仮定シ少ナクトモ百二十人ノ患者ヲ容ルルニ足レリ……
病室ハ男女ヲ以テ之ヲ分チ看護人ハ男女併用シ重症患者ニハ毎人看護人二名軽症ノモノハ毎人一名或ハ両三人毎ニ一名ヲ付ス……
病床ハ板張ニシテ被フニ蓆ヲ以テシ「ベット」ヲ置キ被ハ毛布ヲ以テス……
快復室ノ庭前ニハ樹木ヲ植ヘ風致ヲ添ヘ患者ノ心ヲ慰サム
病毒検査場ニハ顕微鏡等ヲ粧置シ病毒ノ検査蕃殖等ヲ試験シ或ハ吐瀉物等ノ成分反応等ヲ検ス
火葬場ハ後山ニ在リ院ヲ距ル四丁一時ニ四屍ヲ焼クヘシ(39)

山根正次は長崎医学校の一等教諭で、この年八月一三日に竹ノ久保隔離病院の監督に任命されている(40)。監督であると同時に彼は献身的な医者であり、また冷徹な研究者として死体の解剖も行っている。

この小論の「はじめに」で海舟のコレラに罹った時の自覚症状と、克明な体験談を紹介した。ここでは医者の目が捕えた患者の姿を紹介しよう。これは幸いにも病気が回復した例である。

男子齢一六年稟賦虚弱、貧血、神経性ニシテ事物ニ感シ易ク屡感冒下痢等ノ症ニ罹ル発病ノ前夜焼餅一個ヲ食シ涼床ニ露臥セリ屋内ニ入ル頃ニ腹部違和ヲ覚ヘ午前二時頃ニ至リ卒然大下痢ヲ発ス此ヨリ先キ該家ニ於テ一人ノ虎列刺患者アリシヲ以テ挙家大ニ恐ヲ抱キ直ニ某医ヲ迎テ治ヲ求ム某散剤及煎剤ヲ投ス之ヲ服スルヤ乍ニシテ暴吐四回ニ及フ其父大ニ驚キ他ノ医某氏ノ診ヲ乞某氏直ニ虎列刺ト診定シタレハ直ニ本院ニ入ルコトトハナレリ

現症下痢三回吐四回眼喬陥没舌白苔ヲ被リ渇アリ顔面冷汗四肢厥冷皮膚皺襞ヲ生シ弾力消失声音嗄嘶脉頻少呼吸緩徐心音微弱等ナリ仍テ先「カンフル」二筩（〇・五）を注入シ且左方ヲ處シ赤酒九〇・〇ヲ兼用シ毛布ヲ覆テ温臥セシム

甘規丸　八粒

仝日午後五時体温上昇三十八度六分ニ達シ脉搏稍力ヲ生シ九十トナル呼吸二十四回心悸亢進シ頭痛ヲ訴ヘ猶米泔汁様便ヲ泄シ腹部雷鳴アリ煩渇水ヲ貪ル氷嚢ヲ頭部及心部ニ施シ左方ヲ処ス

塩酸規尼涅　〇・五　頓服

塩酸リモナーデ　二〇〇・〇

仝八時又米泔汁様便少量ヲ泄シ身体大ニ衰脱シ精神大ニ疲労ス是ニ於テ急ニ「カンフル」二筩（〇・五）ヲ注入ス

夜半十二時ノ回診ニハ心悸稍鎮静シ体温三十八度ニ下リ脉搏八十六トナル然レドモ時々上肢ノ痙搐スルヲ以テ塩酸「モルヒネ」一筩（〇・〇一）ヲ注入シ安眠ヲ得セシム

二日午前体温更ニ昇リテ三十九度四分トナリ呼吸三十六脈搏百心悸亢進呼吸促迫シ舌厚苔ヲ被ムリ乾燥煩渇甚シク常ニ眼瞼ヲ鎖シ眼球上向シ瞳孔稍散大ス依テ前ノ如ク氷嚢ヲ施シ猶前方ヲ処シ且赤酒牛乳等ヲ兼用セシム仝日午後体温降リテ三十八度六分脉数九十八呼吸廿八回トナリ心悸稍鎮静ス心身ノ衰弱疲労依然タリ仍テ左方ヲ処ス
規龍丸　十粒(41)

その後徐々に回復に向かっていく。

竹ノ久保隔離病院は、一八八六年に建設され設備も整った新しい病院であり、また医師も熱心に治療に取り組んだにもかかわらず、この年入院した患者八〇三名に対して死亡者は五二四名であった。治療法はまだ模索状態で、治療という点から見てコレラ菌との戦いはこの後も続くことになる。

三　貧民救済

劣悪な環境の中で生活する貧困者にコレラの罹病者は多く、これに対する救済策が必要であった。明治政府によって公布された法令を見ると、消毒薬の無料給与（虎列剌病予防法心得第二四条）、避病院への強制入院（虎列剌病予防仮規則第一一条）、夜具衣服の汚穢したものは買い上げたうえ焼却する（虎列剌病予防仮規則第一八条）、赤貧者に対しては地方税中衛生費で支弁する（太政官達第八号）、など罹病者に対する救済が施行されている。このような法令は各府県でも実施されることになるが、長崎県では行政としてどのような対応があったのか、また民間における貧民救済はどうであったか見ていくことにする。

1　行政による救済

関連法令

一八七九年一〇月四日、「悪病流行の節処分概則」（乙第二六二号達）が公布され、「第一条悪病流行ノ節其流行ノ緩急ヲ見計ヒ医員派出シ貧民ヲ治療セシムベシ但時機ニ因リ予防法ノ為メ係官員出張ノ上直チニ戸長ヲ指揮スル事アルベシ。……第四条医員派出ノ上ハ素ヨリ貧民ニ限ラズ請求ニ応シ治療ヲ加フベシ尤モ其資力アル者ハ必ラス其薬価等納附セシムベシ。……第六条貧民ニテ薬価等弁シ難キ分ハ用薬幾日薬品個数代価何程毎一人詳細取調一村限リ帳簿ニ記載差出スベシ……」とあり、治療、薬代が免除された。

一八八六年七月二二日の通達、「竹ノ久保隔離病院規則及ヒ事務規程」（達検第六三四号・長崎県令日下義雄）では、「第八条患者ノ薬価食料等ハ本人又ハ其家族ヨリ徴収スヘシ但赤貧無資力ノ者ハ隣保二名以上ノ保証書及ヒ戸長ノ添書ヲ以テ出願スルトキハ允許スコトアルヘシ」とあって、保証人二人以上と戸長の添書があれば、入院中の食費など、また薬代は免除されることになっている。

施療券

長崎県では一八八六年八月三日施療券を発行し、それによって貧困者は無料で診察、治療を受けることができた。長崎県令八号は次のようになっている。

虎列剌病追々各所ニ発生漸次流行ノ兆有之候ニ付テハ各自予防摂生注意可致ハ勿論ニ候処自然該病ニ罹ルモ医薬ノ資ニ乏シキ為メ医師ノ診察治療ヲ乞ハス終ニ非命ニ斃ルモノ有之候テハ憫然ナル而已ナラズ病毒ヲ一般ニ蔓延セシムルノ処不少ニ付今般施療券ヲ製シ区戸長ヘ下渡置候條赤貧無資ノ者ニシテ虎列剌病又ハ吐瀉病ニ罹リタルトキハ該券ヲ請求シ速ニ最寄医所ヘ治療ヲ乞ヒ医所ハ直ニ治療ヲ施スヘシ〔長崎県令第八号・長崎県知事日下義雄〕

施療券の配布に関して『鎮西日報』では次のように報じている。

このほど本県より県下各郡区へ配布せらるる吐瀉若くは虎列拉患者施療券は長崎区は三四一枚にして次の如く配布されたり

一三五枚　五〇〇人以上　東中町外二六町、一町に付五枚宛
一三二枚　五〇〇人未満三〇〇人以上　上築後町外三二町、一町に付四枚宛
五七枚　三〇〇人未満　小川町外一八町、一町に付三枚宛
合計　三二四枚
差引残一七枚は長崎区役所へ準備の為め残しておく。（八月六日『鎮西日報』記事）

2　民間による救済

私立衛生会員による施療券

一八八六年は、第二節2（ロ)検疫体制の強化）でも見たように、長崎区内の医師たちはコレラ防疫に積極的に参加した。次に挙げるのは、八月四日の『鎮西日報』の記事である。

「私立衛生会の厚意」

……長崎私立衛生会にては客月の集会において長崎区及び西彼杵郡の内長崎港に属する村落の者にしてコレラ病若くは吐瀉病に罹り貧困にして医薬に苦しむ者へ施療券一千枚を限り配与することを議決したるが頃日日下長崎県知事の許可を得たれば右施療券を長崎区役所へ差出し置き貧困者より申出次第相渡し左記の医家に就き便宜診察治療を請ふの方法あるよしなれば赤貧にして薬価なき人々が若しも吐瀉病に罹りたるときはつまらぬ義理立せず速かに区役所へ申し出施療券を請ひ受け望みの医師に治療を受けなばその身の幸福はいふ迄もなく衛生会員諸氏の厚意を空ふせざるの道理なり

この記事で、記者は私立衛生会の医師たちの志を良として、コレラや吐瀉病に罹ったら速かにこの施療券を利用して「望みの医師」に診察してもらうよう「医薬に苦しむ」貧困者に呼びかけている。さらに、会員の医師二三名、と同時にそれぞれの病院の所在する町村名を一覧表にして紹介している。

『鎮西日報』による慈善事業

これまで見てきた貧民救済はいずれにしても、コレラ罹病者を対象としたものであった。しかしコレラ流行時に苦境に追い込まれるのは、生活を支えていた者を亡くしその後に取り残された者たちである。『鎮西日報』はそのような家族に目を向け、支援するために義捐金の募集を始めた。「救窮の議」において、次のように述べている。

前月中旬虎列刺病一たび当地に侵入してよりその毒勢烈火の烈より猛に今日に及では患者の員数一千八百余名に上りたり且その病毒は自発病と異り猛激の悪病を輸入したる所以にやその毒に感染する者は枕を並て鬼籍に入るもの千余名能く全治する患者は殆ど稀なり……吾が輩世人と共にこれを撲滅し又随て残余の毒症を駆除し明年の再燃をも今日に防がずして可ならんや然れども只恐る所はこの際貧民等に至てはその駆除法を廿分に尽くす能はざることもあらん此等は尤も注意すべき儀と信ずるなり抑もその駆除法は当務者の目下砕励勉強して執行せらるる所なれば吾が輩が区内人民と共に力を尽くすべきは則ち当務者と呼吸相応じて相当の手数を尽くすに在り貧民を扶助してこれと相伴はしむる在り何にとなれば中等以下の住処と身体は甚だ拉病流行に付て慮《おもんぱか》るべき者なればなり然れどもこの際更に之れより急なる要務なり何ぞや則ち虎列拉病流行の為めに或は帖恃《ちちはは》を失ひて頼る所なきの孤となり或は夫を失ひて告ぐるなきの未亡人となり或は戸主死亡して将に飢えんとするの老父となり或は夫、子、共に亡びて養ふ者なき老母となる等その数実に量られざる程なり悲酸《ひさん》と云ふも余りある事共にて実地に惨怛憫むべき景状を目撃しその心の程を推すれば人をして酸鼻せしむ若し之れをこの儘に放置する時は僅《わずか》に生残りたる幼児も餓孚となり辛くも余名を繋《つな》げる老耄《おいぼれ》も道路に屍を横ふるの外なき有様なり現在西彼杵郡役所には父兄に死別れ収養する親戚なき為め暫く救助中の幼児三、四名あり此の外区の内外を探索せば更に此よりも憫れむべき悲境に陥れる向左《むきさ》こそ多からめと思はる将に本港の読者中には各々此の類の惨状を目撃せられし人も多かるべしと信ずるなり依て吾が輩が火急にこれが救済に道を開かんと欲するは実に此の人情として黙視すべからざる老少の救急一事なり……

吾が輩が現に聞く所にては本県令石田英吉君は拉病駆除費として金五十円をその向へ寄附せられ又た区内なる六海商社にては罹病死者の遺族窮迫老少の救助として金六十円をその筋へ寄附しその他予防薬等をその筋々に寄附せし慈善家いと多しといへり事実の詳細は得るに随て本紙雑報に掲げたれば読者は凡て了知せられしことなるべし此《か》くの如く多くの慈善家が種々の寄附を為すを見れば罹病死の鰥寡《かんか》孤独の憫むべき状況と拉病今後の駆除法を施すことに尤も切要なる理由は有志の人々既に十分の着目せられたりと信ずるなり

然れども折角の志を懐くも施政その良法を得ざれば芳志も水泡に帰するをなしとせず……有志諸君と共に此の憫むべきを憫み救ふべきを救はんと欲し少々計画する所あらんとせしに既に義捐金の申込及び協力幹施の協同者十有余名に及びたれば即はち進んで本紙を以て広く諸君に諮らんとす……〔一八八五年九月一六日『鎮西日報』記事〕

以上のように読者に広く義捐金募集を呼びかけ、と同時にその義捐金の「配与を調理」するため「憫むべき鰥寡孤独の情況を審探密査」し始める。その一環として、鎮西日報社は、コレラが猖獗を極めた西彼杵郡茂木村に下田福明という記者を派遣し、その惨状を調査報告させている。茂木村の状況について紹介してみよう。

茂木村惨況視察〔九月二二日『鎮西日報』記事〕

……拉病の茂木村に初発したるは八月二一日にして昨今は既に鎮静に近づけりその患者は何れも窮民に多きは一般の通状なれば何れを救助すべき分界と定むるに困難なれどもこれを本社の定規に照して鰥寡孤独の

飢餓に迫れる者と限れば目下該村にて五名を発見す……

として次の五家族を掲げている。

西彼杵郡五一〇番地戸池田熊吉

右は本人罹病死亡し跡に六才内外の小児一人残せり親戚にて僅かに収養中なれども実に憫れむべき状況なり

同六八八番戸小林留蔵

右本人並に小児二人死亡しその妻一人生残れり然れども元来貧困自ら支《つか》ふる能はざる身なりければ本人死後妻は自活の道なく夫と子供に死後《しにおく》れを悲み茫然飢餓に迫れる憫状《びんじょう》なり

同二六七番戸濱崎平三郎

右は娘一人死亡平三郎と娘二人残り居る者にて鰥夫憫れむべき極には非らざる如くなれどその実元未自立しがたき老いの窮民にて食ふや食はずのその日暮中娘は拉病に係り近隣も遮断して益《ますま》す困難に陥れる状《さま》なり

同一一七〇番戸岩丸丈九郎

右本人罹病死亡跡に小児三人を寡婦（四十年位）一人の弱身にて養育する筈なれど戸主壮健の時より今日を凌《しの》ぎ兼《かね》つれば今は朝夕糊口する能はざる悲境に泣けり

同一四八番戸桝次久三郎

右父母及び弟二人ともに罹病死亡幸ひに久三郎は生存し外に弟二人を養育し居れども貧困の上に不幸を重ねたれば目下糊口に困《くるし》む有様なり

このような貧困者の多くの事例が長崎区内についても紙上で紹介されている。そのような生活困窮家庭の中からさらに調査して、集まった義捐金を配分することになり、第一回は一八八五年九月二六日に行われた。

窮恤の実施（九月二七日『鎮西日報』記事）

有志者諸君より続々寄托の義捐金は積んで四百円に垂《なんな》んとするに至れり本社は初めより鰥寡孤独を探知し且つ長崎区役所西彼杵郡においても取調中に係る処、既に判明したる向は一日も飢餓を見過すべきに非ざれば先づ長崎区役所の調査に係る鰥寡孤独一二戸一八名は昨日一戸金三円宛三十六円を弊社より区役所に納付し直に本人等に下附の手数に運びたり此は精査済の上この手数の及びたるものにて本社にて調査したる西彼杵郡に属する分十一戸は尚ほ鄭重を加へ郡役所にて精査の筈なれば多分今日にも義捐納付本人等に下附の運びに至るべし尤も長崎区西彼杵郡とも追々発見の鰥寡孤独倍加の勢ひあれば精査に精査を加へその極めて惨なる者に限ぎる見込なれども目下申込の金額にては到底支ふる所に非ざれば差当り右の分を第一回の救助実地としたり尚ほその要領は次号において詳しく社告を以て報道すべし

一新聞社が情報収集だけでなく、行政の防疫対策の視野に入っていないところに救援の手を差し延べた点は民間運動の自主性を示したものとして高く評価される。しかしそれは一企業の募金活動としておのずから限界があった。恩恵を受けたのは長崎区とその近隣の西彼杵郡の一部の村々の人々に過ぎなかった。一八八六年のコレラ流行の時はこの募金活動は行われなかったようで新聞の紙面にその記事を見ることはできない。

四　コレラ流行の沈静化

一八八六年以降もコレラが全国的に流行することはあったが、表8-1・維新以後のコレラ流行状況（三一七頁）に見られるように一〇万人以上の患者が出るような年はなく、徐々に減少していく。

第四節ではコレラ流行の沈静化の過程に見られる政府の防疫対策と長崎区に特徴的な施策について見ていくことにする。

1　明治政府による防疫対策の強化

明治政府は、一八七七年「虎列刺病予防法心得」を公布して以来、法令の条項を改正しつつ、コレラ病毒の拡散を防ぐため、患者の隔離や消毒を徹底していった。法令に従ってコレラ流行の予防を実行する検疫委員会の中心には警察権力があり、患者は取締りの対象となっていた。このような政府の姿勢を法令の罰則規定の中に見てみると、一八七九年「虎列刺病予防仮規則」では、医者の「届出」義務不履行で三〇円以内の罰金を科し、さらに一八八〇年「伝染病予防規則」においては、次のような罰則条項が設けられている。

［罰則］

第二二条　医師戸長此規則ニ違背シタルトキ五十円以内ノ罰金ニ処ス

第二三条　官吏其管掌ノ事務ニ於テ此規則ニ違背シタルトキハ一〇〇円以内ノ罰金ニ処ス

第二四条　人民此規則ニ違背シタルトキハ一円五〇銭以内ノ科料に処ス

一八九七年の「伝染病予防法」においては、

第二九条　此ノ法律若ハ此法律ニ基キテ発スル命令ニ依リ当該吏員ノ指示命令シタル事項ヲ指定ノ期限内ニ履行セサル者ハ五円以下ノ罰金又ハ科料に処ス

第三十条　医師伝染病患者ヲ診断シ若ハ其ノ死体ヲ検案シタル後二四時間以内ニ届出ヲ為サス又ハ虚偽ノ転帰届ヲ為シタルトキハ五十円以上ノ罰金ニ処ス

第三一条　第四条、第五条第一項、第九条、第十条、第十一条第一項、第十二条ニ違背シタル者、第五条第二項ニ依リ清潔方法消毒方法ヲ遂行セサル者、交通遮断ヲ犯シタル者又ハ医師ニ請託シテ第三条ノ届出ヲ為サシメス若ハ其ノ届出ヲ妨ケタル者ハ二円以上二十円以下ノ罰金ニ処ス〔第三条医師の届出義務、第四条患者もしくはその戸主学校寺社会社などの長の届出義務、第九条死体の移動、第十条汚染物の移動、第十一条第一項伝染病患者の死体の埋葬、第十二条伝染病患者の死体の火葬義務〕

一八八〇年「伝染病予防規則」に比べ、一八九七年「伝染病予防法」では、罰則は細部にわたり、取締りは強化されている。前者に見られた、官吏に対する処罰は後者では見られない。

警察権力を中核にした検疫体制は、患者を取締りの対象として扱うことにもなるが、一方では政府としてはその責任によってコレラ菌の拡散を防がなければならなかった。検疫対策の強化はコレラ菌に対する挑戦でもあった。

政府による法律の整備、条約改正により外国船に対する検疫体制の強化、衛生思想の一般の人々への浸透等によりコレラの流行は一八八六年を境にして徐々に沈静化していった。

2　長崎区における都市基盤整備

コレラの予防対策は、政府の法令に従って行われることになるが、この項では長崎区において一八八四年を境として、実現へ向かって動き出した都市基盤整備について見ることにする。

下水工事

第二節2で述べたように、一八八五年のコレラの流行に際して十分な対策が取られなかったことを顧みて、一八八六年一月に臨時の県議会が開かれ、下水工事の計画が検討される。

この下水工事について政府も「其の急務を認めて奨励する」(42)ことになり予算がおり、工事が始まる。工事は二期に分けて行われ、一期は一八八六年五月一日より長崎区大溝六ケ線の改築が始まり同年八月三〇日に竣工する。二期は一八八七年四月より中溝および小下水の改築に着手し同年九月にすべての工事が終了した。総延長「十八里二十八町二十六間五尺餘、総経費七万五千七百五十五円餘」(43)であった。

この下水の構造は近代的なものではなかったが、大掛りな工事であったようである。「其の構造法は従来の溝形に依り屈折せるものは之を改築し或は家屋を移転せしめ或は土地を買収し溝底は流水の勾配を測りて砂利又は土石を以て之を築き船底形に板石を敷き流末の底には角石を配列し煤喰を以て其の罅隙《かげき》を塗り固め道路に沿へるものは尺角の石を以て足留を設けたり」(44)とあり、大溝はこのような工法で改築が行われ、また中小溝もだいたい同じような工法で行われた。

矮屋除却工事

徳川時代に長崎市街の岸下や川沿の空地は人民の出願に任せて売却したため、河岸や溝渠の上にまで矮屋が建てられ道路はしだいに狭くなり、「一般公衆衛生上看過すべからざる情態に陥り虎列剌病等流行の際の如き惨害は此の矮屋の住民に多きのみならず市街の外観を損すること尠少《すくなか》ならざるを以て(45)」一八八四年長崎県第九号布達にもとづき河岸及溝渠上の矮屋は一八八五年六月までに除却することとなり、さらに一八八七年には岸下その他川沿の矮屋全部の除却を行った。

その町数は二八町、移転戸数一八二戸、総建坪一三四九坪七合、宅地買収総坪数一九四五坪八合であった。総経費は一万二〇九六円一〇銭になり、すべて区費によって支払われた(46)。

都市形成の過程で、下層社会の住人が都市の中心部から郊外に追放されることは過去にもあり、途上国では現代でさえ見られる。何の保障もなく不便な場所へ移住させられることもあった。長崎のこの矮屋の住人たちがどのような処遇を受けたのか、気になる点ではあるが、今回はそこまでの資料収集ができなかったので、今後の課題にしたい。

上水道工事

長崎市（一八八九年市制施行）では、上水道は一八九一年六月一六日から給水を開始した。一八八五年長崎区で発生したコレラの大流行により、衛生設備改善の急務が叫ばれ、翌一八八六年二月、日下義雄が新たに知事となり、「前年のコレラ流行の惨事にかんがみ、水道を完成して市内の清潔を保つことが海港都市を救う唯一の途であると痛感し(47)」水道布設の必要性を首唱した。一方、伝染病の流行により国内外の艦船の出入が絶え長崎区の繁栄を阻害する、という理由から公衆衛生上なんらかの予防法を講ずることを望み長崎商工会も金井俊行区長に上水道設置を建議した。県、区その他有志によって立案されたが、水道代金の問題で市民の間から反対運動が起り、全区八八町のうち五五町が反対した。「人心は険悪化し、情勢不穏となり知事、区長の身辺は危険すら感じる程で、警察も厳重な警戒網を張った」[48]。しかし知事、区長の決意は固く、一八八九年一月には、長崎区会で区立水道布設案を原案通り通過させた。この間、種々の議論が持ち上がったが工事は県の手で順調に進み、長崎市は一八九一年四月一日、「長崎水道給水規則」を制定し、同年六月一六日から給水を開始した。

以上見てきたように、長崎県では一八八五年と一八八六年のコレラ大流行を契機として公衆衛生の見地から都市基盤整備が大々的に行われた。これまでは、避病院への入院、隔離、交通遮断、消毒、船舶の検疫などが、コレラ防疫の主な手段であったが、長崎県ではコレラ防疫の一環として都市基盤整備が考えられるようになった。その理由として、一つには開港場であり、外国人の居留地という特殊性もあったであろう。事実居留外国人からの上水道完成要求[49]が出されている。また、商業関係者からの圧力もあったかも知れない。ここでは少し視点を変えて一人の人物、長崎医学校一等教諭山根正次に注目してみたい。彼は一八八五年のコレラ流行時には検疫委員として活躍し、一八八六年八月に竹ノ久保隔離病院の監督となった。

彼は『虎列刺病汎論』の中で「清潔」法で重要なものは、土地と水であり、日本で施設すべきは次のことであると言っている。

㈠　都会城市等人家稠密ノ地方ニ於テハ井水河水ノ飲用ヲ廃シ鉄管ヲ以テ最良ノ水ヲ誘キ市民ニ供給スル事

㈡〜㈦　（省略）

(八) 都邑城市等人家稠密ノ地ニ於テハ溝渠造築ノ土工ヲ起シ汚水ノ排泄ヲ快通スルコトトス
(九) (省略)
(十) 家屋建築ニ制限ヲ設ケ光線空気ノ注通等ニ注意シ殊ニ都会ノ地ニ於テハ貧人ハ可成市外ニ遷スヲ以テ可トス

このような衛生上の大改良工事はコレラやその他の流行病の防疫に大きな効果をもたらすと彼は考えていた。長崎県のコレラ予防の中枢にいて、検疫委員として病気の現場に立っていたのであり、前述のような彼の考えが、県の防疫対策に影響を与えた可能性も考えられる。

おわりに

一八八五年、一八八六年のコレラ流行当時長崎区では、馬や牛が往来し糞を撒き散らし、下水溝には水が澱み、飲水は井戸か、山の湧水を市街まで竹の筒や木の樋で引いてそれを利用していた。[50]コレラが一度侵入するとたちまち区内に蔓延してしまうような軟弱な衛生環境にあった。[51]そのような中で、一八八六年には、前年の流行をふまえ、第二節2で見たように防疫、治療のために可能な限りの対策を講じた。特に検疫体制の構築はコレラ防疫に対するなみなみならぬ決意の表れであったと言えよう。『鎮西日報』の記事に次のようにある。

「コレラ将軍征討の大挙」

長崎県属官は追々検疫委員同掛を命ぜられたる人多かりし上に前号に記せし如く八十八名の新検疫委員と新検疫係が出来たるに就ては各課殆んど人を拂ひたる有様にて課長次長以外一、二名事務を取扱ふもあり或は尚も人少なるあり申さば城を空して虎軍を区内外に駆る意気込なり……(八月一四日『鎮西日報』記事)

これは一八八六年八月一一日に設置された「臨時検疫委員」についての記事である。

またこの時は、開業医も検疫支部の職務を支援するために立ち上がった。この医師たちの参加は避病院を忌避し診察や治療を拒絶する患者にも病院へ足を向けさせる環境作りに大いに貢献したものと思われる。

一八八六年の防疫対策は官民一体となって強力な検疫体制を敷き、隔離、交通遮断、消毒、養生訓諭等の防疫法はすべて施行された。後に残されたのは都市としての衛生環境の改善である。第四節の2で述べたように長崎区では、短期間のうちに、下水、上水工事が行われ、矮屋除却工事も行われている。そこで山根との関連性を示唆したが、ここでもう少し山根について見てみよう。

一八八五年、特にこの年獗猖を極めた高島炭坑においてコレラ予防法の指導を行い、その結果について次のように記している。

一昨一八年〔一八八五〕長崎高島炭坑ニ於テハ該病ノ侵入ニヨリ非常ノ損失ヲ被ムリシニ昨年〔一八八六〕ハ炭坑社ニ於テハ予メ此ニ戒愼シ坑内外ニ清潔法ヲ施行シ坑内不潔ノ場処ハ坑内ニヨリ坑水ヲ以テ之ヲ洗滌シ汚物ハ海中ニ委棄スル等ノ処置ヲナシ且坑夫使用ノ法ヲ寛ニシ肉羹汁等ノ滋養物ヲ与ヘ各自ノ摂生ニ注意セシニ其効果シテ空カラス仝年一葦相隔ルノ長崎港ニ於テハ甚シキ流行ヲナセシモ該島ヘハ遂ニ伝播ノ戹ヲ

免ルルコトヲ得タリ(52)

このような自らの体験をふまえて、清潔法の重要性に大きな自信を持つようになっていったと考えられる。彼は次のようにも言っている。

汚水ノ瀦溜《ちょうゆう》セル溝渠乃湿潤セル下水芥溜場ノ如キハ此際石灰ヲ入ルルヲ可トス此レ昨年（十九年）余カ長崎県ニ建議シ該地ニ於テ施行セシ所ニシテ其理由タル該物ハ水分ヲ奪取セル力強ク黴菌ノ発生ヲ阻止スルヲ得ヘシトノ考按ニヨレリ(53)

山根の意見は県でも受け入れられている。医学校教諭としてコレラ罹病者の死体を解剖しコレラ菌の研究をし、臨床医として患者を診察治療し、その一方で検疫医としてコレラの流行している郡部に飛んで行く。この彼の行動力と防疫に対する高い知見に県も信頼と敬意を抱いていたのであろう。

このように見てくると、第一節で見たシーボルトやポンペに対する長崎奉行の対応、医師の意見を受け入れ彼らの活動を支えたその姿勢は、伝統となり明治のこの時代にまで受け継がれているようにも思われる。

それはそれとして、長崎県では下水道の改築近代的上水道の新設という大きな工事が行われ、明治政府はこの二つの工事に補助金(54)を出している。国家統合への道を進んでいた明治政府であったが、一八八〇年代中葉まではまだ自治体の自主性が重じられていたということであろう。一方では長崎はコレラ流行の発火点であり、長崎港での水際作戦でコレラの侵入を防ぐことこそ肝要だという考え方もあったかも知れない。

この二大プロジェクトは、長崎市（市制施行の一八八九年以降）がコレラの防疫に向かって、また近代都市へ向かって踏み出した大きな一歩であったと言えよう。

注

（1）一八八六年九月一六日の『鎮西日報』記事。この記事には勝海舟が毎日新聞社の記者に宛てた私信が添えられている。

拝啓此程小拙虎病に逢候処別紙苦痛いたしそうろう此際観念致し苦況其盡思ひ候通り認め置候医師に為見候処極宜敷人に害無之大に心得にも成可申との事故御廻申上候文は文盲故分り兼候哉も難計御一覧の上紙上に御載せ候ても不苦候

九月八日　　安芳

（2）『虎列剌予防仮規則』第一五条。

（3）内務省乙第三三号通達。

（4）『長崎市制六十五年史』一一三一頁。

（5）「伝染病予防法」

第二一条は市町村の負担金を定めていて、その六項に「……交通遮断に関する諸費及び交通遮断のため又は一時営業を失い生活し能はざる者の生活費」とある。

（6）『シーボルト先生』第一巻、八八頁。

（7）同前、九二頁。

（8）同前、九六～九八頁。

（9）同前、一〇四頁。

（10）『明治百年』六一頁。『長崎市史年表』では一一二名となっている。

(11)『長崎医学百年史』三九頁。
(12)『長崎市史年表』によると、この民家というのは大村町一番地高島秋帆の邸内の西北の一屋であった。九五頁。
(13)『長崎市史年表』(九八頁)によると、養生所は、洋式八病室、一二四床、手術室、隔離室、浴室、調理室を備え、別棟に講義室、寄宿舎をもっていた。
(14)『長崎医学百年史』四三頁。
(15)『長崎市制六十五年史』一一二七頁。
(16)同前、一一二七頁。
(17)同前、一一二五頁。
(18)同前、一一二五頁。
(19)『長崎市史年表』九五頁。
(20)第一条　小児初生七〇日ヨリ満一年迄ノ間ニ必ス種痘スヘシ事故アリテ此期ニ後ル、モノハ其次第ヲ医務取締若クハ区戸長ニ届クヘシ
(21)第二条　種痘シタル者ハ必ス其種痘医ヨリ種痘済ノ書ヲ請ケ取リ置クヘシ但天然痘変痘ニ感シタルモノモ本文ニ準シテ医師ノ証書ヲ請ケ取リ置ク可シ
(22)『日本コレラ史』六八頁。
(23)『明治一九年虎列刺病流行記事』長崎県では名護屋丸の入港は一一日となっている(二頁)。
(24)『長崎県警察史』上巻、一二八〇頁。
(25)同前、一二八〇頁。
(26)同前、一二八〇頁。
(27)『明治一九年虎列刺病流行記事』長崎県、一六頁。
(28)同前、一七頁。
(29)同前、一七頁。

(30) 同前、一八頁。
(31) 同前、一九頁。
(32) 同前、四二頁。
(33) 同前、五五頁。
(34) 同前、七九頁。
(35) 同前、八〇頁。
(36) 同前、八二頁。
(37) 『日本コレラ史』四四二頁。
(38) 『明治維新以後の長崎』五二三頁。
(39) 『虎列剌病汎論』一三二頁。
(40) 一八八六年八月一五日『鎮西日報』記事。
(41) 『虎列剌病汎論』一五一頁。
(42) 『明治維新以後の長崎』四九六頁。
(43) 同前、四九六頁。
(44) 同前、四九六頁。
(45) 同前、四九八頁。
(46) 同前、四九六頁。
(47) 『長崎県警察史』上巻、一二四五頁。
(48) 同前、一二四五頁。
(49) 『長崎水道百年史』四九頁。
(50) 『長崎市制五十年史』四五二頁。
(51) 倉田水樋『長崎水道百年史』三〇頁。

(52)『虎列剌病汎論』一二六頁。
(53)同前、一一四頁。
(54)「下水工事、大溝築造工費国庫補助額二万七千円、上水工事当初経費予算額三拾万円の内、五万円政府補助」。『明治維新以後の長崎』四九八～五〇〇頁。

参考文献

呉秀三『シーボルト先生―その生涯及び功業』平凡社、一九六七年。
『長崎医学百年史』長崎大学医学部、一九六一年。
長崎県警察史編集委員会『長崎県警察史』上巻、長崎県警察本部、一九七六年。
長崎市史年表編さん委員会『長崎市史年表』長崎市役所、一九八一年。
『長崎市制五十年史』長崎市役所、一九三九年。
『長崎市制六十五年史』長崎市役所総務調査統計課、一九五六年。
『長崎水道百年史』長崎水道局、一九九二年。
『明治維新以後の長崎』長崎市小学校職員会、一九二五年。
『明治百年長崎県の歩み』毎日新聞社、一九六八年。
山根正次『虎列剌病汎論』一八八七年。
山本俊一『日本コレラ史』東京大学出版会、一九八二年。

『鎮西日報』明治一八～一九年。
『明治一二年虎列剌病流行記事』内務省衛生局。
『明治一九年虎列剌病流行記事』内務省衛生局、明治二一年三月八日。
『明治一九年虎列剌病流行記事』長崎県。

『明治一三年虎列剌病流行記事』内務省衛生局。
『明治一八年虎列剌病流行記事』警視庁第三部。

一八八六年コレラ流行時長崎県の対応一覧表

五月三一日　伝染病予防委員任命
　　　委員長　衛生課長
　　　伝染病予防本部事務規程成定
六月　一日　伝染病予防本部を庁内に設置
六月　九日　蝿類飲食物に点集するのは不潔で、伝染病毒伝播の媒介となるので某儘食べるものには覆蓋をすること
　　　（布達第二四号）
六月一四日　虎列拉病交通遮断手続（達第四五号）
六月二二日　虎列拉予防のための臨時清潔法（達五五号）
　　　虎列拉病予防心得書（諭達第一号）
　　　伝染病患者届出義務（達衛第四四三号）
六月二九日　虎列拉病予防清潔法施行及び費用区分に関する訓令
七月　五日　予防本部を検疫本部と改称
　　　　警部長を本部長に、衛生課長を次長に、長崎病院長を幹事に任命
　　　　本部を警察本部内に置き検疫予防一切の事務を統轄させる
　　　本部事務規程を定める（達衛五〇四号）
　　　虎列刺病書毒法（達六四号）
七月一一日　患者を診察した医師の届出義務（布達第三八号）
七月一三日　長崎港地区で四名のコレラ発生
　　　検疫支部の設置
　　　長崎区櫻町（支部長・長崎区長）

七月一三日　長崎区濱町（支部長・長崎警察署長）
〃　楳ヶ崎（＝梅ヶ崎）町（支部長・楳ヶ崎警察署長）
支部事務規程成定（達検五七三号）
祭礼劇場等人民の群集停止（布達第四〇号）
七月一四日　退避所設定（貸長屋裏屋その他多人数群居し家に発病者があり感染の恐れがあるとき健康者を避退させる場所）
退避人心得
七月一五日　盆祭の日時延期（布達第四二号）
名護屋丸に患者発生。ここから長崎区内へ拡散していく
七月二二日　西彼杵郡深堀村近傍にコレラ蔓延の景況に衣り当村に出張所を設け検疫委員検疫医巡査若干名を派遣し特に予防消毒の事務を分担させる
竹ノ久保隔離病院規則及び事務規程（達検第六三四号）
七月二九日　西彼杵郡浦上淵村竹ノ久保郷伝染病死者埋葬地を長崎区、西彼杵郡長崎戸町、浦上山里、浦上淵村、四ヶ村及び港内船舶において伝染病に罹り死亡した者の埋葬地と定める（告示第六七号）
七月三〇日　路頭の便所の消毒法（達検第六六九号）
八月　三日　施設券の発行（長崎県令第八号）
盆祭は通達があるまで延期にする（長崎県令第六号）
八月　五日　石炭酸溶解法
八月　七日　虎列拉流行地と認定される
八月一一日　長崎区内今下町及び築町と材木町の一部と他所との交通を遮断（長崎県告示第六号）
左の食物の販売禁止（県令第一〇号）
鮑《あわび》、海老《えび》　蟹《かに》　章魚《たこ》　烏賊《いか》　鮪　貝類　鰹《かつお》　海老雑魚　海月《くらげ》　鰯　鯨《くじら》　心太《ところてん》　冷素麵　胡瓜　西瓜　甜《まくわ》

瓜《うり》　落花生　天麩羅　団子　柿
巡視検疫委員及び検疫掛役割
八月一四日　長崎医師会の協力
長崎港内の巡視
大消毒の実施（八月一五日『鎮西日報』記事）
八月二〇日　今下町及び築町の遮断解除（長崎県告示第八号）
八月二九日　伊良林郷の一部遮断（長崎県告示第一〇号）
九月　五日　銅座町交通遮断（長崎県告示第一二号）
九月一五日　櫻町検疫支部を廃止し濱町検疫支部に事務を移す（長崎県令第二四号）
九月一六日　銅座町の交通遮断解除（長崎県告示第二一号）
九月二一日　西彼杵郡西山郷の交通遮断（長崎県告示第二三号）
九月二五日　長崎県告示第二三号の交通遮断を解除（長崎県告第二四号）
九月二九日　施療券の施行を廃止（長崎県令第二九号）
実際に於て其の必要を視ず却って種々の弊害を生ずる
一〇月二六日　祭礼劇場等人民の群集及び飲食物の販売等の禁を解く（長崎県令第四〇号）
一一月　五日　県下虎列拉病流行地を解除される（訓第七九五号）

注　以上は『明治一九年虎列剌病流行記事』長崎県、と『鎮西日報』に依拠している。

第九章　足尾鉱毒・渡良瀬川沿岸被害農民のたたかいと明治国家
――幕臣閣僚・榎本武揚の去就

福島達夫

はじめに

日本の近代国家は単線的に形成されてきたのではない。維新藩閥政府創設以来、その近代国家政府の主流が、民衆を維新体制下に包摂する政策を推し進めるのに対して、多数をしめた農民たちは、全国各地で騒擾・一揆をもって抵抗し、秩父事件（一八八四年）、群馬事件（一八八四年）、加波山事件（一八八四年）などの農民抵抗運動を経て自由民権運動に引き継がれた。明治政府は一八八九年に欽定憲法を公布し、翌九〇年に第一回帝国議会が開かれた。その翌九一年一二月の第二回帝国議会で、自由民権運動の活動家であった田中正造議員は、初めて足尾鉱毒事件について政府を追及した。

一九〇〇年二月に渡良瀬川北岸の雲竜寺に集まった足尾鉱毒被害農民数千人が東京への第四次陳情団・「押し出し」を組んで、対岸へ渡り、利根川の渡河地点の川俣にたどり着いたところで、官憲の阻止にあった。いわゆる川俣事件は兇徒嘯集罪で裁判沙汰となった。

その翌一九〇一年一二月に田中正造は足尾鉱毒問題を明治天皇に直訴しようとして取り押さえられた。その一九世紀末の足尾鉱毒問題とたたかった渡良瀬川沿岸農民の運動は、江戸時代からの百姓一揆、農民騒擾の終焉でもあった。(1)

渡良瀬川北岸近くの雲竜寺に、田中正造の墓と木像と位牌を祀る救現堂がある。その対岸の渡瀬集落の神社の境内に、大きな日露戦争出征兵士顕彰碑が建っている。一九〇四年二月から翌年九月までのほぼ一年半の戦争で、一二万人の戦死者と戦傷者をだしたこの戦争によって、明治国家政府とたたかった渡良瀬川沿岸の民衆も、国民とさせられた。

その鉱毒被害農民が訴えの頼みとした人物の中に明治政府閣僚出身者、天皇側近の政治家がいた。足尾鉱毒問題で映し出された近代日本国家には、現代の日本政府の原型があるが、その政府を拒否し、離脱した人たちがいた。

一　川俣事件一〇〇周年の渡瀬《わたらせ》

1　川俣事件

一九世紀のミレニアムの一八〇〇年二月一三日未明、渡良瀬川河畔近くの雲竜寺に足尾銅山の鉱毒被害住民が集まった。彼らは踏み込んだ官憲を排除して、午前八時三〇分に東京に向けて足尾鉱山の操業停止を政府や帝国議会への請願行動に出発した。第四次の「押し出し」であった。その数は警察の記録では二五〇〇余人、住民側の記録では三〇〇〇人を超えた。利根川を渡る手前の川俣で、農民の隊列は憲兵と警官にはばまれ、け散らされた。この川俣事件で、一〇〇余人が逮捕され、兇徒嘯集罪に問われて、裁判となった(2)。

渡良瀬川と沿岸の環境異変が問題になり始めたのは古河市兵衛が一八七六年に足尾銅山の経営権を得て一〇年とたたない一八八五年の水害の時からである。古河市兵衛は豊かな銅鉱床を発見するや、精錬所の規模を拡大し、生産を増大させ、住友家が経営してきた別子銅山を抜き日本最大の銅の生産をあげる銅山になった。それにともなって、足尾銅山がある足尾山地の奥深い山地から流れ出る渡良瀬川と、その流域沿岸平野の土壌汚染が深刻になった。

一八八九年に欽定憲法が発布され九〇年七月に第一回衆議院議員選挙が行われた。足尾銅山をもち、渡良瀬川流域を県域とする栃木県の議員に田中正造が選ばれていた。その翌八月、渡良瀬川の大洪水で水田一六五〇町歩が被害を受けた。時の山形内閣の農商務大臣は陸奥宗光であった。陸奥の次男、潤吉は足尾銅山主・古河市兵衛の養子であった。第一回帝国議会は一一月に開院式をあげたが、翌九一年一二月議会で、田中正造は初めて「足尾銅山鉱毒の儀に付き質問書」を提出した。足尾鉱毒事件は、帝国議会の発足とともに政治問題となったのである。

足尾鉱毒問題が一時的な洪水災害ではなく、さらに悪化していることを見せつけたのは一八九六年夏の大水害であった。鉱毒水を含む洪水被害はそれまでの栃木、群馬の渡良瀬川沿岸部から、さらに下流で合流する利根川沿岸の埼玉、茨城両県に、そして江戸川を流れくだって帝都東京の下町に及んだ。

2　川俣事件一〇〇年目の雲竜寺の救現堂

私は川俣事件から一〇〇年たった二〇〇〇年一〇月四日に、雲竜寺を訪ねた。境内に、田中正造の分骨された遺骨を納めた墓と田中正造の位牌や木像を祀る救現堂がある。当日、田中正造の法要があると、布川了さんの本で知っていたからである。

その日、救現堂の扉が開かれる。救現堂の中に、田中正造を顕彰・奉賛する人々の名前が列記された木碑があり、その人名の中に榎本武揚(3)の名があるというのでそれを確かめたいと思っていたのである。

榎本武揚は、田中正造が政治生命をかけて足尾鉱毒事件の政治責任を追及した担当大臣であった。榎本武揚は、幕臣出身で、明治維新時に官軍とたたかった敗軍の将であった。しかし、そのテクノクラートとしての能力がかわれ、一八八五年の最初の内閣の逓信大臣となり、足尾鉱毒事件が高揚する九七年に農商務大臣を辞めるまで、六代の内閣の閣僚となった。

足尾鉱毒問題を担当した大臣だった榎本武揚のその名が、田中正造を顕彰する人々を記した木碑にあるというのである。田中正造が追及した政府責任者が榎本武揚であった。彼の名を記す木碑を納める救現堂の扉が、一年に一度、一〇月四日に開かれるという。田中正造の位牌や木像、そしてその木碑を、隠れキリシタンのマリア像のように〝秘仏〟にしてきた。そして兇徒嘯集罪とされて訴追された農民たちは、田中正造をひそかに仏とし、その田中正造を奉賛した政治家たちを心のよりどころにしてきたように私は思う。

足尾鉱毒事件の事務所が置かれた雲竜寺はなんどか行ったことのある寺である。東武線の駅で路線図を見ると川俣駅がある。つい川俣までの切符を買って館林行きの電車に乗った。利根川を渡って次にとまる駅が川俣である。対岸の堤防の風景の中に、川俣事件の古戦場があった。広い田園風景が広がり、駅から川俣の土手までかなりの距離がある。そこで川俣では降りず、二駅先の館林駅に着いた。

3　田中正造の忘却から一九七〇年代の研究運動へ

駅前で書店を探し、地図帳を買い、店員の婦人に雲竜寺がある場所を尋ねた。婦人は田中正造を知ってはいても雲竜寺については知らなかった。館林市の大判の地図で渡良瀬川河畔を探し、館林駅から佐野線で一つ目の渡瀬《わたらせ》駅が近いと教えてくれた。雲竜寺は館林市域にあるが、寺域の周辺一画が、渡良瀬川を越えて、栃木県佐野市側に食い込んでいる。昼食時間になっていたので、その婦人に適当な食堂を教えてもらった。

その吉川旅館の食堂のテーブルで、注文したランチを待ちながら地図帳をみていたら、相席のビールを飲んでいる七〇歳は越えている男性が、

「地図を見ているとは感心だ」と話しかけてきた。

「田中正造のお墓がある雲竜寺を探している」と答えた。するとその男は、

「田中さんは偉い人だ。天皇に直訴した人だ。なかなかできない」という。私は

「田中さんのことは、親に教えてもらったのですか」と尋ねた。

「本ですよ」と言った。

六〇年代半ばのことだったが、鹿島臨海工業地帯の造成に反対していて、選挙違反によって裁判となり町長を辞職させられた黒沢義次郎氏に「どうしてその国家的事業の鹿島開発に反対しているのか」と尋ねたことを思い出しての質問であった。

すると「父親が、農民のために鉱毒に反対した田中正造という偉い人がいた、といっていた。利根川の上流の渡良瀬川に、そのような偉人がいたのかと思った。鹿島の海岸から日立銅山の高い煙突がみえるが、それも、煙害に反対した偉い人のおかげだという話を聞いた」と鼻ひげを生やした壮士のような顔の黒沢氏は言った(4)。

鹿島(現在の茨城県鹿嶋市)よりもずっと足尾に近く、足尾銅山の鉱毒に侵された渡良瀬川流域を市域にし、雲竜寺がある館林では、父親たちから田中正造をどのように語り継がれているのか、と思って尋ねたのである。だがその人は、本で知ったという。父祖から直接に、語り伝えられていなかった。

しかし田中正造の語り伝えがなかったのはその人だけのことではない。館林の市立中学校で社会科教師をしていた布川了さんは、七〇年代になって渡良瀬川鉱毒史や田中正造研究者の第一人者となったが、その布川さんでさえ、足尾問題史研究にのめり込んだのは、一九七三年夏に「公害と教育」研究会の水俣集会に参加し、水俣病患者を訪問した衝撃が契機であったと、次のように書いている。

「二十歳の女性患者が母親に抱きかかえられていた光景が忘れられない。あの頃、全国各地の公害の地で正造の名はかならず取り上げられた。地元でも何かしなければならないと思った(5)」。

私はその水俣集会の事務局の一員として、二〇歳ほどに育っていた胎児性水俣病の女性患者を訪問し、布川了さんと同じ体験をしていた。渡良瀬川流域現地における田中正造研究運動は、布川了さんほか地元の教師たちが七三年につくった渡良瀬川研究会が発端である。

鹿島の黒沢氏は一九二〇年代に通信講義録で勉強したという世代であり、昼食の席にいた人や布川氏らは三〇年代に学齢期を迎えていた。その世代の差の間に、田中が活動した地元でも田中正造は忘却の過去の人になっていて、本を読むことで田中を知ることになり、掘り起こしの研究が必要になっていた。田中正造の伝記や足尾鉱毒問題の著作が出版されるようになったのは、「公害の年」といわれた七〇年からのことであった(6)。田中正造の〝秘仏化〟と忘却は、民衆を国民化する政策と軌道と同じくしていた。田中正造研究、渡良瀬川鉱毒問題研究は六〇年代の全国的な公害告発・反対運動のなかで開花した。

4　渡良瀬川の「沈黙の春」

館林駅から東武佐野線で一つ目の渡瀬駅に降り、駅前の民家の間の道を五〇メートルも歩くと、水田が広がっている。地形学的にいえば、渡良瀬川の氾濫原・沖積平野である。渡良瀬川を水源とする灌漑によって耕作される水田であろう。

一〇〇年前、鉱毒被災の水田であったはずである。その中の道を一キロほど歩いて渡良瀬川の堤防にかかる渡良瀬大橋に出た。対岸になんどか行ったことがある雲竜寺の森が見えた。その川下の並びの民家は、栃木県佐野市の市域である。寺の近くに住む庭田源八は九八（明治三一）年旧暦二月一〇日に、陳情・請願で上京していた「足尾銅山鉱業停止請願同盟事務所」（東京芝（港区）の商人宿・信濃屋）で、次のように書いた。

「春分二月の節に相成ますると、渡良瀬川沿岸には柳が多く生まして、根の辺にあたり、小麦のやうな草が多く生えまして、此草は茅と申まして、引切ますと血のよふな乳が出ました。其根の辺に住ましてうた〳〵蛄が啼いておりました頃は、何れも五時四五十分より日の入頃で、暮方美しき音が川水に響きまして、至極面白う御座りました。柳の葉、次第〳〵に緑り青々となりますと、其の辺に葭や菰がはゑてありました。また川の洲先水際には鶺鴒《せきれい》が多く、虫や蜘蛛杯を餌にして遊び歩行ました。鉱毒のため柳も枯れ、草もかれ、蚯蚓も死す。蜘蛛も死と見えまして、餌が御座りませんから鶺鴒をも見ません。

渡良瀬川沿岸、篠藪の中には鶯の巣が多くありました。一番子二番子共はやしまして、めすが卵をあた、めますると、雄は餌をはこび抔を致して其辺を離れず啼いて居りまして、宅地近所放ちがひのやうな心地抔が致まして、又梅も咲まして、実に春の来りました心地、衛生をも養なふた者で御座りました。又雨後抔に至りましては別段草樹萌ゑ、花が咲まして人気も随つてなんとなくおだやかな物で御座りましたが、只今に至りましては鉱毒被害のため、虫類蜘蛛抔もありませんから鶯抔も居りません。草樹種類枯まして、穀物更に収穫が御座りません。のみならず朝夕汁の実、野菜類ありませんから人々きゅうきゅうして、財産を失うは生命を失うどうり。諸君希くは、我等栃木県足利郡吾妻村大字下羽田一番庭田源八宅へ御臨覧願上升。一切に付御べんめい致し升」[7]。（一部を抜粋）

私はこの『鉱毒地鳥獣虫魚被害実記』を読んで、レイチェル・カーソンの『沈黙の春』巻頭のキーツの詩を思い出した。

スゲは湖に向かいて枯れ、
歌う鳥はいない

を。日本の農民は、このような詩の心をもっていた。六〇歳の庭田源八は、鉱毒被害を訴えて、東京に出ていて、渡良瀬の春を宿で書いた。

私が歩いた田圃の稲は、穂をたれて色づきはじめていた。渡良瀬川の上流の彼方に、足尾の山地がかすんで見えた。庭田源八がえがいた〝沈黙の春〟を見ることはできない。

一〇〇年前、ここは鉱毒がなければ豊かな農村地帯で、地主、豪農のいる村であった。鉱毒議員として活躍した木村勇吉は三〇町歩の地主であった。名主から村長となった小林偵七郎は川俣事件の被告となった。小林村長の後を引き継いだ谷津富三郎は、川俣裁判で村長を辞したが、無罪判決となった後、村長に再び選ばれた。『鉱毒地鳥獣虫魚被害実記』を記録した庭田源八の経営面積は八町七反で、うち水田二町三反が鉱毒被害で荒地化した。立松和平『毒』（東京書籍、一九九七年）の「第二章・老農のつぶやき」はこの源八の語りとして書かれている。彼の長男の恒吉は上京請願人代表を務め、川俣事件の被告となった。庭田駒吉は八町九反を耕し、二町七反が鉱毒被害を受け、川俣事件の被告となる。(8) 当時五反百姓といわれた日本の農村社会にあって、鉱毒委員となり、また川俣事件の被告となった鉱毒運動の指導者たちは、地主層・富農層であった。

第一回から衆議院議員に選ばれた田中正造の地盤は、彼らのような地主、富農たちであった。明治国家の財政をまかなう地租の多額納税者のみが、選挙権をもっていた。

5　東京陳情運動「押し出し」

庭田が田園の惨状を書いたその年の九月も、不作であった。鉱毒被害農民が、第三回の東京陳情行動「押し上げ」を行った。

田中正造は東京にいて、上京してきた第三次「押し出し」を迎え入れた東京府下淵江村保木間（現在の足立区）の民衆、警官ら、そして中央官庁の対応を記している。(9)

九月二五日　此日雲竜寺に集まるもの凡そ一万人と云ふ。此雲竜寺を出て川俣に至るもの五千人、夜る、船を渡るもの三千人と電報事務所に達せしは二十六日の事なり。船を渡るとき、警官抜刀、野口春藏氏等大怒り絶叫す。衆ために渡れりと云ふ。如何。

九月二六日　此日三千人集行すと。里程六里間に渉ると言う。新聞記者憲兵の往来多し。電信追々到達す。衆多は弁当三日分用意せしもの多し。又米割麦を持つものものあり。可憐薄衣の老人も見へたり。五十人中四人の病人出す割合なり。

九月二七日、農商・内務の二省に至り、夜る文部大臣尾崎氏を訪ふ。教育上に鉱毒被害を語り、内務は夕刻出省警保局に面し、被害民の進行を妨ぐべからずと告げ、農商にて被害民の激昂の根本を告ぐ。足立郡淵江村大字保木間に至る。車夫空腹を告ぐ、泊す。

○憲兵警官逆待《ママ》多し。夜半、露頭を馬足に躁躍す。衆大に散ず。

九月二八日　同村の北端にて三千人の進行、出発者数十人に逢う。内に七三年の老人あり。先ず野口大出二氏等に面す。巡査□□村長坂田正助米五俵を村会議員と炊き出す。陸軍憲兵大尉安田重朝、少尉桐生定政、警視総監官房第二課保安係長谷川守三、千住警察署長外一人を為立会、一場の演舌を為す。大勢は委員を挙げ帰国の途に付く。被害民中泣涕するものあり、哭するものあり、予も又忍ずして共に泣く。巡査及警視属憲兵警吏等も又目に涙だを見る。

九月廿九日　総代五十人中手分して、一つ農商務、一は内務省に行けり。大臣絶対的謝絶す。農商大臣明三十日面会を約せり。此日内務大臣は拒絶せり。

九月三十日　総代五十人、農商務に至る。大臣違約不逢。秘書拒絶。総代号泣すと。正造は、本党本部総務委員なるものに、大臣等の憶病見苦し、人民面会さすべしと云へり。

○左部氏、正造に云ふ、足下万一間違へば、被害民にくびを取られると。答、間違なしと。又曰はく、やりそこね、否そこねぬと答ふ。

十月二日　本日物代五十人、農商務より官邸に廻り大石大臣に面会。大石氏は職務を犠牲に供すと云へり。此夜島田三郎方にて予に官吏たらんをすすむ。之れを辞す。

十月二日　此日、富士〔見〕丁　農商次官に面し、農水山鉱四局にて、十三年已来被害地加害地の沿革調査書の整頓せしやを促す。官吏の知事たれと云ふ、之を辞す。勝伯は、大臣の周旋者あるよと云ふて笑ふたり。勝安房翁は終生危難の小本を編成中なりし。勝翁又曰、政費は多くいるよ。それ田中に十万、誰れに五万やっても、働きはないよ。田中曰く、古しは人民を取締るは政府なり。今は人民、政府を取締るのさ。故に政治は気楽なものです、人民に取締らせる。

十月三日　農商、内務、大蔵、文部、陸軍、司法の六省大臣を面会順序及時間を約せんために出省す。大石氏明四日面会と決す。荒川高三郎、須永金三郎二氏、農商務中に大臣に面し、又鉱山局長を大に責む。大臣席を去る。次官来り弁護す。

十月四日　旧自由進歩のへぼ馬鹿めらのぐずぐず争へ、ぐずぐず喧嘩、へぼ野心、へぼ周旋、へぼ才子。

（以下略）

十月五日　大蔵大臣に面す、総代を帰国せしめよ。正造は、人に乏し、増加すべしと答ふ、曰はく関係官省局多ければなり。而して総代も又妻子を水災中の儘にして出京せしものなれば、追々帰国をすすめたり。残るもの大出喜李、稲村與市、野口春藏三人のみ、野口氏は病気なり。（以下略）

と記している[10]（傍点は引用者）。

「一場の演舌を為す」とは、淵江村保木間の氷川神社で二五〇〇人の参集者に向って「今の内閣は諸君の内閣」と説得したことである。これを後に田中正造は慙愧、慨嘆することになる。内閣は「諸君の内閣」ではなかった。

この時期に、田中は「官吏になれ、知事になれ」といわれたが、田中は「固辞した」と記している。後述するが、政府を批判する勝海舟、近衛篤麿、谷干城にも閣僚になることを政府首脳は誘いかけたが、それぞれ固辞した。

また同日記の一一月一〇日には、

「鉱毒衛生を害すと医師に語る、医師悲まず。〇人体を害すと語る、兵士悲まず。〇産ヲ失ふと語る、経済学士悲まず。〇権利を語る、法家恥ぢず。〇土地を失ふと語る、政治家驚かず。〇今のときを何とたとえんか」。

と書いた。

6　田中正造を祀る雲竜寺

一九〇〇年二月の厳冬、「第四次押し出し」のために雲竜寺に集結した民衆が渡良瀬川を渡り、利根川河畔の川俣で待ち受けていた警官隊に阻止された。(11)この川俣事件は、足尾銅山の操業停止を求めた渡良瀬川沿岸農民運動の終末であった。農民たちは厳冬の利根川を渡るために、舟二艘を大八車に乗せて川俣まで運んだ。その一艘が救現堂の軒下に今も残されている。

広瀬武・布川了らの研究(12)によれば、雲竜寺のある地点は「渡瀬」の地名が示すように、日光裏街道の渡し場であり、当時使われていた蒸気船が発着する河港であった。今では谷中村が洪水対策によって遊水池化し、それとつながる河川改修によって渡河地点の様相も変わっている。

渡良瀬川大橋を渡って土手を上流へと歩くとすぐに雲竜寺への案内板が立っていて、「田中正造の終焉の地」と書かれている。死期を迎えて疲れはてていた田中正造は、雲竜寺を訪ねたが住職は不在だった。川下数百メートルと離れていない庭田源八を訪ねたが留守だった。その隣家の庭田清四郎宅の縁側で倒れた。清四郎家族のねんごろな看病を受け、そこで逝去した。雲竜寺で密葬し火葬にふされた。

『田中正造全集』第一五巻の解説は、雲竜寺について次のように書いている。

「雲竜寺は郡内一、二を争う財産ある曹洞宗の寺。群馬県邑楽郡渡瀬村下早川田にあるが、栃木県植野村、吾妻村と深い関係があった。一八九〇（明治二三）年の椿田の破堤により鉱毒氾濫のため、寺領が荒廃し、檀家が多い吾妻村やその付近が被災激甚地であった。被害町村のほぼ中央に位置した。

黒崎禅翁は一八六九（明治二）年群馬県邑楽郡館林の在（郷谷村）に生れ、数え年一八歳から雲竜寺で修行し、後に住職となった。九六年の大洪水のとき、三十歳の青年僧であったが、以来被害民に協力し、檀家の願いを入れ、雲竜寺本堂の一部を事務所として開放し、自らも名誉事務員として活動した。川俣事件では被告となった。当時の警察側証言では「総ての事に口を出し常に黒幕的存在、各村長総務委員の上」といわれている。川俣事件後還俗し、行方がわからなくなった。昭和一八年四月に亡くなってから分骨が届き、同寺に埋葬されている(13)」。

黒崎禅僧も、川俣事件の被告とされ、兇徒の汚名を着せられて、身をかくした。無罪となっても、一度着せられた汚名の名誉回復はなかった。

7　忘れられた「日本の自治」――多数決でなく合意の追求

渡良瀬川の鉱毒水は、洪水で冠水した田地を侵し、灌漑用水によって毒水を水田に流した。鉱毒被害を受けた流域地域内では、大字（村落）ごとに鉱毒事務所がつくられた。町村制が一八八九年に制度化されたばかりであったので、それ以前のむらであった大字の自治組織が生きていた。渡良瀬川に近くとも水系が異なり鉱毒被害を受けていない大字は鉱毒事務所を置かなかった。事務所の決定そのものも、多数決は原則としてとっていない。

相談をし、また論議し、討論して生まれた合意内容に賛成する村落だけが、決議の内容を受け入れた。同意しない村落は行動に参加しなかった[14]。その幕藩時代の伝統的村落自治は、〃むら八分〃という排除もあったが、時間をかけて合意を形成した。そうした合議の「寄り合い」を宮本常一は『忘れられた日本人』[15]の中で記録している。鉱毒被害を受けた渡良瀬川沿岸の村落ごとに設けられた鉱毒事務所の連合組織の事務所が、交通の便がよい雲竜寺に置かれた。一方国家とその末端行政組織として制度化した町村では、八分どころか、五分を確保する派閥（藩閥・二〇世紀になると政党）の多数決が議会制民主主義の原則とされ、多数以外は、排除されることになった。

渡良瀬川沿岸住民の「寄り合い民主主義」によって組織された請願行動「押し出し」は、一九〇〇年の第四次で終わった。その川俣事件のまとめ役を兇徒という汚名のもとに、官憲は容赦なく地域に入り込み、家庭に踏み込んで捜査した。川俣事件で「寄り合いの連合体」は崩れ去り、「忘れられた日本民主主義」となった。

8　雲竜寺・救現堂の木碑に榎本武揚の名を探す

連合事務所がおかれた雲竜寺は、その後の渡良瀬川洪水対策の河川改修によって高く構築された堤防が、今日では寺を見下ろすように山門に迫っている。

その雲竜寺に、私は、川俣事件一〇〇年目の一〇月四日の昼過ぎに着いた。法事は中止になったのかと思ったほど人影がなかった。山門をくぐるとすぐ左手に田中正造の墓碑と、田中正造の位牌と木像を祀る救現堂がある。

いつ来ても戸が閉まっていて内部を見ることができなかったが、堂の横の入り口の戸が開いているが誰もいない。堂内に入った。正面に簡素な祭壇があって、左手の厨子の扉が開いていて、田中正造の頭部の木彫が置かれている。中央のより扉が少し開いた大きな厨子の中を覗くと、田中正造の全身座像の木彫があった。右手に田中正造を奉賛するゆかりの人たちの名を付した大きな木碑がいくつかある。

私は、それらの木碑の中に榎本武揚の名前を探した。ない。後ろに隠れて数枚の木碑がある。その中の一つに榎本武揚の名があるに違いないと思った。それを読むには、燭台や前の木碑を動かさなくてはならない。許しをえるために本堂脇の玄関に行った。

婦人が出てこられたので、来意を話した。婦人が堂までついて来てくれ、大きな木製の燭台や重い木碑を動かし、奥の木碑を見えるところに移した。右手の板碑には、榎本武揚の名がなかった。左手奥の板碑を出して読むと、中央に田中正造の名が太く書かれ、右から近衛篤麿、勝安房、谷干城について、榎本武揚の名があった。さらに二〇人目ほどのところに津田仙の名が書かれている。婦人は、「津田梅子の父ですか」と言い、「正造の木像を彫ったのは、当時、有名な美術学校（現在の東京芸術大学）の先生だったそうです」と教えてくれた。榎本武揚の名を見、ついでに明治の要人たちの名を見て、訪問の目的を果たした気持ちであった。

この位牌に書かれた人々について、もっとメモをとりたいと思ったが、婦人に遠慮して五人の名をノートに記し、写真に撮らせてもらって堂を出た。法要は午前に終わり、布川氏も参加されていたという。

二　田中正造の位牌に記された摂家・幕臣・藩士

木牌に記された明治の要人の順序は、爵位の順序であろうか。渡良瀬川沿岸の被害農民たちは、田中正造の霊位奉賛者を記名することによって、足尾鉱毒問題根絶の運動のよりどころをえた。その木碑には、古河市兵衛の足尾銅山を擁護する政府に対して、鉱毒被害住民の運動に支援し同情するもう一つの爵位の天皇制体制が表わされている。

1 近衛篤麿

最初に記された近衛篤麿は、天皇家側近の五摂家の筆頭の家柄の近衛家の長男として一八六三年に生まれた。同家は明治藩閥政府の雄たる薩摩藩主島津家と血縁関係があった。天皇が東京に遷都し、天皇側近の父が七〇(明治三)年に東京に移ったが、篤麿は祖父とともに京都に残った。篤麿は、父が明治六年に死亡すると、一〇歳で近衛家の家督を相続した。明治一〇年の一四歳のとき、宮内省出仕を仰せつかり侍従として天皇の側近の地位につき、東京に移った。明治一七年に華族令が設けられると、二一歳で最高の爵位であった公爵を授けられた。その後、ドイツとイギリスに留学し、明治二三年に帝国議会が発足するや公爵として貴族院議員となり、第一〇回から第一八回議会の貴族院議長となった。明治天皇の側近の宮廷政治家であった。

かくして宮廷政治家のリーダーとして活躍することになった篤麿は、明治藩閥政府に対して「忠告」し、「論難」し、「疑義」を議会でただす「口うるさい存在」であった。足尾鉱毒事件が大きな政治問題となってきた一八九六(明治二九)年、松方内閣の組閣に際して、松方と大隈の「入閣の勧誘を受け之を謝絶」した。その翌月に貴族院議長となり、議長辞任後は枢密顧問官となった。

足尾鉱毒事件に関しては、篤麿の年譜では、一八九七(明治三〇)年八月に「足尾銅山鉱毒事件に関し仲裁を受託す故ありて中道之を辞す」とある。直前の五月下旬に「野州足利学校を参観」している。栃木県足利市は、渡良瀬川に臨む。時あたかも、帝国議会で、田中正造が足尾鉱毒問題を追及していた。近衛の足利学校参観は、渡良瀬川流域の鉱毒被災地の状況に関心がなかったとはいえまい。

翌年の一八九八（明治三一）年六月の大隈内閣組閣の際に、「大隈伯及其徒より入閣の勧誘を受け、謝絶す、これより洋行の議起こる」ことになった。この篤麿の「出所進退に関し特に大徳寺侍従を大隈首相邸に使わして勅問を賜ふ」ことになり、大隈首相が彼を訪問し、「海外出仕の内示」を伝え、勅許をえた。それにもかかわらず、同年一一月の山縣内閣の組閣に際して「山縣有朋侯と会見、入閣の勧誘を受け之を謝絶」した。翌年一八九九年に貴族院議長の賜暇をえ、四月から一一月にかけて「海外漫遊」に出かけた(16)。この海外漫遊は、入閣勧誘からの逃避、忌避、入閣拒否であったであろう。

田中正造は、その近衛篤麿貴族院議長名で山縣首相宛の「足尾銅山に関する請願」を貴族院で採択したとする「意見書案文」を入手していた。この意見書は、山縣内閣成立直後の九八年一二月付となっているが日付が空欄である。実際には採択はされなかったのであろう。近衛篤麿にとっては大臣就任の勧誘を断るという出所進退がめまぐるしく動いていた最中であった。その案文を入手した田中正造は、一九〇一年九月二二日、自分だけで御守りのように扱っていたが、鉱毒被害地の代表に送付した。

田中正造が、被害地の代表者に送付した同意見書の案文と、それに添えた手紙は次のようなものであった。

明治三四年九月二二日

筆記に代る印刷を以て申上候。左の公文のありがたき高恩を忘れてはならぬから本文を御覧に入れ候。誠にありがたき御事に候。被害地方三拾余萬の人民は勿忘候、我々國民として忘れざるため、朝夕朗読の便利として一葉貴下にも御廻し申上候。くれぐも御祈り被下度候。

意見書案
足尾銅山鑛毒ニ関スル件

栃木縣下都賀郡谷中村村　平民　茂呂近助外八名呈出

右之請願ハ、足尾銅山鍍毒ノ大害ナルハ更ニ喋々スルヲ要セズ、既往八年間ニ於テ其被害地ハ一府五縣ニ亙リ総反別五萬数千町歩ニ達ス、而シテ栃木、群馬、茨城、埼玉ノ四縣ハ被害反別三萬三千五百九十六町餘ニシテソノ損害ヲ概算スレバ土地収穫及ビ附帯損害金二千百拾七万八千六百四拾七圓餘、地所売買時価低落ノ損害金二千百二拾八萬五百拾壱圓ノ巨額ニ上レリ、故ニ地方人民ノ困苦窮迫名状スベカラザルヲ以テ去ル二十九年以來當局大臣ニ向ヒ再参憲法ノ保護ヲ受ル能ハザル以所ヲ陳述シ、叉被害土地快復、河身浚渫、堤防改築新設、衛生調査、救治、町村費補助等ニ開シ數回哀訴歎願スル所アリ、共他屡々地方廳ニ陳情請願ヲ為タリト雖モ未ダ完全ナル保護救濟ヲ受ル能ハズ、其間或ハ面會ヲ謝絶セラレ或ハ進路ヲ妨ゲラレ或ハ願書ヲ却下セラレ、不幸ニ不幸ヲ重ネ荏苒今日ニ至ルモ被害人民ノ願意ハ徹底セズ、憲法々律ノ保護ヲ受クルヲ得ズ、日夜悲痛號哭片時モ寝食ヲ安ンズル能ハザルヲ以テ、速ニ保護救濟ノ實ヲ畢ラレタシ、トノ旨趣ニシテ貴族院ハ願意ノ大体ハ採択スベキモノト議決致候。因テ議院法第六十五條ニ依リ別冊及送附候也。

明治三十一年十二月　日〔日付空欄〕

貴族院議長　侯爵〔筆者訂正・公爵〕近衛篤麿

内閣総理大臣侯爵山縣有朋殿

右之外群馬、栃木、埼玉の事は追次に申上べく候。又貴族院議員子爵谷干城氏、去る明治三十年の春足利郡の被害地を観察せられしときの御詠は左の如くにて候。

なにしあふ毛野の沃野の名はうせて
涙を袖に渡良瀬の川

と賜れたりき。事の難有をも朝夕くちにうたわせて忘れざる事をいのり上候。敬具(17)

その三カ月後の一二月に田中正造は、明治天皇への直訴の行動に及んだ。その現場近くにいた貴族院議長近衛篤麿は、「還行十二時、途上田中正造御馬車に就き直訴せんとして捕らえられる。稀有の椿事なり」と日誌に記した。

篤麿は日清戦争から日露戦争開戦前の間に、中国・朝鮮問題について政府に忠言したが、日露戦争が始まる直前に、逝去した。四一歳であった(18)。

近衛篤麿の長男は、昭和戦争期に二期の首相となり、敗戦後服毒自殺した近衛文麿である。父亡き青年期をおくった文麿は、東京帝国大学でなく、河上肇を慕って、京都帝国大学を選んで進学した。河上肇は東京帝国大学生のとき、内村鑑三や木下尚江らの講演を聞き、足尾鉱毒問題の募金活動に応じ、以来、社会主義経済学者としての研究と実践的活動をした。文麿は大学を卒業すると内務省に入り、公家出身の宮廷政治家・西園寺公望に嘱望されて政界で頭角をあらわし、一九三七年に首相になった。文麿は、三三年に検挙された河上についての思い出を『清談録』に書き、それを読んだ河上は『自叙伝』で彼と彼の級友について回想している[19]。足尾鉱毒事件は、このように昭和の政府要人にも反映していた。第三次近衛内閣は七月から一〇月までしか続かず、後継の東條内閣によって一二月に、大東亜戦争が勃発したのであった。

2　勝　海　舟

二番目に書かれた勝安房とは勝海舟のことである。そもそも私がこの田中正造の木碑があることを知ったのは、下町人間研究所で布川了さんが報告した記録の文章[20]である。

勝と田中正造との関係は、岩波文庫の『海舟座談』で知ることができる。

勝海舟は次のように語っている。

「鉱毒の事は、とうに調べて置いたよ。わざわざ日光へも行って見たのサ。あっち〔足尾〕の方へは行かんがネ。歌が詠んであるよ。古河〔古河市兵衛〕が会いたいと言って来たのだったが、会わなかったが、よかったよ。古河は、どこの男だエ。フー流れものだネ。陸奥が悪いのサ。息子が、古河にやってあったけノ」。

また田中正造について、

「何か持ち上がりそうかエ。どうせ、血を見ずには、止むまいよ。一つ騒ぐのがいいのサ」

と川俣事件と、田中正造の直訴事件を予測している。

「鉱毒問題は、直ちに停止のほかはない。今になってその措置法を講究するのは姑息だ。榎本武揚が巡視して姑息の慰謝をしたというが、陸奥などが、金をもらったというのと五十歩、百歩の論じゃないか。旧幕は野蛮だと言うなら、それで宜しい。伊藤さんや陸奥さんは、文明の骨頂だと言うじゃないか。文明というのは、よく理を考えて、民の害とならぬ事をするのではないか。一昨年は、日光に行って見ておいた」(21)(22)。

また『氷川清話』には次のように語っている。

「ドウダイ鉱毒はドウダイ、旧幕は野蛮で今日は文明だそうだ。一昨年日光へ行つた時、鉱毒の影響を日光迄受けて中禅寺の湖水に毒を流し、日光町はもちろん、その下々をして清水に事を欠かしめはせぬかと中禅寺迄は行つて見たが、山の木を斬られる位の事はあつても、山越しにコツチへ毒を流すのは大変だから、毒を流す様なことはあるまいと思つて、大概にして帰つたよ。山を掘ることは旧幕時代からやって居た事だが、旧幕時代は手のさきでチョイチョイやつて居たんだ。海へ小便したって海の水は小便にはなるまい。手の先でチョイチョイ掘つて居れば毒は流れやしまい。今日は文明だそうだ。文明の大仕掛で山を掘りながら、その他の仕掛はこれに伴はぬ、それでは海で小便したとは違はうがね……わかつたかね……元が間違つてるんだ」(23)。

図9－1　足尾煙害状況

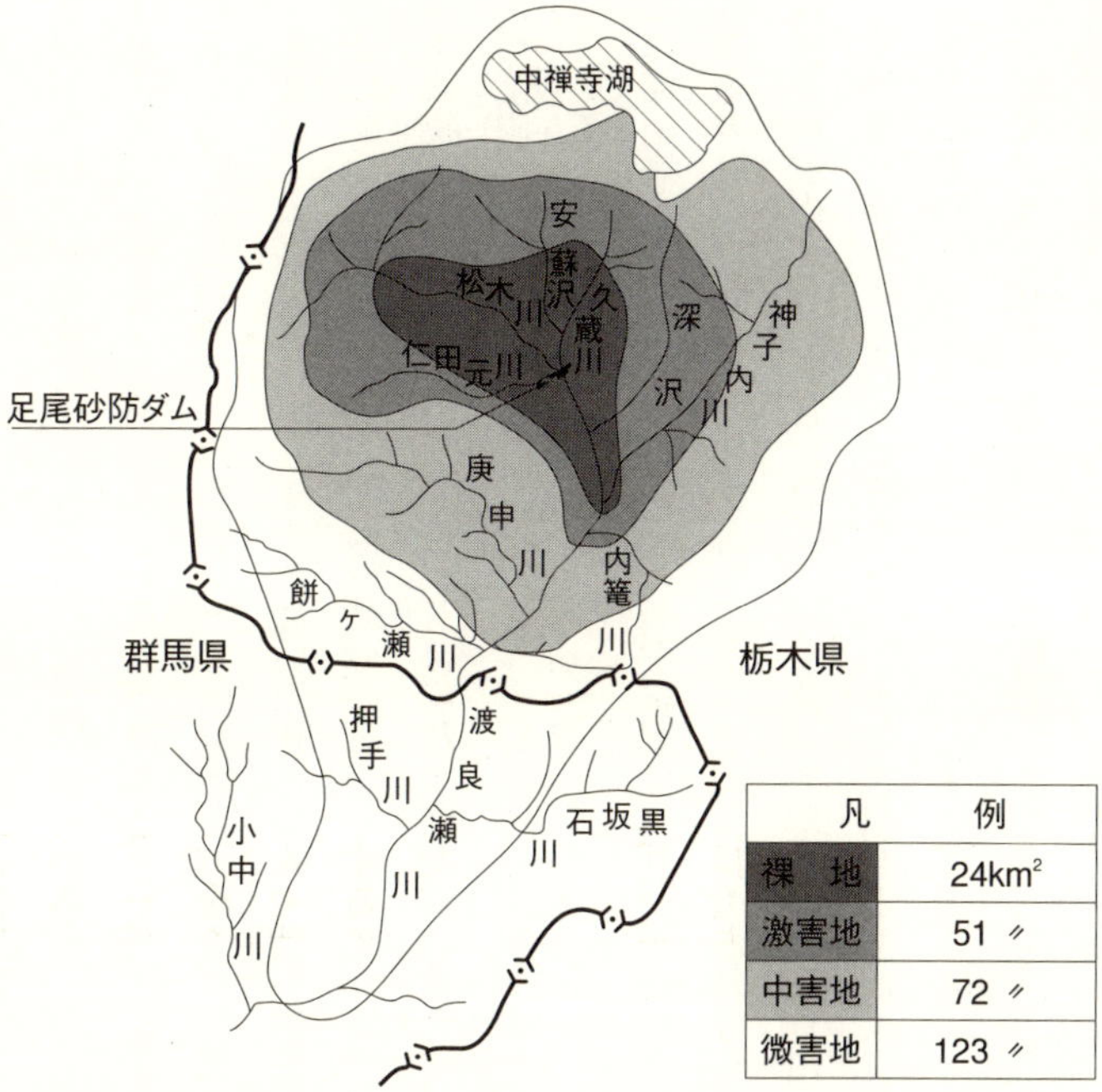

出所：渡良瀬川砂防工事事務所,『渡良瀬川の砂防と治山工事』1964年. 同事務所編『渡良瀬川の砂防50年史』（1987年3月刊, 52頁）による.
筆者注：煙害発生源の古河鉱山製錬所は足尾砂防ダム下流1kmの右岸にあった.

同書の編者の注記によれば、この談話記事は、一八九七年三月二七日付「毎日新聞」に掲載されたが、記者が取材したのは二六日で、渡良瀬川被害農民が二度目の上京請願を行い、警官に阻止された日のことである。

日光に別荘をもっていたイギリス外交官の息子武田久吉（一八八三～一九七二年）は、尾瀬への道を日光からとったが、日光の山が煙害を受けるようになって、日光を避けて尾瀬に入るようになったと、書いている本を読んだことがある。渡良瀬川砂防工事事務所の『渡良瀬川の砂防と治山工事』（一九六四年）に掲載されている「足尾煙害状況図」では、

「裸地」「激害地」について「中害地」の範囲に中禅寺湖南東沿岸部が入り、その外の全沿岸周辺が「微害地」となっている。勝が「日光側に毒を流すのは大変」と言っているのは、鉱毒水のことであったろう。だが煙害は中禅寺湖南方の山脈を越えて、日光側に及んでいたのである。その数年後の一九〇二（明治三五）年九月下旬、暴風雨が日光を直撃し、中善寺湖に土石流が流れ込んで三メートルの津波が沿岸を襲い、あふれた洪水は大谷川を流れ下って東照宮の神橋を押し流した[24]。中善寺湖沿岸まで「中害地」となっていたとすれば、足尾からの風を受ける男体山も被害を受けて、豪雨に弱い山地となり、洪水被害を大きくしたことも考えられるであろう。勝は大気汚染による煙害被害についてはは触れていない。鉱毒水と煙災を混同していたのであろう。

榎本武揚が渡良瀬川被害地を視察し農商務大臣を辞任した翌月に内務大臣の樺山資紀が現地を視察した。勝は、「樺山が内務のときにも、さう言ってやったのさ。それで驚いて、草鞋などを穿いて鉱毒地方を回ったのさ」と語っている。

この樺山視察を迎えた被害農民の室田忠七は四月一一日から一四日までの日記にその動向を記し、一七日には、鉱毒調査委員の後藤新平内務省衛生局長、勝の三女の婿の目賀田種太郎大蔵省主税局長らが視察した。勝は彼らの視察の直前の三月二七日に談話で「先達って、大蔵の目賀田が来た時に、あれはどうしましょうというから、今となってどうなるものかと言った。しかし、田中正造は大丈夫な男で、アレは善い奴じゃと言うだけは言って置いた」と語っている[25]。

勝は榎本武揚に対して厳しいが、「榎本のことを、色々と人が言うから、オレは弁護してやる。一人位はあんな淡白なものがなくてはならないよ」とも言っている[26]。

福沢諭吉は、榎本とともに勝が、幕臣でありながら明治政府に仕えているのは、二君にまみえている、という内容の「瘦我慢の説」(27)を書き、その写しを明治二四年一一月に送りつけた。勝は、八七年に伯爵を授けられ、八八年に枢密顧問官になっていた。その時、榎本武揚は外務大臣で子爵であった。二人は返事をしなかったら、福沢諭吉は返事の催促をした。そこで勝は「批評は人の自由、行蔵は我に存す」と返事をした。福沢は勝海舟が艦長だった咸臨丸に同船した下僚であった。

福沢諭吉は、また樺山が鉱毒被害地を視察中だった一二日付の時事新報(28)で、「国務全面の衝に当る大臣が、自から一地方一事件の視察とは何事ぞや」「先頃来該地方の人民が多人数を催ほし陳情請願云々とて騒々しく政府の門を叩きたるは、文明の法律世界に如何にも穏やかならぬ挙動にして、断然排斥と思の外、当局者は親しく面会して事珍しく彼等の陳述を聴聞したるのみならず、今又自身出張とは、随分念の入たる次第なり」と書いた。(29)福沢の足尾鉱毒問題への関心の程度が現れている。

勝は、明治の元勲と言われるようになった人物たちに対して、

「三二年前（明治元年のこと）にわかったよ。そのころの上の者と初めて一つの会議に出た処が、カラキシ、一つも知らない。それはひどいものだ。どうしてこれで事ができたものかと思って、不思議なほどであったが、その時、初めて勢いの転ずる具合が分かった」と語っている。(30)

彼らが担いだ天皇について「陛下はオレをご信用なさらない」とも語っている。(31)

田中正造は「知徳の臣、真の大忠」という書状を勝に送っている。

「安房殿（勝海舟）の徳は、智より出ず。不幸にして則ちまた深遠の価値を有する有する。……古来、忠の技師有り。今は、科学専門の技師あり。能く人を欺きつつ、世をも飾る。……今の技師が國を誤まるを見ば、古の偽忠と、今の技師よく相似たる。いやしくも國の興亡存亡の真相を見るの目は、その人にありて、

決して読書等の力にあらざるなり。安房守の学文は普通なり。ただ安房の智、安房の徳は、天賦にして、普通凡庸の遠く及ばざるのみか、企てて及ばざるところなり。しかして、またこれを知るもの、少なからん。その知る人の少なきほどに、奇妙なり。尊きとも申すべきかな(32)」。

3 谷干城

谷干城は土佐藩士の出身である。七一年に維新政府の兵部権大丞となり、軍職を歴任し、西南戦争では熊本鎮台司令官として勇名をはせ、谷将軍と呼ばれた。ところが、八一年には憲法制定、議会開設を建白し、藩閥専制政権の政府に批判的であった。一八八五(明治一八)年一二月に成立した第一次伊藤内閣は、薩長の藩閥で構成されたが、その二藩以外には土佐藩士出身の谷が農商務大臣、そして幕臣の榎本武揚が逓信大臣になった。しかし、谷は三カ月後に井上馨外務大臣の条約改正案に意見書を出し、抗議して辞職した。一八九〇年に子爵の中から互選された貴族院議員となり、院内の政府批判派として活躍した。

室田忠七の『鉱毒事件日誌』の一八九七年三月二〇日の記録に、

「谷子爵、内山政次、津田仙、松村介石の諸氏被害地実地見聞にでる。小笠原子爵古河市兵衛の依頼により谷君に見聞されては困るとて谷子爵を引き止んとすも、谷子爵は聞かずして出発せり」

とある。そして二二日に、谷は最初の伊藤内閣でともに閣僚となった榎本武揚農商務大臣にあって、「銅山の停止」を進言した。榎本は、「古河に被害人民に損害金を補償させるか。是を否と言う以上は早速停止する」と言ったと記している(33)。

その翌年の一八九八年は、三月と八月に衆議院議員選挙が行われた。後述するが、その議会で問題になったのは地租増徴案で、その反対同盟会の幹事長となったのが谷干城であった。推進派は、古河市兵衛の事業に資金を融通してきた渋沢栄一が会長となった。

一九〇二年一月二七日、田中正造が議員を辞したあと、谷は貴族院予算委員会で、足尾問題で政府を追及した。

4　津田仙

津田仙の名は救現堂の木碑の二〇番目ほどのところに書かれている。津田の娘、津田梅子が女子英学塾を設立したのは、川俣事件があった一九〇〇年であった。[34]

津田仙は現在千葉県の佐倉藩士の家に一八三七年に生まれた。佐倉には、彼が誕生した四年後に蘭学と西洋医学・薬学を教える順天堂塾が開かれ、そこに入塾した。仙が一六歳の時にペルリ提督率いる船が来航し、狼狽する幕府の要請に応じた佐倉藩士に加わって江戸防備のために江戸にでた。佐倉藩主は幕府の国防、外交を担当する要職にあった。この黒船来航を契機に、仙は英語の習得に努め、外国奉行の通弁となったのは一八六二年である。六七年に仙は勘定吟味役の小野友五郎の随員としてワシントンに渡った。その翌年が明治維新であって、幕府の職を離れた。六九（明治二）年に東京築地に建てられた東京で唯一の洋風ホテルで、貿易所を兼ねていた築地ホテル館に勤めることになった。彼が農業に関与するようになったのは、ホテルの洋食向けの西洋野菜を栽培する農園を麻布につくったことに始まる。築地ホテルは七一（明治五）年に焼失し廃業した。

同年に北海道開拓使嘱託となり、七三年にウイーンの万国博覧会に出席し、帰国後西洋野菜や西洋果実の栽培を試みた。リンゴも、オランダイチゴも彼が導入したという。[35][36] 日本に北米原産のアカシア（ニセアカシア。別名ハリエンジュの俗称）を導入したのは津田仙であったといわれる。

七六年に『農業雑誌』を創刊し、農学者として知られるようになった。キリスト教信者となり、メソジスト教会系の青山学院の創設に関与した。そのように多方面で活躍した彼が九七年以降は、行政に関与する活動から離れた。その九七年とはどういう年であったか。

津田仙が渡良瀬川鉱毒問題にかかわるようになったのは、彼のキリスト者としての交流によってである。一八九七年二月二八日、田中正造は同郷の青山学院学生栗原彦三郎に、東京での足尾鉱毒問題への協力者の獲得を要請した。栗原は青山学院長・本多庸一と相談した。本多はまず栗原に被害の実態を調査することをすすめた。栗原はさっそく足尾銅山と渡良瀬川流域の被害状況を調査し、本多に報告した。本多はその報告に驚き、メソジスト教信徒で農業問題と農業行政に携わってきた津田仙を紹介した。津田は、足尾鉱毒地域の視察に、谷干城を誘った。

谷とは最初の農商務大臣で藩閥内閣に批判的であった谷将軍である。九七（明治三〇）年一二月二〇日、午前五時に上野駅を出発し、小山にて両毛線に乗り換え、鉱害被害地に近い富田駅に九時少し前に着き、渡良瀬川流域平野の被災地現地を視察した。

そして、正造が三七八頁の文章に引用した、

なにしおふ　毛野国野名も　失せはてて　涙を袖に　渡良世川

という短歌を被害民に残した。

谷は、帰京すると直ちに、榎本武揚農商務大臣に鉱毒被災地の視察をすすめ、現地報告の会を開くことになった。田中が期待したように、東京の知識人、文化人、ジャーナリスト、宗教家、学生が渡良瀬川流域鉱毒被害農民を支援する行動を起こすことになった。足尾鉱毒問題は田中の衆議院議員としての政治的活動だけでなく、広

く社会的な問題となった。

田中が雲竜寺近くで行き倒れのように死んだとき、持っていたずだ袋のなかに、渡良瀬川の小石とともに聖書があった。田中正造の支援者のなかに、津田のようなキリスト者がいた。

5　榎本武揚――テクノクラートのさきがけ

足尾鉱毒問題で榎本武揚の名は芳しくない。その彼の名が、なぜ田中正造奉讃の木碑に書かれているのか。足尾鉱毒問題の矢面にたっていたのは、鉱山業を監督する農商務大臣であった榎本武揚である。一八九七年三月五日、被害農民五〇〇〇人が、東京に押し出し、関係政府首脳に面会して足尾銅山の操業停止を陳情した。榎本武揚は代表五五名に会い、涙を浮かべて聞いたが、即答を避けた。

津田や谷のすすめで、三月二三日に榎本武揚は鉱毒被害現地を視察した。迎えた農民たちは、足尾銅山の操業停止を訴えた。だが彼は「今回はみるだけ」と黙した。農民たちは「この冷血漢め」とののしった。

だが、榎本は帰京後、上野駅から直ちに大隈外相邸を訪問して、大臣職を辞した。翌日二四日に内閣に足尾鉱毒事件調査委員会が設置された。榎本武揚の置きみやげの委員会であった。林竹二は『田中正造の生涯』(講談社現代新書、一九七六年)で「歴代の政府が職務をつくしてこなかったことにたいして、責任をとる行為であった」と書いている。渡良瀬川現地を実際に視察して、直ちに大隈に会い、農商務大臣を辞めたことは、榎本武揚の生涯をかけた抗議の行動であったと、私は思う。榎本武揚はテクノクラートではあったが、大隈のように政治家にはなれなかった。勝海舟も、榎本武揚が古河に命じた足尾の製錬所の施設改善命令を、姑息だと批判した。その姑息を乗り越えるには、政界からの離脱しかなかった。

榎本武揚に比すれば、財界の人材育成大学を経営し、評論で世論形成に大きな影響をもち、日本最高額の紙幣の人物像に選ばれた福沢による榎本武揚批判は、その人物評価を下げたように思われる。

前述した勝海舟の項でも触れたが、福沢諭吉は「痩我慢の説」を一八九一年一一月に書いて、写しを、勝海舟と榎本武揚に送付した。それには次のように書いてある。

「榎本氏の挙は所謂武士の意気地即ち痩我慢にして、其方寸の中には竊に必敗を期しながらも、武士道の為めに、敢て一戦を試みたることなれば、……その決死苦戦の忠勇は天晴れの振る舞いにして、日本魂の風教上より論じて、之を勝氏の始末に比すれば、年を同うして語る可らず。氏の挙動も政府の処分も共に天下の一美談にして間然す可らずと雖も、死が放免の後に更に青雲の志を起し、新政府の朝に立つの一段に至りては、吾輩の感服すること能わざる所のものなり」。

この書面は、写しが流布して読まれるようになったとして一〇年後の一九〇一年一月の「時事新聞」に掲載された。その翌年二月に福沢は没した。

ところで、旧中津藩士で勝とともにアメリカに渡航した福沢は、批判する資格があるか。

福沢は、明治初期の啓蒙期の独立自尊の言論で知られるが、一八八〇年の『時事証言』を境に、官民調和論・脱亜論・日清戦争賛美論・大企業擁護論へと転換した。一九八八年に日本を代表する人物として一万円紙幣の顔に選ばれた。一方勝海舟は日清戦争に反対し、朝鮮や中国との関係についても友好の立場で考えていた。言論人として、福沢は大きな社会問題、政治問題となっていた渡良瀬川鉱毒問題について、大臣の現地視察を批判し、小論『足尾銅山鉱毒事件の処分』を書き、鉱毒排除命令書で、この問題は終わり、過去の被害は裁判によって決すべしと論じた(37)。

榎本武揚には、自らのことを述べたものはない。榎本武揚は政界・官界を辞して、東京農業大学の前身の農業学校の校主として、足尾鉱毒問題を調査した横井時敬東京帝国大学教授をその校長とした。これにも榎本武揚の足尾鉱毒問題への態度が表明されていた。

榎本は、明治政府に利用つくされて政界と官界から身を引いた。明治政府がもっとも困惑した足尾鉱毒問題を、有能なテクノクラートであった榎本武揚にゆだねた。もう一人のテクノクラートに陸奥宗光がいた。

渋沢栄一と古河市兵衛は、獄中の陸奥の能力を見込んで、出獄した彼をヨーロッパに留学させてテクノクラートに仕上げた。テクノクラートとは科学的知識や高度の行政・管理能力を有する政策決定で重要な役割をもつ行政担当者である。この言葉が一般的に使われるようになったのは一九六〇年代で、発展途上国の行政指導層に、ハーバード大学といったアメリカや、ヨーロッパのいわゆる名門大学で教育・訓練を受けた若手官僚が進出した頃である。日本の敗戦直後のフルブライト留学なども、テクノクラートとしての人材養成であった。インドネシアの独立指導者のスカルノ体制が崩壊したあと、行政改革を実施したのは、テクノクラートであった。

日本でのテクノクラートの始まりは榎本武揚、ついで陸奥宗光であった。

最近の日本の内閣で、民間人から起用される大臣は、テクノクラートといってよいであろう。多くのテクノクラートは、政治家にはなれない。榎本武揚も、大臣としてテクノクラシーを利用されたが、結局は身を引いた。

そして、その榎本武揚が田中正造奉賛の木碑に名を連ねた。

三　榎本武揚の去就にみる明治国家

1　明治政府を去った榎本武揚

榎本武揚は幕臣であり、明治政府閣僚となった、武士らしからぬ武士との福沢評価があってか、彼が農商務大臣を辞任した後のことについては、ほどんど知られていない。榎本武揚は閣僚時代にも幕臣の師弟の育英に尽くし、その育英事業のうえに創設されたのが現在の東京農業大学である。

私は雲竜寺を訪ねた翌日、東京農業大学図書館に行った。同館で検索した榎本武揚自著の文献は、置かれているはずの書架になく、閲読することができなかった。

この大学の前史は一八八五（明治一八）年三月榎本武揚が会長となって創立された徳川育英会が始まりである(38)。同会は幕府瓦解で収入を失い、かつ江戸から静岡藩七〇万石に移住した旧幕臣の子弟に学資を貸与し、英才の育成を目的にした団体である。ついでに言えば、この静岡藩の会計を担当したのが渋沢栄一であった。明治維新政府はこの渋沢を財政テクノクラートとして大蔵省に抜擢したが、彼は官僚を辞して銀行や企業を創業する民間人となった。

徳川育英会は九一年三月に育英黌《こう》をのちの飯田町駅構内の地に創立、初代黌主に榎本武揚がなった。その跡地に東京農業大学の創立記念碑が建てられている。九三年に敷地が、甲武鉄道に買収され、大塚窪町に移転し、私立東京農学校と改称した。校主は榎本、校長は伊庭想太郎であった。榎本武揚は明治政府の閣僚となり、足尾鉱

毒問題が政界を揺るがす時期を迎えていた。(39)

2　明治政府が重用した榎本武榎

榎本武揚は、福沢が書いたように、箱館戦争に敗北した。薩摩の黒田と西郷に救われて、その外交的なテクノクラートとしての能力を維新政府から嘱望され、政治家としてよりも官僚として利用されて閣僚職についた。

榎本武揚は日本の最初の伊藤内閣（一八八五〜八八）の逓信大臣となった。当時の流行語となった「元勲内閣」に、元勲でもない旧幕臣で賊軍の将の経歴を持つ榎本武揚が抜擢された。同内閣の農商務大臣になったのは土佐藩出身の谷干城であった。しかし谷干城は、三カ月後には辞任した。谷はその後、子爵位による貴族院議員となり内閣を批判する口うるさい存在となった。一方、榎本武揚は六代の内閣の閣僚として一二年間勤めた。

第二次の黒田内閣では、榎本は逓信大臣、農商務大臣を兼ね、その八九年二月一一日、大日本帝国憲法が公布された。当日の朝、儀式進行役の森有礼文相が刺され瀕死の重傷を負い、急遽、榎本がにぎにぎしい式典の儀式掛として代役をした。三条実美内大臣が奉呈した帝国憲法を明治天皇は朗読し、その憲法の正本を受けて伊藤博文枢密院議長が黒田首相に授けた。黒田首相は祝辞で、「陛下」を「カイカ」と誤読した。それは黒田の素養をわらうというよりも、「陛下」という言葉自体が、明治元勲の間でも天皇の敬称となっていなかった証左である。勝海舟が「カラキシ、一つも知らない」と揶揄した明治維新の立て役者たちによって帝国憲法は発布された。

刺された森文相は翌日死亡した。刺した西野文太郎の遺書には、森が伊勢神宮参拝の際に不敬の挙動があったと記されていた。『信仰自由論』にみられる宗教観とキリスト者であった森は、神道国家建設をめざす壮士の反感をかっていた。森の後継文相選びでは、谷干城に断られて難航した。結局八九年三月二二日に榎本が逓信大臣を免ぜられ、文部大臣に就任させられた。

その年の八月二六日に、「東京開府三百年祭」が開かれ、その主催団体「三百年祭会」委員長に榎本がなった。上野公園で開かれた式典は、徳川幕府の儀式にならい、大正天皇となる皇太子、閣僚が参列した。しかし、黒田首相は、群集の混雑に妨げられて、式場に達せず引き返した。会場を巡回する榎本と徳川慶喜に対して江戸っ子の群集は「東京万歳」「徳川万歳」と歓呼した。政府が演出した憲法発布祝賀の賑わいに匹敵する江戸民衆の心意気を発散させた祭典であったと『東京百年史』第二巻(東京都刊)は書いている。

八九年一二月に第一次山縣有朋内閣が組閣され、榎本武揚は文相に再任された。ところが、翌九〇年二月六日の地方官会議で榎本文相の徳育教育の指導力が問題になり、「徳育涵養の義に付建議」が文相宛に提出された。地方官とは官選府県道知事であったから、薩長藩閥の若手か、藩閥政府に忠誠を約した人物たちであった。現在の町田市鶴川出身の武相自由民権派のリーダー石坂昌孝は、一八九六年に群馬県知事になっていた。そのような地方官会議の建議を受けて、山縣首相は五月に榎本武揚を更迭した。後日、山縣首相は「榎本は理化学には興味を有せしが、徳育には熱心ならず」と評している。後継文相には山縣閥の有力者・芳川顕正が任じられた。それから、教育勅語づくりが急速にすすんだ。九〇年一〇月三〇日に明治天皇は、山縣首相と芳川文相を皇居に呼んで「教育に関する勅語」を下賜した。(40)

榎本が文相を更迭された際の閣僚人事で、次男を古河の養子にした陸奥宗光が農商務大臣に就任した。

3　足尾問題担当大臣となった陸奥宗光

陸奥宗光は、榎本武揚と同様にテクノクラートであった。和歌山藩士の家に生まれ、勝海舟の神戸海軍操練所に入り、維新政府に仕官し、認められて元老院議官となったが、西南戦争の際に挙兵計画に加担し、五年の刑で入獄した。しかも陸奥のテクノクラートとしての力量を認めた岩倉具視・伊藤博文の計らいで恩赦となった。

その陸奥が獄中にあった間、渋沢栄一と古河市兵衛は留守家族に経済的援助をし、また次男の潤吉が古河の養子になる話がすすんだ。出獄後の八四年にイギリスとオーストリアなどの欧州に外遊し、精力的に政治学の勉学に励んだ。帰国の際には、予定を三カ月延長して、古河市兵衛と渋沢栄一から銅や銅山の調査を依頼されて、「この節は丸デ銅の仲買人の如き仕事をいたし居り候」（八五年九月二五日付）と妻の亮子に手紙を書いている。「獄中生活から外遊時代にかけて、陸奥の『後援者』であった古河と渋沢の依頼であるだけに、陸奥としては到底ことわるわけにはゆかなかったのだろう」と萩原延寿は書いている。また陸奥は古河と渋沢が期待した能力を発揮した逸材であった[41]。だが勝海舟は、神戸での少年陸奥を思い出して高く評価していない。

そのような陸奥は足尾鉱毒問題を主管する農商務大臣となったものの、一年ともたず更迭された。次の伊藤内閣では陸奥は外務大臣となって日清戦争の処理をした下関条約締結の日本側代表になった。その後、療養のため賜暇をえて療養することになり、九八（明治三〇）年八月に死去した。渡良瀬川沿岸鉱毒問題のまっただなかに、古河の閨閥の陸奥は療養し、逝去した。足尾町には、陸奥の別邸跡が残されている。

4　足尾鉱毒問題と明治政府

足尾鉱毒問題が国会で紛糾していた九八年には内閣は一年間に伊藤、大隈、山縣三内閣とめまぐるしく交代した。川俣事件があった年の一九〇〇年二月は山縣内閣の時であった。そして同年一〇月に組閣された伊藤内閣の農商務大臣は星亨であった。

星を明治政府に登用したのは、陸奥宗光であった。星は七四（明治七）年に政府の命でイギリスに留学して弁護士資格を取得、帰国後、司法省付属代言人（後の弁護士）一号となった。自由党に入り、自由民権派の弁護をしつつ、服役を重ねながら、陸奥に認められて政界に入り、九二年の第二回衆議院選挙で当選、第三議会で衆議院議長となった。また、武蔵の民権運動の地盤であり、東京市政を牛耳る三多摩の民権運動活動家を掌中に納め、東京市政の議長にもなった。

星は東京市の汚職事件で農商務大臣を辞任したが、その後を継いだのが原敬であった。原は古河鉱業の副社長を務めた人物である。かくして古河と渋沢が見込んだ陸奥宗光の人脈が、榎本武揚辞任以降の農商務大臣の席を継承した。

その星亨は、一九〇一（明治三四）年六月、東京市役所での参事会を終えて会堂を出てきたところで暴漢によって刺殺された。その暴漢とは、榎本武揚が創設した幕臣師弟の徳川育英会以来のかの盟友であった。

「朝日新聞」（明治三四年六月二三日）は「星君惨死に就て」という社説で次のように書いた。

「星亨君をして収賄事件に関係あらしむるも、其の罪豈に其の死を価せんや。而し伊庭想太郎が兇刃を君に加ふるに至りしもの、決して私怨にあらざるが如し。伊庭想太郎何人ぞ。剣客としては人に知られ、所住の区にては公務に当り、且つ某株式会社に重役たりし事もあり、亦某華族の家扶たる事もありしといふ。其の履歴より察すれば、謂はゆる壮士の類にはあらず。年齢は則ち五十以上なりといふ。則ち分別盛りの人なり。彼れ果して狂したる乎。何すれぞ其れ星君を殺すに至りたる。蓋し亦星君の市に対するの行動が彼れをして正当の判断力を失はしめ、且つ兇行を恣ままにせしめたるになきをえんや」。

その伊庭とは、子爵榎本武揚が創設した徳川育英会の幹事長であり、私立東京農業学校の校長となった幕臣の人であった。『東京農業大学百年史』は「星亨派議員が、市会の汚職事件に多く関係していたことからの公憤からの凶行であった」と記している。(42)

古河を援護した明治政府要人の人脈は、その後に原敬にたどりつく。南部藩士出身の原の才能を見込んだのは陸奥宗光である。陸奥の死後に政界を離れ、古河鉱業副社長などに就任し、財界で地位を築き、政界に復帰した。一九一八年に原内閣を組織したが、二一年一一月に、この人もまた東京駅で刺殺され、その内閣は終わった。

5　横井時敬を校長に採用した榎本武揚

榎本武揚は、明治政府に見切りをつけて、閣僚を辞職して以後、農民が学問を持つことを念願して、農業教育に携わった。校主であった東京農業学校の教員に、横井時敬を招聘し、その運営を任せた。

榎本は、横井の「農民の側に立ち勇気ある証言を辞さない横井の公正な態度を、高く評価し(43)」たからであった。

横井は、一八九一（明治二四）年八月二〇〜二九日に、早稲田大学卒業生長祐之、須永金三郎の要請で鉱毒被害地と足尾銅山を視察した。当時東京帝国大学教授であった。「老人の童頂にまばらに生えたる髪に似たる陸稲「一木一草もない畑を視察」し、被災者の立場にたつ調査の報告をした農学者である。

横井は「扨《サテ》も伐りたり荒らしたり、満山寂々蒼樹あることなく唯だ大なる伐株の星列して居るを見るのみ」「兀々《ゴツゴツ》たる赭山寂寞として鳥の声だになく、土砂流れ去りて山骨露るる処多し」と観察し、足尾銅山撰鉱山所鎔金所を見学して、「銅山の持主たる古河市兵衛は名にしあふ剃刀大臣〔陸奥のこと〕の縁者なり。大臣の令息を古河の養子となせりと言ふ。然れども此の如き疑を人民に懐かしむるは、甚だ得策にあらず」という所感を述べた。横井はまた、川俣事件つまり「兇徒嘯集被告事件の時、余は東京控訴院より鉱毒鑑定の命を受け、被害地に赴き、詳しく鑑定明確に鉱毒の結果なることを報告し、被告に有利なる鑑定証言をした[44]」。

その兇徒嘯集罪の裁判の第四回公判で決まった証拠調べの現地臨検に立ち会ったのは、裁判所より刑事部の全員、三人の弁護士代表、二三人の被告代表、「特に嘱託せし大学教授」一人としての横井時敬東京大学教授であった。一〇月六日から一三日にかけて調査が行われ、その結果を横井は「坪狩り鑑定書」にまとめて裁判所に提出した。その中で、「少数の外、皆多少の毒土を其土中に混じ、もしくは其土表に戴かざるなし。一旦此毒土の進入を受けたるものは、之によりて全く其地力を回復する事能わざりし」と鑑定した。

裁判で裁判長は「収穫減少に至りたる原因は怠農の結果」ではないかと質問した。横井はその質問を「認とむる事は出来ません。悪質土は如何に手入をするも栽培の力なし。故に臨検に於いては土全体を変更せざれば原状に快復する事は難しい」と答えた[45]。

榎本は、その横井に東京農業大学づくりを任せた。

ところがである。この横井の追悼特集号を組んだ『農業』(No. 1099、発行年月日無記載)では、農本主義の農学研究者としてたたえる横井の履歴には、どうしてか、足尾鉱毒問題に誠実に科学者として立ち向かった役割を完全に消し去っている[46]。

技術史研究者・加茂儀一『榎本武揚』があるが、どうしてか足尾鉱毒事件に関連した記載はない[47]。加茂が同書を刊行した六〇年当時、足尾問題はまだ研究者にとっても触れてはならないタブーの歴史的過去であったのであろうか[48]。足尾鉱毒問題の研究運動がすすむようになったのは、新潟と熊本の水俣病問題、イタイイタイ病問題、四日市ぜんそく問題が四大公害裁判として争われることになり、「公害の年」といわれた七〇年以降のことである。

四　一九〇〇年の転換点

1　救現堂の対岸に建つ日露戦役凱旋碑

二〇〇〇年秋の渡良瀬川でのことに返る。私は田中正造を顕彰する救現堂の木碑を見せていただいたことを感謝し、寺の婦人に礼をいってその堂を出た。

橋を渡ったすぐたもと渡瀬の集落の神社の木立のなかに、巨大な三メートルはある「日露戦争凱旋記念碑」が立っている。近寄って碑文を読みたいが、小さな藪の中に立っていて、近寄りがたい。日露戦争は一八〇四年二月より翌五年九月までの戦争で、一二万の戦死、廃疾者を出した。渡瀬の人たちは、渡良瀬川の一〇キロほど下流で、谷中村をつぶす政策が具体化していたそのときに、その石碑を建てた。二一世紀の今も、戦争は愛国心をかき立てる。

川俣事件から日露戦争のへの時期に、足尾鉱毒問題の民衆運動は分解衰弱した。川俣事件の裁判は、奇妙な結末で、兇徒とされた被告の罪は問われなかった。しかし、その告訴と裁判の過程で、官憲が兇徒の犯人を探し、被告づくりで、農家に踏み込んだ。

川俣事件八カ月後に誕生した第四次伊藤内閣に、原敬の腹心であった星亨が逓信大臣になったが、汚職事件に絡んで、ただの二カ月で原敬に代わった。原は陸奥宗光に見出されて官僚となり、陸奥の次男で古河の養子となっていた病弱な潤吉が古河鉱業会社の社長のもとで、副社長を務めていた。五年に潤吉が死去して、市兵衛の実子虎之助が社長となった。その原が副社長を辞したのは一九一一年に「西園寺内閣が組織されたとき、原敬は乞われて内務大臣に就任し」、同日をもって古河を退社した(49)。

そのような古河閥閥と深い関係をもつ政府を相手にして田中正造は、一九〇一年一月の議会で、鉱毒事件に関し最後の演説をし、一〇月に衆議院議員を辞職した。そして一二月一〇日に、貴族院での議会開院式より帰途の天皇に直訴状を渡そうとして逮捕された。しかし夕刻には釈放された。

同年一二月二七日、東京の学生一一〇〇余名が鉱毒被災地を視察した。これに対して東京府知事は、私立学校長に鉱害運動を禁止し、文部大臣は、帝大総長に学生が被災地を視察することを禁止する通達を出した。

翌年一二月、川俣事件の裁判では、宮城控訴院は控訴を棄却し、被告全員釈放された。一九〇三年には古河市兵衛が没した。

一九〇二年からは、鉱害の発生源である銅山の生産停止を要求する農民たちは、谷中村を廃村として遊水池することによって洪水を防ぐ政府の方針を受け入れることに変わる。田中正造は、谷中村を守る運動に転換した。私は、布川氏らと渡良瀬川研究会を組織する広瀬武氏が、谷中村を犠牲にした渡良瀬川洪水対策を受け入れた父祖の責めを子孫として負うことを、痛切に述べたことを聞いたことがある。谷中村滅亡の経過については、多くの著作があるので、それに譲る。

一九〇四年に日露戦争が始まる。国内の足尾鉱毒問題は谷中村廃村問題に転換しながら、しかも国民的関心は戦争に振り向けられた。渡良瀬川沿岸農村、谷中村からも多くの青年が徴兵検査を受け、徴兵された。

表 9－1　衆議院議員の職業

	第5回総選挙 1898（明31）年3月	第6回総選挙 1898年8月	第7回総選挙 1902（明35）年8月
農　業	143	145	120
商・業	32	24	33
鉱　業	4	5	7
会社員	19	15	10
銀行業	4	6	19
弁護士	22	24	51
新聞雑誌記者	7	4	9
医　業	4	3	9
議席数	300	300	300

弁護士の増大は星亨のごとき実業界の代弁者の進出であった．
　注：合計は，不明があるので，議席数と合わない．
出所：隅谷三喜夫『日本の歴史』第22巻，中央公論社，1966年．

谷中村は遊水池となり、かくして渡瀬村などに日露戦役従軍兵士の凱旋をたたえる巨碑がたった。

榎本も横井も、足尾鉱毒事件とのかかわりを黙した。救現堂も荒れて田中正造木像、位牌なども秘仏となった。

2　農本主義から資本主義へ

九八年に衆議院が二度解散し総選挙が行われた。三月に総選挙が行われたが、六月の議会で地租増徴案が衆議院に上程され圧倒的多数で否決され、直ちに解散となった。伊藤首相は後継内閣を自由・進歩両党が合同した板垣退助、大隈重信に託し、大命降下によって大隈内閣（いわゆる隈板内閣）が誕生した。同内閣のもとで八月の第六回衆議院議員選挙が実施された。一一月に山縣内閣となった。そして開かれた一二月の帝国議会に上程されたのが、地租の増徴案であった。その国会上程の日に、地租増徴反対同盟会が組織され、幹事長が谷干城であった。

ところがその一週間後に東京・京都・大阪・京都の実業家が、地租増徴期成同盟会をつくった。会長となったのが、渋沢栄一である。その五日後に、地租増徴案が可決した。

この第六回衆議院議員選挙で田中正造は当選したが、任期途中の一九〇一年一〇月に辞任した。次回の第七回総選挙では、農民代表が数を減らし、企業の代言人たる弁護士と銀行家が増えた。

幕藩体制の社会基盤であった農村社会を引き継いだ藩閥内閣の時代は、一九世紀末に、実業家の資本主義社会と結ぶ政党内閣の時代に代わった。田中正造も、谷干城も、そして榎本武揚も、幕藩時代を引き継ぐ政治家であった。横井も農本主義の農学者といわれ、東京農業大学はその拠点となった。一〇〇年前の世紀転換期に、衆議院議員の職業構成においても資本主義社会に移った。企業の政治献金の上に政権を築いて、責任政党をうたう政党内閣の原型は、この一九世紀末のミレニアムを境に創りだされた。

一八九五年になって三菱財閥の岩崎弥之助・岩崎久弥が爵位で最下位の男爵を授与された。一九〇〇年に渋沢栄一は男爵を授与されたとき、「商工業の地位と信用を高うした証拠」と喜んだ。それは川俣事件があったその年のことであった。

おわりに——田中を語り伝える

一九一三年八月二日、田中正造が病み衰えて雲竜寺にたどり着いたとき、和尚は留守であった。兇徒嘯集罪で被告となった黒崎和尚は、行くえがわからなくなっていたとはいえ、留守番をしていた男は、衰弱した田中正造を知らぬはずはない。しかし、寺に引き留めなかった。田中正造は、寺に近い庭田駒吉の家に行った。駒吉も留守だった。そして源八の家に行ったが、彼も留守だった。そこで、隣家の庭田清四郎の家の廊下で横になったまま、人事不省となった。(50)

清四郎の家族はほぼ一カ月ねんごろに田中の看病をした。逝去したのは九月四日であった。その部屋が今も大事に残されている。

雲竜寺に、田中正造をたたえる農民たちが救現堂をたてた。私は堂内にある、明治政界の名だたる人名を記した木碑に出会って、旧渡瀬村の地理的、歴史的への関心が深まり、館林市立図書館に行った。

館林市立図書館の郷土資料コーナーで、一九世紀末の渡良瀬川沿岸地域の資料を探した。とくに雲竜寺のある旧渡瀬村の資料を探したが、見つけられなかった。『館林市史』は、分冊として逐次発行されていて、それを綴じたものの中の九巻に「鉱毒事件」がある。合本された分冊の区切りに謄写版印刷の紙がはさまれているが、それぞれの発行年は記載されていない。編集委員に前記の布川了さんが加わっているので、「鉱毒事件」の執筆は同氏によるものであろう。一九五三年に刊行された『群馬県議会史』第二巻には、「足尾銅山鉱毒事件」が一六九四〜一八〇三頁にわたって記録されている。頁の綴じ代の糊が効かなくなってはずれている。コピーをしてくれる職員が、「コピーできない」と嫌がったが、手伝ってコピーしてもらった。その他いくつかの資料のコピーをして、館外に出たときは七時半を過ぎて、夕暮れていた。広瀬武さんたちが、足尾鉱毒関係の資料館づくりをすすめているが、館林市立図書館の郷土史資料は貧弱であった。

一五分ほど街中を歩き館林駅前に出て夕食をとることにした。昼食をとった吉川旅館のレストランに行った。すると奥さんが「雲竜寺はどうでしたか」と声をかけてきた。昼食のとき、相席の老人との対話を聞いていたのである。食事を終わった頃に、カレンダーを持って来てくれた。拡げてみると、『2000　田中正造カレンダー』とある。田中正造の肖像写真と次のような俳句を墨書した田中正造の揮毫が印刷されている。

公判や気炎万乗無罪なり
霧深し田の中を行くヒコク人
渡せ川秋をあつめしうらみかな(51)

それは川俣事件から一年後の一九〇一年二月一三日の日記からとったものであった。その秋のこと、兇徒嘯集罪で起訴された五一人の裁判が行われ、一二月判決があった。

レストランの婦人は、「田中正造のことなら、ここに連絡するとよいですよ」とカレンダーの発行者である田中正造大学の住所と氏名を示してくれた。そして「私のところに泊まって田中正造の研究会もひらかれます」とのことであった。カレンダーの四隅に、安全ピンの針の穴がついている。どこかの壁に張ってあったものをはずして下さったのである。

かくして、川俣事件から一〇〇年後、田中正造と渡良瀬川沿岸住民の苦闘を地元の人が語り、学び伝えていることを意外なところで知った。民衆の歴史伝達と継承は、このようにして行われている。

注

(1) 映画『郡上一揆』(神山征二郎監督、二〇〇一年作品)に農民が「お駕籠訴え」をする場面がある。それは、田中正造の天皇上奏の場面と符合する。

(2) 布川了・東海林吉郎「足尾鉱毒事件と足尾」飯田賢一編『技術の社会史』第四巻、有斐閣、一九八二年。神岡浪子編『資料・近代日本の公害』新人物往来社、一九七一年、六〇頁、田村紀雄解説。東海林吉郎・菅井益郎『通史・足尾鉱毒事件』新曜社、一九八四年、一〇〇頁。川俣事件に関する文献は多いので本稿では省略。

（3）布川了「二十一世紀の日本と田中正造・勝海舟」『田中正造と晩年の勝海舟』下町人間研究所、二〇〇〇年。

（4）高校地理談話会編『鹿島臨海工業地帯の造成と地域の変貌Ⅰ』同会一九六七年八月調査報告書（タイプ印刷）一九六八年、六七頁。同報告書は同会編『開発と地域の変貌・鹿島臨海工業地帯』大明堂、一九七五年に改編。

（5）『足尾鉱毒事件・田中正造と現代を生きる』（一九九八年一月二五日）の集会での布川了さんの発言による。布川了『田中正造と天皇直訴事件』随想舎、二〇〇一年、一七二頁。私が足尾鉱毒問題について知ったのは、六四年七月であった。高校地理の教材収集で足尾銅山を見にゆき、製錬所構内の労働組合事務所で塩田庄兵衛編集の『足尾銅山労働運動史』労働運動史を購入して読んだことであった。同書は貸与したままで、手元にないので発表年月日は確かめられない。紙質の悪い、厚紙の表紙であった。拙著『環境教育の成立と発展』国土社、一九九三年、四八～四九頁。拙稿『渡良瀬に学ぶ教育運動の水脈」『教育研究所所報』全群教教育研究所、一九九八年三月号、四～五頁。

（6）荒畑寒村『谷中村滅亡史』が新泉社から復刻されたのが一九七〇年一一月、田中正造全集編纂会編『田中正造全集』（岩波書店）が出版されたのは七七～七八年。六〇年代半ばからの公害告発、四大公害裁判闘争などの全国的な公害反対運動によって、公害の原点としての足尾鉱毒問題と田中正造への研究運動が高まった。

（7）庭田源八「鉱毒地鳥獣虫魚被害実記」（東海林吉郎・布川了編『足尾鉱毒・亡国の惨状－被害農民と知識人の証言』伝統と現代社、一九七七年）七～八頁。

（8）『田中正造全集』第一五巻、岩波書店、一九七八年、解説。田中正造が書き送った書簡の相手について解説が書かれている。

（9）原文は、平仮名と片仮名が混じって書かれているが、平仮名に統一した。

（10）『田中正造全集』第一〇巻、岩波書店、一九七八年。

（11）前掲、東海林・菅井『通史・足尾鉱毒事件』一〇三頁。

（12）広瀬武『渡良瀬川の水運』随想舎、一九九五年、六二頁。布川了『田中正造－たたかいの臨終』随想舎、一九九六年。布川の著作の二九頁には広瀬武・田村英明とまとめた一九一三年当時の雲竜寺近傍の地図が載せられている。

それによると、現在堤防の外の川原になっているところにも、民家があった。その民家も、毒水を含んだ洪水対策のために、立ち退かされたのではあるまいか。だとすると、ここにも『谷中村滅亡』と同じ歴史がその川原にあった。

(13) 前掲『田中正造全集』第一五巻、六九一～六九二頁による。雲竜寺僧侶・伊東長栄「田中翁の墓畔より」『第一回渡良瀬川鉱害シンポジウム－現代における足尾鉱毒の全容』一九七四年八月、一一～一四頁。

(14) 『松本英一日記』には、川俣事件をひきおこす第四回大挙請願のための会合へは不参加を記した。請願行動にも参加していない。前掲、神岡『資料・近代日本の鉱害』の田村紀雄解説参照。

(15) 宮本常一『忘れられた日本人』岩波文庫、一九八四年。

(16) 南京東亜同文書院が東亜同文書院と改称したのは一九〇一（明治三四）年。一八九八（明治三一）年「同志と共に東亜同文会を組織し支那保全及朝鮮扶植論を提唱す」、南京に設けた東亜同文書院の授業が始まったのは一九〇〇年五月であった。日露戦争開始前年の一九〇三年一月に死去した。山村睦夫教授が東亜同文書院に関心をもっているので、付記した。戦後、上海にあった東亜同文書院の教授や学生を中心にして、四六年に愛知大学を設立した。

(17) 『田中正造全集』第二巻、岩波書店、一九七八年、五六〇～五六二頁。

(18) 工藤武重『近衛篤麿公』大日社、一九三八年、大空社復刻、一九九七年。

(19) 河上肇『自叙伝』第一、岩波書店、一九五二年、一七五～一七八頁。

(20) 前掲、布川「二十一世紀の日本と田中正造・勝海舟」一一頁。

(21) 巖本善治編『海舟座談』岩波文庫、一九八三年、五二～五三頁、一七六頁。

(22) 同前、一七五～一七七頁。

(23) 江藤淳・松浦玲編、勝海舟『氷川清話』講談社学術文庫、二〇〇〇年、一七八頁。

(24) 福田和美『日光避暑地物語』平凡社、一九九六年、一二六～一三四頁。

(25) 巖本善治編『新訂・海舟座談』岩波書店、一九九五年、一七六頁。目賀田種太郎について、安田寛『唱歌と十字架』音楽之友社、一九九三年、二七頁。

(26)　前掲、巌本『新訂・海舟座談』二〇五頁。
(27)　『福沢諭吉全集』第六巻、岩波書店、一九五九年、五五五～五九一頁。同巻の後記、六〇五～六〇七頁。
(28)　福沢諭吉『福翁自伝』岩波文庫、一九七八年、三〇四頁。福沢が発起した新聞。この自伝も一八九八年七月から九九年二月まで連載し、六月に単行本となった。足尾鉱毒問題が社会問題、政治問題となっていた時期に当る。九七年に農商務大臣を辞任した榎本武揚子爵と、枢密顧問官（八八年任命）の勝海舟伯爵（八七年受爵）については「しゃあしゃあと高い役人になって嬉しがっているのが私の気に食わぬ」と述べている。
(29)　松浦玲「勝海舟と足尾鉱毒事件」渡良瀬川研究会『田中正造と足尾鉱毒事件研究』3、伝統と現代社、一九八〇年、前掲『福沢諭吉全集』第一五巻。
(30)　前掲、巌本『新訂・海舟座談』五二～五三頁。
(31)　同前、二〇六頁。
(32)　明治三五年九月二二日書送、前掲、巌本『新訂・海舟座談』二八四～二八六頁。
(33)　前掲、神岡『資料・近代日本の公害』九六頁。室田は、群馬県久野村の自作農で、被害農民の運動に積極的に参加した。同書の田村紀雄の解説参照。
(34)　二〇〇〇年一〇月一八日NHK総合テレビ『その時、歴史が動いた』で、津田梅子（一八六四～一九二九）の津田塾大学創設を取り上げた。梅子は一八七一（明治四）年六歳のとき維新政府の期待を受けて、岩倉大使の一行に加わり初の女子留学生としてアメリカに渡り、一七歳で帰国するまでアメリカの家庭で生活し教育を受ける。留学中に、政府の女子の教育、社会進出の政策が変わり、良妻賢母を養育する華族女学校教師となったが、一九〇〇年辞職して、英語教育とキリスト教による女子高等普通教育を目的とした女子英学塾（現在の津田塾大学）を創立。また同年、一九〇〇年に成瀬仁蔵が「日本女子大学校」を創立した。川俣事件があったその年は、女子教育にとっても注目すべき年であった。
(35)　拙稿「大連のアカシア」和光大学『エスキス 2000』。拙稿「アカシアと蜜蜂」（『地理教育研究会会報』第三六七号、二〇〇一年九月一日、四～五頁）では、日本で最大のアカシア群落は閉山した小坂銅山煙害山地に植られた林であることを書いた。
(36) 吉川利一『津田梅子』中公文庫、一九九〇年。原著は一九三〇年、婦女新聞社刊。
(37) 前掲『福沢諭吉全集』第一五巻、六三七、六四九、六六九頁。
(38) 一九一一（大正一八）年静岡育英会に改称。幹事長は伊庭想太郎がなった。伊庭は星亨を視察した人物である。林竹二『田中正造の生涯』講談社現代新書、一九七六年、七〇頁。
(39)『東京農業大学百年史』一九九三年など、同大学年史による。榎本武揚の伝記の類にも、榎本武揚と東京農業大学の関係に触れたものは、同大学の『年史』以外では未見である。
(40) 山住正己『教育勅語』朝日選書、一九八〇年。
(41) 萩原延壽『陸奥宗光』下巻、朝日新聞社、一九九七年、三三三頁。萩原延壽編『陸奥宗光』中央公論社「日本の名著 35」一九八四年、四〇頁。両書同文である。陸奥宗光は明治一二年山形監獄から亮子夫人への手紙に、古河の援助、潤吉養子の件に触れている。明治一七年のロンドンからの便りには「渋沢よりの追い追い親切に申しこし金子」と、渋沢栄一からの経済的援助を伝えている。
(42)『東京百年史』第二巻（東京都、一九七九年）に星が登場するのは一八八二年である。三菱と対抗した板垣に組し、三菱と対抗する渋沢・三井との関係がからむ。刺殺については『東京百年史』第三巻、東京都、一九七九年、一五六頁。この星の暗殺で政界から身を引いた人物に小田急電鉄の創始者、利光鶴丸がいる。彼も、弁護士から東京市議会議員となり、星と組んで活躍した。時まさに、都市の交通、電気、築港などの社会的資本が建設される創始期にあった。和光大学にとっての足である小田急の『小田急五十年史』（一九八〇年）は、三多摩民権運動とも関連して興味がつきない。『町田市史』下巻、町田市、一九七六年。
(43) 前掲『東京農業大学百年史』一七頁。
(44)『義人全集　第四編　鉱毒事件　下』序文。斉藤英子編『菊池茂著作集』第四巻、早稲田大学出版部、一九八八年、一〇一頁。
(45) 田村紀雄『田中正造をめぐる言論思想』社会評論社、一九九八年、一五六～一五九頁。同書には一八九一（明治二四）年早稲田大学卒業生長祐之、須永金三郎の要請で鉱毒被害地と足尾銅山を視察ことには触れず、この公判鑑定の大学教授の中に「初めて入った」としている。

(46) 東京農業大学の図書館に、榎本武揚と横井時敬の文献を調べに行った。検索すると二〇件出た。そのなかで、榎本武揚著『榎本武揚書』（一九〇一年刊）と『榎本武揚三行書』（刊行年など未記載）の箱入りのものが開架されているることになっているので、その書棚で探したがない。職員の人も探してくれたが、見つからなかった。その他、読んでみたい四件の書物すべて、書架になかった。『農業』誌は特別に閲読を許された。同館に感謝する。

(47) 加茂儀一『榎本武揚』中央公論社、一九六〇年（中公文庫、一九八八年）。加茂は東京工業大学教授を経て小樽商大学長となり、日本科学史学会会長を務めた研究者である。前田愛（立教大学、日本文学専攻）も、加茂が足尾事件とのかかわりについて触れていないことの疑問を次掲旺文社編『榎本武揚』で書いている。

(48) 前掲、加茂『榎本武揚』。満坂太郎『榎本武揚』ＰＨＰ文庫、一九九七年。旺文社編『榎本武揚』旺文社、一九八三年、各書とも年譜でも東京農業大学に関する事項がない。安部公房『榎本武揚』は函館戦争の彼をテーマにした小説で伝記ではない。

(49) 古河鉱業株式会社『創業百年史』一九七六年、三五七頁。

(50) 前掲、布川『田中正造―たたかいの臨終』二八頁。なお一九一三年当時の雲竜寺、庭田一族等の民家の位置図が二九頁に掲載されている。

(51) 前掲『田中正造全集』第一〇巻、二四二頁。

補記　本稿は『和光大学人間関係学部紀要』（2、3、4号）に連載した「日本の民衆の自然観と近現代化」(Ⅳ)として準備し、本著の旨趣に即して執筆したものである。

あとがき

〝生みの苦しみ〟とは古びた言葉ながら、予定から大幅に遅れてようやく出版にこぎつけたいま、ほかの表現が思い当たらない。共同研究の経過は序文にあるとおりだが、分野を越えての共同は、新鮮さと戸惑いとが混じり合い予測以上に時間を要したが、ゴールを間近にして、喜びと安堵の気持ちである。同時に、当初予定していた教育や女性等に関わるテーマ（井上輝子「明治国家におけるフェミニズムの自己形成」、田中征男「明治末日本の対外展開と青年意識の変容」、水上健造「日本近代における経済学理論の受容と社会政策」）を、執筆者の病気や海外研究のために欠いたこともあって、せっかく掲げた《統合と隔離》という課題の探求が、やや不十分のままに終わってしまったことも大いに気にかかっている。

また、従来の歴史の論稿が〝一九世紀末〟の日本を考えるならば必ず登場させたはずの自由民権運動を扱わなかった反面、コレラ等の伝染病の問題を課題としたのは、今日的試みともいえるが、実のところ、所属大学の限られた研究メンバー、つまり手元の持ち駒を精一杯使い、その各々の専門的立場と持ち味を盛り込んで取り組んだ結果である。そのことが、どれだけ歴史の新しい局面を捉えることに貢献しているのかどうか確たることをいえない。ともかくも、今後、各々の研究発展に期待できるとすれば、執筆者一同の精神はなお若く、また新しい研究を生み出すために不可欠の自由で自主性を侵さない環境が、この大学に今日なお生きていることであろう。

それにしてもここまでたどりつけたのには、それぞれに専門も関心も異なる研究メンバーの多様なテーマを「統合」するために、原田勝正研究代表が、終始ねばり強く助言と激励を惜しまなかったこと、これがグループ一同の執筆への意欲を持続できた大きな要因であった。また、近年の大学の常として、山積する日常の校務に追い回され、たえず空中分解の危機をはらんでもいるなかで、事務局役の山村睦夫氏には雑務万般をお願いすることとなったことも記しておきたい。

そして、日本経済評論社の方には、無理に無理を重ねて多大のご迷惑をかけたが、原稿のチェックに関しても、最も熱心な読者としての情熱を傾けて、奥田のぞみ氏から細部にわたっての推敲、訂正についてのご助言、ご指摘をいただいた。

ともあれ、こうした形でまとめられた私たちの試みは、東アジアにおける「国民」の形成を《統合と隔離》という角度から捉えかえしたときに何がみえてくるのかという問題提起の出発点として、今後さらなる検討を期したい。

橋本　堯

【執筆者略歴】（執筆順）

橋本　堯（はしもと・たかし）

1937年，東京市に生まれる．京都大学大学院文学研究科博士課程修了．現在，和光大学表現学部教授（中国語学・中国文学専攻）．「『五行志』と『妖怪』―『太平広記』の妖怪」（『和光大学人文学部紀要』第33号，1999年），『杜甫』（翻訳，日中出版社，1984年）など．

孫　歌（そん・か）

1955年，中国に生まれる．吉林大学中国文学部卒業．現在，中国社会科学院文学研究所研究員（比較文学）．「丸山真男におけるフィクションの視座」（『思想』第888号），『求索集』（三聯書店，1998年）など．

佐治俊彦（さじ・としひこ）

1945年，島根県に生まれる．東京教育大学大学院文学研究科博士課程修了．現在，和光大学表現学部教授（中国現代文学専攻）「胡秋原と三十年代『中間派』知識人」（『魯迅と同時代人』汲古書院，1992年）「『読書雑誌』の人々の見た中国の明日」（『転形期の中国知識人』汲古書院，1998年）など．

山村睦夫（やまむら・むつお）

1946年，東京都に生まれる．早稲田大学大学院商学研究科博士課程修了．現在，和光大学経済学部教授（日本経営史・経済史専攻）．『近代アジアの日本人経済団体』（共著，同文舘，1997年），「1930年代における東洋棉花上海支店と在華紡」（『土地制度史学』第174号，2002年）など．

ユ・ヒョヂョン（劉　孝鐘）

1954年，大韓民国に生まれる．東京大学大学院総合文化研究科博士課程修了．現在，和光大学人間関係学部教授（民族関係論，東北アジア近現代史専攻）．『旧ソ連の民族問題』（共著，木鐸社，1993年），『変容するモンゴル世界―国境にまたがる民』（共著，新幹社，1999年）など．

内田正夫（うちだ・まさお）

1950年，東京都に生まれる．ウィスコンシン大学大学院修士課程修了（科学史専攻）．現在，和光大学総合文化研究所研究員．「殺虫剤 DDT の登場と初期の毒性研究」（『和光大学人間関係学部紀要』第3号，1999年），『環境保護の夜明け』（翻訳，日本経済評論社，1994年）など．

松永　巌（まつなが・いわお）

1936年，長崎県に生まれる．日本大学大学院文学研究科英文学専攻修士課程修了．現在，和光大学経済学部教授（英語教育）．『源氏物語の英訳の研究』（共著，教育出版センター，1980年）など．

福島達夫（ふくしま・たつお）

1931年，大分県に生まれる．東京教育大学理学部卒業．元和光大学人間関係学部教授（地理学，地理教育専攻）．『地域の課題と地理教育』（地歴社，1981年），『環境教育の成立と発展』（国土社，1993年）など．

【編著者略歴】

原田勝正（はらだ・かつまさ）

1930年，東京市に生まれる．東京大学法学部政治学科卒業．現在，和光大学名誉教授（日本近代政治史専攻）．『日本現代史読本』改訂版（東洋経済新報社，1997年），『日本鉄道史―技術と人間』（刀水書房，2001年）など．

「国民」形成における統合と隔離

2002年3月30日　第1刷発行　定価（本体3800円＋税）

編著者　原　田　勝　正
発行者　栗　原　哲　也

発行所　株式会社　日本経済評論社
〒101-0051　東京都千代田区神田神保町3-2
電話 03-3230-1661　FAX 03-3265-2993
http://www.nikkeihyo.co.jp

装幀＊渡辺美知子　文昇堂印刷・美行製本

乱丁落丁はお取替えいたします。　Printed in Japan

ISBN4-8188-1408-3